[개정판]

Skills and Techniques fo Social Welfare Practice

사회복지 실천기술론

신성자 고유나 김수정 박용권 성희자
이원준 전보경 정숙희 최은지 공저

양 성 원

머리말

한파가 매섭고, 코로나는 여전히 기승을 부리고 있다. 우리 사회에 몰아친 이 혹독한 추위는 모두를 움츠리게 한다. 겨울에도 푸른 상록수가 있지만, 겨울한파를 견디기는 어려운 내한성이 약한 나무들도 아주 많다. 나무를 사랑하는 정원사는 겨울 나목(裸木)의 표피를 천으로 따뜻하게 감싸준다. 앙상한 겨울 나목도 봄이 되면, 싹을 틔워 가지마다 황금빛 애기 새순이 돋아날 것이라는 희망을 지니고 있기 때문이다. 이 '정원사의 마음'이 '사회복지사의 마음'과 정확하게 오버랩핑(overlapping) 된다.

사회복지사는 클라이언트의 문제를 개인이 아닌, 사회(환경)적 맥락에서 바라본다. 이러한 사회복지사의 시각은 타 원조 전문직(예: 상담사, 심리치료사, 정신과의사 등)과 구별되는 특성이기도 하다. 최근에 발생된 일련의 사회적 충격들(코로나 감염병, 실직, 취업난, 집값폭등, 전세난 등)이 우리사회의 많은 구성원들을 사회적 취약자로 내몰고 있다.

사회복지사의 서비스가 필요한 사람들이 점점 더 늘어나고 있다. 최근 공적 영역과 사적 영역 모두에서, 사회복지사들이 일할 자리들은 크게 확장되고 있다. 사회복지사의 전문성과 역할에 대해서 우리 사회가 그만큼 인정하고 있기 때문이다. 사회복지사에 대한 우리 사회의 높은 기대에 우리도 부응해야 할 것이다. 이번에 이 책의 전 필진이 한마음으로, 사회복지실천기술론 [개정판]을 내야겠다는 결정을 하게 된 것도 바로 이러한 맥락에서 이루어졌다.

[사회복지실천론] 내용과 중첩된 일부 내용(사회복지실천과정, 생태체계적 모델 등)은 이번 개정판에서는 삭제하였다. 그 대신 개인을 대상으로 한 실천개입에서 활용할 수 있는 다양한 실천기술들에 대한 내용은 크게 보완되었다. 그리고 새로운 실천모델(동기강화모델)도 추가하였습니다. 개정판은 총 8장으로 구성되었다. 각 장의 주요 내용과 이번 개정판에서 보완된 내용을 간략하게 소개하면 다음과 같다.

제1장 개관 1절에서는 타원조 전문직과 구별되는 사회복지실천의 특성에 대한 여러분의 이해를 높이기 위해서 사례를 제시하면서 사회복지실천의 특성을 논의하였다. 2절에서는 '사회복지사의 길'을 선택한 동기에 대해서 성찰해 볼 수 있도록, "나는 왜 사회복지사의 길을 선택했는가?"라는 화두를 던지면서, 여러분이 진솔한 자기개방을 해 볼 수 있는 과제도 함께 제시하였다. 마지막 3절에서는 "사회복지실천기술은 무엇인가?"라는 질문에 여러분 각자가 답을 제시할 수 있도록, 사회복지실천기술의 개념을 소개하였다.

제2장에서는 다양한 사회복지실천모델로, 심리사회모델, 과업중심모델, 위기개입모델, 인지행동모델, 해결중심모델, 동기강화모델 등(6개)을 소개하였다. 이번 개정판에서 실천론 내용과 중복되는 생태체계모델, 그리고 개별과목으로 구분되고 있는 사례관리모델은 삭제하였다. 대신에, '동기강화모델'을 새로 추가하였다. 동기강화모델은 특히 방어적이고 비자발적인 클라이언트를 위한 개입에 유용하게 활용되고 있다. 클라이언트의 양가감정을 탐색하고 해결함으로써, 클라이언트의 내면에 갖고 있는 변화동기를 강화하는 것을 목적으로 하는 동기강화모델은 최근 실천현상에서도 널리 보급되어 활용되고 있다. 각 실천모델을 실제에 적용하기 위해 필요한 기술 및 기법, 실천과정에 초점을 두었으며, 실제에서 어떻게 모델이 적용되는지 이해를 돕기 위해서 사례도 함께 제시하였다.

제3장은 '개인'을 대상으로 한 사회복지실천기술에 관한 내용이다. 본 개정판에서는 전서(2017년)에서 간과했던 일부 실천기술들을 충실히 보완하여, 내용을 크게 확장하였다. 개인을 대상으로 한 다양한 실천기술들을, 그 특성과 기능에 따라, 8개 하위영역, 즉 '분위기조성기술'(climate-setting skills) 영역, '기초실천기술' 영역, '지지기술' 영역, '영향기술'(influencing skills) 영역, '도전기술'(challenging skills) 영역, 교육훈련기술, 중재 및 협상기술 영역, 의뢰기술 등으로 구분하였다. 각 하위 영역별로 해당하는 관련 실천기술들(34개)을 각각 설명하였다. 각 개별 실천기술마다 개별 예시를 제시한 것은 물론, 다양한 실천기술들이 함께 활용된 사례도 제시하였다. 제시된 사례를 공부하면서, 사례에 개입하는 사회복지사가 어떤 상황에서 어떻게 다양한 실천기술들을 활용해야 하는지에 대한 여러분(독자들)의 이해를 높일 수 있을 것이라 기대된다. 부가하여, 각 실천기술들의 기능 및

목적을 설명하면서, 실천기술들 간의 공통점과 유사점에 대한 내용도 함께 언급하였다.

제4장과 **제5장**은 '집단'을 대상으로 한 사회복지실천에 관한 내용이다. **제4장**에서는 집단대상 사회복지실천에 대한 전반적인 이해를 위해서, 사회복지실천현장에서 집단이 가지는 의미를 살펴보고, 집단사회복지실천의 기초로서 집단실천모델, 집단역학을 소개하였다.

제5장에서는 집단 대상 사회복지 실천과정에 대해 설명하였다. 이번 개정판에서는 집단 대상 사회복지실천의 사례 내용을 일부 수정·보완하였다. 집단활동의 목적을 반영하여, 성장집단에 대한 내용과 치료집단에 대한 내용을 균형 있게 소개하였다. 지역아동센터 이용 아동의 자아존중감 향상을 위한 집단프로그램, 사례와 치매노인 우울감소를 위한 집단프로그램 사례 내용을 보완하였다.

제6장과 **제7장**은 '가족'을 대상으로 한 사회복지실천기술에 관한 내용이다. **제6장**에서는 최근의 가족 동향과 가족 유형, 가족의 기능과 구조, 그리고 가족생활주기 등을 소개하였다. 이번 개정판에서는 가계도를 이용한 가족사정에서 제시된 '사회적 연구가족' 사례 내용을 재구성하여 수정하였다. **제7장**에서는 가족을 대상으로 한 사회복지실천에서 적용되는 개입 원리와 개입 기법을 초기단계, 중간단계, 종결단계로 나누어 비교적 상세하게 설명하였다. 개정판에서는 중간단계에서 활용할 수 있는 개입기술들 중에서, '삼각관계와 탈삼각화', 그리고 '문제의 외현화'에 대한 내용을 독자가 좀 더 쉽게 이해할 수 있도록 내용을 수정한 후 자세히 설명하였다.

항상 강조해 왔듯이, 사회복지실천에 대한 지식(이론)과 실천가치, 그리고 실천기술은 사회복지실천에서 분리될 수 없는 하나의 통합체(entity)이다. 사회복지실천을 위한 전문지식과 실천가치에 대한 견고한 이해가 뒷받침되지 않은 채, 실천기술 훈련만으로는 실천역량이 제대로 발휘될 수 없다. 다른 한편, 사회복지실천 지식과 실천가치에 대한 이해가 견고할지라도, 실천기술이 발휘되지 않는 한 사회복지실천은 이루어질 수 없다는 것 또한 자명한 사실이다. '사회복지실천기술'이 사회복지실천이라는 output을 실제로 가능케 할 수 있게 하는 결정적인 input이라는 사실에서, 실천가(practitioner)인 사회복지사에게 있어서, '사회복지실천기술'의 중요성은 아무리 강조해도 결코 부족함이 없을 것이다.

집필진은 대부분은 다양한 사회복지현장에서 직접 실천 업무를 수행하면서 터득한 실천적 지혜(practical wisdom)를 이 책에 반영하려 노력하였다. 이 책은 미래의 사회복지사의 길을 걸어가고 있는 사회복지학도는 물론, 다양한 현장에서 개인, 가족, 그리고 소집단을 대상으로 직접실천 업무를 수행하고 있는 사회복지사들에게도 실천기술역량을 높일 수 있는 좋은 길잡이가 될 수 있을 것으로 기대한다.

경북대학교에서 정년을 마치고 캠퍼스를 떠난 지도 3년이 되었다. 이번에 이 책의 개정판을 집필하기 위해서, 사랑하는 옛 제자들과 다시 함께할 수 있다는 것이 큰 축복으로 느껴진다.

한겨울의 나의 정원에서,
푸른 잎을 달고 있는, 꿋꿋하게 서 있는 상록수들을 바라보면서

2021년 1월
저자 대표 신성자
경북대학교 명예교수

차례

Chapter

1

사회복지실천기술의 개관

사회복지실천기술(social work skills)은 전문 지식, 가치와 함께, 사회복지실천을 구성하는 핵심요소이다. 지식(이론)과 가치만으로는 사회복지실천이 완성될 수 없다. 사회복지실천기술이 사회복지실천을 실제로 결정적으로 가능하게 할 수 있다는 점에서, 사회복지실천기술의 중요성은 새삼스럽게 강조할 필요가 없을 것이다.

사회복지사(social worker)는 메뉴얼에만 의존하여 기계적으로 일하는 기술자(technician)가 아닌 전문가(professionals)이다. 다양한 상황에 처한 클라이언트의 문제 및 욕구에 개입하는 사회복지사는 상황의 변화에 따라 요구되는 개입에 필요한 이론, 가치, 기술을 재구성하면서, 어떻게 개입할지를 판단하고 결정할 수 있는 능력을 갖추어야 한다. 사회복지실천에 대한 전문 지식과 건강한 가치체계 확립은 바로 그러한 전문적 판단을 위한 전제가 된다.

견고한 지식 기반과 실천가치가 뒷받침되지 않은 채, 기법(techniques)의 활용만으로는 전문성의 결여는 물론이고, 클라이언트에게 유익을 줄 수 있는 업무 수행을 기대할 수 없다. 사회복지실천을 위한 전문 지식과 가치의 토대 위에 실천기술이 가진 그 기능과 힘(strengths)이 발휘될 수 있다. 실천이론, 실천윤리, 실천기술은 그 본질상, 클라이언트를 위한 원조 과정에서 별개의 실체(separate entity)가 아닌 통합체(integrity)로 작용한다. 이러한 사회복지실천의 세 가지 주요 구성소(이론, 가치, 기술) 간의 상호 관련성을 강조하면서, 실천을 위한 다양한 이론들과 실천윤리를 위한 가치체계에 대한 폭넓은 이해는 각 해당 교과목의 과제로 돌리고, 이 책에서는 현장에서 직접실천(direct practice)업무를 수행하는 사회복지사가 활용할 수 있는 일련의 사회복지실천기술을 집중적으로 조명하였다.

제1장 1절에서는 타 원조 전문직과 구별되는 사회복지실천의 특성에 대한 여러분의 이해를 높이기 위해 사례를 제시하면서 사회복지실천의 특성을 논의하였다. 2절에서는 '사회복지사의 길'을 선택한 동기에 대해서 성찰해 볼 수 있도록, "나는 왜 사회복지사의 길을 선택했는가?"라는 화두를 던지면서, 여러분이 진솔한 자기개방을 해 볼 수 있는 과제도 함께 제시하였다. 마지막 3절에서는 "사회복지실천기술은 무엇인가?"라는 질문에 여러분 각자가 답을 제시할 수 있도록, 사회복지실천기술의 개념을 소개하였다.

1. 사회복지실천의 특성

사회복지실천은 다양한 상황에 있는 각계각층의 사람들에게 원조서비스(helping service)를 제공하는 흥미롭고 도전적인 전문직이다(Cournoyer, 1991: 1). 도움이 필요해서 사회복지사를 찾게 되는 클라이언트의 문제와 욕구는 매우 다양하기 때문에 클라이언트의 특성을 기술할 수 있는 명확한 객관적 기준을 제시할 수 없다. Egan(2002: 4)은 클라이언트의 문제 상황, 기회 상실, 잠재력 미활용 등이 클라이언트를 위한 원조 과정을 성립시키는 출발점이라고 피력하였다.

클라이언트는 위기, 문제, 의심, 회의, 어려움, 좌절 또는 걱정 등을 가진 '문제 상황(problems situations)'에서 원조를 필요로 한다. 대개 '문제(problems)'라고 명명되는 '문제'는 수학적인 정확한 의미에서의 문제가 아니다. 클라이언트가 제대로 대처하기 어려운 클라이언트의 생활 속에 있는 복잡하고 복합적인 문제이기 때문에, '문제'라기보다는 '문제 상황'이라고 표현하는 것이 더 바람직할 것이다.

클라이언트는 '문제 상황'에서만 원조를 필요로 하지는 않는다. 어떤 클라이언트는 자신의 생활과업을 대처하는 데 있어서, 자신이 원하고 예상한 만큼 실제로 잘되지 않기 때문에 도움을 원한다. 즉, 기회를 상실하였거나, 잠재력을 제대로 활용하지 못한 경우에도 사회복지사의 원조를 청할 수 있는 것이다.

원조기관의 문을 두드리는 클라이언트는 자신의 삶을 스스로 대처하는 데 명백한 한계를 인정하고, 자원들(물질적 · 정서적 · 영적 자원 등)[1]과 서비스 그리고 기회를 얻기를 소망한

1) '자원(resource)'은 목표를 성취하고, 문제를 해결하고, 고통을 경감시켜 주고, 생활과업을 달성시키고, 또는 포부와 가치를 실현시키기 위해서 사용되는 것이다. 돈, 음식, 주거, 시중 등과 같은 유형의 자원과 지식, 용기, 희망, 사랑, 신뢰 및 신용, 지위 등과 같은 무형의 것이 모두 포함된다. Minahan과 Pincus(1973: 3-5)는 사회복지실천은 사회환경 속에서 사람들과 체계 간의 상호작용에 초점을 두며, 사람들은 자신의 열망(aspirations)을 성취하고, 생활과업에 대처할 수 있도록 하는 데 도움을 줄 수 있는 물질적 · 정서적 · 영적 자원과 서비스 및 기회를 얻기 위하여 체계에 의존한다고 하였다. 자원체계를 ① 비공식자원체계(예: 가족, 친구, 이웃, 동료, 단골가게 주인 등), ② 공식자원체계(노동조합, 학부형회, 사회복지사협의체, 의사회, 소비자보호협회, 인권옹호협회, 주민협회 등 다양한 공식협의체, 회원제 조직 등), 그리고 공공 활동과 시민들의 자발적 사회행동의 결과로 만들어진 사회자원체계(보육시설, 법률상담소, 직업훈련소, 입양기관, 병원, 학교, 사회보장 프로그램) 등으로 구분하여 소개하였다.

다. 클라이언트 중에는 자원을 가지고 있지만, 잘 활용하지 못하거나 개발하지 않아 종종 기회를 놓친 경우가 많다.

'문제 상황' 또는 '기회 상실' 및 '잠재력 미활용' 등과 관련하여, 사회복지사의 원조를 필요로 하는 클라이언트에 대한 이해를 높이기 위하여, 원조 과정을 간략하게 기술한 두 사례를 소개한다.[2)]

사례 | 문제 상황(problem in situations)

Martha(58세)는 지난 6개월 동안 지독한 상실(사건)을 세 번이나 겪으면서 고통스러워하였다. 네 아들 중에서 타지에서 생활한 아들 한 명이 갑자기 뇌경색으로 사망하였다. 죽은 아들은 겨우 32세였다. 그 아들이 죽은 지 얼마 되지 않아서, Martha가 다니던 회사가 다른 회사에 넘어가게 되었고, 인수한 새 고용주가 구조조정을 하면서, Martha는 직업을 잃었다. 그리고 약 2년 가까이 병을 앓아 왔던 남편까지 결국 사망하였다.

Martha의 재정 상태는 완전히 절망적인 것은 아니었지만, 적어도 중산층 수준에서 볼 때, 안락하다고 말할 수는 없는 형편이다. 살아 있는 세 아들 중에 두 명은 결혼하여 자신들의 가정을 꾸리고 있다. 그중에 한 명은 좀 떨어진 교외에서 거주하고, 나머지 한 명은 다른 도시에서 생활하고 있다. 아직 미혼인 아들은 외국회사에서 일하는 판매직 사원인데, 업무 관계로 해외여행이 무척 잦은 편이다. 남편이 사망한 후에 Martha는 점차 안절부절못하게 되었으며, 혼란스럽고, 화가 났으며, 우울해졌다. Martha는 죄책감에 빠지기도 하였다. 첫째, 그녀는 자신이 남편에게 '좀 더' 뭔가 했어야 했다고 믿고 있다. 둘째, 그녀는 아들의 요절에 대해서도 이상하게 책임감을 느끼고 있다. 마지막으로, 자신 또한 자녀들에게 큰 짐이 되지 않을까 몹시 두려워하고 있었다.

먼저, Martha는 완전히 자신에게만 틀어박혀 있으면서, 어느 누구에게서도 위로받거나 도움을 얻는 것을 거부하였다. 그러나 결국에는 그녀가 다니는 교회의 목사님의 따뜻한 권유에 반응하게 되었다. 그 목사님은 Martha를 죄책감으로 추방당한 자 대신에 '애도하는 가족'의 일원이 되도록 도왔다. Martha는 교회의 지지집단에 참여하였다. 지역대학에서 일하고 있는 사회복지사가 그 지지집단을 위해 필요한 지도를 해 주었다.

그 집단에서 회원들과 상호작용한 결과, Martha는 자신의 아들들로부터 도움을 받는 것을 서서히 수용하기 시작하였다. Martha는 애도 과정에서 혼자가 아니었다. 집단성원들과 서로 도우면서, Martha는 자신의 상실감을 대처할 수 있는 원조를 받았다.

Martha는 자신이 도움이 필요한 가족의 일원임을 깨닫기 시작하였다. 그녀는 그녀가 참여한

2) 제시한 사례 1, 2의 내용은 Egan과 Gerald(2002: 4-5)의 「The Skilled Helper」에서 소개한 사례 내용을 토대로 작성한 것이다.

그 집단 회원들 중에 몇 명과는 집단 회기 밖에서도 관계를 맺기 시작하였다. 이러한 체험이 회사가 그녀를 면직하였을 때, 경험한 사회적 공허를 메워 주었다. Martha가 참여하고 있는 집단에 서비스를 제공해 주는 사회복지사와 가끔 비공식적으로 수다도 떨었다. 그 집단에서 만난 사람들과의 긍정적 접촉을 해 나가면서, Martha는 다른 직업을 얻게 되었다.

이 사례에서 도움은 여러 곳으로부터 받을 수 있다는 것에 주목하게 된다. Martha는 가족과의 유대를 새로이 발견한다. 교회의 지지집단, 목사님의 큰 관심, 그리고 사회복지사와의 격의 없이 가지는 대화 등이 Martha에게 큰 도움이 되었다. 더군다나 Martha는 상당히 자력적인 사람이었기에, 그녀가 받은 그러한 도움은 Martha가 지닌 현명함과 함께, 더욱 효과적으로 작용할 수 있었다. Martha의 어려움(고통)은 다양한 상황에서 계속적으로 발생된 상실 경험과 그녀의 인식 및 사고 특성이 함께 연결되어 있다. 사례에서 기술된 Martha가 처한 상황에서의 문제는 바로 원조 과정이 필요하게 되는 출발점인 '문제 상황'을 이해할 수 있는 좋은 예이다.

사례 | 기회 상실 및 잠재력 미활용

여러 정신건강센터에서 도우미로 약 10년을 일하면서, Carol은 점차 소진되었다. 사회복지사와의 첫 면담에서 Carol은 자신의 일에 충분히 헌신하지 못한 자신에 대해서 매우 신랄하게 비판하였다. Carol이 전에 일한 여러 다른 정신건강센터들은 문제가 산적하였다. 각 센터들은 성장해 나가는 과정에서 나름대로 어려움이 많았으며, 구조 조정 등을 했었다. 그곳에서 Carol이 클라이언트를 도우면서 최선이라는 기분을 가져 본 적은 비교적 드물었다고 말했다. Carol를 면담한 사회복지사는 Carol에게 대인서비스기관(human service organization)에서 컨설턴트로서의 자신의 잠재 능력을 탐색해 나가면서, Carol의 직업(career) 적응할 수 있도록 도왔다. Carol은 지역대학에서 조직 개발 프로그램에 등록하였다. Carol은 보다 새로운 관심을 가지고, 새롭게 일련의 숙련성을 겸비하면서, 클라이언트를 도와주는 원조 현장에 계속 남게 되었다.

이 사례는 무엇이 잘못되었느냐가 아닌, 무엇이 더 나은 것인지에 대한 질문에 초점을 두고 있다. 이 사례는 우리 대부분이 우리가 가진 잠재성 중에서 지극히 작은 부분만을 활용하고 있음을 시사하고 있다. 대부분의 경우, 우리는 자신, 다른 사람들, 우리의 일, 우리의 삶의 사회적 여건(social settings)에서 우리의 삶의 방식을 훨씬 더 창의적으로 대처할 수 있는 능력을 가지고 있다. 실제로 자신의 잠재력을 충실히 활용하지 못하고, 기회를 놓침으로써 어려움을 겪게 되는 클라이언트가 많다. 이 사례에서 사회복지사는 Carol에게 새로운 직업을 위한 기회를 탐색하고 발전시킬 수 있도록 원조하고 있다.

사회복지실천은 일반적으로 클라이언트의 접촉 유무에 따라서 직접실천(direct practice)과 간접실천(indirect practice)으로 구분하고, 개입의 단위 또는 수준에 따라 미시적 실천(micro practice)과 거시적 실천(macro practice)[3]으로 구분한다(신성자 외, 2000: 2-3 재인용; Netting, Kettner, & McMurtry, 1993: 3-4). 미시적 실천 및 직접실천에서는 인간이 환경과 원활한 상호작용을 할 수 있는 능력, 즉 사회기능(social functioning)을 향상시키는 것이 주요 목표이다. 사회복지사의 원조가 필요한 클라이언트는 자신들의 행동, 욕구, 신념 등이 환경의 어느 부분과 상호작용하는, 기능이 손상된 대상들이다. 사회복지실천은 사회적 요구(demand)와 사람들의 욕구(need), 갈망, 기대, 열망 등 간의 긴장, 갈등 또는 좌절 등을 중재하기 위하여 개입하는 사회적 기제(social mechanism)이다(신성자 외, 2000: 1).

사회복지사는 인간과 환경[4]을 끊임없이 변화하는 존재로 보고, 인간과 환경 모두 변화할 수 있는 잠재성도 가지고 있다는 긍정적 전제를 가지고 있다. 그러므로 계획된 개입을 통해서 인간도 환경도 변화될 수 있다는 실천가정(practice assumption)을 가진다. 어떤 실천현장에서 종사하든지, 사회복지사는 '상황 속의 개인(person in situation)'을 개입의 기본 단위로 생각한다. 사회복지사는 광범위한 사회적 단위에 개입하게 된다. 사회복지사의

3) 거시적 실천(macro practice)에 있어서 조직 수준에서의 사회복지사의 활동은 반드시 제한적이진 않지만, 전문 및 준전문직 직원에 대한 지도 감독, 위원회에서의 활동, 예산, 연구 계획서 작성, 프로그램 개발 등을 포함한다. 지역사회활동으로 사회복지사는 다양한 집단 간의 교섭과 타협, 의사결정에 소비자가 참여할 수 있도록 격려, 각 기관 간의 합의의 설정 및 이행, 욕구 사정 등에 관여한다. 정책 관련 활동으로는 연합 조성, 로비, 증언, 클라이언트에게 직접적으로 영향을 줄 수 있는 법안 제정이 이루어질 수 있도록 추진하고, 법률 및 규정의 틀에 영향을 줄 수 있도록 계획된 각종 업무를 수행한다.

4) '환경(environment)'은 매우 포괄적인 개념이다. 물리적 환경뿐만 아니라 사회문화적 환경도 포함된다. 클라이언트를 둘러싸고 있는 인간관계 배경도 클라이언트 환경의 중요한 측면이다.

클라이언트는 개인, 가족, 집단, 지역사회, 조직, 제도 등 다양한 사회적 단위(social unit)가 포함된다.

클라이언트를 위한 사회복지사의 개입을 위한 사회적 단위(social units) 또는 체계(systems)는 상담가, 심리치료사, 정신과 의사 등을 포함한 타 정신건강 전문가(mental health professionals)들의 개입 단위에 비해 폭이 넓고 다양하다. 그것은 사회복지실천의 특성이 클라이언트를 개인(들)이 아닌 '상황/환경 속의 개인'을 항상 강조하기 때문이다.

직접실천은 주로 개인, 가족, 집단을 대상으로 클라이언트를 직접 대면하여 개입하는 미시적 실천을 말하지만, 지역사회의 집단이나 단체들에 제공하는 거시적 방법들의 측면을 포함하기도 한다. 사회복지실천을 위해 사회복지사는 사람들의 욕구 및 문제를 사회적 맥락에서 확인하고 이해하며, 그러한 문제들을 위하여 자원을 찾고 동원하여, 개인 또는 다른 사회적 단위가 욕구와 문제에 대처하기 위해 자원을 사용하게 할 뿐만 아니라, 새롭고 보다 더 적합한 자원을 창출할 수 있도록 클라이언트와 상호 노력하면서 개입한다. 클라이언트의 원조 과정에서 사회복지사는 클라이언트의 사회기능 향상에 필요한 자원 동원뿐만 아니라 적절한 자원을 창출하기 위한 노력을 한다. 그리고 사회복지사는 클라이언트의 변화뿐만 아니라, 클라이언트의 사회기능을 억압하는 사회적 제약 조건의 변화에까지도 개입을 위한 관심이 확장된다.

이상 논의를 정리하면, 사회복지사를 찾는 클라이언트는 환경 속의 개인이 '문제 상황', '기회 상실', '잠재력 미활용' 등으로 사회기능 수행에 어려움을 가지고 있다. 클라이언트는 다양한 사회적 단위가 포함되지만, 어떤 실천현장에 종사하든지, 사회복지사는 '환경(상황, 체계) 속의 개인'을 개입을 위한 기본 단위로 생각한다.

클라이언트를 위한 사회복지사의 업무는 정서적 지원뿐만 아니라, 물질적 지원과 각종 서비스 연결 등 실제적 지원을 포함한다. 그러므로 직접실천 업무를 담당하는 사회복지사는 클라이언트를 위한 원조 과정에서 상담가로서의 역할은 물론, 체계 연결을 위한 다양한 역할을 하게 된다.[5] 그리고 사회복지사는 자원 동원 및 창출을 위한 노력과 클라이언트의 사회기능에 억압적인 체제나 제도 개선에 필요한 사회개혁에 대한 사명

5) 체계 연결 역할에는 중개자, 사례관리자, 조정자, 중재자, 옹호자, 심판자 역할 등이 있다(허남순 · 한인영 · 김기환 · 김용석 역, 2004: 38-41).

(commitment)을 가지고 역동적으로 활동한다. 이러한 사회복지실천이 가지는 특성은 심리 치료사나 상담가 등의 타 원조 전문직과 구별되며, 사회복지 전문직(social work profession)이 가지는 정체성을 돋보이게 해 주는 측면이다.

2. 사회복지사의 길을 선택한 동기에 관한 성찰

우리는 우리 자신에게 "나는 왜 사회복지사의 길을 선택하였는가?"라는 질문을 해 볼 필요가 있다. 일반적으로 사람들은 건강하고, 밝고, 풍요롭고, 행복한 것을 좋아하고, 그것을 추구하게 된다. 통상 사람들은 우울하고, 슬프고, 불행한 측면은 멀리하고 싶어 한다. 사회복지사가 개입해야 할 클라이언트의 현실은 전자가 아닌 후자이다. 이유와 원인은 다양하겠지만, 사회복지사의 원조 대상인 클라이언트는 각기 처한 상황에서 사회적 기능에 한계를 가지고, 사회적 원조를 필요로 하고 있다는 공통점을 가지고 있다.

그렇다면 이러한 이들을 위해 일하는 사회복지직을 자신의 인생의 전업(career)으로 선택한 사람들은 분명히 결코 평범한 사람은 아니다. 무엇이 이들로 하여금 사회의 어두운 면에 관심을 가지고 사회복지사로 일하게 했는가? 무엇이 삶의 음침한 면에 매료되게 한 것인가? Guggenbühl-Craig(1982)는 「사회사업과 탐문(social work and inquistion)」이라는 논문에서 사회복지사의 길을 선택한 동기—'이웃에 대한 사랑'과 '권력에 대한 욕망(power drive)'—에 대해서 논의하고 있다.

사회복지 종사자에 대해서 일반인이 가지고 있는 선입감 중의 하나는 '이웃에 대한 봉사와 사랑'을 실천하는 사람이라는 것이다. 인류라는 공동체의 구성원으로서, 이웃에 대한 봉사와 사랑의 가치가 사회복지직을 자신의 전업으로 선택한 동인이 될 수 있다는 데 공감하면서도, Guggenbühl-Craig는 절대적 이타성은 존재하기 어렵다는 인식을 함께 한다. '이웃에 대한 사랑'이라는 동기에 다소 회의적이면서, '권력에 대한 우리의 욕망'이라는 또 다른 의미 있는 주제를 가지고, 우리 스스로에게 직면하도록 하면서 생각해 보게 한다.

사회복지사가 사회적 약자인 무력하고 왜소한 클라이언트를 원조하면서, 자신은 클라이언트와 같이 취약하고 왜소하지 않다는 사실에 안도감과 상대적 우월감을 가질 수 있다는 것이다(Guggenbuho-Craig & Adolf, 1982). 사회복지사는 클라이언트와 일하면서 클라이언트에게 직접적으로 혹은 간접적으로 영향을 줄 수 있다. 이러한 원조 과정에서 사회복지사는 권력감(a sense of powerfulness)을 경험하지는 않는지, 그리고 그것이 자신의 내면의 권력에 대한 욕망(drive)을 충족시켜 주는 측면은 없는지에 대해 반문하면서 저자는 우리 내면에 대한 분석적 성찰(insight)을 요청하고 있다.

사회복지사의 길을 선택한 우리에게 Guggenbuho-Craig(1982)의 논문이 시사하는 의미는 크다. 특히 일대일의 대면 원조관계에서 사회복지사가 클라이언트의 자유 의지(free will)에 반해 업무를 진행하는 경우에 사회복지사의 권력(힘)에 대한 욕구가 반영되었을 수도 있음을 경고한다. 사회복지실천에서 클라이언트의 '자기결정권'에 대한 존중은 인간의 존엄성과 함께 무엇보다도 중요한 실천가치이며 동시에 실천원칙으로 강조되어 왔다. 사회복지사가 되어, 힘든 상황에 있는 클라이언트를 원조하는 바로 그 일에 우리가 끌리는 것이 우리의 내면에서 추구하고 있는 바로 그 권력(힘)에 대한 욕구에서 기인된 측면이 있다면, 이 문제에 대해서 직면해 볼 필요가 있다. 왜냐하면 원조 과정에서 의식적이든지 무의식적이든지 클라이언트를 조정하고, 클라이언트의 자기결정권을 훼손할 수 있는 위험(risk)이 그만큼 더 커질 수 있기 때문이다.

사회복지실천에서 사회복지사는 자신(self)을 무엇보다도 중요한 도구로 활용한다. 사회복지사는 원조 과정에서 바람직한 변화를 가능케 하는 가장 중요한 변화매개체(change agent)이다. '자기 인식(self-awareness)'이 사회복지사에게 사회복지직을 수행하는 동안 자신과 클라이언트를 위해서 끊임없이 수행해야 할 과제인 이유도 바로 여기에 있다. 원조 과정은 사회복지사의 일방적 관계가 아닌, 클라이언트와 협력체계에서의 상호작용을 전제로 한다. 일반적으로 원조를 필요로 해서 찾아온 그 상황에서의 클라이언트의 자아는 많은 경우 손상되어 있기 때문에 사회복지사는 특히 더 건강한 자아감을 가져야 하며, 그것을 지켜 나가기 위해 노력해야 할 것이다.

사회복지사의 길을 선택한 우리 자신의 동기에 대한 깊은 성찰이 중요한 것도 사회복지사의 '건강한 자아'가 실제 사회복지사의 실천(practice)에서 가지는 중요성 때문이다. 사회복지 원조 과정에서 가장 중요한 변화매개체로 우리 자신을 활용해야 하는 우리로서, 사회복지직을 선택한 동기에 건강하지 못한 측면이 있다면, 진지한 자기성찰을 통해서 재정립하여야 할 것이다. 사회복지직의 선택 동기가 자신의 권력 욕구에 기인될 때, 원조 과정도 바로 그 권력의 그림자(power shadow)를 벗어날 수 없는 것은 자명한 이치이기 때문이다.

요약 정리하면, '사회의 그늘진 곳에서 다양한 사회적 약자들을 만나고, 그들과 함께 일하는 사회복지사의 길을 왜 자신의 전업으로 선택하였는가?', 이에 대한 정직한 성찰을 할 수 있는 것은 바로 우리 자신을 위해서뿐만 아니라, 우리가 '위해서(for)' 개입해야 할 클라이언트를 위해서도 갖추어야 할 자질이며 의무이기도 하다.

다음은 사회복지직의 선택 동기에 대한 우리의 자기성찰의 중요성을 인식하여, 자기인식 증진을 도모하기 위하여 활용할 수 있는 '자기개방훈련활동과제'[6]이다. 다음의 지침에 따라 훈련활동에 참여하고, 활동에 대한 평가를 할 수 있다.

과제 | 자기개방훈련 1

이 자기개방훈련은 두 사람씩 짝이 되어 수행할 수 있다. 이 활동은 다섯 영역, 즉 ① 일반성(generalities), ② 가치 및 태도, ③ 감정, ④ 정체감(identity), ⑤ 강점(strengths)과 약점(weakness)에서 각 해당 주제를 가지고, 두 사람이 각 주제에 대한 자신의 생각 및 느낌을 표현하는 것이다. 각 주제에 대해서, 먼저 한 사람이 묻고, 상대가 대답하는 형식을 취한다. 질문을 하는 역할과 대답을 하는 역할은, 서로 번갈아 진행한다. 각 주제의 내용은 각자가 가지는 관심영역에 따라 다른 내용으로 융통성 있게 작성하여 사용할 수 있다.

파트너와 서로 마주 보고 앉아서 상대방의 언어적 행동뿐만 아니라, 비언어적 행동을 잘 관찰하는 것이 중요하다. 자신과 상대 파트너가 과연 얼마만큼 진실한 자기개방을 하였는지를 탐색하면서, 그 수준을 평가해 봄과 동시에 자기개방수준에 영향을 준 요인에 대해 분석해 보는 기회를 갖도록 한다. 자기개방활동(약 60~90분)이 끝난 뒤에, 자기개방수준에 대한 평가를 위한 체크리스트(10문항)에 응답하도록 한다. 이 활동에 참여한 두 사람(pair)이 작성하여 제출한 체크리스트 자료는 담당 교수가 참여한 학생의 활동에 대한 피드백을 줄 때 검토해 보면 유용할 것이다.

6) 제시한 자기개방훈련활동과제와 자기개방평가를 위한 체크리스트의 내용은 Walsh(1987: 33, 51)가 소개한 자료를 참고로 작성하였다.

주제 1: 일반성

① 나의 직업 목표(career goal)는 ______________________이다.

② 내가 가장 좋아하지 않는 사람의 유형은 ______________________이다.

③ 나는 ______________________ 때, 내 자신이 능력이 있다고 느껴진다.

④ 나는 정말 ______________________할 수 있기를 원한다.

⑤ 인생에서 가장 중요한 것은 ______________________이라고 생각한다.

주제 2: 가치와 태도

① 사람들이 다른 사람을 돕는 진짜 이유는 ______________________라고 생각한다.

② 이제껏 내가 (시간을 내고 에너지를 쓰면서) 기꺼이 돕기를 원한 사람은 ______________________ 특성을 가진 사람이다.

③ 아동을 성폭력한 가해자에 대한 나의 느낌은 ______________________이다.

④ 알코올중독자에 대한 나의 느낌은 ______________________이다.

⑤ 교사에게 불손하게 대드는 학생에 대한 나의 느낌은 ______________________이다.

주제 3: 감정

① 나는 ______________________ 때, 가장 나 자신에 대해 긍지를 느낀다.

② 나는 상대편이 나에게 어떻게 ______________________ 말할 때, 기분이 언짢다.

③ 나는 ______________________ 때, 당혹스럽다.

④ 나는 ______________________ 때, 자존심에 상처를 받는다.

⑤ 나는 상대가 나에게 어떤 ______________________ 말을 할 때 기분이 좋다.

주제 4: 정체감

나는 누구인가? 이 질문에 대한 대답은 즉흥적으로 해야 한다.

새삼스럽게 의도적으로 생각해 보면서 나온 대답이 아닌, 평소에 자신이 가진 생각을 그대로 반영한 대답이 필요하다.

주제 5: 강점과 약점

자신의 강점과 약점을 각각 적어도 5개 이상 열거하도록 질문한다.

과제 | 자기개방훈련 2

자기개방활동(activities)을 끝마친 참여자들에게 10문항으로 구성된 체크리스트를 준다. 자기 파트너와 자기개방활동을 하는 동안 느꼈던 점을 평가하여 응답하도록 한다. 문항 번호 1~9까지는 '예' 또는 '아니요' 로 대답하고, 문항 10은 평가점수(척도)를 직접 ( ) 안에 기재하면 된다.

① 눈맞춤(eye-contacts)이 잘 유지되었다(지나치게 응시하거나 상대를 빤히 쳐다보지 않고, 자연스럽게 눈을 마주친 것을 말함).
② 신체 자세(posture)는 적절했다(편안한 자세, 약간 앞으로 기운 듯).
③ 내 파트너는 나를 긴장시키지 않고 편안하게 하였다.
④ 내 파트너는 면밀하게 잘 물어봐 주었으며, 내가 전에는 미처 생각해 보지 못했던 것을 정말 생각해 볼 수 있게 해 주었다.
⑤ 내 파트너는 매우 진실하게 나에 대한 관심을 가진 것처럼 보였다.
⑥ 내 파트너는 별로 망설임 없이 나에게 질문을 하였다.
⑦ 내 파트너는 종종 명료화(clarification)를 위해서 물었고, 적절하게 부연(paraphrase)하였다.
⑧ 내 파트너는 나의 감정(정서)을 잘 반영해 주었다.
⑨ 나는 내 파트너가 나의 삶에 대해서 어떤 것에 대해서 물었다 해도 말할 수 있다고 느꼈다.
⑩ 내 파트너가 자기개방활동을 통하여 개인 사회력(personal/social history)에 대해서 보고한 점수를 1점(최하 점수)에서 10점(최상 점수)까지 척도점수를 매길 경우, 나와 자기개방훈련활동을 같이한 파트너는 (　　)점이라고 말하고 싶다.

3. 사회복지실천기술의 개념에 대한 이해

'기술(skill)'에 대한 사전적 정의는 어떤 것(업무, 일, 게임, 스포츠 등)을 할 수 있도록 가능하게 하는 지식과 능력이다(Collins Cobuild Dictionary). 사회복지사가 업무를 수행하기 위해서는 실천을 위한 가치 및 전문지식이 있어야 하는데, 사회복지실천이 이루어지기 위해서는 사회복지사의 실천기술이 실제로 발휘되어야 가능하다. 실천기술은 사회복지실천을 결정적으로 가능하게 할 수 있는 사회복지사가 갖추어야 할 수행능력이다.

사회복지실천기술에 대해서 여러 이론가들이 제시한 개념 및 정의를 살펴보면 다음과 같다.

첫째, Barker(1991), Smally(1967), Morales와 Sheafor(1998) 등은 사회복지실천기술의 정의를 '숙련성' 또는 '수행능력' 등에 초점을 두고 있다. Barker(1991)는 사회복지사의 기술을 "대화나 클라이언트의 문제, 욕구, 능력에 대한 사정, 자원 개발과 사회구조를 변화시키는 데 있어서의 숙련성"이라고 정의하였다(김혜란 외, 2006: 26 재인용). Smally(1967: 17)는 "사회복지사가 특정 프로그램이나 서비스의 목적을 달성하기 위해서 과정(process)을 진척시키는 데 필요한 방법을 사용할 수 있는 능력"이라고 하였다. Morales와 Sheafor(1998: 140)는 사회복지실천기술을 "지식과 개입 기법을 효과적으로 사용할 수 있는 능력"이라고 설명하고 있다. 사회복지사가 성공적으로 업무를 수행하기 위해 갖추어야 하는 다양한 능력을 Bear(1979)는 다음과 같이 제시하였다(김혜란 외, 2006: 27 재인용).

- 클라이언트와 사회기관 간의 관계 변화를 파악하고 사정하는 능력
- 문제 사정과 목표 또는 대안에 대한 탐색을 기초로 클라이언트의 삶의 질을 향상시키기 위한 계획을 세우고 수행하는 능력
- 클라이언트의 문제해결과 적응, 발달 능력을 향상시키는 능력
- 자원과 서비스를 제공하는 체계들과 클라이언트를 연결하는 능력
- 취약하고 차별을 받는 집단을 위해 효과적으로 개입하는 능력
- 자원과 서비스를 제공하는 체계의 운영 효과성을 향상시키는 능력
- 보다 공정하고 정의로운 소비자 중심의 서비스와 자원들이 창출되고 개선되도록 다른 사람들과 적극적으로 참여하는 능력
- 개입 계획에 따라 목표가 달성된 정도를 평가하는 능력
- 실무 능력을 중심으로 전문가로서의 자기 계발과 성장을 지속적으로 평가하는 능력
- 전문직의 원칙과 윤리에 준거하여 전문직의 지식 기반을 넓힘으로써, 서비스 전달의 개선이 이루어지도록 기여하는 능력

둘째, Henry(1981)와 Johnson(1995) 등은 '행동과업'을 강조하고 있다. Henry(1981: 7)는 사회복지실천기술을 "특정 시간에, 특정 목적을 위해서, 특정 방식으로 사회복지사가 사용하는 일련의 행동 혹은 과업"으로 규정하였다. Johnson(1995: 431)은 사회복지실천기술을 관심과 욕구에 맞추어, 지식과 가치를 행동으로 전환하는 사회복지실천의 구성 요소로 보고, "특정 목표나 활동을 향한 복잡한 행위체제"라고 정의하고 있다. 이러한 정의는 실천기술을 "행동하는 지식"으로 기술한 Phillips(1957)의 생각과도 잘 부합하고 있다.

마지막으로, Barry Cournoyer(1991; 김인숙 · 김용석 역, 2000: 22 재인용)는 사회복지실천기술 특성을 체계적으로 잘 정리하여 제시하고 있다. Cournoyer(1991)는 사회복지실천기술은 ① 사회복지실천의 지식, 가치, 윤리, 의무로부터 나와야 하며, ② 사회복지사에 필요한 핵심적 자질과 일치해야 하며, ③ 전문적 통합성의 특징을 반영해야 하며, ④ 실천의 단계나 과정의 맥락이 고려된 사회복지실천목적과 부합하여야 한다고 하였다. Cournoyer(1991)가 설명한 사회복지실천기술의 특성은 사회복지실천기술이 어떤 특정 기법 및 방법을 익히는 작업만으로는 이루어질 수 없는 전문적 행위임을 재확인시켜 준다.

이상 소개한 사회복지실천기술에 대한 정의를 종합해 보면, 사회복지실천기술은 "사회복지사가 사회복지실천 지식과 가치를 토대로 사회복지업무를 수행하기 위한 일련의 인지적이고 행동적인 행위"로 정의할 수 있다.

사회복지실천에 필요한 다양한 실천기술의 종류의 내용은 제3장-7장에서 소개할 것이다.

Chapter

2

다양한 사회복지실천모델

사회복지실천현장에서 일하는 사회복지사는 본인이 의식하든지 의식하지 못하든지 어떤 모델에 입각하여 활동을 하고 있다. 따라서 사회복지사가 사회복지실천현장에서 전문적 원조를 적절히 제공하기 위해서는 이상적으로 모든 실천모델을 잘 알고 있어서, 사회복지사가 아는 모델에 클라이언트의 문제를 맞추는 것이 아니라 클라이언트의 문제해결에 가장 적절하고 효과적인 모델을 선택하여 클라이언트의 문제해결 과정에 전문적이고 과학적인 도움을 제공할 수 있어야 한다.

현재까지 사회복지실천분야에 소개된 사회복지실천모델은 매우 다양하다. 각 실천모델들은 나름대로의 이론적 배경과 역사적 발달 과정을 갖고 있고, 각자의 실천 경험을 축적하고 있다.

초창기 사회복지실천은 종교적 가치관과 자원봉사자의 개인적 사명감에 의해 시작되었기 때문에 특정한 이론적 배경이나 실천모델을 가지고 시작한 것이 아니었다. 그러다가 자원봉사자들이 유급 사회복지사로 바뀌면서 자신들의 정체성을 찾기 위한 과학적 이론들이 필요하게 되었다.

이러한 사회적 요구에 의해서 1917년에 Mary Richmond는 『사회진단(Social Diagnosis)』이라는 사회복지실천의 전문 서적을 발간하였으나, 이는 사회학적 관점에 근거를 둔 사회복지실천의 접근 방법으로 객관적 이론이라고 보기 어려웠다. 그러던 차에 1920년대에 Freud에 의해 개발된 정신분석이론은 정신과 의사를 중심으로 주요 이론으로 각광을 받기 시작하면서 정신과 의사와 함께 업무를 수행하던 사회복지사들이 이에 영향을 받아 Freud의 정신분석이론을 중요한 이론으로 받아들이기 시작하였다. 정신분석이론을 사회복지실천에 도입한 사회복지사들은 클라이언트의 문제를 진단-치료하는 의료적 모델을 강조하는 진단주의 학파(diagnostic school)를 형성하였다.

1930년대 후반 진단주의 학파의 병리적이고 의료적인 모델에 반대하는 기능주의 학파(functional school)가 나타났다. 기능주의 학파는 클라이언트의 자아를 강조하는 자아심리학과 사회복지기관의 사회적 기능을 강조하는 이론으로 Robinson과 Taft에 의해 시작되었다. 이 학파는 사회복지기관의 기능을 활용하는 것이 사회복지실천임을 강조하면서 사회복지사와 정신분석치료사를 구별시켜 사회복지의 정체성을 확립하는 데 기여하였다.

기능주의 학파의 영향을 받아 Hamilton과 Hollis는 클라이언트의 문제를 사회적 환경과의 상호작용에서 파악하려는 심리사회모델을 개발시켰다. 심리사회모델은 개인의 심리적 특성뿐만 아니라 신체생리적 현상과 사회적 환경까지도 모두 고려하는 '상황 속의 인간(person in situation)'이라는 관점을 제시하면서 사회복지실천의 고유한 이론으로 발전하게 되었다.

이후 1957년에 Perlman이 진단주의 학파와 기능주의 학파의 이론을 통합한 문제해결이론을 제시하였고, 1930년대 후반부터 시작된 두 학파 간의 갈등이 종식되었다. 문제해결이론은 이후에 Pincus와 Minahan의 4체계 모델과 Compton과 Galaway의 문제해결모델 등에 영향을 주었고, 일반사회복지실천을 개념화하게 되었다.

1960년대 이후에는 인접 학문인 심리학과 사회학의 영향을 받아 사회복지실천이론들이 활발하게 소개되면서 사회복지의 전문성이 강화되었다. 1970년대에는 문제해결이론에 기초한 과제중심모델과 위기개입이론이 소개되었으며, 행동주의이론에 근거한 인지행동모델이나 행동수정모델 그리고 체계이론에 근거한 생태체계모델이 사회복지의 주요 실천이론으로 소개되었다.

1970년대 중반에는 일반체계이론과 생태체계적 관점에 근거한 강점(strength) 지향 혹은 해결중심접근의 중요성이 대두되면서 Chestang, Solomon, Pinderhughes 등에 의해 역량강화모델이 나타나게 되었다.

1980년대 이후 미국, 영국, 캐나다에서는 탈시설화의 영향과 복합적 욕구를 가진 클라이언트의 등장 등 사회환경의 변화로 직접실천을 모두 포괄할 수 있는 통합적 모델인 사례관리모델이 새롭게 활용되었다. 최근에는 문제해결의 원인을 사회구조적 측면에서 찾으려는 '급진사회복지실천모델'과 과학적 실천증거들을 기반으로 하여 과학적 전문성을 더욱 강화하고자 하는 '증거기반실천(evidence-based practice)모델' 등 다양한 실천모델들이 제시되고 있다. 이 밖에도 다양한 심리치료이론들이 사회복지실천에 활용되고 있으며, 아동을 위한 놀이치료나 미술치료 등도 소개되고 있어 사회복지실천이론이 한층 다양화되고 있다.

이 장에서는 여러 가지 사회복지실천모델 중에서도 클라이언트의 생활 문제해결을 위해 가장 보편적으로 활용되고 있는 모델이면서도 효과적이고 접근이 용이한 모델(생태체계모델, 심리사회모델, 위기개입모델, 과제중심모델, 인지행동모델, 사례관리모델, 해결중심모델)을 중심으로 소개하고자 한다.

1. 심리사회모델

심리사회모델은 역사적으로 정신분석이론의 발달, 자아심리학의 출현, 사회과학적 지식의 도입과 더불어 Richmond의 연구에 의해 발전하였다. 이러한 심리사회모델에서는 모든 개인이 연령에 상관없이 성장하고, 학습하며 적응해 나가는 능력을 가지고 있다고 가정한다. 이 이론에서는 인간의 성장과 발달을 위해 적절한 여건을 조성하는 것에 개입의 초점을 두고 있다(Wood & Robinson, 1996; 엄명용 외, 2005: 409 재인용).

심리사회모델은 사회복지실천분야에서 진단주의와 기능주의의 논쟁에서 진단주의의 실천양식에 뿌리를 둔 모델이기 때문에 어떤 사례를 이해하기 위해 클라이언트의 근접환경을 현재 및 과거 시점에서 조사했던 Richmond의 영향을 받고 있으며, 관련된 과거사실에 대한 세심한 개인력 조사를 통한 사회연구를 강조한 Freud의 관점도 반영하고 있다. 따라서 이 모델에서는 가족, 개인 및 가족의 최근접환경, 상황 속의 인간 등을 철저히 조사하는 사정(assessment) 또는 진단(diagnosis)이 강조된다. 이는 개인의 현재 기능은 현재는 물론 과거 사건들의 영향을 받는다는 생각에 기초하고 있다.

이러한 심리사회모델의 특성은 사회복지실천이 개인 내적 요소와 사회적 요소의 영향을 모두 중요시하는 부분을 잘 담아내고 있다는 것이다. 따라서 이 모델에 따라 사회복지사는 사회복지실천현장에서 만나는 문제를 개인 내적인 심리적이고 생리적인 문제와 사회환경의 문제 또는 개인과 사회와의 상호작용의 문제로 보고 접근한다.

1) 이론적 배경

(1) 등장 배경

Woods와 Hollis는 심리사회모델의 이론적 배경으로 생태체계이론, 정신역동이론, 역할이론, 의사소통이론 등을 제시하였다(김혜란 외, 2003: 72).

심리사회모델은 19세기 우애방문단 및 자선조직협회의 활동, Richmond의 실천모델을 전승하며 이후 Freud 정신분석이론에서 파생된 자아심리학의 영향을 받았을 뿐만 아니라 생태체계적 이론, 문화인류학 등 인접 사회과학에 이르기까지, 어떤 특정 이론에 근거하여 발달하였다고 하기보다는 사회복지실천의 과정에서 여러 요소들이 절충되어 이루어졌다고 할 수 있다(한국전문대학 사회복지교육협의회, 2005: 298).

심리사회적 접근은 클라이언트 상황에서의 정신 내부적·대인관계적·환경적 측면들을 완전하게 이해하기 위해 새로운 이론과 다양한 지식을 받아들이는 개방체계로서의 성격을 가지면서 절충주의를 취하고 있다. 어떠한 우수한 생각이나 실천기술이라도 그 하나만으로는 클라이언트의 복잡하고 광범위한 문제를 모두 포괄할 수는 없다. 그러한 점에서 심리사회모델은 사회복지 영역뿐만 아니라 정신의학, 심리학, 사회학, 인류학 등을 포함하는 다양한 지식체계들로부터 클라이언트 상황에 대한 더 나은 이해를 도모한다. 또한 다양한 수준−개인, 소집단, 가족, 중요한 타자, 다른 영역의 전문가, 그리고 클라이언트 생활 내 여타 체계−에서의 원조 제공을 강조함으로써 복잡하고 복합적인 사안들에 효과적으로 대처하고자 하는 경향을 보이고 있다(김기태 외, 2006: 394-395).

역사적 관점에서 심리사회모델은 정신분석이론에 기반한 진단주의의 옹호자였던 Hamilton(1940)에 의해 사회복지실천에 학문적으로 정착되었다. 심리사회모델은 19세기 우애방문단 및 자선조직협회의 활동에 영향을 받았고, 특히 Richmond는 자선조직협회에 의한 우호방문만으로는 충분한 원조를 제공할 수 없으며, 개인에 대한 초점뿐 아니라 개인은 그를 둘러싼 가족과 집단 등의 환경 속에서 이해되어야 한다는 개념을 주장하였다.

또한 사회복지사의 분석은 정확한 분석으로 이어져야 함을 중시하면서 사회복지실천이 실제 실천 경험으로부터 수집된 정보를 토대로 과학적 근거를 갖게 함으로써 진정한 전문직으로 출발할 수 있게 하였다. 이러한 활동은 단순한 자선을 베푸는 것이 아닌 사회조사, 진단, 치료 계획과 같은 전문적 원조 과정을 가진 전문가로서 사회복지사를 양성하는 데 기초가 되게 했다.

(2) 주요 원칙과 가정

① 수 용

수용이란 사회복지사의 개인적인 선호와 관계없이 클라이언트에게 선한 의지와 태도를 유지하는 것을 의미한다. 이를 위해 공감과 감정이입(empathy) 능력을 갖추어야 하며 클라이언트에게 도움을 제공하기 위해서는 개인의 행동이나 상황에 대한 객관성, 관용 혹은 지적인 이해를 뛰어넘을 수 있어야 한다.

② 자기결정

클라이언트의 자기결정은 클라이언트 스스로 자신의 행동에 대한 결정을 내리고 스스로 선택할 수 있는 권리를 갖고 있다는 개념이며 사회복지사는 이러한 클라이언트의 자기결정을 최대한 존중해 주어야 한다. 사회복지사는 클라이언트의 자기결정을 위해 다양한 정보와 대안을 제공하고 클라이언트가 자기결정을 할 수 있도록 클라이언트의 능력을 향상시키는 기회를 다양하게 제공한다. 이를 통해 클라이언트는 자율성을 경험하며 클라이언트 스스로가 자신의 삶의 전문가임을 받아들이도록 돕는다.

③ 전문적인 관계형성

사회복지사와 클라이언트 간에 라포(rapport)가 형성되기 위해서는 사회복지사의 온화함과 관심, 진실성, 명확한 공감, 수용 등을 통해 전문적인 관계가 형성되어야 한다. 사회복지사와 클라이언트 간에 상호이해와 일관성 있고 조화로운 공감상태는 클라이언트의 두려움을 감소시키고, 사회복지사를 신뢰할 수 있게 되는 것을 의미하며 이를 통해 클라이언트 자신이 해결하지 못한 문제로 인한 수치심이나 실패감을 줄이며 지나친 의존이나 불안감을 줄여 나갈 수 있다. 특히 비자발적으로 의뢰된 클라이언트의 경우 사회복지사는 클라이언트의 잠재적 욕구와 감정을 더욱 깊이 파악하여 적절하게 반응을 필요가 있다.

(3) 주요 기술

사회복지사가 '상황 속에 있는 클라이언트'를 심리사회적으로 사정하고, 개입하는 과정 속에서 사회복지사와 클라이언트 간의 의사소통은 핵심적 부분이라고 할 수 있다. 제대로 된 의사소통 과정을 통해 클라이언트가 가진 문제를 제대로 파악하고, 클라이언트의 개인적 문제와 상황적 측면을 충분히 고려하여 사정하고, 이를 통해 제대로 된 개입이 가능하기 때문이다. 이를 위해 사회복지사와 클라이언트 간의 중요한 의사소통 유형을 Wood와 Hollis는 크게 여섯 가지로 예를 들어 제시하고 있다(Turner, 1996: 575-576).

① 지지하기(sustainment)

지지하기 과정은 심리사회모델에 따른 사회복지사의 활동 가운데 가장 기본적이고 핵심적인 것이다. 지지 과정이란 사회복지사가 클라이언트를 수용하고 클라이언트를 원조하려는 의사와 클라이언트의 문제해결 능력에 대한 확신감을 표현함으로써 클라이언트의 불안을 줄이고 자아존중감을 증진하기 위한 과정이다. 특히 클라이언트가 죄책감과 수치감을 느끼거나 두려워하거나 분노를 느끼는 경우에 사회복지사는 지지기법을 적극 사용함으로써 클라이언트를 이해하고 있음을 보여야 한다. 지지 과정은 언어적 의사소통뿐 아니라 따뜻한 표정, 어깨를 두드리는 등의 비언어적 방법도 포함한다. 또한 클라이언트가 당면한 문제에 대해 실질적 도움(예: 가정봉사원, 보육서비스, 경제적 지원, 자원봉사자 연결 등)을 제공함으로써 사회복지사가 클라이언트를 수용하고 지지함을 나타낼 수 있다. 사회복지사가 클라이언트에게 관심과 수용(interest and acceptance), 공감적 이해(empathic understanding), 재보증(reassurance), 격려(encouragement)를 보여 주기 위한 언어적 · 비언어적 형태의 의사소통을 모두 포함하고 있다. 이를 통해 클라이언트의 불안을 감소시키고, 클라이언트와 함께하고 있다는 신뢰를 갖도록 격려한다.

> 예) 언어적: "그런 느낌들은 자연스러운 거예요."
>   "계속 얘기해 보세요."
>   비언어적: 미소, 고개 끄덕임

② 직접적 영향 주기(direct influence)

직접적 영향이란 클라이언트의 행동을 향상하기 위한 조언이나 제안 등을 통해 사회복지사의 의사를 관철하기 위한 과정이다. 클라이언트가 스스로 자신의 문제를 해결하는 결정을 하는 것이지만 사회복지사가 그 결정에 직접적으로 영향을 미칠 수 있다. 사회복지사의 영향은 다양한 방법으로 이루어지는데, 의견 제시에서 클라이언트가 이미 내린 결정에 대한 지지, 강력한 주장, 직접적 개입 등의 방법을 포함한다.

직접적 영향이 효과적이기 위해서는 지지 과정을 통해 신뢰관계를 형성하는 것이 무엇보다 중요하다. 사회복지사가 조언하고 싶은 욕구를 강요하는 것이 아니라 클라이언트가 가진 욕구를 명료화하여 조언해야 한다. 그러므로 조언하기 위해서는 충분히 경청하고 클라이언트가 서 있는 곳에서 출발해야 한다. 이 기술은 다양한 수준의 조심스러운 제안이나 충고를 제시하는 것이다. 부모의 안내나 위기개입은 때로 사회복지사가 강한 의견을 표현하거나 클라이언트가 특정한 행동 과정을 따르도록 촉구하기도 할 정도로 직접적 영향을 준다. 물론, 클라이언트가 자신의 생각대로 결정에 이르기는 하지만 어느 정도 방향은 분명하게 제시하기도 한다.

예) "제 생각에는 ㅇㅇ프로그램에 참여해 보시면 어떨까 해요."
"그 부분에 대해서는 가족들과 상의하시는 게 더 나을 거예요."

③ 탐색-기술-환기(exploration-description-ventilation)

탐색(exploration)과 기술(description)은 클라이언트의 문제와 관련하여 클라이언트, 클라이언트의 환경, 혹은 클라이언트와 환경과의 상호작용에 관한 사실을 진술하고 설명하도록 원조하는 것이며, 환기(ventilation)는 사실과 관련된 감정을 끄집어냄으로써 카타르시스를 경험하도록 원조하는 것이다. 탐색-기술-환기는 연관되어 있는데, 사실을 진술하거나 설명하는 과정에서 자연히 감정이 표현되기 때문이다.

심리사회모델에서는 특히 분노, 상실에 대한 애도 반응, 죄책감, 불안 등의 감정에 주의를 기울인다. 이런 감정들은 표현할 수 있는 준비가 되었을 때 말로 표현되어야만 클라이언트가 환기를 경험할 수 있다. 때로는 환기를 경험하는 것 자체로 문제가 해결되는 경우가 종종 있다. 그러나 클라이언트가 개방할 준비가 되지 않았을 때에는 더욱 방어적 태도를 취하거나 표면적으로만 그 사실을 다루게 되어 실제로 느끼는 그 감정은 그대로 남아 있는 경우도 생긴다. 클라이언트가 자신의 상황과 감정을 사회복지사와 의사소통할 때 탐색, 기술, 환기를 통해 설명한다. 감정을 환기하면 클라이언트는 즉각적으로 감정적으로 편안함을 느낀다.

예) ▪ **사회복지사**: 아들과 갈등이 생겼을 때 무슨 일이 일어났었나요? 조금 더 자세히 얘기해 주세요. (탐색을 이끌어 내는 질문)
▪ **클라이언트**: 아들은 게임을 계속하고 싶어 했고 저는 아들에게 그만하라고 소리를 치고 있었죠. (기술)
▪ **사회복지사**: 그런 일이 있을 때 기분은 어떠셨나요? (탐색)
▪ **클라이언트**: 말을 안 듣는 아들 때문에 너무 화가 났고 이제 제 통제를 벗어났다는 생각 때문에 너무 걱정도 되고 막막해서 눈물이 났어요. (감정에 대한 환기)

④ 개인-환경에 대한 성찰(reflection of person-situation configuration)

이러한 성찰을 통해 클라이언트의 현재 환경과 다른 사람과의 상호작용에 관한 인식, 생각, 감정을 더 알 수 있도록 도움을 준다. 클라이언트가 말하는 것에 대한 사회복지사의 의견 제시, 질문, 부연 설명 등을 통해 관심 있는 사건에 대해 클라이언트가 깊이 있게 되새겨 볼 수 있도록 돕는 것이다. 클라이언트와 사회복지사 간의 관계를 탐색하는 것도 개인-상황 반영의 일부분이 될 수 있다.

예) 아버지가 딸의 비행에 화가 나고 혼란스러울 때
"딸이 반항적으로 행동하는 것이 당신에게 어떤 영향을 주나요?"
"딸의 어떤 행동이 당신을 힘들게 만드나요?"
"당신의 어떻게 반응할 때 딸이 아빠와 마주 대하는 걸 어렵게 생각하던가요?"
"딸이 방황할 때 친구관계에서 어떤 변화가 있었나요?"

⑤ 유형-역동성 성찰(pattern dynamic reflection)

이 기술은 사건에 대해 특정한 방식으로 생각하거나 행동하도록 이끄는 클라이언트의 행동 경향, 사고나 감정의 패턴을 확인하도록 도와준다. 이런 절차는 클라이언트가 자신의 심적 기능을 탐색하도록 격려한다.

예) "가까워지는 게 어려운 사람과 가까워지려는 경향이 있나요?"
"다투기 어려운 사람과 싸우려고 하지 않나요?"
"남편이 정말 괴롭힐 때 (문제와 연관이 없는) 아들과 싸우지는 않나요?"
"당신이 자신을 희생해서 다른 사람을 돌보는 방식으로 다른 사람도 자신을 돌보아 주었으면 좋겠다고 바라나요?"

⑥ 발달적 성찰(developmental reflection)

이 기술은 현재의 인격과 기능에 영향을 주는 원가족이나 초기 생활의 경험을 클라이언트가 고려해 보도록 한다. 과거의 상황과 개인의 감정이 연결되도록 돕는다. 때로는 특정한 초기 경험과 현재 행동이나 태도 간에 관계를 인식할 수 있도록 촉진시키는 질문을 던진다. 해석보다는 질문이 보통 더 바람직하다. 클라이언트는 동의하지 않아도 되므로 자유롭게 느낀다. 사회복지사의 의견이 잘못될 수도 있기 때문이다.

예) "이전에도 이와 같은 감정을 가진 적이 있습니까?"
10대의 자녀를 가진 부모에게 더 어린 시절을 성찰하도록 돕는 질문-"당신의 청소년기와 비슷한 점은 무엇입니까?"
"당신이 권위적인 상사 앞에서 위축되는 것은 어린 시절 권위적이었던 아버지와의 경험과 어떤 관련이 있나요?

2) 개입 과정과 사례 적용

이제 구체적 사례를 통하여 앞서 살펴본 심리사회모델의 이론적 배경과 주요 개념들이 사회복지실천현장에서 어떻게 적용되는지 살펴보자.

(1) 사례 개요

16세 된 병기는 여러 가지 문제로 어머니가 사회복지사에게 데려온 청소년이다. 병기의 집은 종합사회복지관 옆에 있는 임대아파트에 위치하고 있었는데 어머니는 일용직 노동자였다. 병기의 어머니는 병기 때문에 "집에서 화가 나 폭발할 지경"이라며 불평했다. 병기는 학교에서 친구들과 싸우고 어린 동생을 괴롭히고 있었다. 하지만 심리사회적 조사를 통해 드러난 바로는 가족체계 전체가 위기 상황에 있었다(개인의 문제로 보이는 상황도 심리사회적 조사를 통해 상황 속의 개인의 문제라는 것을 이해할 수 있게 된다). 아버지는 몇 년 전에 동맥경화증으로 진단을 받고 점점 상태가 안 좋아져서 지금은 일자리를 잃었다. 아버지는 우울하고, 까다롭고, 병기에게 비판적이었다. 어머니는 남편을 간병하며, 많은 걱정과 책임감을 느끼게 되면서 아들에게 엄격한 요구를 많이 하게 되었다. 어머니는 "모든 것이 통제를 벗어난 것" 같아 미래에 대해 두렵다고 말했다. 병기와 부모와의 갈등은 병기가 사춘기가 되어 부모의 간섭을 덜 받고 싶어지고 개인적 생활이 필요하게 되자 더 심해졌다(발달 단계상의 이해 필요). 그러나 부모의 생각은 아이들은 부모의 '사랑과 복종' 안에 있어야 한다는 것이다. 병기는 나이에 맞는 자기결정이나 관심사를 추구할 수 없고 답답함을 느꼈다. "부모님은 내가 시키는 대로 안 하는 걸 참지 못하고 잔소리가 너무 심해요"라고 병기는 불평했다(환기). 더구나 병기의 아버지는 병기의 삶에서 오랫동안 강한 아버지였지만, 비판적이고 힘 있는 아버지임에도 불구하고 육체적으로는 약했기 때문에 병기에게 남성으로서 아버지상을 보여 주기에 어려움이 있었다.

첫 번째 가족면담 이후에 병기는 부모가 자신을 대하는 방식을 설명하면서 부모가 기대하는 대로 이전처럼 돌아갈 수는 없다고 말했다. 이제 변화가 있어야 했다. 사회복지사가 약간의 지지를 하자, 가족성원 중 가장 자기 인식이 있어 보이는 어머니는 지속적 치료를 결심했다(가족의 강점). 다음 치료에서 가족은 각자 미래와 가족 모두에게 충격이 되었던 아버지의 병에 대해 털어놓았다(탐색과 기술). 막내아들은 '편안하게' 설명하면서 자신이 점차 위축되었다는 것을 알게 되었다. 사회복지사의 도움으로 부모는 아이의 선생님과 의논을 함께 준비하기로 했다. 부모는 병기가 가족의 슬픔과 두려움의 무게로 희생양이 되어 왔다는 것을 알 수 있었다. 무엇보다도 부모는 아이들과 더 이상 다투지 않게 되었다. 상호 간에 더 많은 지지가 위기 속에서 혼자가 아니라고 느끼게 해 주었다. 사회복지사는 가족을 동사무소의 사회복지전담공무원과 연결해서 경제적 도움을 받을 수 있는지 알아보게 해 주었다. 자활센터와 연결해 어머니가 일용직 일 외에 정기적 일자리 교육을 받아 직업활동을 할 수 있도록 원조하였다. 또 아버지의 병과 관련해서 병원의 의료사회복지사와 연결해서 지속적 관리를 받을 수 있도록 하였다. 종결 전에, 부모의 요청으로 병기는 가족 모임에 동의했다. 집안에 흐르던 긴장은 점차로 감소되었다. 가족에게 개선된 점은 어려움에 대해 터놓고 말하게 된 것이며, 서로에게 귀 기울일 수 있게 된 것이다. 병기는 우울하고 화나고 불안한 가족의 분위기에서 조금씩 벗어날 수 있게 되었다. 이제 병기는 숨기는 게 아니라 가족이 함께 의논하고, 병기는 더 이상 부모가 비판적이라거나 자신을 통제한다고 느끼지 않게 되었다. 병기는 아버지의 병에 대한 슬픔과 자신의 문제에 대해 가족과 나눌 수 있게 되었다.

(2) 사례 적용

가족에게 위기를 가져오는 다양한 요소를 사정하고, 부분적으로 어머니의 변화 가능성을 사정함으로써 가족이 좀 더 편해질 수 있도록 가족 내에 힘의 균형을 가져오는 치료가 유효했다(동기가 있는 어머니의 힘을 알아채고, 치료를 지속하도록 이끌게 함으로써, 병든 아버지의 문제를 억압하지 않고 드러내고 지지하도록 원조. 이 과정에서 어머니가 새로운 일자리를 얻음으로써 경제적 문제를 해결하고 가족의 희생양이었던 병기가 가족 내에서 자신의 목소리를 낼 수 있도록 원조). 사회복지사가 비자발적인 병기를 도우려고 했거나 병든 아버지를 위한 개별치료 회기를 주장했다면, 이 개입은 실패했을 것이다. 병기의 발달 단계적 특징을 충분히 이해하고, 병기의 개인적 문제로 보거나 아버지의 문제로 단순화하지 않고, 상황 속의 개인의 문제로 이해하여 접근하였기 때문에 변화가 가능하였고, 이를 위해 가족의 위기나 역동에 대한 사정이 꼭 필요하였다. 사회복지사는 이러한 점을 사정하였기에 개입에 반영할 수 있었다. 이 가족의 강점은 어머니가 가진, 변화에 대해 두려워하지 않고 변화를 가져오려는 의지로, 어머니가 감정적 반응과 행동에 변화를 만드는 데 가진 관심은 궁극적으로 전체 체계의 평형에 변화를 가져왔다.

다음에서 클라이언트와 사회복지사 간의 의사소통을 사례를 통해 구체적으로 예시하고 사례 중간에 그 상황이 어떠한 의사소통과 관련 있는지를 표시하였다.

사례 | 사회복지사와 클라이언트 간의 의사소통

철수는 사회복지사를 찾아와 엉망진창인 부인과의 관계를 불평한다(환기). 철수는 사회복지사가 반대 의견을 내지 않을까 주의 깊게 살피고 있다. 사회복지사는 고개를 끄덕이면서 "이해해요."라고 말하면서 철수를 격려한다. "결혼생활에 어떤 일이 일어났는지 더 자세히 얘기해 보세요."(지지) 사회복지사는 비심판적이고, 관심 어린 태도로 상황을 더 탐색하면서 철수를 돕는다(지지와 탐색). 철수는 더 자세하게 부적절한 감정과 자기의심을 표현하자(환기) 사회복지사는 "가까운 관계는 종종 혼란과 강한 감정이 가득하죠."라고 재보증을 한다(지지). 이런 재보증이 있자 철수는 사회복지사에게 부인과 '욕하며' 싸우는 상황을 설명한다. 철수는 부끄러움과 후회의 감정을 사회복지사와 나눈다(환기). 철수의 감정을 알아 가는 동안 사회복지사는 철수와 밝혀진 것을 정확하게 논의하도록 그를 격려한다(지지와 탐색). 사회복지사는 철수에게 "당신은 언제 부인에게 욕을 하게 되나요?"라고 부드럽게 묻는다. 사회복지사의 도움으로 철수는 부인이 자신을 거부할 때 화가 난다고 말했다(개인-환경에 대한 성찰). 사회복지사는 철수에게 부인이 거부하는 것이 철수에게 어떤 의미인지 묻는다. 철수는 "마누라가 나를 거부하는 건, 나를 떠나려고 하기 때문이에요."라고 대답한다(패턴-역동성의 성찰). 그 이후의 회기를 지나면서, 철수는 자신의 어린 시절을 말하기 시작한다. 아버지는 자주 집을 비웠고 어머니는 만성적인 병을 앓고 있는 여동생을 돌보는 데 전념했다. 사회복지사가 이러한 점을 지적하는 약간의 도움을 주자, 철수는 부인과의 관계에서 강한 반응을 보이는 것이 훨씬 오래전에 (부모로부터 관심을 받지 못하고 거부받는 듯한) 이러한 어린 시절의 감정들과 관계가 있다는 것을 알게 되었다(발달적 성찰).

2. 과업중심모델

과업중심모델(task-centered model)은 클라이언트가 자신에게 주어진 행동적 과업을 통하여 스스로 문제를 해결할 수 있도록 도와주는 사회복지의 대표적인 실천방법으로, 1970년대 미국의 Reid와 Epstein에 의해 개발된 단기치료의 한 형태이다. 1960년대에 이 모델이 발표될 당시는 심리치료 분야에서 장기간의 치료에 대한 회의와 비판이 확대되면서 현재의 문제 상황에 개입의 초점을 두는 단기치료 방식에 대한 관심이 커지던 시기였다. 이러한 시대적 요구에 따라 Reid와 Epstein은, 첫째, 효율적으로 학습할 수 있는 전문 원조 기술을 개발하고, 둘째, 직접적 실천의 효과성을 증진시키며, 셋째, 실천결과를 평가하는 능력을 증진할 수 있는 전문 원조 기술을 개발하고자 프로젝트에 착수하였다(Epstein & Brown, 2002). 약 3년간 모델을 설계하였고, 그 설계한 모델을 사회복지기관에서 실제 사례에 적용하고 평가하는 검증 작업을 거쳤다. 그 결과 다양한 대인 간 문제와 사회적 관계의 어려움, 역할 수행의 어려움, 정서적 고통 등 생활상의 문제들을 다룰 수 있는 실천적 틀로서 과업중심모델을 제시하였다.

과업중심모델은 클라이언트가 정해진 시간 내에 수행해야 할 특정한 행동적 과업을 스스로 해결한다는 점에서 다른 모델과 구별된다. 클라이언트가 동의하고 스스로 행동함으로써 경감할 수 있는 특정 문제가 결정되면, 사회복지사와 클라이언트는 문제해결 과정 또는 클라이언트가 행할 수 있는 과업을 정한다. 과업은 '학교 과제 완수하기', '직업 구하기' 등과 같은 일반적 용어로 정의된다. 사회복지사는 클라이언트가 과업을 달성하도록 돕는 역할을 한다. 과업중심모델은 한정된 이론이 아닌 체계적 절차를 지닌 실천모델로서 문제 사정이나 해결 과정에서 인간행동과 실천에 관한 다양한 여러 이론을 융통성 있게 사용할 수 있다.

1) 기본 가정

과업중심모델은 클라이언트와 환경이 문제해결 노력에 관련될 수만 있다면 변화가 일어날 수 있다고 전제한다. 그러므로 서비스의 초점은 클라이언트가 자신의 문제를 인식하고, 문제를 해결하기 위한 능력을 가질 수 있도록 돕는 것이다.

과업중심모델의 구체적인 기본 가정은 다음과 같다.

첫째, 단기치료가 장기치료와 같은 효과를 낼 수 있다고 전제하는 단기적 접근의 영향을 받아 시간 제한을 두는 구조를 이용하고 있다(Epstein, 1988). 단기개입으로 약 2~4개월의 짧은 개입기간 동안 8회~12회 전후로 서비스가 이루어진다(Reid & Epstein, 1977: 3).

둘째, 과업중심모델의 가치 전제와 관련된 것으로, 클라이언트의 자기결정권을 강조한다. 이 모델에서는 사회복지사가 클라이언트의 문제에 대한 최선의 해결책을 알고 있다고 가정하지 않는다. 오히려 클라이언트가 자신의 문제라고 인정하고 함께 해결하고

자 요청한 문제에 제한하여 접근한다. 개입 활동을 할 때에도 클라이언트와 사회복지사가 계약함으로써 개입 과정을 클라이언트에게 명확하게 제시하고, 클라이언트는 과제를 설정하고 실행, 평가하는 주체자의 역할을 수행한다. 과업중심모델은 클라이언트가 동의하고, 클라이언트가 행동을 통해 스스로 경감할 수 있는 특정 문제들을 다루고 있으므로 이는 소비자 혹은 이용자 중심의 접근법이다.

셋째, 모델을 개발하기 위한 목적 자체가 실천의 책무성을 증진하기 위한 것이므로 개입의 책무성을 강조한다. 따라서 개입의 과정을 객관적으로 기록하고, 진척 상황을 회기마다 모니터하며, 개입 과정과 사회복지사의 실천에 대한 클라이언트와 사회복지사 자신의 평가 등을 중요하게 여긴다.

넷째, 과업중심모델은 구체적 과제를 통해 클라이언트의 문제를 해결할 수 있다고 가정한다. 클라이언트가 작은 단계의 과제들을 연속적으로 수행함으로써 특정한 상황에 필요한 행동 기술을 습득할 수 있다. 과업중심모델의 핵심은 클라이언트가 이해하고 있으며 관심을 가지고 있는 구체적인 표적 문제를 완화시키려는 기술이다. 따라서 개입의 내용도 클라이언트가 변화를 원하는 구체적이며 한정적인 문제를 탐구하고 구조화하여, 문제를 해결할 수 있도록 클라이언트의 인식을 강화하고, 문제를 해결하기 위한 과업을 구체화해 주는 것이다.

다섯째, 과업중심모델은 어떤 특정한 이론이나 개입방법을 고집하지 않고, 일반체계이론, 의사소통이론, 인지이론, 학습이론의 기본 원칙들을 통합하는 절충주의적 접근을 시도한다. 또한 이론보다는 사회복지 현장에서의 경험적 자료를 근거로 개발된 실천모델이다.

2) 주요 개념과 원칙

(1) 표적 문제

이 모델은 클라이언트가 직면하고 있는 문제 중 당장 해결해야 할 표적이 되는 문제를 확인하는 데서부터 출발한다. 표적 문제(target problem)란 클라이언트가 자신의 문제로 인식하고 이를 경감 혹은 해결하기를 원하며, 사회복지사도 전문적 판단에 의해 인정한 문제를 말한다(Epstein, 1992). 표적 문제를 설정하는 과정에서 사회복지사는 클라이언트의 견해를 최대한 반영하여야 하며, 설정한 표적 문제가 무엇인지 사회복지사와 클라이언트 모두가 분명하게 이해하고 있어야 한다.

클라이언트와의 초기 면접에서 문제에 대한 정보를 획득하여 클라이언트와의 협조하에 표적 문제를 잠정적으로 결정하며, 클라이언트의 욕구를 근거로 우선순위를 매기고 지속적인 탐구를 통해 표적 문제를 상술한다.

(2) 과 업

과업중심모델에서 말하는 과업(task)은 목표를 달성하기 위해 클라이언트와 사회복지사가 해야 하는 활동으로서, 클라이언트와 사회복지사가 함께 계획하고 동의한 후 수행하는 문제해결 활동이다(Epstein, 1992). 과업은 사회복지사가 클라이언트에게 일방적으로 부과하는 숙제와는 차이가 있으며, 클라이언트뿐만 아니라 사회복지사도 이를 수행하는 경우가 일반적이다. 클라이언트 과업은 표적 문제를 감소시키기 위해 클라이언트가 수행하는 활동을 말하며, 사회복지사의 과업은 같은 문제를 감소시키기 위해 면접 진행 동안 클라이언트의 입장에서 사회복지사가 수행하는 활동을 말한다.

과업의 기본적 유형에는 일반적 과업와 조작적 과업이 있으며(Reid & Epstein, 1977; Epstein, 1992: 204-208), 그 외에 다양한 유형의 부수적 과업[1)]이 있다. 이러한 분류는 어떻게 활동해 갈 것인지를 계획하는 데 필요한 것일 뿐 어떤 특별한 효과나 목적을 갖는 것은 아니다(양옥경 외, 2003: 393).

1) 그 밖의 다른 유형의 과업
① 유일과업과 반복과업: 유일과업은 한 번의 수행을 위해 계획된 과업이고, 반복과업은 반복적 활동을 위해 계획된 것이다.
② 단일과업과 복수과업: 단일과업은 하나의 표적 문제에 하나의 과업을 부과하는 경우이며, 복수과업은 매우 밀접하게 관련된 둘 또는 그 이상의 구분된 활동을 말한다.
③ 공동과업과 상호과업: 공동과업은 두 사람이 같은 목표를 성취하기 위해 함께 수행하는 과업이고, 상호과업은 두 사람이 상호 관련된 과업을 나누어서 수행하게 하는 것이다.
④ 인지적 과업: 사고 및 감정 활동과 관련된 과업을 말한다. 인지적 과업은 과업 수행의 어려움이 클라이언트의 인지적 문제와 관련이 있을 때 유용하게 활용된다.

① 일반적 과업

일반적 과업은 행동의 방향을 대략적으로 기술하는 과업이기 때문에 각 단계마다 무엇을 해야 하는지에 대해 정확하게 언급하지는 않는다. 일반적 과업은 항상 클라이언트의 목표를 내포하기 때문에, 보통 클라이언트의 과업와 클라이언트의 목표는 같게 된다. 일반적 과업이 무엇을 행해야 하는지를 말한다면, 목표는 과업이 행해졌을 때 달성되어야 하는 상태를 말한다.

일반적 과업의 예는 다음과 같다.

- 적응훈련센터에 등록하기
- 센터 근처에 생활 터전을 마련하기

② 조작적 과업

조작적 과업은 클라이언트가 수행해야 하는 구체적 활동을 말한다. 일반적 과업은 목표달성과 관련된 상위 과업이고, 조작적 과업은 상위 과업에 도달하기 위한 구체적인 하위 과업이기 때문에, 대개 조작적 과업은 일반적 과업으로부터 나온다.

조작적 과업의 예는 다음과 같다.

- 적응훈련센터에 지원서를 작성하여 제출하기
- 센터 방문하기
- 심리검사 예약하기

3) 개입 과정과 사례 적용

(1) 개입 과정

과업중심모델은 두 가지 중요한 목적을 가지는데, 하나는 클라이언트가 관심을 가지고 있는 문제를 해결하도록 클라이언트를 돕는 것이고, 다른 하나는 클라이언트가 자신의 문제를 훌륭하게 해결한 경험을 통하여 향후에 부딪치는 어려움들을 극복할 수 있는 능력을 향상시키고자 하는 것이다(Payne, 1991).

〈표 2-1〉 과업중심모델의 실천과정

시작	• 클라이언트의 자발적 참여 또는 다른 기관으로부터 클라이언트 의뢰
표적 문제 규명	• 클라이언트의 표적 문제 확인 및 설정 • 신속한 초기 사정
계약하기	• 계약 체결(목표, 표적 문제, 과업, 치료 기간, 치료 일정, 참가자 등)
실행 단계	• 사정하기 • 과업의 수행 • 과업의 개발과 수립 • 점검 및 모니터
종결 단계	• 표적 문제와 전체 문제 상황에 대한 검토 • 성공적 문제해결 전략 규명 • 남아 있는 문제에 대한 논의

과업중심모델에서 제시하는 실천의 틀은 다섯 단계로 이루어져 있는데, 시작하기, 표적 문제의 규명, 계약하기, 실행 · 종결의 단계들이다(Epstein, 1992: 116-119). 이 단계들은 서로 겹치거나 필요에 따라 이전 단계로 돌아가는 등 유연하게 활용할 수 있으나 좋은 결과를 가져오기 위해서는 개입 과정이 체계적일 필요가 있다.

① 시작하기(starting up)

사회복지사와 클라이언트가 처음으로 만나게 되는 것은 클라이언트가 자발적으로 찾아오는 경우와 비자발적으로 다른 기관에 의해 의뢰되는 경우가 있다. 클라이언트가 자발적으로 찾아온 경우에는 곧바로 과업중심모델의 실천 단계에서 제1단계인 문제 규명 단계로 넘어간다. 그러나 비자발적으로 참여하게 된 경우에는 의뢰기관에서 클라이언트를 의뢰하는 이유는 무엇인지, 의뢰기관이 제시하는 클라이언트의 문제와 목표는 무엇인지에 관해 탐색해야 한다. 또한 이 문제와 목표는 클라이언트가 제시하는 문제 및 목표와 일치하는지를 탐색하고, 만일 의뢰기관과 클라이언트가 제시하는 문제와 목표가 일치하지 않는다면, 사회복지사는 이에 대해 협상하고 조정한다. 의뢰기관에서 제공할 수 있는 자원으로 정서적 지지와 관심뿐만 아니라 실제적 · 물질적 자원 등이 있는지 알아보고 이를 활용한다.

② 표적 문제 확인(problem identification)

가. 문제 규명

과업중심모델은 클라이언트가 문제로 인식하고 있고, 사회복지사가 전문적 판단에 의해 인정한 문제를 규정하는 데 주의를 집중하게 된다. 문제는 클라이언트의 이익에 합치되는 것이어야 하며, 클라이언트 자신의 말로 표현하는 것이 좋다. 그 이유는 과업중심모델이 클라이언트의 독립성, 자기결정권, 그리고 자신의 삶에 대한 스스로의 통제권을 존중한다는 윤리적 토대 위에 서 있기 때문이다. 클라이언트가 말하는 문제는 사회복지사의 전문 지식과 경험에 의해 확인되는 과정을 거쳐야 한다. 과업중심모델의 전체 과정에서 문제의 규정은 가장 핵심적 작업이다(엄명용 외, 2011: 472).

Epstein(1988)은 과업중심모델에서 다룰 수 있는 문제를 다음과 같이 분류하였다.

- **대인관계의 갈등**: 개인의 욕구나 성격 그리고 역할 기대 요인이 다른 사람과 상호작용할 때 문제를 일으키는 경우를 말한다.
- **사회적 관계에 대한 불만**: 대인관계에서 자신이 부족하거나 지나치다고 생각하거나 자기의 상호작용 방법에 불만이 있는 경우를 말한다.
- **조직체에서의 문제**: 직장, 학교 등에서 잘 적응하지 못하는 문제이다.
- **역할 수행의 어려움**: 사회적 역할 수행상의 문제로서 귀속적 역할(딸, 어머니)보다 획득적 역할(회사의 과장)과 관련된 어려움이 많은 경우를 말한다.
- **사회적 변천에 따르는 문제**: 생의 주기마다 경험하는 위기를 말한다.
- **정서적 고통**: 슬픔이나 우울증 또는 분노와 같은 감정 자체가 중심 문제인 경우이다.
- **자원의 부족**: 집, 금전, 직업 등 구체적 자원을 결여한 경우를 말한다.

나. 표적 문제 설정

클라이언트가 제시한 문제들을 탐색한 후에 개입의 초점이 되는 표적 문제를 설정한다. 표적 문제를 설정할 때에는 사회복지사의 판단이 아닌 클라이언트의 의견을 최대한 반영하여야 하며, 클라이언트와 사회복지사가 모두 표적 문제를 이해하고 동의해야 한다. 표적 문제는 구체적으로 설정해야 하고, 제한된 시간 동안 표적 문제를 다룰 수 있도록 하기 위해서 표적 문제는 우선순위에 따라 최대한 세 가지로 제한한다.

표적 문제를 확인하고 분석하는 과정은 다음과 같이 진행된다.

㉠ 클라이언트가 현재 관심을 보이는 여러 문제들을 이끌어 낸다.
㉡ 각각의 문제들을 분명하고 구체적 행동 용어로 규정한다.
㉢ 클라이언트가 중요시하는 순으로 우선순위를 정한다.
㉣ 클라이언트와 협의하에 임시로 표적 문제를 결정한다.
㉤ 사회복지사가 표적 문제를 분류하여 세분화한다.
㉥ 표적 문제에 대한 탐색을 계속하여 더욱 명확히 한다.

다. 신속한 초기 사정

표적 문제를 설정한 후에 클라이언트와 계약을 하기 위한 예비 사정을 하게 된다. 이는 개입 초기에 수행하는 평가로 치료 과정을 신속하게 이행하기 위한 과정이다. 문제 규정 과정은 사정의 준비 작업이다. 문제 규정을 통해 문제, 클라이언트의 특성, 사회적 상황 그리고 과거의 문제해결 방법 등에 대한 정보를 얻을 수 있기 때문이다. 사정은 신속히 이루어지는 것이 좋다. 왜냐하면 고통받는 클라이언트에게 가능하면 빨리 고통을 덜어 줄 수 있는 행동을 취하는 것이 인간적이기 때문이고, 또한 기관이나 지역사회도 가능하면 일들이 신속히 이루어지기를 요구하는 것이 현실이기 때문이다(엄명용 외, 2011: 473).

③ 계약하기(contacting)

과제가 선택되면 클라이언트와 사회복지사 사이에 표적 문제, 서비스 목표, 클라이언트의 과제, 사회복지사의 과업, 개입 기간과 일정, 면접 일정, 클라이언트와 사회복지사 외의 참가자 등에 대해 합의하고 계약을 하게 된다. 계약은 문제해결 방향에 대한 클라이언트와 사회복지사의 동의로서 서면 혹은 구두로 이루어진다.

일반적으로 하나의 표적 문제에 대해 하나의 목표를 설정하며, 표적 문제와 목표는 클라이언트의 입장에서 구체적으로 서술한다.[2)]

비자발적 클라이언트는 계약을 체결하는 과정에서 쉽게 충격을 받거나 별생각 없이 계약에 동의하는 등의 문제를 보이기도 하기 때문에 비자발적 클라이언트와 계약을 체결하는 경우에는 이들의 이해와 동의를 구하기 위한 특별한 노력이 요청된다.

계약서에 포함되어야 될 내용은 다음과 같다(Epstein & Brown, 2002: 93).

- 표적 문제(우선순위에 따라 최대한 3가지)
- 사회복지사가 수용한 클라이언트의 구체적 목표
- 클라이언트의 일반적 과업
- 사회복지사의 일반적 과업
- 개입 과정의 지속 기간(시간 제한)
- 면접 일정
- 개입 일정
- 개입에 참여할 다른 사람

④ 실행 단계(implementation)

실행 단계는 과업 수행을 통해 문제가 감소되고 해결되는 과정이기 때문에, 전체 8회로 계획한 개입 과정에서 2~7회 정도의 회기가 이 단계에 해당될 정도로 중심적 단계이다. 이 단계는 문제를 집중적으로 사정하고, 대안들을 모색하고 결정하며, 문제를 해결하기 위한 과업들을 개발, 수립하고 수행하며, 과업 수행의 정도를 점검하고 모니터하는 등이 중요한 과정이 된다.

---

2) 표적 문제와 목표를 규정하는 데 있어서 바람직한 것과 바람직하지 못한 경우의 예를 보면 다음과 같다(김혜란 외, 2006: 102).

- 바람직하지 않은 표적 문제: 사회기술 부족
  바람직하지 않은 목표: 사회기술 향상
- 바람직한 표적 문제: A는 학급에서 친구와 이야기하는 것이 어렵다.
  바람직한 목표: A는 학급에서 친구와 이야기한다.

가. 사 정

실행 단계에서의 사정은 초기 단계에서의 사정보다 정교화하는 과정으로, 기초선을 설정하고, 사회적 맥락과 인지적 · 정서적 상황에 대한 사정이 이루어진다. 과업중심모델에서의 사정은 정신분석학 이론에서 중요하게 생각하는 클라이언트의 정서적 반응이나 과거력을 조사하는 것이 아니라 활동을 위한 요구 사항, 활동하는 데 예견되는 장애물 등을 확인하고자 하는 것이다(Payne, 1991).

사회적 맥락은 클라이언트의 물리적 환경, 사회적 관계망, 사회경제적 조건, 문화, 지역사회 등을 말한다. 클라이언트의 문제해결에 영향을 주는 사회적 맥락을 규명하고 이해하게 되면, 클라이언트의 조건을 향상시키기 위해 변화를 가져올 수 있는 영역을 명확하게 이해할 수 있을 것이다.

또한 효과적 개입을 위해서는 클라이언트의 인지적 · 정서적 상황에 대한 사정을 통해 클라이언트의 성격, 특질, 생활방식, 대인관계 양상, 문제해결 능력, 인지 능력 등 클라이언트의 장점과 한계를 이해할 수 있다.

나. 과업 계획

사정 자료에 근거하여 표적 문제를 해결하기 위한 과업을 개발하고 수립해야 한다. 과업은 실제 상황에서 클라이언트가 수행해야 하는 행동이기 때문에 측정 가능하며 현실적 상황을 모두 고려하여 구체적으로 설정하여야 한다.

과업 계획은 개방적이고 융통성 있게 진행하는 것이 바람직하다. 클라이언트가 과업의 성격과 합리성을 이해하고, 이를 수행하려는 의지를 가져야 한다. 따라서 사회복지사는 클라이언트가 과업에 대해 회의적일 때 일방적 지시를 내리지 않도록 해야 한다. 과업을 개발하고 수립하는 과정은 다음과 같다(Reid & Epstein, 1977).

㉠ **가능한 과업의 제시**: 과업을 계획하는 첫 단계는 가능한 과업에 관한 아이디어들을 생성해 내는 것이다. 이러한 아이디어는 클라이언트와 사회복지사로부터 나오는데, 클라이언트가 문제해결을 위해 어떤 노력을 해 왔는지를 검토하여 아이디어가 생각나도록 할 수도 있고, 사회복지사가 아이디어를 제시할 수도 있다.

㉡ **동기 형성**: 과업 달성을 위한 필수 자원은 적절한 동기이다. 동기화의 필수 요건

은 클라이언트가 노력을 기울일 수 있는 과업을 설정하는 것이다. 그리고 클라이언트의 노력이 가치 있는 것이며, 또한 노력을 통해서 문제가 경감될 수 있다는 사실을 믿어야 과업 수행을 위한 노력을 지속할 수 있다.

㉢ **과업 수행의 계획:** 대부분의 과업들은 어떤 구체화된 계획을 필요로 한다. 이러한 계획은 사회복지사가 클라이언트에게 어떤 방식으로 과업을 달성할 것인지를 질문하면서 이끌어 낼 수 있다.

㉣ **예견되는 장애물의 규명과 해결:** 과업 달성을 위한 활동에서 예견되는 장애물을 규명하고 이러한 장애물을 극복하기 위한 대안들을 탐색하여야 한다. 이는 과업 계획과 수행 단계에서 모두 이루어져야 하며, 계획 단계에서는 잠재적 장애물을 예견하기 위한 노력이 필요하다. 사회복지사는 클라이언트로 하여금 무엇이 과업 수행을 방해할 수 있는지를 생각하도록 질문할 수 있다. 과업 수행의 실제적 장애물로는 클라이언트의 기술 부족, 다른 사람들의 협력과 지지 부족, 자원 부족 등이다.

㉤ **모의실험, 예행연습:** 어떠한 계획이든지 사전에 시도해 볼 수 있다면 성공적으로 수행할 가능성이 높아진다. 대부분의 과업 계획은 과업 수행 행동을 가상해 보기 위해 역할극을 사용하여 세션 내에서 리허설을 해 볼 수 있다.

㉥ **과업 동의:** 사회복지사는 과업을 부여하기 전에 클라이언트의 동의를 얻어야 한다. 클라이언트의 명백한 동의 없이 클라이언트가 반대되는 의견을 표현하지 않은 것을 동의한 것으로 가정하고 과업을 제시하는 것은 많은 문제를 내포할 수 있다. 명백한 동의는 클라이언트가 과업의 시도를 인정한다는 의미에서 계약을 완성시킨다고 볼 수 있다.

㉦ **과업 계획의 요약:** 회기를 끝내기 전에 사회복지사는 클라이언트에게 과업 계획에 대한 요점을 숙지시켜야 한다. 이 단계는 과업 계획이 복잡하거나, 여러 과업이 주어진 경우나 과업 수행자가 아동인 경우에 특히 중요하다.

다. 과업 수행

클라이언트와 함께 과업을 수립한 다음에는 어떤 과업을 수행할 것인지에 대한 세부사항을 클라이언트와 명시적으로 합의하게 된다. 일단 과업에 대한 동의가 이루어지면 사회복지사는 클라이언트가 과업을 수행할 수 있도록 원조하는 데 모든 기술을 집중시킨다. 대부분 클라이언트 스스로 과업을 수행하지만, 혼란에 빠져 있거나 당황스러운 상황에서 서비스를 요청한 클라이언트의 경우에는 사회복지사가 지지해 주거나 지시하기도 하며, 중재자 또는 대변인으로서 활동할 수 있다. 클라이언트가 어려워하거나 저항하는 과업인 경우에는 모델링이나 연습 등을 통해 도움을 줄 수 있어야 한다.

라. 점검 · 모니터

사회복지사는 회기마다 과업 수행을 확인하고 문제의 상태와 변화를 점검하며, 구조화된 표기법, 차트, 그래프, 간결한 이야기체 기록 등을 사용하여 과업 수행 과정을 모니터한다. 사회복지사는 매 회기마다 클라이언트가 수행한 과업을 점검하여, 과업 수행 과정에서 나타나는 장애물이나 예견치 못한 상황에 따라 과업을 수정하고 보완해야 한다.

⑤ 종결 단계(termination)

과업중심모델은 계획적 단기치료이므로 초기 단계의 계약에서 명시한 종결 시기에 따라 종결이 이루어진다. 이 단계는 치료목표의 달성 정도와 클라이언트가 수행한 그동안의 과업을 평가하면서 종결 이후의 계획을 세우는 것이 중요하다. 종결 단계에서 다음의 활동이 이루어져야 한다.

가. 표적 문제와 전체 문제 상황에 관한 검토

종결할 때에는 표적 문제로 선정한 문제들과 목표에 대하여 검토하고 완수된 목표를 점검할 뿐 아니라 문제 상황 전체에 관하여 검토한다. 목표를 달성하고 표적 문제를 해결했을 때에는 개입을 종결한다.

나. 클라이언트가 사용한 성공적 문제해결 전략의 규명

사회복지사는 완수된 목표를 강조하고, 목표 성취 과정에서 새로이 습득된 클라이언트의 문제해결 기술을 점검하며, 새롭게 확인된 능력을 칭찬함으로써 클라이언트가 종결 후에도 스스로 문제를 해결할 수 있도록 돕는다.

다. 남아 있는 문제에 관한 토의

마지막 면접이나 바로 그 앞의 면접에서는 클라이언트가 달성한 것을 확인하고 앞으로 클라이언트 혼자 수행해 나갈 수 있는 또 다른 과업을 계속하도록 돕는다. 또한 종결 시 해결되지 않은 문제들이 남은 경우 이를 어떻게 할 것인지에 대해 논의가 필요하다. 클라이언트가 종결 후에도 치료 과정을 통해 획득한 문제해결 기술들을 활용하여 해결되지 않은 문제들을 어떻게 해결할 수 있을 것인지에 대한 논의가 있어야 한다. 필요한 경우에는 계약을 연장하거나 타 기관에 의뢰하기도 한다.

(2) 사례 적용

다음 사례를 바탕으로 하여 과업중심모델을 적용시켜 보자.

> 정호는 어머니가 정신요양원에 수용되어 있고 아버지는 사망하여 외조부모와 함께 살고 있는 중학교 3학년 남학생이다. 정호의 할머니는 정호가 밤늦도록 돌아오지 않으면서 전화도 하지 않고, 외박이 잦으며, 학교에 무단결석을 하는 등 반항적 행동이 늘어난 것과 이로 인해 학업성적이 떨어져 인문계 고등학교 진학이 어려울 것 같아 몹시 걱정하고 있다. 할아버지는 정호의 교육과 양육에 별로 참여를 하지 않는 편이어서 할머니는 주로 또래의 아들을 키우고 있는 딸(정호의 이모)에게 모든 것을 의논하고 있고, 정호의 이모는 정호에게 간섭이 많다. 정호는 자기 문제를 무단결석하는 것, 외박하는 것, 학업성적이라고 하였다.

사회복지사는 면접을 통해 이 사례의 본질은 인간 발달 단계적 측면에서 반항기에 들어선 청소년의 정상적 반항 행동에 대해 할머니가 이해하지 못하고 지나치게 간섭하고 다른 손자와 비교하는 데서 악화된 행동이라고 보았다. 그래서 클라이언트를 정호와 할머니 두 사람으로 보았으며, 표적 문제는 정호의 가출과 연락 두절, 진학문제, 할머니의 이해 부족과 부정적 양육태도로 보았다.

[그림 2-1]은 정호와 할머니, 사회복지사가 함께 작성한 계약서다. 문제 규정에 따라 개입의 목표를 정호가 더 이상 가출하지 않고, 늦으면 전화하기, 진로 결정하기로 하고, 할머니는 다른 아이와 비교하지 않고 간섭하지 않기로 정하였다. 표적 문제와 표적 문제에 따른 목표, 목표를 달성하기 위한 클라이언트와 사회복지사의 과업 등을 구체적으로 제시하고 있는 [그림 2-1]의 계약서를 통해 과업중심모델의 특성을 파악할 수 있다.

기관: ㅇㅇ종합사회복지관
담당 사회복지사: 이철수

계 약 서

- **표적 문제**
  ① 정호의 가출과 잦은 외박
  ② 정호의 낮은 학교성적
  ③ 할머니가 사촌과 비교하는 잔소리
- **목적**
  ① 정호가 가출하지 않고 전화하기
  ② 정호의 고교 진학에 대해 결정하기
  ③ 할머니가 다른 아이와 비교하지 말고 믿어 주기
- **클라이언트의 과업**
  · 정호
  ① 매일 집에 들어오기
  ② 늦을 경우에는 전화하기
  ③ 학교에 나가 수업일수 채우기
  ④ 실업계 고교 진학 상담하기
  · 할머니
  ① 이모에게 당분간 정호 양육은 혼자 하겠다고 말하기
  ② 이모 아들과 비교 안 하기
  ③ 늦는다고 전화하면 알았다고 이해해 주기
- **사회복지사의 과업**
  ① 정호가 갈 수 있는 실업계 고교 알아봐 주기
  ② 담임 선생님과 정호의 졸업 가능성 상담하기
  ③ 할머니에게 매일 저녁 전화하여 격려해 주기
  ④ 할머니가 참석할 수 있는 복지관 부모 모임 소개하기
  ⑤ 정호에게 big brother 알선해 주기
- **개입 계획**
  ① 20××년 10월 1일부터 11월 31일까지 8주간
  ② 주 1회 정호와 할머니 개별 면담함
  ③ 격주로 할머니와 정호 함께 면담함

위 과업은 사정에 따라 수정 변경될 수 있음.

- **면담 장소**: ㅇㅇ종합사회복지관 상담실
- **일시**: 매주 토요일 오후 3:00~4:00

위와 같은 사항에 합의하며 합의 사항을 준수하기로 약속합니다.

20××. 10. 1.

클라이언트 서명
사회복지사 서명

출처: Epstein(1988), 엄명용 외(2006: 445-446) 재인용.

[그림 2-1] 과업중심모델 계약서

4) 주요 적용 영역 및 한계

과업중심모델은 학습이론, 행동주의 기법, 인지이론, 구조적 가족치료 등의 원칙과 기술을 받아들여 사회복지실천의 특정 기능과 요구를 수용하면서 발달하였다. 사회복지실천에서 광범위하게 사용하고 있는 과업중심모델은 매우 현실적이고 구체적인 문제를 갖고 있으면서 동기가 높은 클라이언트에게 적절하다. 무엇보다도 과업중심모델은 비자발적인 클라이언트와 일하는 데도 적용 가능성이 높고, 그 구체적인 개입방안도 제시되어 있다. 이런 이유로 이 모델은 우리나라 사회복지 실천형장에 적용하기에 많은 이점을 갖고 있다(엄명용 · 노충래 · 김용석, 2020: 157).

과업중심모델은 다양한 문제와 다양한 클라이언트에게 성공적으로 적용되고 있지만, 성격 기능과 역동, 반사회적 행동이나 부모−자녀 간의 갈등 혹은 부부간의 갈등일 경우 적용하기가 어렵다. 인간의 문제와 문제의 경감에 대해 단순한 관점을 가지고 접근한다는 점, 복잡한 문제를 가진 과업에는 한계가 있고, 어떤 문제와 클라이언트에게 어떤 과업이 가장 좋은지에 대해서는 아직 더 연구가 필요하다(신성자 외, 2000: 328).

3. 위기개입모델

위기개입모델은 위기 상황에 즉각적으로 개입하여 단기 전문 원조를 제공하기 위한 모델로 높은 스트레스 상황에 있는 클라이언트에게 매우 효과적이고 유용한 개입방법이다(이영호, 2008: 175). 인간은 성장 발달 과정 중에 직면하게 되는 새로운 상황과 그가 처한 주위 환경에 적응해 나가야만 한다는 사실을 하나의 위협적 사건으로 받아들이게 됨으로써 위기에 처하게 된다. 위기가 발생하면 사람들은 부적응 상태에 처하게 되고, 스스로 문제해결이 어려워 전문가의 도움이 필요한 위기 상태를 경험하게 된다. 이러한 위기 상태에 처해 있는 개인, 가족, 집단을 돕기 위하여 그들의 생활 상황 속에서 문제를 해결하도록 돕는 것이 위기중재 또는 위기개입이다.

사회복지실천과 위기개입은 긴밀한 관계가 있다. 사회복지사는 실천현장에서 위기에 처해 있는 클라이언트를 자주 만나게 된다. 가정폭력 피해 여성, 예기치 않게 다니던 직장에서 해고된 실직자, 교통사고 또는 질병으로 사랑하는 가족을 갑작스럽게 떠나보낸 유가족, 지진, 태풍, 산불 등 자연재해로 피해를 당한 지역 주민, 자살 위험이 높은 청소년 등을 대상으로 위기개입 서비스를 제공하고 있다(엄명용 · 노충래 · 김용석, 2020, 157).

1) 기본 가정

위기개입모델은 현장 실무자나 조사자 그리고 이론가들이 공동으로 만들어 낸 결과이다. 위기에 관한 지식은 스트레스 및 대처이론, 병리적 위기 및 역기능적 결과들에 관한 임상 조사 등의 영향을 받아 형성되었으며, 보건 및 인간 서비스 영역에 종사하던 실무자들이 위기를 예방하고 심리적 병리나 가족해체 등을 미연에 방지하고자 하는 노력을 통해 이 모델이 형성되었다.

위기개입모델은 제2차 세계대전 이후에 전쟁으로 인한 후유증과 이별이나 사별에 따른 심리적 문제 등에 대한 신속하고 숙련된 전문서비스가 요구됨에 따라 연구에 탄력을 받기 시작하였다. 위기개입모델은 사회복지이론은 물론 심리학, 사회학, 정신분석학 등에 그 뿌리를 두고 있다. 그중에서도 긴장이론과 Lindermann(1944)의 사별에 따른 슬픔 반응에 관한 연구, Caplan(1964) 등의 지역사회 수준에서의 예방정신의학 연구 등이 위기개입이론의 토대를 형성하면서 1950~1960년대에 급격하게 성장했다(이문국 외 역, 1998: 686). 1960년대에 Caplan이 위기를 해결하고 난 후 적응과정에서 환경 자원, 특히 지역사회서비스체계의 중요성을 주장하게 됨에 따라 개인의 심리적 문제뿐만 아니라 환경에 대한 접근을 중시하게 되었다. 인간의 위기가 사회구조적 측면과 사회체계적 측면에 의해 제기된다는 인식이 확산되면서 심리 중심의 위기개입과 함께 생태학적 측면의 환경중심 접근이 강조되었다(이문국 외 역, 1998: 687).

인간은 일생을 살면서 여러 가지 위기에 부딪히지만 다양한 방법으로 그것을 해결하려고 노력한다. 효과적으로 위기상황에 개입하는 것은 심각한 정서장애로 악화되는 것을 예방할 뿐 아니라 장차 스트레스적 사건에 적절하게 잘 대처할 수 있도록 하는데 유용하다. 따라서 위기개입에서는 위기를 누구나 경험하게 되는 자연스러운 과정으로 보며, 단지 이러한 위기 시기에 어떻게 대처하느냐가 중요하다고 가정한다.

Gilliand와 James(1997)는 위기개입 시 고려해야 할 기본 가정을 다음과 같이 제시하였다.

첫째, 인간이 처한 다양한 상황에서 초래되는 직접적 스트레스와 위험한 사건에 직면했을 때 겪는 격심한 정서적 불균형과 사회적 해체 현상은 정상적인 것이다.

둘째, 위기 상황으로 인해 겪는 격심한 고통은 정상적인 삶의 경험으로 일시적 혼란이라 할 수 있으며, 누구나 일생을 통해 겪을 수 있는 현상이다.

셋째, 정서적 불균형을 경험하는 사람은 본능적으로 정서적 균형을 찾으려는 경향이 있다. 이러한 항상성은 모든 사람이 추구하는 자연스러운 상태이다.

넷째, 사람들은 정서적 균형을 회복하려고 노력하는 과정에서 일시적이고 격심한 심리적 유약성을 경험할 수 있다.

다섯째, 심리적으로 현저히 약해져 있을 때, 일반적으로 사람들은 심리적 치료서비스를 수용하는 태도를 갖게 된다.

여섯째, 위기는 부정적 결과를 가져올 수도 있지만 한편으로는 성장과 발전의 기회가 되기도 한다.

2) 주요 개념과 원칙

(1) 위기의 정의 및 분류

위기(crisis)란 개인의 현재 자원과 대처기제로는 감당하기 어려운 사건이나 상황을 지각하거나 경험하는 것을 말한다(한인영 외 역, 2002: 19). Caplan(1964)은 위기를 균형 상태의 혼란으로 보고, 위기는 사건 자체보다는 사건에 대한 개인의 주관적 생각이나 행동이라고 정의했다. 이는 같은 상황에서도 어떤 사람은 위기를 느끼는 반면, 다른 사람은 위기를 느끼지 않기 때문이다.

위기는 스트레스를 유발하는 뚜렷한 생활상의 사건이 선행되면서 발생하여 신체적 · 인지적, 그리고 관계상에서의 고통과 증상으로 드러난다. 이러한 측면에서 보면 위기는 분명 위험이라고 할 수 있다. 그러나 위기로 인한 고통을 극복하려고 노력한다는 측면에서 보면 변화와 성장을 위한 기회라고 할 수 있다. 따라서 위기를 위험이 아닌 기회로 삼기 위해서는 위기에 적절히 대처하고 관리하는 적극적 노력이 필요하다.

위기는 위기 상태를 촉발시키는 특성에 따라 여러 가지 유형으로 분류될 수 있는데, Richard와 Burl은 Brammer(1985)의 세 가지 위기 범주에 생태체계이론의 시각에서 환경적 위기의 개념을 추가하여 네 가지 위기의 영역을 설명하였다(한인영 외 역, 2002: 21-22 재인용).

① 발달적 위기

인간이 성장하고 발달해 나가는 가운데 자연스럽게 발생하는 사건으로, 이 사건으로 인하여 비정상적 반응을 일으키는 경우이다. 예를 들어, 청소년의 정체성 위기, 중년의 위기, 노년의 위기 등 개인의 생애주기에 따른 위기와 결혼, 자녀의 출생 등으로 인한 가족의 생애주기에 따른 위기를 포함한다.

② 상황적 위기

상황적 위기는 사람이 예견하거나 통제할 수 없는 드물고도 극히 이례적인 사건이 발생할 때 나타난다. 예를 들어, 자동차 사고나 갑작스러운 질병, 사별, 이혼, 실업, 자살 등과 같은 사건에서 발생한다.

③ 실존적 위기

실존적 위기는 목적이나 책임감, 독립성, 자유, 헌신 등 중요한 인간적 이슈에 동반되는 갈등이나 불안과 관련된 위기이다. 실존적 위기는 어떤 사람이 40세에 자신이 어떤 특정 전문직이나 조직에 중요한 영향력이 없음을 깨달으면서 경험하게 되는 위기일 수도 있다.

④ 환경적 위기

개인이나 집단에 자연이나 인간이 일으킨 재해가 갑자기 덮쳤을 때 발생한다. 이러한 위기는 태풍이나 홍수, 지진, 폭풍, 눈보라, 산불과 같은 자연재해일 수도 있으며, 전염병이나 기름 유출과 같은 생물학적으로 파생된 위기일 수도 있다.

(2) 위기의 구성 요소

위기는 다섯 가지 요소로 구성되어 있는데 위험 사건, 취약 상태, 촉발 요인, 실제 위기 상태, 재통합이 그것이다(Golan, 1978). 이러한 구성 요소는 위기의 단계로 해석되기도 한다.

① 위험 사건

위기는 위험 사건(hazardous event)이 발생하면서 대개 시작되는데, 위험 사건은 외부적인 사건일 수도 있고 내부적 압력일 수도 있다. 또한 하나의 재앙 사건일 수도 있고, 연속적으로 축적된 사건일 수도 있다. 이러한 위험 사건의 예로는, 배우자와의 사별, 이혼, 장애, 해고, 이민, 지속적 스트레스 사건에의 노출 등이 있을 수 있다.

② 취약 상태

취약 상태(vulnerable state)란 위험 사건으로 개인의 항상성에 불균형이 초래된 상태를 말한다. 취약 상태에서는 위험 사건에 대처하기 위하여 평소에 사용하던 문제해결 기제를 시도하며, 이에 성공하지 못하면 새로운 방법을 강구하게 된다.

③ 촉발 요인

촉발 요인(precipitating factor)이란 긴장과 불안을 한층 고조시켜 취약 상태를 불균형 상태로 만드는 요인이다. 어떤 경우에는 위험 사건이 매우 압도적이어서 위험 사건인 동시에 촉발 요인이 되지만, 어떤 경우에는 촉발 요인은 위험 사건과 직접적 관련이 없을 수도 있다.

④ 실제 위기 상태

실제 위기 상태(active crisis)는 혼돈, 불안, 염려, 절망, 분노와 같은 감정을 동반하는 격심한 정서적 혼란 상태를 말한다. 위기에 처한 개인은 심리적 취약성, 방어기제의 위축, 문제해결 및 대처 능력의 와해를 경험한다.

⑤ 재통합

재통합(reintegration) 단계에서는 위기에 대해서 인지하고, 위기와 관련된 감정을 표현하며, 변화를 수용하고, 새로운 대처 능력을 개발한다. 또한 위기 상황을 성공적으로 극복함으로써 자기효능감과 자아존중감이 증진되기도 하고, 새롭게 학습한 적응기제는 앞으로 있을 수 있는 문제에 대처하는 데 적용될 수 있다. 그러나 부적절한 대처기제를 학습한 경우에는 앞으로의 상황에 적절히 대처하는 능력에 손상을 입어 위기 상황 이전보다 전반적 기능이 떨어질 수 있다.

3) 위기개입의 목표와 원칙

(1) 목 표

위기개입은 매우 초점화된 단기개입으로, 위기 상황과 관련된 구체적 문제해결에 초점을 두기 때문에 목표가 제한적이다. Rapoport(1970)는 위기개입의 목표를 여섯 가지로 제시하고, 처음의 네 가지는 반드시 달성해야 할 목표이지만 마지막 두 가지는 상황이나 클라이언트의 특성 등이 허락하는 경우에 달성할 수 있는 목표라고 하였다.

㉠ 위기로 인한 증상을 없앤다.
㉡ 위기 이전의 수준으로 기능을 회복한다.
㉢ 위기를 초래한 촉발 요인에 대해 이해한다.
㉣ 클라이언트나 가족이 이용할 수 있는 자원이나 치료적(remedial) 수단을 발견한다.
㉤ 현 스트레스가 과거의 경험과 어떻게 관련 있는지 통찰한다.

ⓑ 새로운 인식, 행동 및 적응적 대처기제를 개발한다.

요약하면 위기개입모델의 목표는 위기로 인한 정서적 문제를 해소하고, 최소한 위기 이전의 수준으로 기능을 회복시키며, 더 나아가 위기 이전의 수준을 능가하는 기능을 수행하도록 하는 데 있다.

(2) 실천 원칙

위기개입에는 많은 이론적 준거 틀이 있으나 이들을 종합해 보면 다음과 같은 유사한 실천원칙들을 발견할 수 있다(김기태, 1998: 32-36).

첫째, 신속한 개입: 위기개입은 즉시 이루어져야 하는데, 일반적으로 위기 상태에 들어간 때부터 6주 내에 어떤 형태로든 해결되어야 한다.

둘째, 행동: 위기개입은 위기와 그 위기에 대한 클라이언트의 행동에 초점을 둔다. 그러므로 위기개입은 클라이언트의 과거를 탐색하는 데 비중을 두지 않는다.

셋째, 제한된 목표: 위기개입의 목표는 직접적으로 위기 상황과 관련된 구체적 문제에 초점을 두고 설정되어야 하며, 증상의 완화가 일차적 목표이다.

넷째, 희망과 기대: 위기에 처해 절망하고 있는 클라이언트에게 희망을 고취시키는 것은 중요하다. 이는 주로 사회복지사의 태도에 의해 성취된다.

다섯째, 지지: 클라이언트에게 실제 정보를 제공하거나 정서적으로 지지하며, 사회적 지지체계를 개발하고 형성하도록 해야 한다.

여섯째, 초점적 문제해결: 문제 파악과 해결에 초점을 두면서 클라이언트가 조종할 수 있을 만큼 현실에 직면하도록 돕는다.

일곱째, 자기상: 대부분의 클라이언트는 자기 자신을 실패자로 인식한다. 사회복지사는 클라이언트의 자기상을 사정하고 이해해야 한다. 사회복지사는 클라이언트와 신뢰관계를 형성하여 클라이언트의 자기상(self-image)을 보호해 주고, 더 나아가 건전한 자기상을 확립하도록 원조한다.

여덟째, 자립: 사회복지사는 상황을 사정하고 개입을 계획할 때 클라이언트가 함께 참여할 기회를 제공한다. 그리고 감정, 증상, 걱정거리 등에 대한 표현을 격려하고 자신감 회복을 위해 효과적으로 대처할 수 있도록 가능한 한 빨리 지원한다.

4) 개입 과정과 사례 적용

(1) 개입 과정

위기개입의 개입 과정을 Golan(1978)은 사정, 실행, 종결 단계로 나누어 설명하고 있으며, Gilliand와 James(1982)는 사정하기, 경청하기, 행동하기의 단계에 따라 세부적 6단계 모델을 제시하였다. 사회복지학자인 Roberts(2005)는 7단계 모델을 제시하였으며, Aguilera와 Messick은 문제해결모델에 근거하여 사정, 계획, 개입, 위기 대비 계획 등의 4단계 위기개입 과정을 제시하였다(양옥경 외, 2003: 319-324 재인용). 이상의 내용을 토대로 위기개입 단계 및 사회복지사의 활동에 대해 살펴보면 다음과 같다.

① 사정 단계

사회복지사는 사정 단계에서 클라이언트의 정서적 고통을 완화하거나 경감시키는 것과 동시에 개인과 문제에 대한 사정을 수행하게 된다. 사회복지사는 사건 및 위기에 대한 정확한 사정을 위해 초점화 기술을 적극적으로 활용하여야 한다. 위기의 심각성 사정은 가장 중요하고 우선적으로 이루어져야 하는 사정이며, 클라이언트의 자살 시도 유무와 자살 잠재성을 사정해야 한다. 또한 클라이언트의 환경적 지지체계와 스트레스 요인, 치료적 욕구와 복용 중인 처방약, 알코올 및 약물 사용, 대처방법 및 내외적 자원에 대한 사정이 포함되어야 한다.

사정의 목적은, ㉠ 위기 상태의 특성과 수준, ㉡ 위기가 클라이언트에게 주는 의미와 영향, ㉢ 위기 상황을 초래한 사건과 요소, ㉣ 클라이언트의 대처 능력, ㉤ 위기 상황을 완화할 수 있는 자원 등을 결정하는 것이다. Aguilera와 Messick은 좋은 사정을 위해서 고려해야 할 다섯 가지 세부 영역들을 제시하였다.

가. 위기와 선행 사건에 관한 파악

클라이언트가 왜 오늘 도움을 받으러 왔는지를 파악하는 것으로, 이는 무슨 일이 있었는지를 이해하기 위한 것이다. 클라이언트에게 "무슨 일로 여기에 오셨나요?"라거나 "무슨 일로 그렇게 화가 나셨나요?"라는 질문으로 위기 상황을 확인할 수 있다.

나. 현재의 위기와 선행 사건에 관한 클라이언트의 인식

클라이언트에게 "이 사건에 대해 어떻게 느끼십니까?" 혹은 "이 사건이 앞으로 당신에게 어떤 영향을 줄 것 같습니까?" 등의 질문을 통해 클라이언트가 위기와 선행 사건을 어떻게 인식하고 있는지 파악할 수 있다.

다. 자원에 관한 고려

클라이언트에게 도움을 줄 만한 지지적 자원을 파악하고 자원의 지지수준이나 질을 고려해 보아야 한다. 이를 위해 사회복지사가 할 수 있는 질문은 "주변에 이 일에 관해서 이야기를 나눌 수 있는 사람이 있습니까?" 혹은 "이야기를 나누기 가장 편한 사람은 누구입니까?" 등이다.

라. 과거의 문제 경험과 대처 기술

클라이언트가 과거에 비슷한 문제를 겪은 적이 있는지, 있다면 어떻게 해결했는지 고려하여 클라이언트의 대처 기술을 탐색한다. 이는 기존의 대처 기술이 현재의 위기극복에 도움이 될 수 있는지 탐색하기 위한 것으로, 이를 위해 "전에도 이와 비슷한 일을 겪은 적이 있습니까? 있었다면 그때는 어떻게 해결하셨습니까?" 등의 질문을 할 수 있다.

마. 클라이언트의 자해 또는 타해의 위험 정도

클라이언트가 자해나 타해의 위험이 있는지 그 심각성 정도를 사정하여야 하고, 자해의 위험성이 있다고 판단되면 입원 치료 의뢰와 같은 절차를 즉시 연결해야 한다. 자살의 위험을 파악하기 위해서는 자살에 대한 구체적 계획을 가지고 있는지, 그 방법이 어느 정도 치명적인지, 그리고 일상생활의 변화가 어느 정도인지 등을 본인과 가족을 통해 자세히 알아보아야 한다.

또한 타해의 위험을 파악하기 위해서는 클라이언트의 폭력적 표현이나 약물남용 등에 대해 조사해야 하고, 구체적 대상에 대한 적개심을 보이거나 해칠 가능성이 있는 경우에는 당사자에게 알려 주는 것이 중요하다.

② 계획 단계

촉발 사건과 위기에 대한 정확한 사정이 이루어지면, 위기로 인해 나타난 증상들을 감소시키기 위해 가능한 개입 활동을 하게 된다. 사정을 통해 확보한 정보와 자료들을 근거로 대안적 대처 방안을 강구하게 된다.

계획 단계에서는 먼저 위기로 인한 클라이언트의 기능 손상 정도와 회복 가능성, 주변 자원들의 반응과 도움을 줄 수 있는지 등에 대한 평가가 이루어져야 한다. 그리고 가능한 잠재적 대안들을 고려하고, 이들의 장단점을 평가하고 무엇을 추구할 것인지에 대한 행동을 계획한다.

개입 활동을 위한 계획 단계에서는 여러 가지 개입 기술이 필요한데, 클라이언트가 위기를 이해하고 자신의 감정을 인정하고 토로하도록 원조하는 기술, 클라이언트의 대처기제를 찾을 수 있도록 원조하는 기술, 사회적 지지망을 활용하는 기술, 현실적 목표를 세울 수 있는 기술 등이 요구된다.

③ 개입 단계

사정에 근거하여 설정한 목적과 목표를 달성하기 위하여 구체적으로 개입함으로써 행동 변화를 초래하고자 한다.

가. 클라이언트가 표현하기 힘든 감정을 드러내도록 돕는다

스트레스는 종종 불안과 불편함, 강한 부정적 감정을 불러 일으키지만 사람들은 이러한 감정을 드러내기보다는 다루려고 노력하며, 통제하여 내면에 담아 둔다. 이처럼 감정을 억압하는 것은 사람을 움직이지 못하도록 하는 원인이 된다. 이러한 감정을 다루기 위해서는 클라이언트가 먼저 자신의 감정을 인정해야 하기 때문에 사회복지사는 감정을 표현하도록 돕는 것이다.

나. 대처기제를 탐색한다

이 단계에서는 클라이언트가 변화하도록 돕는 것이 목표이므로 클라이언트가 새로운 대안을 확인하고 접근할 수 있도록 도와주거나, 사회복지사가 직접 해결을 위해 무엇을 해야 할지 방향을 제시해 줄 수 있다. 위기개입은 다른 개입보다도 직접적이고 단기적인 개입이기 때문에 사회복지사의 적극적 역할이 요구되는 것이다.

다. 사회적 활동 재개를 돕는다

이는 클라이언트가 사회적 지지체계를 유지하거나 새로운 지지체계를 재형성할 수 있도록 돕는 것이다. 위기에 있는 사람들은 가능한 한 많은 사회적 지지와 자원을 필요로 한다. 따라서 이미 존재하는 지지 자원을 확인하고 이용하도록 하며, 기존의 자원이 존재하지 않거나 부적절한 경우에는 새로운 자원을 개발하여 새로운 관계를 형성할 수 있도록 도울 수 있다.

④ 위기 대비 계획 단계

위기 대비 계획(anticipatory planning)은 클라이언트가 미래의 다른 위기를 준비하도록 돕는 것을 의미한다. 이 단계는 클라이언트가 위기를 다루는 과정에서 무엇을 배웠는지를 정리하는 단계이다. 사회복지사의 과제는 클라이언트가 대처 행동을 명확화하고 구체적으로 이해할 수 있도록 돕고, 이를 통해 클라이언트가 미래에 위기를 맞았을 때 학습한 대처 기술을 활용할 수 있도록 돕는 것이다. 이때 클라이언트가 모든 문제를 미래에 혼자 해결해야만 한다는 메시지는 전달하지 않는 것이 좋다. 미래에 도움이 필요할 때 언제든지 도움을 받을 수 있으며, 사후 지도도 이루어질 것이라는 것을 설명해 주어야 한다.

이 단계에서는 평가와 사후 관리도 함께 이루어진다. 평가의 초점은 효과적 대처기제를 중심으로 이루어져야 한다. 그리고 위기개입의 경우 타 기관에 의뢰해야 하는 경우가 많기 때문에 의뢰하고 난 후의 사후 관리가 필요하다.

(2) 사례 적용

다음의 사례는 Aguilera와 Messick이 제시한 위기개입 4단계를 토대로 진행된 사례를 Karen Hust(1993)가 제시한 것이다(양옥경 외, 2003: 329-333 재인용).

① 사례 개요

클라이언트 김은정(35세)은 남편 이영택(39세)과 17년 전에 결혼하여 자녀 둘(각각 17세, 14세의 아들)을 두었다. 두 사람의 결혼생활은 약간의 기복은 있었으나 비교적 행복했다. 남편이 주로 일을 하였고, 부인은 가끔씩 시간제로 일하여 가계를 도왔다. 사회경제적인 면을 보면, 자신의 집을 소유하고 있으며 약간의 저축도 하고 있는 중산층이다. 이러한 생활을 유지하던 중 2주 전에 남편이 교통사고를 당하여 갑자기 사망하였다. 김은정은 이 사건 이후 비탄에 빠졌으며, 자녀의 장래가 염려되고 불안하여 지금까지의 가정생활을 유지하기 힘들 정도로 우울해지고 불안이 심해졌다. 이로 인해 누구에게도 도움을 구하지 못하고 집 밖에 나오지 못할 정도가 되었다. 이러한 문제로 그녀는 전화상담기관에 연락하여 지역 내의 정신건강센터를 소개받고 전화로 도움을 요청하여 사회복지사를 만나게 되었다.

② 사례 개입 과정

〈표 2-2〉 사례 개입 과정

1. 사정 단계	
① 클라이언트가 인식하는 위기사건	• 남편의 죽음과 자녀양육문제
② 위기 사건에 대한 인식	• 위기 사건을 남편 없이 생활하는 것에 대한 막막함과 두려움, 외로움, 미래에 대한 염려로 인식
③ 유용한 자원	• 집 근처에 살고 있는 언니와 친한 친구들이 염려하고 있어 정서적 지지가 됨
④ 과거 경험과 대처기제	• 5년 전 어머니와의 사별, 사별 후 가슴이 답답하고 우울, 언니와 친구의 지지로 극복
⑤ 자살 위험성	• 자살에 대해 생각한 적이 없고 과거에도 자살을 시도해 본 적이 없으므로 자살 위험성은 없음

2. 계획 단계	
① 일상생활수행기능 손상 정도와 회복 가능성을 고려한 개입 계획	• 남편의 죽음으로 인해 우울감에 압도되어 무력감을 호소 • 최소한의 가사생활은 수행하지만 외부와의 교류는 거의 이루어지지 않고 있음 • 자녀양육에 대한 염려로 무력감을 호소
② 대안 탐색과 대처 전략 세우기	• 현재 일상생활수행기능 손상은 배우자와의 사별에 따르는 전형적 반응→ 따라서 사별한 사람들을 위한 자조집단인 애도자 모임의 참석을 권유할 예정 • 배우자와의 사별 전부터 시간제 임시직을 가지고 있음→전일제 직장을 구할 수 있도록 직업훈련 프로그램을 연계할 계획 • 재정문제에 대한 염려가 커서 재정 설계를 도와줄(교통사고 보상금, 산업재해보상금 등의 문제를 도와줄) 자원이 필요→기관 내 전문사회복지사의 원조와 재정 설계 담당 은행원인 자원봉사자와 연계 • 자녀양육에 대한 염려와 심리적 외로움 호소→자녀와의 면담 결과 자녀들은 대체로 예측되는 문제가 없다는 점을 상기시킴. 그리고 언니와 친구의 정서적 지지를 받도록 할 계획
3. 개입 단계	
① 위기 사건에 대한 이해 돕기	• 남편과의 사별 후 자신의 삶에 대해 객관적으로 이해하도록 도와줌
② 감정 표현 돕기	• 남편과의 사별로 인한 슬픔, 두려움, 분노 등의 감정을 표현하도록 도와줌
③ 대처 전략의 효과성 점검	• 재정 설계 전문가와의 만남→재정 운용에 도움을 받고 막연한 두려움을 극복 • 언니, 친구와의 접촉과 지조집단의 참여→심리적 안정감을 회복하고 자녀에 대한 염려 완화
④ 사회적 활동 재개 격려와 점검	• 교회 참석 재개→목회자와 교우들의 정서적 지지 • 시간제 임시직을 재기하고 전임직으로의 전환을 신청하였으며, 이를 위해 직업훈련 프로그램에 신청→희망 고취 • 자녀들의 학교 행사에 참석→자녀에 대한 긍지 • 언니와 친구뿐만 아니라 사고 이후 참여하지 않았던 친구 모임에 참석→정서적 지지
4. 위기 대비 계획 단계	
① 진전을 검토	• 재정적 위기에 대한 구체적 도움, 자조집단을 통한 정서적 지지, 직상 유시, 언니와 친구를 통한 지원관계 유지, 교회 출석과 목회자 및 교우들의 지원의 유용성 확인
② 향후 있을 위기에 대비한 계획 수립	• 앞으로 어떤 위기를 만나더라도 이 과정을 통해 획득한 전략을 계속 사용하기로 함

5) 주요 적용 영역 및 한계

위기개입모델은 높은 스트레스 상황에 있는 개인 및 가족들과 일할 때 사회복지사들이 전통적으로 사용해 오던 접근 방법들과 많이 부합하기 때문에 다양한 사회복지 분야에서 적용되고 있다. 위기개입모델은 스트레스로 인한 개인의 심리적 문제, 특정한 행동적 문제, 사회체계의 문제 등에 개입할 수 있는 틀을 제공한다. 위기개입 실천가들은 지속적으로 확장되는 위기의 범주에 대응하기 위해 많은 노력을 기울여 왔으며, 동시에 적극적이고 예방적인 개입을 발달시키기 위해 노력해 왔다.

사회복지실천에서의 위기개입이론은 주로 지역사회 정신건강 프로그램, 자살방지센터, 가족서비스센터, 의료체계 등에 있던 사회복지사에 의해 초기 발달이 이루어졌고, 근래에는 아동복지체계, 학교, 성폭력상담센터, 가정폭력상담센터, 재난구조체계 등의 장으로 위기개입의 활용 영역이 확대되어 사회복지실천현장에서 광범위하게 활용되고 있다.

최근에는 위기개입모델을 활용한 다양한 프로그램들이 개발되고 있는데, 단기간에 최대의 안정과 통제를 제공하는 위기안정화 프로그램, 지역사회의 사건 현장에 사회복지가 투입되는 아웃리치 프로그램과 위기대응팀 구성, 아웃리치 현장에서 다학문적 접근의 필요성이 대두됨에 따라 다학문적 접근에 대한 모색이 이루어지고 있다.

위기개입모델은 위기개입이 보통 4~6주 정도 이루어지는 데 반해 위기 해결을 위해 더 많은 시간이 필요할 수 있고, 문제의 근본 원인을 다루기보다는 증상을 제거하는 일종의 임시방편적인 접근이며, 위기개입에 관여하는 사회복지사가 일반적으로 자신이 제공한 개입의 최종 결과를 보지 못한다는 비판(Knox & Roberts, 2016)을 받기도 한다. 또한 이론적 체계가 미흡하고, 위기개입 실천을 위한 구체적 기술이 개발되지 못한 한계성이 있다.

4. 인지행동모델

인지행동모델은 인지이론과 행동주의이론을 통합한 것으로서 자신과 상황에 대한 왜곡된 해석으로 인한 부정적 정서와 문제행동을 취하는 클라이언트에게 인지적 · 행동적 기법을 통해 왜곡된 인지를 재구성하고, 새로운 행동기술을 습득하여 적응적인 삶을 살아갈 수 있도록 돕는다.

인지행동모델은 인간을 내적 갈등에 의해 전적으로 조정당하는 존재(정통 정신분석입장)로 보지 않고, 또 외적 강압에 의해 무기력하게 타격을 받는 존재(정통 행동주의입장)로도 보지 않는다. 그 대신 개인적 기능을 행동과 이 행동을 통제하는 사회 조건 간의 지속적 상호작용의 결과로 이해하고 있다.

환경은 끊임없이 인간에게 경험과 정보를 제공하고, 이러한 환경의 영향은 인지적 과정에 의해 중재된다. 인지적 중재 과정은 대체로 초기 경험을 통해 학습되며, 이러한 학습의 결과는 정보의 선택적 처리 과정을 통해 강화되는 경향이 있다(신싱자 외, 2000). 따라서 인지행동모델은 클라이언트의 역기능적 문제가 클라이언트 자신과 환경에 대한 왜곡된 인지체계에서 출발한다고 가정하고, 클라이언트의 왜곡된 인지를 재구성하기 위해 인지적 기법뿐 아니라 다양한 행동주의적 기법을 병행해 사용한다. 즉, 인지, 정서, 행동이 서로 어떻게 상호작용하여 클라이언트에게 영향을 미치는지 치료 과정을 통해 클라이언트가 자각하도록 하여 클라이언트가 기능적으로 행동하고 느끼며, 생각할 수 있도록 돕는 모델이다.

1) 이론적 배경

(1) 등장 배경

인지행동모델은 인간이 생각하고 정보를 처리하는 과정에 관한 인지이론과 행동주의 및 사회학습이론으로부터 나온 개념들을 통합한 것으로 하나의 실천모델이 아니라 여러 모델들을 통칭하는 용어이다.

1950년대 미국 심리학에 가장 영향을 끼친 철학은 행동주의라고 볼 수 있다. 그러나 행동주의는 인간의 신념, 동기, 의지, 사고, 감정과 같은 내면적 요소를 설명해 주지 못함으로써 인간행동 이해의 한계점에 봉착하여 새로운 접근이 필요하게 되었다. 이런 배경하에 심리학의 여러 분야에서는 인간의 인지적 요인에 대한 많은 관심과 연구가 시도되었고, 행동주의자들도 그들이 지금까지 거부해 오던 인간의 생각, 감정, 심상, 동기, 의도, 지식과 같은 인지적 요인에 관심을 갖게 되었다(청소년 대화의 광장, 1996).

인지치료에 행동주의적 기법을 적용한 최초의 임상가는 Ellis와 Beck으로서 이들은 인지, 정서, 행동의 상호작용 과정을 설명하였다. Ellis(1957; 1962; 1971; 1973)의 저서는 인지행동치료의 역사적 발달에 주요한 기폭제가 되었다. 그의 합리적-정서적 행동치료는 클라이언트가 자신의 비합리적 신념과 이러한 신념들로 인한 부적절한 정서적 결과를 스스로 자각하고, 비합리적 신념을 수정할 수 있도록 고안되었다. Beck(1963)은 인지의 형성 및 정서, 행동과의 상호작용 과정을 구체적으로 밝히고자 노력하였다. 그는 생각이 감정적 반응, 동기 및 외적 행동을 지배하기 때문에 부적절한 감정과 행동을 야기한 잘못된 믿음 또는 생각을 바꿔 주는 것이 치료자의 임무라고 하였다(Beck, 1976).

본격적으로 고전적 행동주의에서 인지행동주의로 넘어가는 시기는 Bandura의 사회학습이론(1977)이 소개되면서부터라고 볼 수 있다. Bandura는 관찰학습을 통해 인간의 행동에 대한 학습은 자극-반응의 단순한 관계라기보다는 자극-유기체의 내적 요인(인지적 요인)-반응 모델로 설명하였다. 그는 사회학습에 있어서 중요한 과정은 모방이며, 직접적 강화를 받지 않고도 다른 사람의 행동을 관찰하거나 반응 결과를 통해서 변화되고, 새로운 반응이 나타날 수 있다고 하였다.

인지행동모델은 인지치료적 요소와 행동주의적 기법을 통합하여 사용함으로써 클라이언트의 인지, 정서, 행동을 기능적으로 변화시킨다. 즉, 클라이언트가 가지고 있는 외부 세계나 자신에 대한 왜곡된 인식체계를 인지적 교육을 통해 변화시키고, 순기능적인 대안적 인지체계로 전환할 수 있도록 한다. 또한 행동주의적 기법들을 통한 성공 경험으로 클라이언트가 문제 상황에 보다 현실적이고 적응적으로 행동하고, 변화를 유지하도록 도와준다.

(2) 주요 가정

인지행동모델의 기본 전제는 인간의 사회적·행동적 역기능이 사건이나 상황에 대한 클라이언트의 잘못된 생각(혹은 인지)으로 인해 발생한 것으로 인지 및 행동의 수정을 통해 역기능이 해소될 수 있다고 본다(엄명용 외, 2000). 인지행동모델은 인지적 치료기법을 통해 사회복지사가 상황을 왜곡하여 해석하는 방식과 정서를 변화시킬 수 있도록 도우면서 동시에 새로운 행동 기술을 습득하고 실제 상황에 적용할 수 있도록 강화를 통해 행동의 변화를 유지시키도록 한다(Lantz, 1996). 인지행동모델은 다음과 같은 몇 가지 기본 가정을 전제로 하고 있다.

① 일생을 통하여 인지적 성장과 변화가 이루어진다.
② 개인의 행동은 환경적 사건을 인지적으로 어떻게 상징적으로 인식하는지에 따라 달라진다. 즉, 개인이 사건의 어떤 측면에 선택적으로 주의를 기울이며, 어떤 의미를 부여하는지에 따라 행동이 달라진다.
③ 대부분의 사회적 · 행동적 역기능은 자기 자신, 타인, 그리고 삶의 상황들에 대해 갖고 있는 잘못된 생각(인지체계)에서 비롯된다.
④ 사고, 감정, 행동, 그리고 결과는 원인적으로 관련성을 가지고 있다.
⑤ 인간은 자기의 의식 영역 내에 자신의 심리적 불균형 상태를 이해하고 해결할 수 있는 열쇠를 갖고 있다.
⑥ 인지 변화는 행동 변화에 영향을 미친다.

(3) 주요 개념

인지행동치료는 인지치료와 행동치료를 혼합한 접근 방법으로 사람들의 감정이나 행동이 어떤 사건에 대한 그들의 지각에 대해서 영향을 받는다고 가정한다. 사람들의 느낌을 결정하는 것은 그 상황 자체가 아니고 그들이 그 상황을 해석하는 방식에 달려 있다. Beck은 인간의 사고과정을 도식(schema), 자동적 사고, 그리고 이들의 왜곡에 의해 발생하는 추론과정에서의 체계적 오류로 구분하였으며, 치료과정을 통해 클라이언트의 자동적 사고를 점검, 인식하게 하고, 그 타당성을 검토하게 하여 왜곡된 사고를 좀 더 현실적인 인지로 대체하도록 하였다. 또한 Ellis는 부정적이고 자기패배적인 사고와 감정을 가진 클라이언트의 비합리적인 지각과 신념을 논박을 통해 논리적이고 합리적인 사고와 감정으로 변화하도록 도울 수 있다고 가정하였다. 인지변화를 행동 변화로 이끌기 위해서는 행동주의 기법들이 활용된다.

인지행동치료에서 주로 사용되는 개념 및 기법은 다음과 같다(최영희 외, 1997).

① Beck의 인지치료(Cognitive therapy: CT)

가. 도 식(schema)

도식(스키마)이란 기본적 신념과 가정을 포함하여 사건에 대한 한 개인의 지각과 반응을 형성하는 인지구조로 대개 이전의 경험에 의해 형성된다. 이 도식은 특정 대상에 대한 이전 경험, 그 대상에 대해 타인이 겪은 경험의 관찰, 그리고 그 대상에 대한 타인과의 대화 등 다양한 경로를 통해 형성된다(류종훈 외, 2007). 이러한 도식은 유지된 기간과 믿음 수준에 따라 핵심믿음체계와 중간믿음체계로 형성된다.

(a) 핵심믿음

어린 시절부터 사람들은 자신과 다른 사람들, 그리고 세상에 대해 믿음을 형성해 나간다. 가장 중심적인 믿음, 즉 핵심믿음(core belief)은 아주 근원적이고 깊은 수준의 믿음으로 흔히 그들 자신도 인식하지 못한다. 사람들은 이러한 믿음을 의문 없이 당연한 것으로 여기고 절대적 진리로 받아들인다. 사람들은 핵심믿음을 입증하는 정보에만 선택적으로 관심을 가지고 그와 반대되는 정보는 무시하거나 개의치 않는 경향이 있다. 따라서 핵심믿음이 부정확하고 역기능적일지라도 그것을 계속 믿게 된다. 핵심믿음은 가장 근원적 수준의 믿음으로 모든 영역에 영향을 미치고, 경직되고, 지나치게 일반화되어 있다. 핵심믿음은 크게 '무능력' 과 '사랑받지 못함' 두가지로 나눌 수 있다.

(b) 중간믿음

핵심믿음과 자동적 사고 사이에는 중간믿음이 있다. 중간믿음은 핵심믿음에 의해 영향을 받고, 자동적 사고에 영향을 미친다. 중간믿음(intermediate belief)은 가정(그 진위나 존재여부를 판별하지 않고 당연히 그렇다고 생각하는 것), 태도(핵심믿음이 자신에게 어떤 결과를 초래할지, 어떤 영향을 미칠지에 대한 믿음), 규칙(핵심믿음이 현실화되는 것을 막기 위한 규칙)으로 구성되어 있으며, 본인도 이 중간믿음을 잘 인식하지 못하는 경우가 흔하다.

이러한 믿음은 어떤 상황을 보는 관점에 영향을 주게 되며, 그것은 또다시 그 사람이 어떻게 생각하고 느끼고 행동하는지에 영향을 준다. 사람들은 세상이나 다른 사람들과의 상호작용을 통하여 어떤 이해나 학습, 즉 믿음을 형성하게 되는데, 이러한 믿음들은 정확성과 기능적인 면에서 다양할 수 있다. 치료자들은 역기능적 믿음이 탈학습될 수 있으며, 치료를 통해 보다 현실적이고 기능적인 새로운 믿음이 개발, 학습될 수 있다고 믿는 것이 중요하다.

> 예) 핵심믿음(나는 능력이 없다) – 중간믿음(가정, 태도, 규칙)
> **가정**: 내가 능력이 없다는 것을 알면 나를 무시할 것이다
> 내가 열심히 한다면 능력이 부족한 것을 보완할 수도 있을 것이다.
> **태도**: 능력없는 것이 밝혀지면 나는 견디기 힘들거야
> 어떻게 하든 그런일은 피해야 해
> **규칙**: 예습, 복습은 기본이고, 학원과 개인과외도 모두 받아야 해

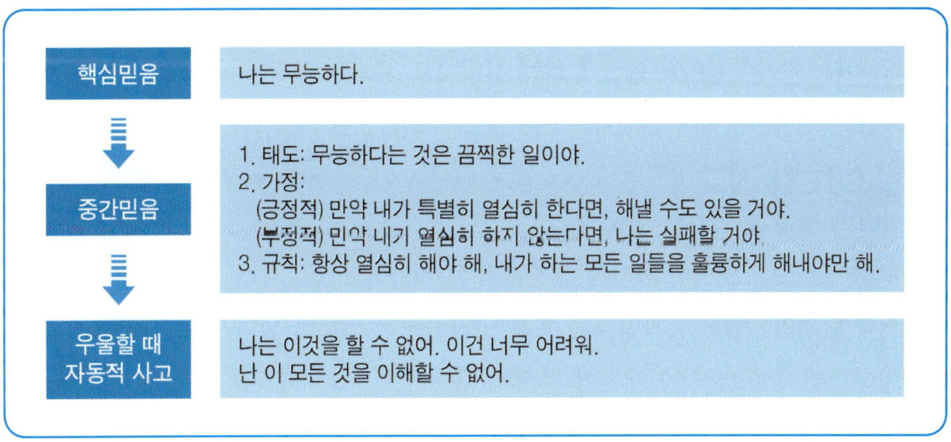

[그림 2-2] 믿음과 자동적 사고의 위계

나. 자동적 사고

사람들은 어떤 상황에서 사실적 정보를 이해하고 통합한다. 그러나 이와는 다른 수준에서 매우 빠른 평가적 사고를 지닐 수 있는데, 이러한 사고들은 자동적 사고(automatic thinking)라고 불린다. 이는 심사숙고하거나 합리적으로 판단한 결과가 아니고, 어떤 사건에 대한 개인의 즉각적이고도 계획되지 않은 해석을 말한다. 오히려 이러한 사고들은 자동적으로 튀어나오는 것처럼 보이며 흔히 아주 빠르고 짧게 나타난다. 이러한 자동적 사고를 인식하지 못하고, 대개는 자동적 사고에 뒤따르는 감정의 변화를 인식하는 경우가 더 많아 결과적으로 자신의 자동적 사고를 사실인 것처럼 무비판적으로 받아들이기 쉽다. 그러나 감정의 변화에 주목하거나, 기록을 통한 자기관찰을 함으로써 자동적 사고를 식별할 수 있는 방법을 배울 수 있다. 자동적 사고를 인식하게 되면, 그 사고의 타당성을 평가할 수 있다. 자신의 해석이 잘못된 것임을 알고 그것을 교정한다면, 아마도 기분이 변화되는 것을 느낄 수 있을 것이다. 즉, 역기능적 사고가 합리적 되새김 과정을 거치게 될 때, 일반적으로 그 사람의 감정은 변하게 된다.

어떤 특정 상황에서 한 사람의 내재된 믿음은 그 사람의 지각에 영향을 주고, 이것은 상황 특정적인 자동적 사고를 통해 표현된다. 그리고 이러한 자동적 사고들은 그 사람의 감정, 행동 그리고 생리적 반응에까지 영향을 준다.

다. 인지적 오류

자극이나 정보가 선택적 관심에 의해 선택되고, 개인의 인지적 구조에서 변형, 전달되는 과정을 인지과정이라고 한다.

인지적 왜곡은 어떤 경험이나 사건을 해석하고 받아들이는 과정에서 생기는 추론 혹은 판단의 오류를 말하는 것이다.

인지재구조화는 개인이 자신과 환경에 대해 지각하고 있는 인지적 왜곡이나 인지과정에 대해 인지적 · 행동적 기법들을 통해 반박하여 수정하고 변화시키는 일련의 절차를 의미한다. 인지재구조화는 개인이 가지고 있는 인지구조의 합리성과 타당성 조사를 통해 이루어지며, 클라이언트의 신념이나 인지과정을 뒷받침해 줄 만한 논리적이며 경험적인 증거가 있는지 검토한다.

Beck이 제시한 추론과정에서의 인지적 오류는 다음과 같다(최세영, 2018).

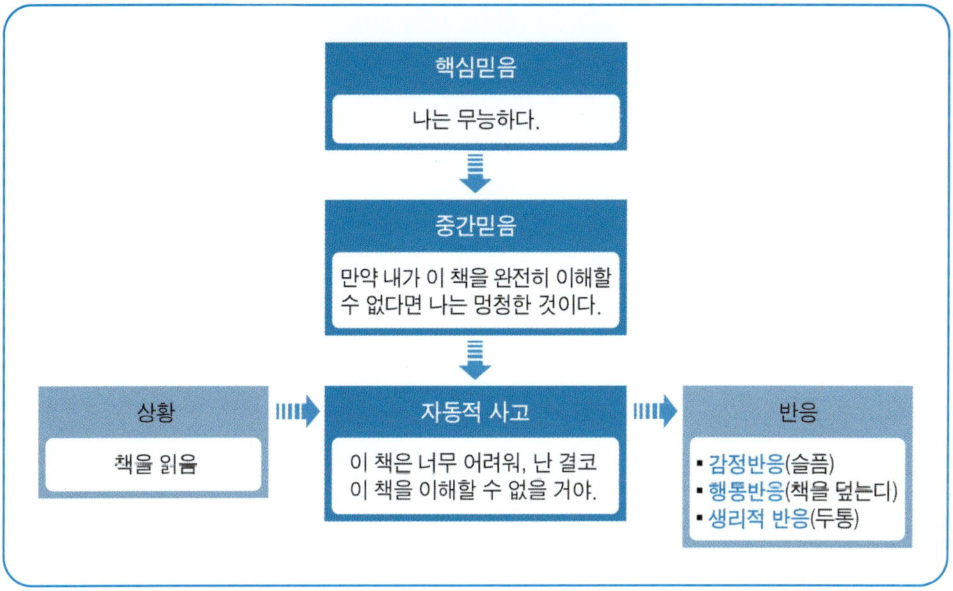

[그림 2-3] 인지모델

(a) 임의적 추론(arbitrary inference)

어떤 결론을 지지하는 증거가 없거나 그 증거가 결론에 위배되는 데도 그러한 결론을 내리는 것을 의미한다. 기대하는 어떤 것이 이루어지지 않을 때 그것을 파멸로 생각하는 것과 최악의 상황을 생각하는 것이 포함된다. 예) 아침부터 그릇이 깨지다니, 오늘 뭔가 좋지 않은 일이 일어날 거야.

(b) 선택적 추론(selective abstraction)

다른 중요한 요소들은 무시한 채 사건의 일부 세부사항만을 기초로 결론을 내리고 전체 맥락의 중요한 부분을 간과하는 것이다. 자신이 지지하는 단일의 근거만을 선택적으로 채택한다. 예) 직원평가에서 내가 이 항목에 낮은 점수를 받은 것은, 내가 일을 가장 못한다는 것을 의미해(높은 점수를 받은 항목이 있음에도 불구하고, 낮은 점수의 항목만을 인지함).

(c) 과도한 일반화(overgeneralizing)

한두 가지 고립된 사건에 근거해서 일반적인 결론을 내리고 그것을 서로 관계 없는 상황에 광범위하게 적용하는 것을 의미한다. 현재 상황을 넘어서는 싹쓸이식 결론을 내리는 것으로, 분리된 사건에 대한 결론을 연관되거나 혹은 연관되지 않은 상황 전반에 적용한다. 예) 희철이뿐 아니라, 우리 학과 친구 모두가 다 나를 싫어해.

(d) **과대평가와 과소평가**(magnification & minimization)

어떤 사건, 한 개인이나 경험이 가진 특성의 한 측면을 그것이 실제로 가진 중요성과 무관하게 과소평가하거나 과대평가하는 경우이다. 불완전한 점들을 과대평가하고 좋은 점들을 과소평가하여 결국 자신이 부적절하고, 타인들보다 열등하다고 생각하고 우울하게 느끼게 된다. 우울증 환자들은 부정적 사건의 의미나 크기를 확대하는 반면, 긍정적 사건의 의미나 크기는 축소하는 경향이 있다. 예) 내가 지금 이 자리에 오르는 데 10년이 걸렸지만, 누구라도 이 정도는 할 수 있어(과소평가), 한 과목에서 F학점을 받은 후 '난 이제 끝이야, 학교생활을 할 수 없어'라고 생각하는 것(과대평가)

(e) **개인화**(personalization)

자신과 관련시킬 근거가 없는 외부사건을 자신과 관련시키는 것으로, 실제로는 다른 것 때문에 생긴 일에 대해 자신이 원인이고 자신이 책임져야 할 것으로 받아들이는 경우이다. 예) 내가 만일 학교에 가지 않고, 어머니와 함께 외출했다면 어머니가 교통사고로 돌아가시지 않으셨을 거야.

(f) **절대적, 이분법적 사고**(absolutistic & dichotomous thinking)

모든 경험을 양극단 중 하나로 이해하고 '중간지대가 없이' 흑백논리로 현실을 파악하는 것으로 실패나 성공, 흑과 백으로 구분하려는 경향이다. 이는 자신의 실패 혹은 나쁜 측면만을 생각하게 하여 자동적으로 부정적인 신념으로 이끌고, 낮은 자존감을 불러일으킨다. 예) 전과목 A학점을 받지 못하면 이번학기는 실패한 것이야.

② Ellis의 합리적정서적행동치료(Rational Emotive Behavior Therapy: REBT)

Ellis는 생각이 정서와 행동을 유도한다고 가정하고, 합리적 생각은 적절한 정서와 행동을 초래하고, 비합리적인 생각은 부적절한 정서와 행동을 초래한다고 하였다. Ellis의

REBT에서 개입이 이루어지는 과정을 ABCDE모델로 개념화하였다. Ellis의 합리적정서적 행동치료의 핵심개념을 살펴보면 다음과 같다.

가. 비합리적 신념

인지행동이론의 선구자인 Ellis(1962)는 인간의 사고와 감정은 매우 연관되어 있으며, 부정적인 감정과 증상은 비합리적 신념에서 비롯된다고 주장하였다. 비합리적 신념을 규명하고 도전함으로써 이를 재구조화하는 것이 치료의 목표가 된다. 비합리적 신념에는 '반드시', '절대로', '모든', '완전히', '전혀', '파멸적인', '해야만 한다' 등이 저변에 깔려 있다. 치료는 비합리적 신념에 초점을 두고, 이에 도전함으로써 인지를 재구조화하는 것이다(김혜란 외, 2006). Ellis가 제시한 비합리적 신념과 이를 반박하는 근거는 다음과 같다 (이준우 외(2006) 재구성).

〈표 2-3〉 Ellis의 비합리적 신념과 이에 대한 반박 근거

비합리적 사고	반박
모든 주요 타인으로부터 사랑과 인정을 받는 것은 성인에게 절대적으로 필요하다.	주요 타자로부터 사랑과 인정을 받기 위해 노력하여도, 주요 타인은 자신의 편견이나 선호에 의해 나를 좋아하지 않거나 무관심할 수 있다.
가치있는 사람이 되기 위해서는 모든 면에서 완전한 능력이 있고 적절하며, 성취적이어야 한다.	잘하는 것 보다는 하는 것 자체가 중요하며, 결과보다는 과정이 중요하다. 다른 사람을 이기기 위해서 보다 자신을 위해 노력하는 것이 바람직하다.
사악하고 나쁜 사람은 그의 악행에 대하여 비난받고 처벌받아야 한다.	악행을 하는 사람이 반드시 악한 사람은 아닐 수 있으며, 악행을 처벌함으로써 악행이 줄어들기보다 오히려 악화되기도 한다.
원하는 대로 상황이 되지 않는다면 이는 끔찍하고 파멸적이다.	현실을 도전과제로 수용하고 자신의 삶에 유용하게 통합하는 방법을 배워야 한다.
불행은 외부적인 요인에 기인하며, 사람은 슬픔과 근심의 조절능력이 거의 없다.	자신이 슬픈 것은 스스로 슬픈 감정에 빠지도록 만들었기 때문에 자신이 불행하다는 감정이 생긴 것이다.
험하거나 두려운 일이 일어날 가능성을 늘 염려해야 한다.	사전 대비는 필요하지만, 아직 일어나지 않은 일에 대해서 지나치게 염려, 불안해하면 오히려 이에 대한 대처능력이 떨어지고, 지나친 염려가 그 일이 실제로 일어나는데 기여할 수도 있다.

인생의 어려움과 책임을 대면하는 것보다 회피하는 것이 쉽다.	싫더라도 자신이 수행해야 하는 것은 불필요한 고통을 최소화하기 위해 수행하는 것이 바람직하며, 책임을 수행함으로써 자신감이 생긴다.
우리는 의존할 수 있는 강한 사람을 필요로 한다.	다른 사람에게 의존하면 할수록 더 의존하게 되며, 결국 인생이 다른 사람의 처분에 따라 결정된다. 인생에서 어느 정도의 외로움은 감내해야 하고, 외로움이 그렇게 끔찍한 것도 아니다.
현재 행동은 전적으로 과거에 의해 결정된 것이며, 과거에 미친 영향은 현재에도 비슷한 영향을 미친다.	이는 과잉일반화로, 과거가 현재에 영향을 미치기는 하나 현재를 변화시켜 보다 나은 미래를 만들 수 있다.
우리는 다른 사람의 문제에 대해 매우 근심해야 한다.	다른 사람의 문제에 관심을 가질 수 있지만, 변화할 수 있는 실제 능력이 부족한 상황에서 많은 근심을 하는 것은 비합리적이다.
인간의 문제는 완벽한 해결이 있으며 이런 해결책을 찾지 못하면 파멸할 것이다.	완벽하고 절대적인 진리와 해결책은 없으며, 가장 현실적인 선택을 하는 것이 바람직하다.

나. Ellis의 ABCDE모델

클라이언트에게 A－B－C의 관계를 설명하고, B의 비합리적 생각을 D의 논박을 통해 재구조화(E)하도록 돕는다. 즉, 클라이언트에게 B의 비합리적 신념체계를 발견하도록 하여, 이를 논박(D)하고, 합리적 신념체계로 바꾸면 지금까지와는 달리 합리적이고, 융통성 있는 효율적 사고(E)로 바꿀 수 있다(류종훈 외, 2007).

A(선행사건)

인간의 정서를 유발하는 어떤 사건이나 현상, 행위 (연속해서 시험에 떨어짐)

B(신념체계)

어떤 사건이나 행위 등과 같은 환경적 자극에 대해 각 개인이 갖게 되는 태도, 신념체계, 사고방식 (난 쓸모없는 인간이야, 취업하기는 다 틀렸어.)

C(결과)

선행사건에 접했을 때 다분히 비합리적 태도 또는 사고방식으로 그 사건을 해석함으로써 느끼게 되는 정서적 결과 (극심한 우울증, 자살 경향)

D(논박)

자신이 가지고 있는 비합리적 신념이나 사고, 통념에 대해 도전해 보고 과연 그 사고가 합리적인지를 다시 생각하도록 하기 위해 치료자가 시도하는 논박 과정

- 논리성: 시험을 한 번에 합격해야 한다는 법이 어디에 있나? 그리고 연속적으로 시험에 실패한 사람이 가치 없는 인간이라는 말은 사리에 맞는가?
- 현실성: 이 세상의 모든 사람들이 시험을 한 번에 합격하는가?
- 효용성: 연속적으로 시험에 실패한 자신을 질책하고 자포자기하여 얻는 이득은 무엇인가?

E(효과)

비합리적 신념을 철저하게 논박하도록 함으로써 합리적 신념을 갖게 된 다음, 느끼게 되는 자기수용적 태도와 긍정적 감정의 결과

- 사고: 연속적으로 시험에 떨어진 것이 몹시 부끄럽고 불편한 것은 사실이지만, 그렇다고 해서 내가 반드시 가치 없는 사람은 아니다. 나는 이 상황을 견디고 살아갈 수 있다.
- 정서: 의기소침, 실망, 섭섭한 감정에 머무름
- 행동: 자학하지 않고 새로운 건설적인 계획을 짜게 됨

(4) 주요기법

인지행동모델의 개입목표는 클라이언트가 당면한 문제를 해결하고, 역기능적 사고와 행동을 수정하는 것이다. 따라서 클라이언트의 문제 사정에 있어서 역기능적 인지왜곡이나 잘못된 사고, 감정, 행동을 파악하여 인지 및 행동 변화를 일으킬 수 있는 기술을 활용한다. 인지행동모델의 주요개입기법은 다음과 같다(Corey, 1991; 엄명용 외(2005) 재인용).

① 내적 의사소통의 명료화

클라이언트 스스로 자신에 대해 독백하고 사고하는 것에 대해 사회복지사가 피드백을 주어, 자신의 생각과 말 속에 숨겨진 인지적 오류(잘못된 생각)와 비합리적 신념에 대한 통찰력을 발전시키고, 이해할 수 있도록 도움을 준다.

② 설명

클라이언트의 정서가 Ellis가 제시한 ABC모델(사건－신념(인지)－정서적 결과)에서 어떻게 작용하는가를 가르쳐 준다.

③ 기록과제

과제 혹은 숙제는 클라이언트가 자신의 문제에 대한 인식을 향상시킬 뿐만 아니라 새로운 행동을 획득하거나 과거의 반응을 제거할 수 있도록 돕는다(엄명용 외, 2008). 과제를 부여하는 여러 가지 방법 중 클라이언트로 하여금 Ellis의 ABCDE모델을 활용하여 역기능적 사고 일지를 기록하게 할 수 있다.

A	어떤 사건인가?
B	그 사건에 대한 나의 생각은 무엇인가?
C	나의 느낌은 어떠한가?
D_1	A에 대한 나의 묘사는 정확한가?
D_2	B는 합리적인가? 그렇지 않다면 그에 도전하는 생각을 써 보시오.
E	D_1, D_2로부터 어떤 감정이 초래될 것인가?

날짜	상황(A)	감정(C)	자동적사고(B)	합리적 반응(D)	결과(E)
5/1	동료가 못 본 척 하고 지나간다.	기분 나쁘다.	나를 무시하나?	나를 못 보고 지나갔을 수도 있어. 매우 바쁜 일이 있을 수도 있어.	기분이 덜 나빠짐.
5/3	부장님이 나에게 짜증을 낸다.	의기소침해지고, 종일 우울하다.	내가 일을 잘 못했나?	아니야, 꼭 그렇게 생각할 근거가 없어. 내가 일을 못해서 부장님이 짜증을 낸 것이 아니라, 어쩌면 개인적으로 속상한 일이 있었을지도 몰라.	기분이 다소 밝아짐.
⋮					

④ 경험적 학습

클라이언트에게 자신의 인지적 오류에 부합하지 않는 특정한 행동을 하도록 함으로써 클라이언트가 자신의 인지적 오류를 발견하고 수정하도록 한다. 자기주장훈련, 모델링, 역할극, 사회기술훈련, 심리극 등을 활용할 수 있다.

⑤ 역설적 의도

특정행동에 대한 클라이언트의 불안이 그 행동을 유발할 때, 클라이언트가 두려워하는 행동을 하도록 지시(이중구속적인 메시지의 전달)함으로써 클라이언트의 인지적 오류에 도전하고 불안을 감소시키는 것이다. 그러나, 자해나 타해의 위험이 있는 클라이언트에게는 절대 사용해서는 안되며, 문제의 원인이 신체적인 것에 기인한 증상일 때도 이 기술을 사용할 수 없다. 또한 클라이언트에게 치료기술을 충분히 이해시킨 후 동의한 경우에만 사용한다.

⑥ 역동적, 실존적 반영

역동적 반영은 클라이언트의 문제와 실제적인 문제에 대한 답을 찾아가는 것에 강조점을 둔다. 증명할 수 있고, 객관적이며, 경험적이고, 이론적인 지식에 목적을 두는 문제해결의 반영을 의미한다.

실존적 반영은 개인의 삶에 대한 의미와 잠재적 의미에 대해 숙고하여 인지재구조화를 촉진시키는 기법이다.

⑦ 이완훈련

근육의 수축과 이완, 깊고 규칙적인 호흡, 즐거운 사고나 심상 등의 훈련을 함으로써 일상생활에서 유발되는 스트레스에 대처하도록 가르친다. 이 기술은 만성적으로 긴장되어 있거나 불안한 클라이언트, 위기상황에 부딪힌 클라이언트, 미래의 사건이나 상황에 대해 미리 불안해하는 클라이언트, 두통, 편두통, 답답함, 불면증, 분노 및 우울 등을 느끼는 클라이언트에게 효과적인 기법이다.

⑧ 생각중지기법

부적응적인 신념과 이에 동반되는 정서적 신체적 감각의 경험을 생각해 보게 하고, 이러한 생각을 긍정적인 생각의 틀이나 자기지시 기법으로 대체하게 한다.

⑨ 인지재구조화

클라이언트의 역기능적 사고와 관념을 인식하고 이를 현실적인 사고와 관념으로 대치하고 순기능적일 수 있도록 돕는 것이다. 인지재구조화의 절차는 다음과 같다.

(a) 클라이언트는 생활사건에 대한 자신의 정서적 반응을 매개할 가정이나 신념을 가지고 있다. 따라서 사회복지사는 클라이언트가 이점을 수용할 수 있도록 돕는다.
(b) 클라이언트가 문제에 내재해 있는 역기능적인 신념과 사고과정의 유형을 파악할 수 있도록 돕는다.
(c) 클라이언트가 자신의 역기능적 인지를 유발한 상황을 파악할 수 있도록 돕는다.
(d) 클라이언트가 자학적인 인식을 대치할 말한 긍정적이고 순기능적인 대안적 자기진술로 대체하도록 돕는다.
(e) 클라이언트의 성공적인 대처노력을 클라이언트 스스로 보상할 수 있도록 돕는다.

⑩ 모델링

클라이언트가 취할 행동을 시범적으로 보여 주고, 클라이언트가 관찰학습 과정을 통해 이를 똑같이 따라해 보도록 한다. 이 기법은 역할극을 통해 종종 사용되며, 클라이언트가 보인 행동에 대해 다시 피드백을 제공해 준다. 이 기법의 과정은 다음과 같다. 첫째, 변화를 필요로 하는 구체적 행동을 파악한다. 둘째, 모델을 제시한다. 셋째, 클라이언트가 모델링에 주의와 관심을 갖도록 한다. 넷째, 모델의 행동을 따라하도록 한다. 다섯째, 따라한 행동을 강화한다(Granvold, 1994).

⑪ 시연

시연(rehearsal)은 발달시키고자 하는 행동, 습득한 행동 기술을 현실 세계에서 직접 실행하기에 앞서 치료자 앞에서 반복적으로 연습하여 행동으로 숙달되도록 하는 것이다(Lantz,

1996). 특히 이 기술은 집단상담을 통해 여러 사람의 피드백을 동시에 받을 수 있다는 점에서 매우 효용 가치가 높다. 숨겨진 시연은 원하는 반응에 대해 속으로 상상해 보고 반영하는 것이고, 명백한 시연은 원하는 행동을 역할극에서 실제로 말로 표현해 보고 행동으로 나타내는 것이다.

⑫ 침투적 생각의 외현화

부정적인 사고를 글로 쓰거나, 누군가에게 말하거나, 녹음하는 방법을 통해 외부적으로 표현하는 기법이다.

⑬ 체계적 둔감화

클라이언트에게 가장 덜 위협적인 상황에서 가장 위협적인 상황까지 상황들을 순서대로 제시하면서, 불안자극과 불안 반응 간의 연결이 없어질 때까지 불안을 일으키는 자극들을 반복적으로 이완상태와 짝짓는 것이다. 이를 통해 실제 위협적인 상황에서는 불안을 경험하지 않는다.

⑭ 자기지시기술

목표선택, 목적행동 형성, 자기탐지, 계획실천 등의 과정을 통해 자신이 통제하거나 변화시키기를 원하는 구체적인 행동에 대한 지침과 계획들을 세우는 것이다. 자기지시는 자기언어화를 활용한 5단계를 거친다.

1단계: 사회복지사는 과제에 대한 수행방법을 모델로 제시하면서, 큰소리로 자기자신에게 말한다(인지적 모델링).
2단계: 클라이언트는 사회복지사로부터 언어적 도움을 받으면서 똑같은 과제를 수행한다(명백한, 외부적인 도움).
3단계: 클라이언트는 과제를 수행하면서 자신에게 큰소리로 지시한다(명백한, 자기도움).
4단계: 클라이언트는 지시를 속삭이듯이 말하면서 과제를 수행한다(감소한, 명백한, 자기도움).
5단계: 클라이언트는 자기 자신에게 속으로 말하면서 과제를 수행한다(숨겨진 자기지시).

⑮ 코칭

클라이언트가 그날 일과 중 가장 힘든 일을 미루면서 부정적인 생각이 증가하도록 두기보다는 이러한 일을 가장 먼저 하는 것을 의미한다.

⑯ 자기대화 관리훈련의 과정과 기법

자기대화(self-talk)란 어떤 상황(사건)에 대해 스스로에게 주는 메시지(평가사고)를 말한다. 어떤 상황에 대해 스스로 말하는 자기대화에 따라 감정과 행동이 달라지므로 자기대화가 변화하면 감정과 행동도 변화될 것이라고 본다. 즉, 자기대화의 왜곡을 수정하도록 도움으로써 습관적인 사고방식을 변화시켜, 문제가 되는 감정이나 행동을 좀 더 효과적으로 통제할 수 있다고 본다.

자기대화의 5단계는 다음과 같다.

1단계: 지금 바로 자신의 생각과 느낌이 무엇인지 명확히 한다.
2단계: 스스로 자기대화를 되뇌어 본다.
3단계: 자신의 상황을 객관적인 현실로 살펴본다.
4단계: 당신이 사실을 직시하고, 부적절한 단어의 사용을 피할 때, 당신은 다르게 느끼게 될 것이고, 상황이 전처럼 나쁘지 않다는 것을 알게 되는 것이다.
5단계: 상황에 대한 사실을 명심하고, 당신이 할 수 있는 것이 무엇인가를 고려한다.

⑰ 이미지 안내

자신의 잠재의식과 긴밀하게 관계할 수 있도록 돕고, 어떻게 새로운 신념, 기대, 습관을 잘 형성해 나갈 수 있을 것인가를 가르쳐 준다. 이미지 안내의 방법으로 최면유도, 명상, 머리부터 발끝까지 하는 근육체계의 점진적 이완, 조용하고 유쾌하며 편안한 상황을 상상하는 것, 호흡에 집중하거나 다른 생각을 떨쳐 버리고 '나는 편안하다'라는 말에 집중하는 것, 근사한 휴양지 혹은 지난 기억을 회상하는 것 등이 있다.

⑱ 대처카드 활용과 기법

가로와 세로 3x5인치 정도 되는 카드로 클라이언트의 손이 쉽게 닿는 곳에 붙이거나 보관하며, 이를 규칙적으로 읽고, 필요할 때마다 읽게 한다. 특정 행동을 도와주는 지시서 등의 내용을 기록하여 늘 참고함으로써 괴로움을 주는 사고를 평가하고 대처할 수 있도록 도와준다.

⑲ 소크라테스식 문답법

소크라테스식 문답법(산파법)은 상대방에게 계속 질문을 해서 결국에는 진리를 깨달을 수 있도록 도와주는 방법이다. 클라이언트의 비합리적 신념에 대해 질문하고, 이에 대한 클라이언트의 답변에 대해 반복적으로 질문한다. 즉, 논박을 통해 클라이언트가 자신의 논리를 비판적으로 검토하고, 인지적 왜곡이나 오류를 밝혀내고, 질문을 통해 가치 발견과 타당화의 과정을 거쳐 사건이나 행동의 의미를 재발견하는 문답식 방법으로, 클라이언트의 자각과 자기관찰을 개발하도록 자극하여 모호하고 잘못 정의된 개념으로부터 문제의 초점이 된 개념으로 전환하게 하는 기법이다.

(5) 주요 적용 영역 및 한계

인지행동모델에서의 각 기술들은 정신분석적 통찰력이나 해석에 대한 이해가 부족하거나 이에 대한 거부감이 있는 클라이언트에게 적용 가능하다. 인지행동치료의 효율성에 대한 연구 결과는 불안, 우울증, 부부간 문제, 불면증, 약물남용, 야뇨증 등 다양한 장애와 문제점들을 치료하는 데 효과적이라는 것을 제시하고 있다. 사회복지실천현장에서 이루어지고 있는 집단 프로그램의 대부분이 인지행동모델을 기반으로 구성되고 있어 광범위하게 사회복지실천현장에서 사용되고 있다. 특히 정신보건 영역이나 장애인복지 영역에서 사회기술훈련, 상황대처훈련, 일상생활관리훈련, 인간관계훈련, 자기주장훈련, 가족교육 등 사회복지사에 의해 주로 실천되는 프로그램이 이를 기반으로 한 것이다.

인지행동모델은 다양한 사회복지실천현장에서 활용되고 있지만 이들 기술들을 클라이언트에게 적용하는 데 몇 가지 한계점이 있다(엄명용 외, 2005: 213-214). 먼저 클라이언트가 자신의 사고와 감정, 행동의 관계 및 인지행동모델에서 적용하고자 하는 기술을 충분히 이해할 수 있어야 하기 때문에 일정한 교육수준 혹은 지적 능력을 가진 클라이언트에게 적용이 가능하다. 또한 인지행동모델은 일반적으로 4~14회 정도의 치료 기간이 소요되므로 즉각적 개입(자살이나 폭력 등)을 필요로 하는 클라이언트에게는 적용하기 어렵다. 또한 인지행동모델에 입각한 기술을 적용할 때 사회복지사는 클라이언트에게 이들 기술을 활용하는 목적을 분명하게 설명하고 이를 수용할 수 있도록 하는 등 개입 및 치료 과정에 적극적이어야 한다. 그리고 문제해결을 위한 시연, 모델링 등 새로운 시도를 해 보려는 적극적 의지나 동기가 부족한 클라이언트에게는 개입의 효과가 적을 수밖에 없다.

2) 개입 과정과 사례 적용

(1) 개입 과정

인지행동모델은 모든 심리적 장애에서 왜곡되고 역기능적 사고가 공통적이며, 이러한 역기능적 사고는 클라이언트의 기분과 행동에 영향을 미친다고 가정하는 인지이론과 기능적 행동은 학습을 통해 습득될 수 있다고 가정하는 행동주의이론의 영향을 받았다. 따라서 인지행동모델은 인지치료적 방법으로 교육을 통해 왜곡된 방식으로 상황을 해석하는 것을 변화시키거나 기능적 차원에서 해석하는 방식을 배우며, 관찰학습을 통해 새로운 기능적 행동 기술을 학습하고, 행동주의적 강화를 통해 변화를 유지시키는 것을 목적으로 한다고 할 수 있다(양옥경, 2000). 인지행동모델에 의한 실천과정은 행동주의 또는 인지적 접근을 통해 다양하게 실천할 수 있다. 인지행동모델이 일반적으로 수행되는 개입과정을 살펴보면 다음과 같다(김혜숙 외, 2013).

① 초기단계

가. 접수

클라이언트가 편안한 상태에서 사회복지사와 대화할 수 있는 상태를 조성하고, 자신의 생각과 믿음으로 인해 인생을 살면서 문제를 경험하는 것은 매우 자연스러운 것이라는 것을 충분히 인식시킨다. 인지행동모델치료의 원리와 절차, 신념이나 가정 등과 감정, 행동과의 관련성에 대해 간단히 설명한다.

나. 문제청취

클라이언트에게 자신의 문제와 목적을 정확히 기술하도록 요청한다. 면담과정에서 서로에 대한 충분한 라포가 형성되도록 하고, 클라이언트가 호소하는 어려움을 있는 그대로 받아들이면서 클라이언트의 입장에서 문제를 이해하고 받아들이려고 노력한다.

다. 문제의 우선순위 결정

여러 가지 문제 중 가장 우선적으로 개입할 우선순위를 정한다. 클라이언트 입장에서 성취 가능한 변화를 목표로 신정하고, 클라이언트가 선택한 변화를 달성하기 위해 사회복지사와 클라이언트는 서로 신뢰하고 존중하는 치료적 동반자적 관계가 되어야 한다.

라. 자료수집

클라이언트의 문제해결에 대한 사후평가를 위해서는 개입 전의 문제 상황에 대한 자료수집이 필요하다. 문제의 발생빈도, 문제의 강도, 지속기간 등에 대한 정보를 수집한다.

② 개입단계

개입은 클라이언트의 대처능력을 증대시키고, 긴장을 감소시키는 방향으로 이루어진다. 클라이언트의 역기능적 문제가 클라이언트 자신과 환경에 대한 인지체계에서 출발한다고 가정하고, 클라이언트의 왜곡된 인지를 재구성하기 위해 다양한 기법을 활용하여 순기능적 인지 및 사고체계로 전환한다. 그리고 변화를 지속시키기 위한 과제를 낸다.

가. 역기능적인 인지 및 부정적 사고체계의 탐색과 정황분석

클라이언트의 문제 속에 내재하는 비합리적 신념, 왜곡된 인지 및 사고체계를 인식하도록 돕는 단계이다. 클라이언트가 잘못된 인지 및 사고체계를 갖게 한 상황의 구체적 장소, 관련된 인물, 구체적 정황, 클라이언트의 행동 등으로 나누어 묘사하게 한다.

클라이언트가 자신에게 하는 대화, 그로 인해 갖게 된 감정과 행동, 타인의 반응 등의 상호관계를 클라이언트 스스로 인식하도록 돕는다.

클라이언트가 사물을 실제 있는 그대로 보고 클라이언트의 인지 및 사고체계가 어떻게 작용하여 어떤 결과를 초래했는지, 변화되어야 하는 이유는 무엇인지 충분히 토의하며 동의해야 한다. 이러한 과정에서 클라이언트 자신이 과거의 잘못된 인지 및 사고체계를 버리고 새로운 체계로 변화시키는 문제를 극복할 수 있도록 주요 타인의 지속적인 지지와 격려가 필요하다.

나. 순기능적 인지 및 사고체계로 전환

클라이언트 문제의 무의식적 원인보다는 클라이언트의 행동, 진술된 생각, 감정, 목적에 기초하여 개입한다. 클라이언트의 행위가 자신의 목적에 부합되지 않을 때 클라이언트에게 알려 준다. 예전과 다른 새로운 사고를 하게 됨으로써 나타나는 갈등, 불안 현상이 나타날 수 있으므로 자기구술로 변화연습을 하고 사회복지사가 모델링을 도와준다. 이 과정에서 클라이언트의 병리적인 면보다 강점을 찾아 그것을 이용하고, 클라이언트의 작은 성공에 대해 칭찬해 준다.

이러한 과정에서 인지적 기법, 행동적 기법, 정서적 기법을 활용한다.

다. 변화를 지속시키기 위한 과제 내 주기

변화된 인지체계가 생활 속에서 지속될 수 있도록 클라이언트에게 과제를 내 준다. 사회복지사는 클라이언트가 일상생활에서 경험하는 자신의 역기능적 자기진술을 발견하여 순기능적 자기진술로 바꾸는 훈련을 통해 변화하도록 지지한다.

③ 종결단계

개입의 효과성 및 목표달성 정도를 평가한다. 문제가 되었던 역기능적 인지체계, 사고체계(비합리적인 신념, 자동적 사고, 인지적 왜곡 등)가 어느 정도 합리적인 대안체계로 변화되었는지 확인하고 평가한다. 그리고 인지 및 사고체계의 변화가 일상생활 속에서 어떻게 적용되고 있는지 확인하고, 긍정적인 변화가 유지될 수 있도록 한다.

또한 클라이언트 자신, 다른 사람, 그를 둘러싸고 있는 세상에 대한 의식을 확장시킴으로써 원하는 변화를 달성하는 궁극적인 책임은 클라이언트 자신에게 있으며, 어떤 과거 사건이나 무의식이 자신의 현재 행위를 변명해 줄 수 없음을 인식시킨다.

〈표 2-4〉는 우울증 클라이언트에 대한 인지행동적 실천과정을 기술한 것이다(권정혜, 1999; 권정혜 · 이재우, 2001).

〈표 2-4〉 우울증 클라이언트에 대한 인지행동적 실천과정

단 계		내 용	적용 방법
기초 단계		• 라포 형성 • 클라이언트 평가나 진단	• 클라이언트가 편안한 상태에서 치료자에게 신뢰를 가지고 대화할 수 있도록 하고 정확한 평가를 한다.
		• 인지행동치료에 대한 교육	• 인지행동치료의 원리와 치료 과정에 대한 설명을 하고, 소책자나 책을 활용하기도 한다.
		• 사례의 개념화	• 클라이언트의 역기능적 가정이나 신념체계를 파악한다.
초기 단계	행동 기법	• 주간활동계획표 사용하기	• 인지행동치료에서 인지 변화를 일으키기 위한 준비 단계로 행동기법을 사용한다.
		• 즐거움을 주는 활동 증가하기	• 활동을 통해 기분 변화를 기록하여 클라이언트 스스로 약간의 즐거움과 기분 변화를 눈으로 확인하게 한다.
		• 점진적 과제 부여	• 거의 확실히 달성할 수 있는 쉬운 과제부터 단계적으로 제시하여 성공 경험을 강화한다.
		• 다양한 행동기법활동(사회기술훈련, 주장훈련, 역할연습 등)	• 자동적 사고를 클라이언트의 행동을 통해 검증해 본다.
	인지 기법	• 자동적 사고 파악하기	• 특정 상황에서 자동적으로 떠오른 심상을 통해 자동적 사고를 파악한다.
		• 인지적 오류 점검	• 자동적 사고에 나타난 인지적 오류를 검토한다.
		• 자동적 사고 현실 검증 (소크라테스식 대화)	• 소크라테스식 대화를 통해 자신의 자동적 사고에 대해 스스로 평가할 수 있게 한다.
중간 단계	역기능적 가정이나 핵심믿음 발견하기	• 자동적 사고를 통한 유추	• 자주 나타나는 특정 자동적 사고를 통해 역기능적 가정이나 핵심믿음을 파악할 수 있다.
		• 하향식 화살표 기법 사용	• "이것이 나에게 무엇을 의미하는가?"라는 질문을 계속 하다 보면 자동적 사고 기저의 핵심믿음을 파악할 수 있다.

중간단계	역기능적 가정이나 핵심믿음 재구성하기	• 역기능적 가정이나 핵심믿음을 검증하기 • 행동실험을 통한 검증 • 대안적 가정이나 핵심 찾기	• 클라이언트의 일상생활 사건을 통해 핵심믿음이 맞는지 틀린지 검증하는 증거를 수집한다. • 검증할 가정이나 신념을 정하여 이 생각을 검증하기 위한 행동실험을 한다. • 핵심믿음을 지지하는 증거와 지지하지 않는 증거를 모으다 보면 이전 핵심믿음보다 덜 절대적이고 덜 부정적인 대안적 신념을 발견할 수 있다.
종결 단계		• 치료자 역할 연습하기 • 재발 및 예상되는 어려움 다루기 • 종결에 대한 감정, 태도 다루기	• 종결 후 클라이언트 스스로 치료자 역할을 하면서 역기능적 신념을 극복할 수 있도록 연습한다. • 앞으로 나타날 수 있는 문제를 어떻게 극복할지 대처 방법을 연습해 본다. • 종결과 관련된 불안, 원망, 슬픔 등에 대한 감정을 표현하게 하여 다루어 준다.

(2) 사례 적용

① 사례 개요

클라이언트는 40세 된 주부로 남편, 두 아들과 함께 살고 있다. 5년 전 친구 내외와 저녁 식사하러 갔는데 친구 남편이 친구와 클라이언트를 대할 때 존중하는 태도를 취하여 매우 부러웠다고 한다. 또 그 친구는 쇼핑을 할 때 돈을 여유 있게 쓰는 것에 비해 클라이언트는 돈을 쓰는 것에 항상 불안을 느껴 그 친구와 옛날에는 처지가 비슷했는데 이제는 처지가 많이 달라져 기분이 나빴고, "내 자신이 지금까지 무엇을 했나?" 하는 생각을 많이 하게 되었다고 한다. 돈을 벌고 소일거리를 하기 위해 남편과 상의하여 꼬치구이 가게를 시작했는데 남편이 나중에 술집 같다며 완강하게 반대하여 인테리어비만 손해 보고 그만두었다고 한다. 이후 신경이 예민해지고, 쉽게 섭섭함을 느끼고, 화가 치밀어 오르며, 머리가 아프고 식욕이 떨어지고, 구역질이 나기도 하여 생활이 힘들어졌다 (권정혜 외, 2001 사례 요약).

② 사례 개입 과정

〈표 2-5〉 사례 개입 과정

단 계		내 용	사 례
기초 단계		• 라포 형성 • 클라이언트 평가 혹은 진단 • 인지행동치료에 대한 교육 • 사례의 개념화	• 면담을 통해 클라이언트의 어려움과 치료에 대한 기대를 표현하게 하고 지지 • 자동적 사고와 느낌을 구별하는 훈련(상황: 남편이 늦게 들어온다, 느낌: 화가 난다, 자동적 사고: 나에게 무관심하다)
초기단계	행동 기법	• 주간활동계획표 사용하기 • 즐거움을 주는 활동 증가하기 • 점진적 과제 부여 • 다양한 행동기법활동 (사회기술훈련, 주장훈련, 역할연습)	• 하루 일과 적어 오기, 시간 단위로 계획 수립 • 즐거운 활동을 가장 쉬운 단계부터 시작하여 점진적으로 수행(약수터에서 물 떠오기: 아침에 일어나기 → 간편한 복장으로 약수터 입구까지 갔다 오기 → 약수터까지 갔다 오기 → 약수터에서 물 떠오기)
	인지 기법	• 자동적 사고 파악하기 • 인지적 오류 점검 • 자동적 사고 현실 검증 (소크라테스식 대화)	• 생활 속에서 자동적 사고를 기록해 오도록 함 • 나는 사랑받지 못한다, 나는 무능하다 등 • 소크라테스식 대화 통해 현실 검증(그렇게 생각할 근거가 있어요? 어떻게 해서 그런 생각을 하게 되었지요? 등)
중간단계	역기능적 가정이나 핵심믿음 발견하기	• 자동적 사고를 통한 유추	• 남편은 일부러 늦는다, 나는 매일 남편이 언제 집에 들어오는지 기다려야 하나? 사는 것이 무의미하고 가치 없다(핵심믿음: 나는 언제나 혼자이고 사랑받지 못한다).
		• 하향식 화살표 기법 사용 ("그게 무슨 뜻입니까?"라고 클라이언트의 생각에 대해 계속 추적)	• 남편이 연락도 없이 늦는다 → 화가 난다 → (그게 무슨 뜻입니까?)남편은 약속도 없으면서 일부러 술자리 만든다 → (그게 무슨 뜻입니까?)남편은 나를 무시한다 → (그게 무슨 뜻입니까?)나를 떠나간다, 나는 혼자가 된다. • 남편을 기다리고 있을 때 → 내가 부엌데기나 하고 살아야 하나 → (그게 무슨 의미일까?)나는 더 큰 일을 해야 한다 → (어떤 일을 해야 하나?)남들과 같이 살아야 한다 → (구체적으로 어떻게 살아야 하나?) 친구같이 돈도 잘 쓰고, 남편이 대우도 잘해 주고 → (그렇게 못 살면 어떻게 되나?)남에게 무시당한다, 나는 가치가 없다.

	역기능적 가정이나 핵심믿음 재구성하기	• 역기능적 가정이나 핵심믿음 검증하기	• 핵심믿음 뒷받침하는 증거(40세가 되었는데 이룬 것도 없고, 병만 남겨 남에게 귀찮은 존재가 되었다; 내가 남편을 훌륭히 뒷바라지 하여 직장 간부가 되었는데 이제는 나는 무시당하고 혼자다) • 핵심믿음 반박하는 증거(누구든지 나이를 먹으면 병이 든다, 남편이 병이 들면 당신은 남편을 귀찮아 할 것인가; 남편이 이제는 지쳐서 그렇다, 남편도 보통사람이다. 내 요구 사항이 지나친 것도 있다)
		• 행동실험을 통한 검증	• 남편에게 함께 식사, 쇼핑하자고 청한다 → 결과 적어 본다.
		• 대안적 가정이나 핵심믿음 찾기	• 남편은 남이다. 나를 떠나갈 것이다 → 남편은 남이 아니고 나의 동반자이다.
종결 단계		• 클라이언트가 치료자 역할연습	• 앞으로 닥칠 상황을 예상하여 어떻게 다룰지 역할연기를 통해 계속 연습하기
		• 재발 및 예상되는 어려움 다루기	• 치료 과정 동안의 증상 감소 정리하기
		• 종결에 대한 감정, 태도 다루기	• 치료자가 든든한 후원자로 남아 있음을 강조

5. 해결중심모델

1) 이론적 배경

해결중심모델(Solution Focus Therapy)은 20세기 초에 대부분의 이론들이 관심을 가지고 접근하였던 "무엇이 문제의 원인인가?"라는 인과론적 질문에서 패러다임의 전환을 가져온 개입접근이다. 특히 전통적 정신역동적 관점에서 살펴보면 개인 문제의 원인은 개인의 과거에 있으며, 이를 탐색하기 위해 문제의 원인을 과거에서 찾고 접근하는 데 많은 시간과 노력을 들였다. 즉, 문제의 원인이 존재하는 과거로부터 이를 찾아내어 이 원인을 없애 주면 문제가 사라질 수 있다고 보는 관점이 오랫동안 지속되어 왔다. 하지만 1950년대 인공두뇌학이 탄생된 이후 "무엇이 문제인가?"라는 질문이 "무엇이 문제를 지속시키는가?"라는 질문으로 변화하면서 새로운 국면을 맞게 된다(송정애, 2010: 106).

해결중심모델은 1970년대 후반 정신건강연구소(Mental Research Institute: MRI)의 단기치료센터(Brief Therapy Center)에서 활동한 Steve de Shazer와 연구진(Fisch, Weakland, & Segal, 1982; Watzlawick, Weakland, & Fisch, 1974)에 의해 개발되었다. MRI의 단기치료접근은 정신역동치료와는 달리 10회 정도의 짧은 기간에 문제를 해결하려고 하였고, 상담의 초점을 문제의 원인을 파악하고 이해하기보다는 문제에 대해 효과적으로 생각하는 방법과 그것을 다루는 실용적인 방법을 찾는 것에 두었다(Furman & Ahola, 1994; 정문자 외, 2012: 324 재인용).

이후 MRI를 떠난 de Shazer는 위스콘신 주의 밀워키에서 단기가족치료센터(Brief Family Therapy Center: BFTC)를 설립하고 1982년부터는 해결중심단기치료모델이라는 이름을 사용하기 시작하였다. de Shazer와 Berg(Insoo Kim Berg, 한국명 김인수) 부부가 함께 해결중심단기치료모델을 발전시켜 왔는데 이들의 경험에는 MRI와 Milton Erickson의 현실이란 개인에 의해 사회적 · 심리적으로 구성된 것이라 주장하는 후기 사회구성주의 철학 등에도 영향을 미쳤다. 특히 김인수는 실제 적용현장에서 이론을 적용훈련시키는 역할 및 가족복지 영역에 적용시켰다. 이후 Lipchik은 치료적 질문법을 개발하면서 가정폭력에 적용을 넓혔으며, Davis는 1990년대에 해결중심관점을 결혼문제에 적용하고 약물과 알코올에도 적용하고 있다. O'Hanlon은 Erickson의 개념과 이론을 적용하여 일상대화의 기술을 강조하고 있다.

한국에는 해결중심단기치료가 1987년에 소개되었으며 현재 '한국단기가족치료연구소'[3] 및 '솔루션센터(Solution Center)'[4]가 이를 적용하고 있다. 2006년 보건복지부에서도 해결중심접근법을 현장에서 활용하는 '강점관점 해결중심 사례관리 매뉴얼'을 제시함으로써 그 활용도를 높이고 있다.

(1) 기본 철학 및 가정

해결중심모델의 기본 접근은 '문제(problem)' 해결이 아니라 '해결(solution)한 경험'과 '예외적 경험'을 찾는 것이다. 따라서 해결중심단기모델은 문제의 진단과 제거에 초점을 맞추

3) www.brief-therapy.or.kr

4) www.solution-center.org

는 전통적 치료모델과는 다른 가정과 철학이 있다. 이 모델의 기초가 되는 가정과 전제 가치를 살펴보면 다음과 같다(Berg & Miller, 2001).

첫째, 긍정적 측면에 초점을 둔다. 문제가 되는 상황에 초점을 맞추기보다 긍정적인 면에 초점을 맞추는 것이 훨씬 효과적이며 바람직한 방향으로 변화를 이끈다. 클라이언트와 사회복지사의 관계 형성에도 도움을 줄 수 있다.

둘째, 예외 상황은 해결의 실마리를 보여 준다. 모든 문제에는 문제시되지 않았거나 문제가 적었던 예외 상황이 있는데, 이 예외 상황을 발견하여 더 자주 일어나도록 격려하는 것은 자신의 문제를 스스로 조정할 자신감과 해결책을 갖게 한다.

셋째, 변하지 않고 그대로 머무는 것은 아무 것도 없다. 변화는 항상 일어나고 있으므로 이 변화를 긍정적인 방향으로 설정한다.

넷째, 작은 변화는 일어나기 쉬우며 생성적(generative)이다. 작은 변화는 큰 변화로 이끈다.

다섯째, 협동 작업은 있게 마련이다. 클라이언트는 항상 협조하고 있다.

여섯째, 사람들은 자신의 문제를 해결하기 위하여 필요한 자원을 가지고 있다.

일곱째, 의미와 체험은 상호작용 속에서 일어난다. 우리의 세계는 상호작용 속에서 의미를 갖고 있다.

여덟째, 행동과 묘사는 순환적이다. 예를 들어, 자녀의 행동에 대해 부모가 '옳다', '그르다' 중 어떤 것으로 보느냐에 따라 대처 방법이 다르다.

아홉째, 의미는 반응 속에 있다. 메시지가 전하는 의미는 관찰자에 의해 만들어지고 클라이언트의 자세 자체가 절대적 의미를 갖고 있는 것은 아니다.

열째, 클라이언트가 전문가다. 클라이언트가 자신의 문제에 대해 가장 많이 알고 있으며 많은 해결책을 시도했을 것으로 본다.

열한째, 클라이언트가 어떻게 목표를 설정하고 무엇을 하는가에 따라서 클라이언트의 작은 변화는 다른 사람과의 상호작용에 영향을 미친다. 그러므로 관계되는 모든 사람이 다 참여하지 못하더라도 어느 한 사람이 변하면 상호작용도 변하게 마련이다.

열두째, 치료팀은 치료의 목표설정과 목표달성을 위해 노력할 의사를 가진 사람으로 구성된다.

〈표 2-6〉 해결중심모델의 기본 원리 및 접근 방법

기본 원리	접근 방법
1. 병리보다 건강함, 강점, 자원에 초점	문제나 잘못보다 성공경험과 성공하게 된 구체적 방법에 관심을 둠
2. 변화는 지속적이며 불가피하고 예외상황이 해결방안의 핵심	변화는 삶의 일부이며 문제가 발생하지 않은 예외 상황에 관심을 갖고 집중하여 그 상황을 증가시킴
3. 현재와 미래를 지향	과거보다는 현재와 미래 적용에 관심을 가짐
4. 가장 작은 변화가 큰 변화를 이끔	작고 단순한 성공경험을 통해 작은 변화를 일으켜 연결 지어 다른 변화를 가져옴
5. 클라이언트가 자기 문제의 전문가이며 자율적 협조를 함	클라이언트가 자기 문제를 잘 알고 있으므로 '알지 못함의 자세(Not-knowing Posture)'로 클라이언트를 새롭게 알아 가며 상호협력함
6. 의미와 체험은 상호작용 속에 제공되고 순환적임	내담자와 치료자는 상호작용을 하면서 협력하고, 상호관계 속에 있으므로 한 대상이 변하면 다른 대상도 변화하므로 참여한 한 사람이라도 개입함

출처: De Shazer(1984); Walter & Peller(1996) 재구성.

〈표 2-7〉 문제중심 접근방법과 해결중심 접근방법의 관점 비교

관 점	문제중심	해결중심
상담과정	어떻게 도와 드릴까요?	상담이 도움이 되는지 어떻게 아세요?
질문과정	문제에 대해 말씀해 주시겠습니까?	무엇이 변화되기를 원하십니까?
문제에 대한 관점	문제는 심층적인 것을 드러내는 하나의 증상인가요?	집중하고자 하는 중심문제를 규정하고 있나요?
해결에 대한 관점	문제에 대해 좀 더 말씀해 주시겠습니까?	문제에 대한 예외를 발견할 수 있을까요?
시제에 대한 관점	과거에 비추어 이 문제를 어떻게 이해해야 할까요?	만약 문제가 없어진다면 미래는 어떻게 될 것 같아요?
내담자의 방어	내담자가 자신을 어떻게 방어하는가?	내담자의 특성과 기술을 상담자는 어떻게 사용할 수 있는가?
상담자와 내담자의 관계	상담자와 내담자의 관계는 과거의 관계를 재연하는가?	상담자는 내담자와 어떻게 협력할 수 있을까?
상담계약	상담이 몇 회기 정도 필요한가?	목적을 충분히 달성했는가?

출처: Palmer(2000: 452); 김혜숙(2008: 319) 재인용.

(2) 클라이언트와 사회복지사와의 관계

해결중심모델에서는 전문가인 사회복지사가 클라이언트의 문제를 진단하고 해결책을 제시하기보다는 클라이언트가 문제중심적 견해 대신에 해결중심적 견해를 가질 수 있도록 돕는 것이다.

따라서 클라이언트와 사회복지사 간의 관계형성이 중요한데, 이러한 관계유형을 방문형, 불평형, 고객형으로 분류할 수 있다. 이러한 파악은 상담 과정을 어떻게 진행할 것인가를 결정하고 어떤 과제를 부여할 것인가를 결정하는 데도 중요하다.

〈표 2-8〉 사회복지사와의 관계형성에 따른 클라이언트의 관계 유형

유 형	방문동기	클라이언트 태도 및 특징
방문형	의뢰 등 타의, 비자발적 (폭력가해자, 비행청소년, 약물중독자)	• 문제에 대해 책임감이 없으며 문제를 인정하지 않음 • 공동으로 문제를 인식하고 목표 발견이 어려움 예) "가정폭력으로 인해 법원명령으로 상담받는 거니까 이 시간만 보내면 돼요." • 보낸 사람과의 관계와 방문 목적을 인식하고 문제에 대한 인식을 알 수 있도록 협조해 주는 태도가 중요함
불평형	자의나 타의	• 문제를 알지만, 문제가 자기 책임이 아니고 다른 사람에게 있다며 비난, 불평 및 책임 전가함 • 문제해결은 다른 사람의 변화로 가능하다고 인식함 예) "우리 집에서는 남편만 바뀌면 행복할 테니 남편 좀 고쳐 주세요." • 심리적 위로와 지지가 필요함. 예외 상황 발견하기가 핵심
고객형	자의	• 클라이언트는 자신이 문제의 일부라고 생각하고 해결을 위한 동기와 의지 있음. 이상적 상담자 • 변화는 자신의 노력이 필수적이라는 인식이 있으므로 과제부여 가능

2) 개입 과정과 사례 적용

(1) 개입 과정

해결중심접근의 전반적인 과정은 [그림 2-4]와 같이 첫 회에는 관계형성과 목표설정이 우선시된다. 여기에 제시된 예외 상황의 탐색, 기적질문, 과제 등의 기법에 대해서는 치료기법에서 좀 더 상세히 설명한다.

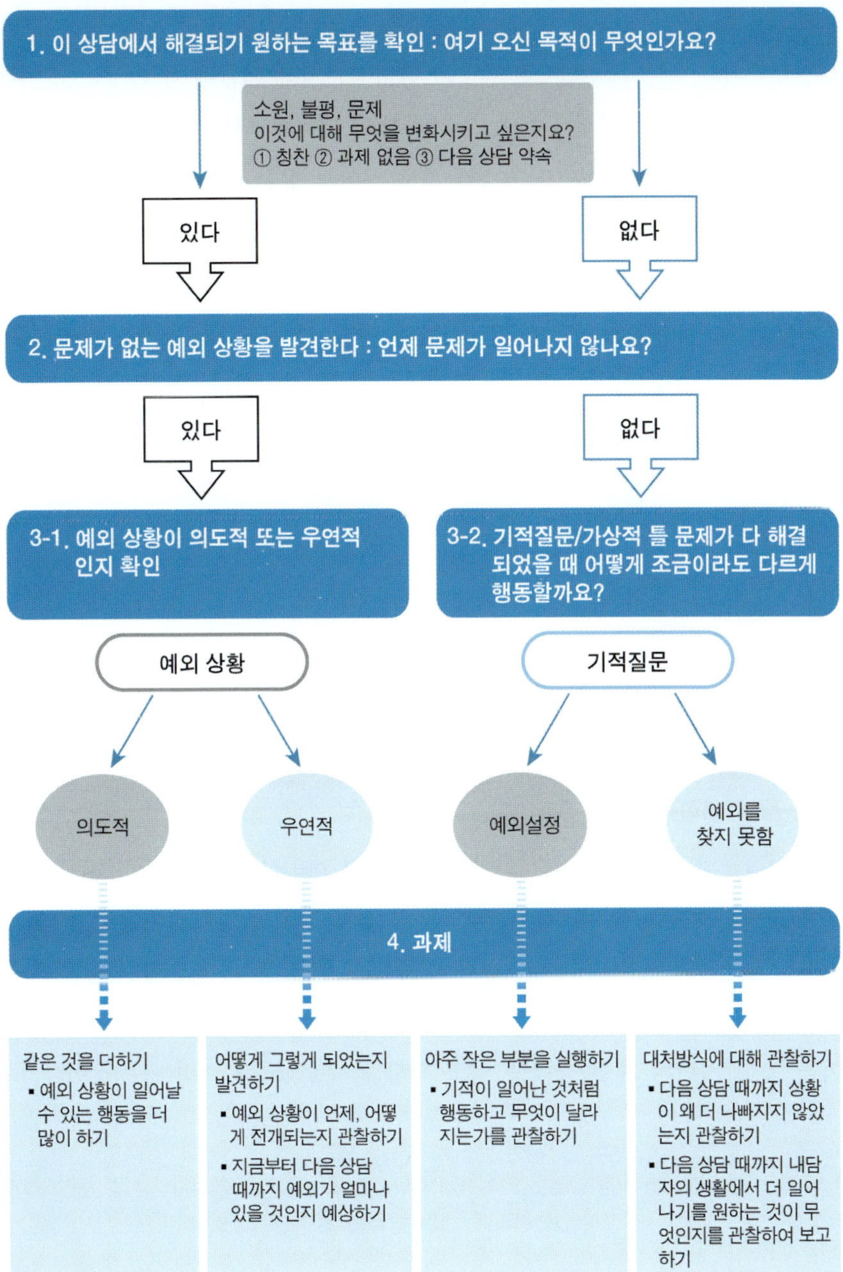

출처: 정문자 외(2012) 재구성.

[그림 2-4] 첫 회 상담과정의 도식화

2회부터는 첫 만남 이후에 조금이라도 나아지거나 변화된 것에 초점을 두며 이는 EARS로 요약된다. 즉, 구체적으로 무엇이 나아졌는지를 이끌어 내고(Elicit: E), 이를 확대시키고(Amplify: A), 강화하면서(Reinforce: R), 또 다시 나아진 다른 것에 관하여 묻는다(Start again: S). 변화가 없다고 한다면 작은 변화라도 찾아보게 함으로써 변화의 파급효과를 기대한다.

구체적으로 끌어내기의 단계에서는 긍정적인 변화에 대한 질문으로 예외 상황을 발견하고, 확대하기 단계에서는 긍정적인 변화에 대해 구체적으로 질문을 하며, 강화하기 단계에서는 내담자의 변화에 대하여 관심과 가치를 부여한다. 마지막으로 "또 좋아진 것은 무엇이지요?"라는 질문을 함으로써 다시 시작한다(정문자 외, 2012: 334).

(2) 치료기법

① 해결지향적 질문

해결중심접근에서는 질문을 아주 중요하게 다룬다. 개입하는 사회복지사는 좋은 질문을 던지는 것이 가장 핵심적 역할 중 하나이다.

가. 상담 전 변화에 관한 질문

해결중심접근의 기본 가정은 '변화란 불가피하며 계속적으로 일어난다'고 보기 때문에 상담약속을 한 이후에 사회복지사를 찾아오기 전에 경험한 변화에 대한 알아보는 '상담 전 변화에 관한 질문(pre-session change question)'을 중요하게 생각한다. 이런 질문 자체가 클라이언트는 사회복지사의 도움 이전에 변화할 수 있는 잠재력이 있음을 내포하고 있으며, 이를 통해 자신의 해결 능력을 알고 확대할 수 있도록 격려하는 것이다.

예) "우리 경험에 의하면 처음 상담을 약속했을 때와 상담을 받으러 오기까지의 시간 동안에 어려운 상황이 좀 나아진 사람들이 많았습니다. 그런 변화를 혹시 경험하셨습니까?"

나. 예외질문

예외질문은 첫 면담에서 목표설정 후에 사용되는 경우가 많은데 이 질문은 의도적으로 문제를 해결하기 위해 우연적이며 성공했던 경험과 클라이언트의 강점을 클라이언트 스스로 발견해 내기 위한 질문이다. 클라이언트가 행한 우연적인 성공을 찾아내어 이를 의도적으로 계속해 보도록 격려한다.

> 예) "언제 문제가 발생하지 않았나요?"

다. 기적질문

기적질문(miracle question)은 문제 자체를 제거시키거나 감소시키지 않고 문제와 떨어져서 해결책을 상상하게 하는 것이다. [그림 2-4]에 나타나듯이 특히 예외 상황이 전혀 없다고 말하거나 희망이 없다고 말하면서 문제 상황에 얽매어 있는 클라이언트에게 이 질문이 특히 유용하다. 이 질문을 통해 사회복지사는 클라이언트가 바꾸고 싶어 하는 것을 스스로 설명하게 하여 문제에 대한 집착에서 벗어나 해결중심 영역으로 들어가게 한다. 기적질문이라고 해서 무조건 기적 상황을 가정하도록 하는 것이 아니라 구체적이며 행동적이고 작은 것으로 바꾸어 줄 수 있어야 한다.

> 예) "아침에 일어나 보니 밤새 당신에게 기적이 일어났다는 것을 알게 되었습니다. 무엇을 보면 밤새 기적이 일어났다는 것을 알 수 있을까요? 당신 가족은 무엇을 보면 당신에게 기적이 일어났다는 것을 알 수 있을까요?"
> "기적이 일어나면 남편은 부인의 어떤 점이 달라졌다고 할까요?"
> "아이가 학교에 다닌다면 기적이라고 하셨는데, 아이가 학교를 하루 나간다면 어머니의 생활에서 무엇이 달라질까요?"

라. 척도질문

척도질문(scaling question)은 수치로 정도를 표현하도록 하여 클라이언트 문제의 심각성, 문제해결에 대한 희망, 자아존중감, 변화에 대한 확신과 의지 등 추상적 개념들을 구체화함으로써 지표를 삼기에 유용하다. 이를 통해 구체적 치료목표를 세우거나 사정평가나 결과평가를 하는 데 유용하며, 이를 통해 클라이언트의 변화 과정을 격려하고 강화하는 데 구체적 정보를 얻을 수 있다.

예) "1부터 10까지의 척도에서 10은 문제가 다 해결되었다고 확신하는 것을 말하고, 1은 문제가 가장 심각할 때를 의미합니다. 지금은 몇 점인가요?"
"당신의 지금 상태를 2라고 표현하였습니다. 2에서 3으로 1이 향상되기 위해서 당신은 무엇을 다르게 행동해야 할까요? 당신이 1점 올라간 것을 엄마가 알게 된다면 엄마는 어떻게 다르게 반응하실까요?"
"무엇을 보면 '아, 이제 내가 원하는 8점이구나' 하실까요?"

마. 대처질문

대처질문(coping question)은 미래에 대해 기대나 희망을 갖고 있지 않다고 응답하는 클라이언트에게 적합하다. 즉, '무엇을 기대하고 오셨나요?' 등의 질문에 '아무것도 나아지지 않을 거예요.' '해 봤자 소용없을 거예요.'라고 응답하는 클라이언트에게는 이 대처질문을 통해 클라이언트가 이미 자신 안에 대처방안을 가지고 있었으며 사용해 왔음을 깨닫도록 하는 질문이다.

예) "당신은 어떻게 그 어려운 상황에서 지금까지 견뎌 낼 수 있었나요?"
"어떻게 해서 상황이 더 나빠지지 않을 수 있었을까요?"
"보통 그 상황이라면 너무 힘들어 포기할 수 있었을 텐데 그걸 이겨 낼 힘은 어디서 왔나요?"

바. 관계성 질문

관계성 질문(relationship question)은 클라이언트와 중요한 관계에 있는 사람들이 갖고 있는 생각, 의견, 지각 등에 대해 묻는 질문이다. 클라이언트는 자신의 입장에서만 자신을 보다가 중요한 타인의 눈으로 보게 되면, 이전에 없던 가능성을 만들어 낼 가능성을 가지게 된다.

예) "당신이 가진 문제가 해결된다면 당신의 어머니는 무엇이 달라진다고 말할까요?"
"남편이 여기에 있다면 당신이 어떻게 하는 것이 문제해결에 도움이 된다고 할까요?"

사. 악몽질문

악몽질문(nightmare question)은 기적질문과 유사하나 유일하게 문제중심적 질문이다. 목적설정을 위한 상담 전 변화에 관한 질문, 예외질문, 기적질문 등이 효과가 없을 때 사용할 수 있는 것으로 클라이언트가 뭔가 더 나쁜 일이 일어나야만 현재와 다른 무엇을 하려고 하거나 문제에서 벗어날 수 있을 것으로 생각할 때 사용할 수 있다. 다만, 이 질문은 역설의 효과가 있으므로 신중하게 생각한 후 사용하도록 주의해야 한다.

예) "오늘 밤에 잠자리에 들었는데, 한밤중에 악몽을 꾸었다고 가정해 봅시다. 오늘 가져온 문제가 갑자기 더 나빠진 겁니다. 이것이 바로 악몽 같은 상황이겠죠. 그런데 이 악몽이 정말로 온 거예요. 내일 아침 무엇을 보면 악몽 같은 인생을 살고 있다는 것을 알 수 있을까요?"

아. 간접적 칭찬

'어떻게 그렇게 할 수 있었습니까'라는 질문을 통해 클라이언트의 어떠한 측면이 긍정적이라는 것을 질문 형태로 암시하는 것이다. 이를 통해 클라이언트는 자신의 강점과 자원을 스스로 발견하게 되므로 직접적 칭찬보다 더 도움이 되기도 한다.

예) "어머님은 어떻게 집안을 그렇게 평온하게 유지할 수 있었나요?"
"당신은 부모를 지금처럼 잘 돌보는 것이 중요하다는 것을 어떻게 아셨나요?"

자. '그 외에 또 무엇이 있습니까?' 질문

예외를 더 발견하고 장점, 자원, 성공적 경험 등 긍정적 측면을 더 이끌어 내려는 질문이다.

예) "또 다른 좋은 생각이 뭘까요? 뭐가 더 있을까요?"
"앞서 얘기한 것과 연결시켜 보면 또 뭐가 있을까요?"

② 치료적 피드백의 메시지

치료적 피드백인 메시지는 칭찬, 연결문, 과제로 구성된다. 칭찬은 클라이언트가 성공적으로 하고 있는 것을 통해 강점을 강조해 준다. 연결문은 칭찬 다음에 나오는 제안이나 과제를 연결시켜 주는 것으로 제안의 근거를 제시한다. 과제는 관계 유형에 따라 달라지는데, 고객형은 행동과제를 주고, 불평형은 관찰 또는 생각과제를 준다. 방문형은 과제없이 어려운 상황에서도 상담을 받으러 온 것에 대한 격려와 칭찬으로 다음 상담에 임하도록 한다.

사례 적용 I

김ㅇㅇ 부인이 처음 상담실에 찾아왔을 때, 남편의 음주문제가 너무나 오래 지속되고, 특히 음주가 심할 때는 폭력이 잦아 이혼을 하고 싶지만 자식들이 걱정되어 지금껏 살고 있노라며 하소연하였다. 남편은 반복된 음주문제로 내과치료부터 시작하여 현재는 정신과에 입원한 상태로, 사회복지사는 첫 면담에서 부인에게 "무엇이 달라지면 오늘 여기에 온 보람이 있을까요?"(목적 확인)라는 질문을 통해 김ㅇㅇ 부인은 남편의 음주와 폭력문제가 개선되는 것이라는 얘기를 하였고, 남편이 변한다면 가족이 모두 화목해질 것이라는 태도를 보였다. 2차 면담부터 함께한 남편도 "가족이나 부인이 자신을 조금만 이해해 주었더라면 술을 그렇게 마실 이유가 없고, 세상에 나처럼 재수 없는 인간은 없을 거예요"라고 응수하였다(클라이언트 유형 중 '불평형').

사회복지사는 가족과 면담을 하면서 기존의 어떤 상황에서 음주하게 되는지, 문제행동은 무엇인지 하는 질문 대신에(이러한 질문은 알코올 문제가 있는 클라이언트나 그 가족이 자주 듣게 되는 질문이며 이를 통해 자신과 가족에 대한 부정적인 감정을 더욱 강화하게 된다.) 남편인 최ㅇㅇ 씨가 음주나 폭력을 행하지 않거나 더 심하게 하지 않는 예외 상황을 찾도록 하였다(예외질문). 처음에 이 질문에 김ㅇㅇ 부인은 '남편에게 그런 일은 없으며 항상 술을 마신다'고 응답하였으나 사회복지사는 아주 작은 예외를 찾도록 격려하였다. 그러나 김ㅇㅇ 부인은 완고하게 '남편에게 그런 기대를 버린 지 오래다'라고 응답하였다. 이에 사회복지사는 "밤새 기적이 일어난다면 아침에 일어나 당신의 어떤 행동을 보면 가족들이 기적이 일어났다고 말할까요?"(기적질문)라고 질문하였다. 이를 통해 부인은 "남편이 술 마시고 들어왔는데 제가 잔소리를 하지 않고 술국을 끓여 준다면 남편이 기적이라고 하겠죠."라고 응답하는 것을 통해 서로 간의 기대와 목표를 찾게 된다. 이 과정에서 장남이 "아버지가 보통 술을 마시면 새벽에 들어오는데 상담받으러 가는 어제는 술은 마셨지만 밤 12시에 들어오셨어요."라고 얘기하는 것에 작은 예외를 발견한다. 사회복지사는 이를 놓치지 않고 남편에게 "어떻게 그렇게 하실 수 있으셨어요?"(간접적인 칭찬) "아버지가 일찍 오실 때 그때 가족들은 무엇을 하고 있었나요?"(관계성 질문, 예외 상황)에 주목한다. 이러한 상황은 이미 면담 전에 변화는 시작되고 있었음을 간접적으로 알려 주며 이런 질문에 답하면서 가족들은 예외 상황과 강점에 주목하게 된다. 또한, 최ㅇㅇ 씨가 술을 마시지 않고 일찍 왔을 때 가족들이 어떻게 반응하느냐 하는 것이 최ㅇㅇ 씨의 행동에 영향을 미치고 서로 연결되어 있음을 알게 되면서 기존의 불평형에서 고객형으로 전환할 기회도 갖게 된다.

이 과정에서 사회복지사는 가족이 여러 가지 경제적인 어려움과 입원비의 부담 속에서도 치료를 지속하려는 의지를 격려하면서 "어떻게 포기하지 않고 치료를 할 수 있었나요?"(대처질문) 남편에게는 "치료는 받지 않으려고 할 수 있었는데 어떻게 치료에 응하셨나요?"라는 질문을 통해 스스로 자원과 강점은 갖고 있음을 깨닫게 한다. 그리고 음주문제나 가족문제를 함께 변화시키도록 목표를 세우면서 척도질문을 통해 자신의 목표와 지금의 자신의 모습을 비교하면서 자신의 모습은 어디에 있는지 구체적으로 자각하도록 하였다. "지금의 모습에서 1점이 올라가려면 무엇이 달라져야 할까요?"(척도질문) "아버지의 모습이 어떻게 달라지면 아들이 1점이 올라갔다고 할까요?"(척도질문, 관계성 질문) 이와 같은 질문을 통해 성취할 수 있는 작은 변화를 목표로 삼았다. 이후 고객형으로 전환한 가족에게는 과제를 제시하여 단기적 개입 이후에도 가족에게 변화가 적용될 수 있도록 도왔다.

6. 동기강화모델

1) 이론적 배경

동기강화모델은 동기강화상담(Motivational Interviewing)으로 불리워지는 클라이언트 지향적 접근법으로, 사회복지 현장에서 강점관점의 실천적 개입의 방법으로 많이 활용되고 있다. 동기강화상담은 알코올중독자의 치료 경험에서 발전된 방법으로 Miller(1983)에 의해

소개되었고, 중독분야에서 저항적이고, 방어적이고, 화를 내고, 부인하는 클라이언트들에 대한 대처방법으로 적용되었다.

동기강화모델은 돕는 전문가가 클라이언트의 변화를 도와야 하는 상황 속에서 변화에 대해 어떻게 하면 더욱 효과적인 대화를 나눌 수 있을지에 대해 관심을 기울이고, 클라이언트의 변화를 위한 동기의 문제와 맞닥뜨리게 되었을 때 경험하게 되는 도전을 해결하는데 기여하고 있고, 최근 들어 적용범위가 넓어져 중독분야뿐만 아니라 다른 정신건강, 교정복지, 건강증진 등의 다양한 영역에서 개인, 가족, 집단을 대상으로 다양하게 활용되고 있다.

(1) 동기강화모델의 개념 및 특징

동기강화모델은 변화에 대한 클라이언트의 양가감정을 탐색하고 해결함으로써 클라이언트의 내면에 갖고 있는 변화 동기를 강화하는 것을 목적으로 하는 클라이언트 중심적인 접근으로 정의된다(Miller & Rollnick, 신성만 외 역, 2015: 4). 즉, 동기강화모델은 변화의 동기는 타인이 부여하는 것이 아니라 이미 클라이언트 내부에 존재하고 있음을 인정하고 그 동기를 끌어내기 위해 클라이언트의 변화에 대한 양가감정을 찾고 해결을 돕는 과정으로 보고, 클라이언트 스스로 찾아낸 지혜와 동기를 존중하고, 궁극적으로 변화를 선택하는 선택권은 변화 당사자 자신의 것이기 때문에 자율성을 지키는 것을 중요시한다.

동기강화모델 정신에 포함되는 요소들이 사회복지 윤리와 가치관과 일맥상통하기 때문에 다양한 사회복지 영역에서 동기강화모델이 주목받고 있다(Corcoran, 신성만 외 역, 2017: 3-5). 이를 동기강화모델의 특징과 연결시켜 설명하면 다음과 같다. 첫째, 동기강화모델은 직면과 낙인보다 인간의 존엄성을 근본으로 하는 사회복지적 가치인 클라이언트의 강점을 기본적인 토대로 하며 클라이언트의 전문성을 활성화하고 변화의 동기를 강화시킨다. 둘째, 동기강화모델에서는 사람들 자신이 변할지 말지, 변한다면 어느 정도 변할 것인지, 또는 어떻게 변화할 것인지에 대한 자기결정권이 있다고 보고, 클라이언트에겐 스스로 올바른 결정을 내릴 수 있도록 자율성이 주어진다. 셋째, 동기강화모델에서는 사회복지사와 클라이언트의 협력 관계를 변화의 수단으로 강조한다. 동기를 고정된 상태 또는 클라이언트 내면에 안착되어 있는 특성으로 보지 않고 클라이언트와 사회복지사의 상호작용의 산물로 간주한다.

동기강화모델에서 사회복지사가 사용하는 대화양식은 '안내하기'이다. '안내하기'는 클라이언트에게 정보를 제공하거나 가르치거나 조언하는 '지시하기'와 클라이언트가 말하고자 하는 것에 관심을 기울이고 클라이언트를 존중하여 사회복지사가 원하는 주장을 강요하지 않는 '따라가기'의 중간에 위치한다. 따라서, 사회복지사는 경청할 줄 알고 동시에 도움이 필요한 상황에서는 전문성이 담긴 조언을 제공할 수 있어야 한다.

한편, 동기강화적인 대화는 변화에 대한 클라이언트의 동기에 초점을 맞추고, 특별히 변화하는 것에 대한 클라이언트의 양가감정에 중점을 두게 된다. 동기강화모델을 적용하는 사회복지사는 클라이언트 변화 대화에 참여하게 된다. 이 대화에서 사회복지사는 클라이언트의 말 중에서 변화 대화에 의도적으로 주의를 기울이며, 현재 상태를 유지하려는 유지대화를 축소하는 한편, 변화를 주장하도록 내담자를 유발하고, 변화 이유를 탐색할 수 있도록 의사소통을 전략적으로 사용한다(Schumacher & Madson, 신성만 외 역, 2017: 13-14).

(2) 동기강화모델의 정신

동기강화모델은 협동, 수용, 연민, 유발성의 정신에 기반한다. 첫째, 협동은 클라이언트를 자신과 자신의 경험에 대한 전문성이 있다는 것을 인정하여 클라이언트에게 지시하지 않고 클라이언트와 함께 행동변화에 대해 논의하는 것을 의미한다. 둘째, 수용은 개인의 절대적인 가치와 인간으로서의 잠재성을 존중하고, 자기 뜻대로 선택할 수 있는 자율성을 인정하고 지지하며, 다른 사람의 세계관을 이해하기 위해 정확하게 공감하려고 노력하고, 개인의 강점과 노력들을 인정하는 것을 포함한다. 셋째, 연민을 가진다는 것은 타인의 복지를 위해서 적극적으로 노력하고 타인의 필요에 우선적으로 관심을 가진다는 것을 의미한다. 넷째, 유발성은 변화에 대한 동기가 클라이언트의 내면에 이미 내재되어 있다고 보는 관점에 근거하고 있고, 모든 사람은 변화하고 싶은 동기를 어느 정도는 갖고 있기 때문에 클라이언트가 가치 있게 여기는 것과 변화 초점 간에 클라이언트 자신만의 연결점을 찾도록 돕는 것이다.

(3) 기본개념

동기강화모델은 변화에 대한 양가감정을 가지고 있는 클라이언트와의 변화 대화를 통해 변화의 동기를 촉진시키고 변화의 방향으로 나아가도록 돕는 접근법이다. 동기강화모델의 기본개념은 다음과 같다.

① 양가감정

사람들은 누구나 변화를 필요로 하는 상황 속에서 변화하고 싶은 감정과 변화하지 않고 싶어 하는 감정을 동시에 경험할 수 있다. 이러한 양가감정을 경험하는 것은 변화의 과정에서 흔히 나타나는 자연스러운 과정이고, 만약 양가감정을 느낀다면 그것은 변화하기 직전이라는 것을 말해 주는 것이다.

② 변화 대화와 유지대화

클라이언트가 변화에 대해 양가적인 두 종류의 말 즉, 변화 대화(change talk)와 유지대화(sustain talk)를 섞어 하는 경우는 매우 자연스러운 현상이다. 변화 대화는 변화를 원하는 진술을 말하고, 그 상태를 유지하는 것을 위해서 변화하지 말아야 하는 논증을 말하는 유지대화는 그 상태를 유지하는 것을 위해서 변화하지 말아야 하는 논증을 뜻한다.

아래의 예에서 보듯이, 자연스러운 대화에 변화 대화와 유지대화가 뒤섞여 있는 것은 양가감정이 있음을 보여 주는 것이고, 동기강화모델의 유발하기 단계에서는 양가감정의 해결을 도와 변화 방향으로 가게 만든다.

> 살을 좀 빼긴 해야 되요(변화 대화). 하지만 할 수 있는 모든 시도를 다해 보았는데 별 효과가 없었어요(유지대화). 그러니까 제 건강을 위해서 체중을 줄여야 한다는 걸 잘 알고 있어요(변화 대화). 하지만 먹는 걸 정말 좋아해요(유지대화).

동기강화모델의 주요 목적은 변화를 위한 자신만의 이유를 탐색하도록 돕는 것이기 때문에, 동기강화모델을 사용하는 사회복지사는 변화에 우호적인 표현인 변화 대화를 선택적으로 경청하고 반영해야 한다. 변화 대화는 두 가지 범주인 변화준비언어와 변화 실행언어로 나뉜다.

가. 변화준비언어

변화준비언어에는 열망(Desire), 능력(Ability), 이유(Reason), 필요(Need)를 말한다. 변화준비언어라고 지칭하는 이유는 이들 단어가 단독으로 쓰이거나, 같이 쓰이더라도 그 자체로는 변화가 일어날 것이라는 표시는 아니기 때문이다. "나는 체중을 줄이고 싶어요"(열망)와 "나는 체중을 줄일 것입니다"는 다르다. "술을 끊을 수 있다"(능력)는 말을 해도 술을 끊은 것은 아니다. 변화 이유 목록을 작성한다고 해서 반드시 변화를 실행할 의도가 있다는 뜻은 아니며, "해야 한다"(필요)라는 말을 하는 경우 조차도 "하겠다"와 다르다(Miller & Rollnick, 신성만 외 역, 2015: 177).

변화준비언어: DARN	변화준비언어 예	변화 대화 유발하기
바람(Desire): 원함, 소망 (~을 변화시키고 싶어요)	"담배 끊고 싶어요. 그게 얼마나 힘든지 선생님이 몰라서 그래요." "저도 살을 빼서 다른 애들처럼 날씬하게 될 수 있으면 좋겠어요." "부모님에게 좀 들볶이지 않을 수 있다면 부모님 말을 듣고 싶네요."	"상황이 어떻게 변화되면 좋을까요?" "우리가 함께 작업하여 달성하기를 바라는 것은 무엇인가요?" "프로그램에서 기대하시는 것은 무엇인가요?"
인정(Ability): 능력, 가능성 (변화를 위해서 ~을 할 수 있어요)	"부모님이 늘 말하지 않아도 저 스스로 약 먹을 수 있다구요." "내 맘만 먹으면 끊을 수 있어요." "주말에 먹던 거 먹지 않기 정도는 할 수 있을 것 같아요."	"만약에 체중을 줄이기로 굳게 결심한다면 어떻게 체중을 줄일 수 있을까요?" "혹시 변화할 수 있는 것이 있다면 어떤 것이 있을까요?" "결심을 한다면 해 낼 자신감은 어느 정도일까요?"
이유(Reason): 변화에 대한 구체적 이유 (제가 변화한다면 ~ 이 나타날 거에요)	"전 정말이지 투석하고 싶진 않거든요 약물 섞인 소변이 한 번만 더 나오면 전 여기서 쫓겨날 거에요."	"왜 운동을 더 많이 하고자 하시나요?" "금주를 하면 좋아질 점은 무엇인가요?"
필요(Need): 의무, 중요성 (변화해야만 해요)	"진짜 심각하게 몸무게를 빼야 해요 혈당을 완전히 낮춰야 해요."	"변화를 위해서 무엇이 필요한가요?" "이 변화는 당신에게 얼마나 심각하고 절박한가요?"

출처: Naar-King & Suarez, 신성만 외 역(2014: 85) 재구성.

나. 변화실행언어

변화준비언어가 양가감정의 변화–찬성측면을 반영한다면 변화실행언어는 변화에 호의적이고 양가감정의 해결 방향으로 마음이 움직인다는 신호이다. 변화실행언어의 예는 결심공약(Commitment), 실행활성화(Activation), 실천하기(Taking Steps)이다.

변화실행언어: CAT	예
결심공약(Commitment): 행동이 일어날 것이라는 신호 (~ 해 볼까 해요)	"아침으로 통밀빵으로 만든 토스트를 먹어 볼 수 있을 것 같아요." "아마 하루에 5,000보까지 걷는 양을 늘릴 수 있을 거에요." "한밤중이나 차 안에서는 담배를 피우지 않을까 해요"
실행활성화(Activation): 약속은 아니지만 행위를 할 방향으로 기울어지고 있다는 신호 (~을 할 거에요)	"예약을 할 수 있을지 직업안내소에 전화할 거에요." "내일 계보기를 살 계획이에요." "동네에 또 다른 동호회가 있다는 정보를 입수했어요."
실천하기(Taking Stetps): 이미 변화 방향의 어떤 행동을 실천 (~을 했어요)	"운동화를 샀으니 이제 운동을 할 수 있어요" "이번 주는 저녁에 간식을 먹지 않았어요" "자조모임에 참석했어요" "취업이 될 만한 세 군데 직장에 전화를 해 봤어요"

출처: Miller & Rollnick, 신성만 외 역(2015: 177-179) 재구성.

(4) 동기강화모델의 원리

동기강화모델의 주요 원리는 공감 표현하기, 불일치감 만들기, 저항과 함께 구르기, 자기효능감 지지하기이다(Miller & Rollnick, 권정옥 외 역, 2006: 50-56).

① 공감 표현하기

동기강화모델은 반영적 경청이나 공감적 이해를 기본 바탕으로 한 클라이언트 중심적이면서 공감적 접근이다. 공감은 클라이언트의 관점, 감정, 삶에 대한 생각, 행동을 이해하고자 노력하는 대화 방법이다. 공감을 할 때 사회복지사는 적어도 '클라이언트의 경험과 사고의 틀로 생각하면 클라이언트의 판단이 타당한 것이다'는 생각으로 클라이언트의 관점을 이해하고 반응해야 한다.

② 불일치감 만들기

동기강화모델은 변화에 앞서 양가감정 문제를 해결해야 하기 때문에 개입이 양가감정을 해결하는 방향으로 의도적이고 지시적으로 이루어진다. 클라이언트는 불일치감을 해소하기 위해 도움이 될 것으로 기대하지만 여전히 접근-회피(변화하고 싶기도 하고 그렇지 않기도 한)의 양가적 갈등에 사로잡혀 있다. 그렇기 때문에 동기강화 모델에서는 양가감정의 갈등을 이용해서 변하지 않으려고 버티는 힘을 이겨 낼 수 있을 때까지의 불일치감을 더욱 경험하도록 자극시키고 증폭시킨다.

사회복지사는 클라이언트의 행동과 신념, 가치관 사이의 불일치감을 만들어 내기 위해서 클라이언트 스스로가 이를 발견할 수 있도록 질문하고 돕는 역할을 해야 한다. 사회복지사가 클라이언트의 행동과 가치관이 불일치함을 지적하거나 문제 해결 방향을 지시하거나 판단과 비판을 하는 것은 클라이언트의 변화를 위한 동기를 방해하게 된다.

③ 저항과 함께 구르기

저항과 함께 구르기는 클라이언트의 저항에 직접 맞서지 말고 클라이언트가 저항하는 방향으로 함께 움직여 주거나 같이 흘러가는 것이다. 클라이언트의 저항이 있을 때 클라이언트의 지각을 살짝 다른 쪽으로 돌리거나, 보다 색다른 시각으로 해석해 준다. 동기강화 모델에서의 저항은 클라이언트의 양가감정의 정도에 따른 산물로 보기 때문에 사회복지사는 클라이언트의 저항에 대해 적절히 반응하는 입장을 취해야 한다. 만약 사회복지사가 클라이언트로 하여금 변화하도록 설득하기 위해 논쟁을 벌이거나 설득하려고 한다면 클라이언트는 변화하고 싶지 않은 이유들을 더 생각해 낼 것이다.

사회복지사는 새로운 관점을 강요하는 것이 아니라, 저항에 사용하는 에너지의 방향을 긍정적으로 바꾸거나 또는 감소시킬 수 있도록 클라이언트가 스스로를 바라보는 과정을 격려하고 공감을 표현하는 것이다.

④ 자기 효능감 지지하기

'자기효능감'은 어떤 특정 과제를 성취하고 변화를 성공시킬 수 있다는 자신의 능력에 대한 신념을 의미한다. 자기 효능감은 변화 동기를 구성하는 핵심요인이자 치료효과를 예측하는 유용한 잣대가 된다. 동기강화모델은 클라이언트 자신이 스스로에 대한 최고의 전문가라는 관점, 클라이언트 안에 이미 내재되어 있는 변화를 향한 동기가 있다는 점, 변화와 변화결과에 대해서 클라이언트 자신이 책임진다는 측면을 강조하므로 자기 효능감을 지지하는 것은 매우 중요한 원리이다.

진정한 변화를 위해서는 클라이언트가 자신의 문제를 지각한 후, 스스로 변화에 대한 희망과 함께 변화가능성을 느낄 수 있어야 한다. 클라이언트의 변화가능성에 대한 사회복지사의 믿음은 개입의 결과에 긍정적인 영향을 준다. 변화를 어렵게 하는 장애물이 있더라도 그것을 해결해 나갈 수 있으며 새로운 변화에 적응해 가며 변화를 지속해 나갈 수 있다는 것을 클라이언트 스스로가 믿고 그런 자신감을 키우는 것이 중요하다.

(5) 동기강화모델의 개입기술

동기강화모델의 대표적인 개입기술로 OARS(열린 질문하기, 인정하기, 반영하기, 요약하기), 척도질문, 극단적 질문하기, 과거 회상하기, 미래 예상하기, 목표와 가치관 탐색하기, 정보교환하기가 있다(Miller & Rollnick, 신성만 외 역, 2015: 192-212).

① 열린 질문(Open questions)

열린 질문은 클라이언트가 대답하기 전에 조금 더 생각하게 만들고 반응하는 방식에 많은 자유를 제공한다. 열린 질문은 열린 문과 같으며, 사회복지사는 클라이언트가 그 문을 통해서 어디로 갈지 미리 알지 못한다. 열린 질문을 할 때 연속적으로 여러 개의 질문을 하는 것은 피해야 한다.

예) "오늘 무슨 일로 여기 오셨습니까?"
"과거에는 인생의 중요한 고비를 어떻게 넘기셨습니까?"
"주사 맞는 것을 중단하고 싶어 하는 가장 중요한 이유는 무엇입니까?"
"당신의 음주습관은 어떻습니까?"

② 인정하기(Affirming)

인정하기는 클라이언트의 긍정적인 부분을 강조하는 기술로서 개인에게 내재된 가치를 포함하는 좋은 면들을 알아보고 인정해 주는 것이다. 클라이언트 자체와 그의 강점의 가치를 긍정해 주는 진술로서 인정과 이해 혹은 칭찬하는 형태로 이루어질 수 있다.

> 예) "이번 주에 당신 정말 열심히 했네요!"
> "당신이 원하는 만큼의 결과를 내지는 못했지만 의도는 훌륭했어요."
> "오늘 이렇게 와 주셔서 감사한데 더군다나 일찍 도착하기까지 했어요!"
> "내게 인상적이었던 점은 당신이 처음 시작할 때보다 지금 얼마나 많이 달라졌는가 하는 것이에요. 당신은 이번 주에 알코올 사용을 심지어 96%까지 줄였어요. 음주를 하지 않겠다는 목표로 다시 돌아갔어요. 정말 놀라운 일인데요!"
> "이번 주에 정말 그게 낙담했지만 다시 돌아왔어요. 끈기가 대단하네요!"

③ 반영하기(Reflecting)

반영하기는 클라이언트가 전달하는 바와 사회복지사가 전달받은 내용 사이에서 그 의미를 연결해 주고, 상담자가 이해한 바를 확인하게 해 주는 것이다. 반영하기를 사용하면 클라이언트가 전달하려는 뜻이 무엇인지를 알 수 있게 된다.

가. 단순반영

클라이언트가 진술한 내용과 가장 가깝게 반영하는 것으로, 방금 언급되었던 내용에 다른 것을 덧붙이지 않으면서도 주의와 관심을 전달한다. 기본적으로 말한 내용을 약간 바꾸어 말한다거나 반복하는 것이다.

> 예) **클라이언트**: "오늘 기분이 많이 우울해요."
> **사회복지사**: "우울하시군요./ 약간 울적하시군요./ 굉장히 우울하시군요."

나. 복합반영

클라이언트가 한 말에 어떤 의미를 부여하거나 강조하는 것으로, 말하지 않은 내용이나 다음에 이어질 만한 내용을 추론하는 것이다. 클라이언트가 말한 것보다 더 많은 의미를 추론하기도 하고 인지적으로 재구성하기도 한다. 또한 정서를 포함하기도 하지만 무엇보다 부가적인 깊이, 진전, 방향성을 담고 있어야 한다. 한편, 클라이언트가 의미하는 것을 너무 뛰어넘어서 추론하지 않아야 한다.

예) **클라이언트**: "나는 오늘 매우 우울해요."
사회복지사: "지난번 이야기를 나눈 이후에 무슨 일이 있었나 봐요./지난 몇 주간 감정 기복이 있었나 봐요./ 에너지가 많이 없어 보여요."

다. 확대반영

클라이언트의 주장의 저항적이거나 단호한 부분을 부드러우면서도 진정성 있는 태도로 다소 확대하여 강조하는 것이다. 클라이언트가 표현한 감정의 강도수준을 확대시킨다면 그는 원래 진술에서 물러나 그것을 부정하거나 최소화하려고 할 것이다.

예) **클라이언트**: "양육 방식에 대해서 엄마가 그런 식으로 왈가왈부하지 않았으면 좋겠어요."
사회복지사: "엄마에게 정말 많이 화가 났군요."
클라이언트: "글쎄요. 그렇게 많이 화가 나지는 않았어요. 어쨌건 제 엄마니까요."

라. 축소반영

클라이언트가 표현하는 진술의 강도보다는 약간 낮은 강도로 진술을 강조하는 것이다. 클라이언트가 표현한 감정의 강도를 약간 축소해서 진술한다면, 그는 계속해서 그것에 대해 말할 것이다. 클라이언트가 계속 그것을 탐색하기를 원한다면 축소반영을 사용하는 것이 도움이 된다.

예) **클라이언트:** "양육방식에 대해서 엄마가 그런 식으로 왈가왈부하지 않았으면 좋겠어요."
사회복지사: "그런 간섭 때문에 다소 신경이 쓰이겠네요."
클라이언트: "물론 그렇죠! 엄마가 항상 나를 지적하고 비난하는 것 때문에 정말로 화가 나요."

마. 양면반영

클라이언트가 갖고 있는 양가감정의 양 측면을 반영하는 것을 말한다. 사람들은 변화의 가능성을 탐색할 때 변화하기를 원하는 것과 문제가 되었던 행동을 유지하기를 원하는 양가감정을 경험한다. 양가감정의 양면을 동시에 제시함으로써 불협화음을 확대시키고 클라이언트를 변화의 방향으로 움직이기에 충분한 내부 부조화를 창출하게 된다.

양면반영을 하기 위해서는 "하지만"보다는 "그리고"라는 단어를 사용하는 것이 필요하다. 그렇지 않으면 한 쪽이 무효화된다.

예) **클라이언트:** "나는 약 1년 동안 금주 모임에 갔었지만 종교적인 부분을 좋아하지 않았기 때문에 더 이상 그 모임에 나가지 않고 있어요."
사회복지사: "당신은 AA 프로그램의 일부 측면에 어려움을 겪었군요. 그리고 AA는 상당한 시간 동안 당신에게 도움이 되었군요."

④ 요약하기(Summarizing)

요약하기는 이미 논의된 얘기들을 함께 연결시키고 강화하기 위해 사용될 수 있다. 사회복지사가 대화내용을 정기적으로 요약해 주면, 클라이언트로 하여금 사회복지사가 말을 주의 깊게 듣고 있음을 알게 해 주며, 따라서 더 자세한 이야기를 할 수 있도록 격려하는 역할을 하게 된다. 효과적으로 요약하기에는 다음과 같은 다양한 방법들이 있다. 사회복지사의 요약을 통해 클라이언트는 다시 한 번 자신이 말한 내용을 들을 수 있게 된다.

가. 수집요약(collecting)

수집요약의 기본 목적은 정보를 함께 모으고, 그것을 다시 클라이언트에게 되돌려 주며, 대화를 계속 진전시키는 것이다. 수집요약은 변화 대화를 강화하는 데 유용하기 때문에 상담을 진행하는 동안 주기적으로 사용된다. 수집 요약을 너무 자주 사용할 경우에는 도리어 클라이언트로 하여금 인위적인 느낌을 갖게 할 수 있다.

예) "1년 후 당신은 당신이 하고 있는 일에 대해 더 의미를 느끼고, 또 당신의 인생에 중요한 영향을 미치고 있는 사람들과 더 의미 있는 관계를 유지하기를 원하고 계시네요. 당신이 생각하기에 1년 후 당신의 삶에서 변하기를 원하는 또 다른 것들이 있나요?"

나. 연결요약(linking summary)

연결요약은 현 시점에서 들은 정보를 이전에 들었던 정보와 비교하여 두 정보 사이의 불일치성이나 관계성을 부각시키기 위한 목적으로 사용된다. 이러한 기법은 클라이언트의 양가감정을 탐색하는 과업뿐 아니라 불일치감을 만드는 데 특히 유용하다.

클라이언트의 상충하는 생각들을 평가하지 않고, 균형 잡힌 입장을 취하며, 클라이언트가 자기 사고의 장단점을 평가하도록 만든다. 이러한 목적 달성을 위해 '그러나'라는 접속사보다 '그리고'를 사용하는 것이 좋다.

예) "모두가 당신을 홀로 내버려 두고 떠나기를 당신은 바라고 있습니다. 그리고 당신은 혼자서 그 일들을 진정으로 하고 싶은지 확신이 없군요."

다. 전환요약(transitional summary)

전환요약은 중요해 보이는 것과 새로운 주제로 전환하려고 한다는 신호를 함께 모아서 요약하는 것으로 과제나 회기를 마무리할 때 사용된다. 특히 한 회기 끝에 전환요약을 하면 그 회기를 통해 깨닫게 된 것을 전부 한 곳에 모아 주기 때문에 실질적 도움이 된다. 클라이언트와 동반자적인 자세로 사회복지사가 요약을 하고, 클라이언트가 내용을 더하거나 수정하도록 하는 것이 좋다. 또한 마무리할 때 말한 요약을 다음 회기 시작

때 간략하게 언급하여 상담이 보다 빨리 진행되어 앞으로 나아가게 할 수 있다.

> 예) "이제 마무리하려고 합니다. 그리고 나는 당신이 말한 것들을 내가 정확히 이해했는지 확인하고 싶습니다. 당신은 오늘 가석방 조건 때문에 여기에 오셨습니다. 당신은 나를 가석방 관리자로 신뢰하지 못하고 있고 (중략) 이렇게 고민하고 있는 것 중 하나는 나와 이 상담 시간을 어떻게 사용할지를 구상해 보는 것이며, 당신은 아직 상담을 받으려는 결심을 완전히 굳히진 못하고 있습니다. 혹시 내가 놓친 부분이 있나요?"

⑤ 척도질문

클라이언트에게 그 행동을 하는 것이 얼마나 중요한지를 확인하기 위해 질문하는 것이다. "그렇게 하는 것이 얼마나 중요한가요?"라고 질문하거나 "0－10까지의 척도에서 0은 '전혀 중요하지 않음'이고 10은 '내게 현재 가장 중요함일 때 __________하는 것이 당신에게 얼마나 중요하다고 말할 수 있나요?"라고 질문하는 것이다.

> 예) **사회복지사:** "변화계획에 방해가 되는 공휴일을 포함하여 지난 몇 달 동안 많은 일들이 있었네요. 0점(전혀 중요하지 않음)에서 10점(가장 중요함) 척도에서 변화를 다시 일으키는 것이 당신에게 얼마나 중요한지 궁금하네요.
> **클라이언트:** "8점 정도인 것 같아요."
> **사회복지사:** "그렇다면 변화를 다시 시도하는 것이 당신에게 꽤 중요하군요. 무엇이 중요도를 6점이 아닌 8점으로 만들었을까요?"

⑥ 극단적 질문하기

클라이언트가 변화를 바라지 않는 것처럼 보일 때 클라이언트에게 질문을 하여 클라이언트나 주위 사람이 갖고 있는 가장 심각한 걱정에 대해 말하게 하거나 결과적으로 일어날 수 있는 극단적인 상황을 상상하도록 하는 것이다. 또 다른 극단에서는 변화를 하면 따라올 수 있는 최상의 결과를 상상하는 것도 도움이 될 수 있다.

> 예) "변하지 않고 이때까지 살아온 그대로 계속 산다고 가정해 볼 때 당신에게 일어날 수 있는 최악의 일을 떠올린다면 어떤 것이 있을까요?"
> "당신이 변화했을 때 상상이 되는 최고의 결과는 무엇인가요?"
> "잠시 동안 당신이 단약에 성공했다는 상상을 해 봅시다. 그 성공으로 얻게 되는 좋은 점들에는 무엇이 있나요?"

⑦ 과거 회상하기

변화 대화를 유도하는 데 있어서 클라이언트로 하여금 현재의 문제가 나타나기 이전을 회상하게 하여 현재 상태와 비교하도록 하는 방법이다.

클라이언트로 하여금 과거를 돌아보게 하면 문제가 생기기 전인 과거의 어느 시기를 회상하게 되어, 현재 상황의 안 좋은 면과 더 나은 삶이 될 가능성 둘 다를 부각시켜 생각할 수 있게 된다. 만약 이때 과거의 더 나빴던 시기에 대해 클라이언트가 이야기를 꺼내면 그때보다 지금 더 좋아지게 된 이유에 대해 탐색할 수 있다.

> 예) "아무 문제없이 잘 지냈던 때를 기억하시나요? 그때와 비교해서 그동안 무엇이 달라졌나요?"
> "약물을 남용하기 전의 당신 상황은 어땠나요? 그때의 당신은 어떤 사람이었나요?"
> "당신의 고통이 인간으로서의 당신을 어떻게 변화시켰으며 당신의 성장을 어떻게 막았나요?"

⑧ 미래 예상하기

클라이언트에게 변화된 미래를 상상해 보도록 하는 방법이다. 변화 후에 어떻게 상황이 바뀔 것 같은가에 대해 대답하도록 질문하는 것이다. 또한 클라이언트가 전혀 변하지 않았을 때 생길 수 있는 앞으로의 일을 예상해 보도록 할 수도 있다.

> 예) "만약에 이 변화를 하기로 결정한다면 미래에는 무엇이 달라져 있기를 희망하나요?"
> "지금부터 5년 뒤에 당신에게 상황이 어떻게 나아지면 좋을까요?"
> "당신이 변하지 않고 지금처럼의 삶을 계속 그래도 유지한다고 한다면 지금부터 10년 뒤 당신의 삶은 어떨 것이라고 생각하나요?"

⑨ 목표와 가치관 탐색하기

클라이언트가 가진 목표나 가치관을 탐색하는 것이다. 동기강화모델에서는 모든 것에 있어서 동기가 없는 사람은 없다고 보기 때문에, 클라이언트의 우선순위와 사회복지사의 우선순위가 상당히 다를 수는 있지만 모든 사람은 자기만의 목표와 우선순위를 가지고 있다고 본다.

또한, 주요 목표나 가치관과 클라이언트의 현재 행동 사이에서의 일치하지 않는 부분을 탐색하고 이를 발전시키는 것이 중요한데, 목표와 가치관을 탐색하는 질문이 불협화음이나 클라이언트의 방어를 불러일으킨다면 이러한 과정은 반복하지 않아야 한다.

> 예) "당신이 삶에서 가장 중요하게 생각하는 것에 대해 말씀해 주실 수 있나요?"
> "자신의 삶의 사명문을 쓴다고 한다면 당신은 삶의 목표와 목적에 대해 무엇이라고 쓸까요?"
> "제가 만약 당신의 가장 친한 친구들에게 당신이 삶의 원칙과 가장 중요시하는 것이 무엇인지 질문한다면 그들은 뭐라고 말해 줄까요?"

⑩ 정보교환하기: 이끌어 내기–제공하기–이끌어 내기

변화를 위한 계획을 할 때 사회복지사가 선택지들을 제시할 수도 있고, 클라이언트가 요청할 수도 있다. 정보를 제공하는 방식이 지속적인 변화를 만들어 내는 요소가 될 수 있는데, 동기강화모델에 적합한 정보제공하는 방법으로는 이끌어 내기–제공하기–이끌어 내기 접근법이 있다. 사회복지사는 클라이언트에게 정보를 전달하기 이전에 클라이언트로부터 정보를 이끌어 내고, 이 질문에 대한 클라이언트의 답은 사회복지사로 하여금 클라이언트가 현재 가지고 있는 정보는 무엇이고, 정확한 정보와 그렇지 않은 정보를 구분하여 파악할 수 있게 하며, 제공되는 정보를 클라이언트에게 보다 잘 맞출 수 있게 돕는다. 클라이언트에게 필요한 작은 단위의 정보를 제공하고, 이 정보에 관한 클라이언트의 이해 정도나 반응을 질문할 수 있다(Schumacher & Madson, 2017: 69).

예) **사회복지사:** "지금까지 당신이 가지고 있는 알코올 사용에 관한 여러 갈등에 대해서, 또 당신이 변화를 위해 하고자 하는 일들에 대해 이야기를 나눠 보았어요. 이제 변화를 위해서 어떠한 점을 더 알고 싶으신가요?

클라이언트: "제가 지금까지 주위 사람들로부터 들어 왔던 것은, 변화를 위해서는 오랜 시간을 가족과 직장을 떠나서 지내야만 알코올 중독을 치료할 수 있다는 것입니다."

사회복지사: "당신은 지금까지의 음주습관을 바꾸기 위해 필요한 것들에 대해 들어 오셨고, 또 걱정도 하고 계시는군요. 제가 당신이 이해하고 있는 것에 조금 덧붙이자면, 사람들은 각자 다른 방법으로 변화해요. 어떤 사람은 스스로 변하거나 12단계 프로그램을 거치기도 하고…(중략) 당신은 적절한 곳에서 외래 상담을 받는다면 입원하지 않고도 음주문제가 충분히 변화될 수 있는 정도에요.
이런 정보를 들으니 어떠신가요?"

2) 개입과정과 사례 적용

(1) 개입과정

동기강화모델의 목표는 클라이언트의 양가감정을 탐색하고 해결하도록 도움으로써 대상자의 내재된 변화 동기를 증진시키고 스스로 행동을 변화시키도록 돕는 것이다.

동기강화모델은 관계형성하기(engaging), 초점 맞추기(focusing), 유발하기(evoking), 계획하기(planning)의 과정으로 구성된다. 만약 클라이언트와 관계 형성을 통해 초점 맞추기가 이루어지고 초점을 명확하게 한 후 변화할 것인지 그렇지 않을 것인지를 결정하는 유발하기가 진행된다. 이후 어떻게 변화할 것인지에 대해 계획하기가 이루어진다. 이 과정들은 서로에게 영향을 미치며 중첩되고 되풀이될 수 있다. 나중의 과정은 이전 과정 위에 놓이고, 아래에 놓인 과정을 발판으로 삼아 계속해서 과정을 진행해 나갈 수 있다. 대화과정 중에서 이전 단계에 대해 새롭게 주의가 필요하다면 다시 돌아가면서 계단을 오를 수 있다(Miller & Rollnick, 신성만 외 역, 2015: 29).

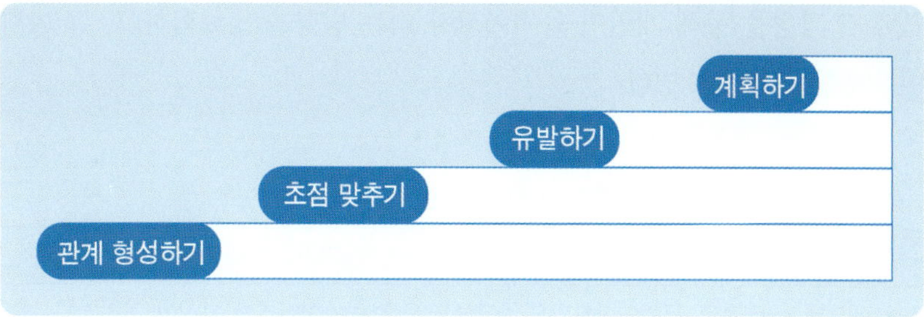

[그림 2-5] 동기강화모델의 4단계

① 관계형성하기(engaging)

사회복지사와 클라이언트가 치료적 관계를 형성하는 것은 다른 모든 것들보다 우선적으로 이루어져야 한다. 치료적 관계의 질에 대한 클라이언트의 평가는 서비스 제공자의 평가에서 서비스 유지와 성과를 예측해 주는 요소가 된다.

다음은 관계형성 과정에서 클라이언트가 사회복지사에 대해 제기할 수 있는 질문이다. 이러한 질문에 대해 클라이언트가 긍정적 경험을 할수록 다음 단계로 나아갈 수 있는 준비가 되어 가고 있다고 생각할 수 있다.

예) "나는 사회복지사로부터 존중받고 있다고 느끼는가?"
"사회복지사는 나를 이해하고 경청하는가?"
"나는 사회복지사를 신뢰하는가?"
"나는 이 상담에서 일어나는 사건에 대해서 발언권을 가지고 있는가?"
"나는 천편일률적인 접근을 제공받기보다는 다양한 선택사항을 제공받고 있는가?"
"사회복지사는 지시하지 않고 나와 협상하고 있는가?"

② 초점 맞추기(focusing)

초점 맞추기는 변화에 대한 대화 과정 속에서 특정한 방향을 설정하고 그것을 유지해 나가는 과정을 말한다. 관계형성이 이루어진 후에는 특별한 의제에 대해 초점을 맞추는 과정이 필요하다. 여기에서 의제는 클라이언트가 다루고자 하는 내용을 말한다.

초점맞추기 과정을 통해 개인이 움직이고자 하는 방향을 명료화하고, 그 방향으로 더 나아갈 수 있게 도울 수 있다.

〈표 2-9〉 **동기강화모델에 부합하는 초점 맞추기 질문**

질문	동기강화모델에 부합하는 이유
당신이 변화하고자 하는 것은 무엇인가요? ________에 대해 당신이 가장 염려하는 것은 무엇인가요?	이 질문들은 클라이언트가 자신이 사회복지사를 찾아오게 된 이유에 초점을 맞출 수 있게 하고 클라이언트와 사회복지사 간의 라포 관계를 형성할 수 있게 돕는다.
당신이 _____을 변화시키는 데 염려하게 되는 것이 있다면 그것이 무엇인가요?	이 질문을 통해 사회복지사는 클라이언트의 태도와 행동, 그리고 그가 가지고 있는 문제가 어디에 내재해 있는지를 보다 효과적으로 이해할 수 있다.
당신이 _____을 하기 위해 노력할 때 무슨 일이 발생하나요?	이 질문은 사회복지사로 하여금 클라이언트의 잠재적 장애물과 관련된 염려사항을 더 잘 이해할 수 있도록 도움을 준다.
_____에 대해서 처음 알게 된 것은 무엇인가요?	이 질문은 클라이언트가 자신의 경험에 대해 자세하게 설명할 수 있도록 도와준다.

③ 유발하기(evoking)

유발하기는 변화에 대한 이유를 클라이언트 스스로 말할 수 있도록 하는 것으로, 변화에 대한 클라이언트의 동기를 이끌어 내는 것을 의미한다. 특정 변화에 대해 초점이 맞춰지면 클라이언트가 변화의 이유와 방법들에 대해 생각하고 느끼게 되는데, 이러한 클라이언트의 생각과 감정을 적절히 발전시켜 가도록 돕는 것이다. 유발하기는 변화 목표가 명확해졌을 때에만 가능하므로 초점 맞추기가 유발하기에 논리적으로 선행되는 필수 조건이 된다.

동기강화모델에서 사회복지사의 과업은 클라이언트가 본래적으로 가지고 있는 변화동기에 호기심을 가지고 경청을 잘하는 것이다. 유발하기는 불시에 나타나므로 현재 순간의 상호작용에 민감하게 반응해야 하고 클라이언트 자신의 변화 진술문을 끌어내는 것이 중요하다. 공동의 창조과정인 유발하기 과정을 통해 클라이언트의 변화 잠재력이 드러나게 되고, 사회복지사와 함께 대화하는 과정에서 변화동기가 생기게 된다.

다음은 사회복지사가 동기강화모델에 적합한 유발하기를 하고 있다는 증거를 나타낸다(Schumacher & Madson, 신성만 외 역, 2017: 67).

예) 사회복지사는 최소 한 번이라도 클라이언트의 변화를 향한 긍정적인 동기를 들어본 적이 있다.
사회복지사는 클라이언트가 변화를 얼마나 중요하게 여기는지 알고 있다.
사회복지사는 클라이언트가 얼마나 변화에 대해서 자신감을 가지고 있는지 알고 있다.
사회복지사는 변화 대화에 경청하며 반응하고 있다.
사회복지사는 변화를 위한 대화와 변화 이유를 제공하기보다 이끌어내기 위해 질문과 반영을 적절하게 사용하고 있다.
변화를 주장하는 사람은 사회복지사가 아니다.

④ 계획하기(planning)

계획하기는 변화에 대한 결심공약을 발전시키고 구체적인 행동계획을 마련하는 것을 포함한다. 계획하기는 다양한 주제를 포함할 수 있는 실행에 대한 대화로서 클라이언트만의 방법을 이끌어 내고, 스스로 의사결정을 할 수 있도록 자율성을 촉진시키며 클라이언트의 말 속에서 계획이 드러나도록 변화 대화를 계속해서 이끌어 내고 강화하는 과정이다. 유발하기 과정으로부터 자연스럽게 진행되어 이전과 같이 협력적이고 유발적인 대화 속에서 이루어진다. 변화목표와 계획, 정보 교환에 대한 협상이 이루어지게 되면 실행을 위한 다음 단계들을 구체화하게 된다(Naar-King & Suarez, 신성만 외 역, 2014: 108).

예) "그 외에 또 무엇을 할 수 있을까요?"
"변하는 자기 자신을 어떻게 내다보시나요?"
"지금이 변화해야 할 때라고 생각하는 다른 이유는 무엇입니까?"

변화계획하기란 클라이언트가 자신의 변화 목적을 달성하기 위해 따라갈 수 있는 구체적인 로드맵을 말한다(Narr-King & Suarez, 2011). 변화계획을 효과적으로 수립하기 위해서는 다음과 같은 요소들을 기술한 구체적인 계획을 가지고 있어야 한다. (1) 변화되어야 하는 행동, (2) 동기강화적 요인들을 상기시킬 수 있는 알림, (3) 변화 목표, (4) 변화를 향해 감당할 수 있는 단계 계획 및 수행, (5) 잠재적 장애 요소 식별 (6) 이러한 장애물을 극복할 수 있는 조치가 이에 해당된다.

〈표 2-10〉 변화 계획하기의 구성요소

목표	동기강화모델에 부합하는 질문	중요하게 고려해야 할 사항
내담자가 원하는 변화가 무엇인지 확인	"건강과 관련해서 변화하고 싶은 부분은 어떤 것인가요?"	목표는 구체적이어야 하고, 부정형(예: 튀긴 음식 안 먹기)이 아닌 긍정형으로(예: 운동량 늘리기, 과일과 채소를 더 많이 섭취하기) 진술되어야 한다.
변화의 이유 강조하기	"몇 가지 변화를 위한 여러 이유에 대해 논의해 보았는데요. 변화를 원하는 가장 중요한 이유가 있다면 그것은 무엇인가요?"	클라이언트가 이전에 언급한 변화 이유들을 근거로 클라이언트를 유발하고 상기시키는 것이 중요하다.
변화를 원하는 이유: 변화 목적 이끌어 내기	"변화를 통해 얻고 싶은 것은 무엇인가요?" "변화를 통해 성취하고자 하는 목표는 무엇인가요?"	목표는 현실적이고 달성 가능해야 한다.
변화를 위해 클라이언트가 어떤 계획을 세울 것인지 확인하기	"목표를 위해서 당신이 할 수 있는 많은 것들이 있어요. 목표를 위해서 해 볼 수 있는 활동들에는 어떤 것이 있을까요?"	동기강화모델에 부합하는 방식으로 정보와 선택목록을 제공하는 것이 유용하다.
첫 번째로 가능한 활동 이끌어 내기	"말씀한 활동들 중에서 당신이 가장 먼저 할 수 있는 것에는 무엇이 있나요?" "이러한 변화를 위해서 내디딜 수 있는 첫 걸음에는 무엇이 있나요?" "이러한 활동을 언제, 어디에서, 그리고 어떻게 시작할 수 있나요?"	구체적이고 실제적인 활동을 이끌어 내는 것이 중요하다.
계획에 방해되거나 차질을 빚게 하는 것들 확인하기	"때로는 당신의 계획에 방해가 되는 것들을 생각하는 것이 도움이 된답니다" "이 계획을 방해하는 것에는 어떤 것이 있을까요?, 또 어떻게 하면 계획을 잘 기킬 수 있을까요?"	방해물을 피할 수 있는 방법을 찾는 것에 중점을 두어야 한다.
클라이언트가 계획을 지키는 것을 도와줄 수 있는 사람 확인하기	"당신이 계획을 지키는 것을 도와줄 수 있는 사람은 누구인가요?"	구체적으로 어떤 사람인지, 또 그 사람이 어떻게 도와줄 수 있는지 확인하는 것이 중요하다.
계획의 효과성을 클라이언트가 알 수 있는 방법 확인하기	"당신이 세운 계획이 효과가 있다는 사실을 어떻게 알 수 있을까요?"	계획의 효과성을 알 수 있는 구체적이고 실제적인 지표를 확인해야 한다.

(2) 적용사례

대학생을 위한 간략한 알코올 스크리닝 및 개입(BASICS)은 알코올 중독에 가까운 고위험군에 있는 학생들을 대상으로 개발된 프로그램으로 전 세계에 있는 대학 캠퍼스에서 진행되어 왔다. BASICS는 동기강화모델에 기반을 둔 대표적인 프로그램으로 그 내용은 아래와 같다(Schumacher & Madson, 신성만 외 역, 2017, 78-80).

〈표 2-11〉 동기강화모델의 과정을 보여 주는 BASICS 프로그램 예시

과정	BASICS에서의 적용
관계 형성하기	BASICS 첫 번째 만남에서 관계 형성하기 "안녕하세요, 저는 BASICS 상담가 Mike Madson이에요, 오늘 저희 BASICS 프로그램을 찾아주셔서 감사해요. 여러분이 생활관 간사님의 요청으로 이곳에 오신 것을 잘 알고 있어요. 하지만, 여러분이 여기 오게 되신 이유와 관련하여 여러분의 관점을 이해할 수 있는 소중한 기회가 되기를 기대하고 있어요. 혹시 마음이 허락하신다면, 여러분께 일어난 일이 무엇인지, 그리고 이 프로그램에 참여해야 한다는 것에 대해 어떻게 생각하시는지 여러분의 관점에서 이야기를 들려주시길 바라요." [참가자들의 응답을 반영한다.] "모두가 괜찮으시다면 이 프로그램에 대한 소개와 여러분이 이 프로그램에 대해 전반적으로 궁금하신 점에 대해 답해 드리는 시간을 가질게요. 어떠세요? 저는 여러분과 함께 의견을 수렴해서 알코올 사용에 관한 토론을 하고 싶어요. BASICS 프로그램의 목적은 여러분의 음주에 대해서 판단하는 것이 아니라 여러분이 저에게 제공해 주시는 정보들로 음주에 관하여 이야기해 보는 것이에요. 여러분이 제공해 주시는 정보들이 여러분과 어떤 관계가 있는지, 여러분이 이미 이뤄 내신 변화가 있다면 그것이 무엇인지, 그리고 여러분이 생각하시기에 중요한 가치를 바탕으로 음주행동에 변화를 주고 싶으시다면 어떤 변화를 이루고 싶은지 이야기해 보고자 해요, 어떠세요?" [반영하기] BASICS 피드백 회기에서 참여 동원하기 "돌아오신 것을 환영해요! 오늘도 이 자리에 와 주셔서 정말 감사해요. 지난 미팅부터 지금까지 어떻게 지내셨어요?" [반영하기] "여러분이 지난번 저에게 제공해 주셨던 정보들에 대해 이야기해 보기 전에, 혹시 여러분 중에 지난번 만남에서 갖게 되신 질문이나 염려가 있으신가요? 지난 만남이나 오늘 작성하신 설문지에 대해 어떤 반응이라도 좋고, 궁금한 것이 있다면 질문해 주세요." [반영하기] "제가 약간의 정보를 제공해 드리자면, 여러분은 아마도 저번 만남에서 우리가 논의했던 이 만남의 목적은 여러분이 주시는 알코올 사용에 대한 정보를 이야기하는 것으로 기억하고 계실 거에요. 저는 우리가 함께 대화하기를 원해요. 그러니 제가 말하는 도중에라도 질

	문이 있거나 명확히 하고 싶은 게 있으시다면 주저 말고 알려 주세요. 자, 그럼 시작해 볼까요?" [반영하기]
초점 맞추기	토론에 초점 맞추기 위한 의제 설정하기 "우리는 많은 토론거리를 가지고 있는데 혹시 이것들 중 특별히 이야기 나누어 보고 싶은 게 있으신가요?" [반영하기] "원하신다면 저희가 시작할 수 있는 것 중 하나는 자기관찰 양식(self-monitoring form)을 한번 함께 보는 것이에요. 어떠세요?" [반영하기] 이끌어 내기-제공하기-이끌어 내기를 사용하여 개별적 평가 피드백 제공하기 "당신의 관점에서, 알코올이 당신에게 반갑지 않은 경험을 제공하거나 장애를 끼친 적이 있는지요? 당신이 제공해 주신 정보에 따르면, 음주 후 당신은 종종 나중에 후회하는 행동을 하게 된다고 하셨어요. 이것에 대해 어떻게 생각하세요?"
유발하기	"사람들은 저마다 다른 이유로 술을 마십니다. 당신이 술을 마시는 이유는 무엇인가요? 이 이유들이 당신이 술을 마시는 양이나, 금주할 때 미치는 영향이 있다면 무엇일까요?" [반영하기] "어떤 학생들은 음주할 때 음주가 가져올 수 있는 부정적인 결과를 줄이기 위해 여러 전략을 사용합니다. 이것이 당신이 가지고 있는 음주에 관한 목표와 부합하나요?" [반영하기] "음주할 때 자신을 부정적인 결과로부터 보호하기 위한 여러 방법을 배우는 것이 얼마나 중요하게 생각되시는지 0부터(전혀 중요하지 않다) 10까지(매우 중요하다)의 숫자로 표현한다면 당신은 어느 정도에 있을까요?" [내담자가 5라고 대답한다.] "왜 3점이 아니라 5점이라고 느끼시나요?" [반영하기] "안전한 음주 방법의 단점은 무엇이고 장점은 무엇일까요?" [반영하기]
계획하기	요약하고 계획하기로 넘어가기 "오늘 우리가 시작할 때는 음주행동을 변화시켜야 하는지에 대해 불확실하게 느낀다고 이야기를 나누셨어요. 당신이 음주를 즐기는 이유로는 친구와 함께 파티를 즐길 수 있다지만, 동시에 당신은 음주로 인한 부정적인 결과 또한 경험했어요. 당신은 술을 마시고 당신이 한 행동에 부끄러움을 느끼곤 해요. 이를 개선하기 위해 당신은 더 나은 음주 방식을 가지고자 해요. 이를 위해서 아무거나 괜찮으니 무엇을 하고 싶으신지 말씀해 주시겠어요?" [반영하기] "원하신다면 우리는 부정적인 결과를 낳지 않고 술을 마실 수 있는 몇몇 전략에 대해 이야기 나누어 볼 수 있을 것 같아요. 우리가 안전한 음주에 대해서 이야기할 때 무엇이 먼저 당신의 생각에 떠오르나요?" [반영하기] "이 대학의 학생들과 다른 대학의 학생들이 자신을 보호하며 술을 마시는 사용법으로 쓰는 행동 리스트가 여기 있어요. 몇몇 학생들은 샷과 들이키는 것을 피하거나 알코올과 비알코

| | 올 음료를 번갈아서 마심으로써 그들의 주량을 조절하지요. 다른 학생들은 심각한 해를 입지 않기 위해 자신들이 정확히 어떤 술을 먹고 있는지 확인하고, 술을 마신 뒤 검증된 운전자의 차를 타고 귀가해요. 당신이 전에 언급한 음주 목적에 기초했을 때, 당신이 원하는 목적을 위해서는 어떤 방법으로 술을 마시는 것이 좋을까요?"
[반영하기]
계획 세우도록 유발하기
"당신이 마시고 있는 것이 어떤 술이지 정확하게 아는 것과, 운전자를 지정하는 방법을 선택하셨군요. 왜 이런 방법을 고르셨나요?"
[반영하기]
"이런 방법을 쓰면 어떤 일이 일어날 것이라고 기대하시나요?"
[반영하기]
"누가 당신이 이런 방법을 잘 쓸 수 있도록 도울 수 있을까요?"
[반영하기]
"이런 방법이 제대로 작동하고 있는지 어떻게 알 수 있을까요?"
[반영하기]
"오늘 상담을 마무리하기 전에 서는 당신이 안전한 음주자가 되기 위해 선택한 방법들을 요약하려고 해요. 당신은 술을 마실 때마다 많은 문제가 생기는 것을 경험하여, 음주로 생길 수 있는 해를 줄이는 것이 중요하다고 했어요. 이를 위해 당신은 검증된 지정 운전자를 사용하고자 하고, 자신이 어떤 술을 마시고 있는지 정확하게 알도록 다짐했어요. 이러한 방법들로 당신은 당신의 음주 습관을 보다 나은, 안전한 방향으로 바꿀 수 있고, 책임감 있게 이전과 같은 실수를 저지르지 않도록 할 것이라는 기대가 있어요. 이 모든 과정에서 당신이 속해 있는 여대생 동아리 친구들로부터 지지를 받을 것이고, 그들과 당신의 목표와 계획을 공유하실 것이라고 했어요. 여기까지 당신이 다짐하고 결심공약 하신 것이 맞나요?" |

Chapter

3

개인 대상 사회복지실천기술

클라이언트들이 처한 상황과 문제는 매우 다양하다. 사회복지사가 원조해야 하는 클라이언트의 다양한 특성과 함께, 일련의 원조과정을 통해 사회복지사는 매우 다양한 실천기술을 활용할 수 있는 실천역량을 갖추어야 한다. 사회복지사의 원조과정(helping process)은 구별되는 여러 단계들(접수, 사정, 계약, 개입, 평가, 종결 등)을 거치면서 진행된다. 원조과정의 각 단계를 일회성, 직선적 과정(lineal process)으로 이해해서는 안 된다. 실제로 각 단계의 기본 특성이 동시에 결합될 수도 있고, 각 단계가 순서 없이 발생되기도 한다. 특히 사정 및 평가는 지속적인 과정(ongoing process)의 성격이 강하다. 원조과정의 각 단계별로 요구되는 실천기술은 상호배타적이지 않고, 상당히 공통성을 지니고 있다.

직접실천에서 활용되는 개별 실천기술을 각각 배타적인 단일 기술(a single exclusive skills)로 간주하기는 어렵다. 실제로 개별 실천기술들 간에는 공통적인 특성과 기능을 지니고 있는 경우가 많다(예: '격려'와 '촉진', '재언급' 등). 예를 들어, '분위기 조성 기술'(climate-setting skills)에 포함되는 '진실함', '존중', '공감' 등의 실천기술들 간에는 공통적인 특성이 아주 많으며, 상호보완적인 기능이 있다. '분위기조성기술'과 '적극적인 경청기술들'은 '영향기술'이나 '도전기술'과 같은 높은 수준의 실천기술들(advanced practice skills)의 효과를 높이는 데 자주 유용하게 활용되고 있어, 일종의 선행 기술로도 간주할 수 있다. '적극적 경청기술(active listening skills)'에서 많이 사용되고 있는 각 개별(하위) 기술들('격려' 및 '촉진', '재언급', '환언', '감정의 반영', '의미의 반영', '요약' 등) 간에도 서로 유사성과 상호보완적인 특성이 있다. 적절한 실천기술들을 잘 병합해서 사용할 경우, 더 큰 시너지(synergy) 효과가 있다(예: '격려기술'이 '감정의 반영'기술과 함께 사용될 때).

본 장(3장)에서는 사회복지실천과정의 여러 단계들(접수, 사정, 계약, 평가 및 종결 등) 중에서 '개입'(intervention) 단계에 초점을 두고, 개인을 대상으로 한 사회복지실천과정에서, 변화를 촉진하는 목표지향적인 사회복지사의 활동을 위해서 사회복지사가 활용할 수 있는 다양한 실천기술들을 소개하고자 한다.

선행 연구에서 소개된 사회복지실천기술들의 유형들을 살펴보면, ① 기본적 원조 기술(basic helping skills), 관여 기술(engagement skills), 관찰 기술(observation skills), 의사소통 기술

(communication skills)(Loewenberg & Dolgoff, 1971: 60-67, 이성희, 2002: 18-19 재인용), ② 관계기술(relationship-building skills), 탐지/탐문(exploring/probing skills), 역량강화기술(empowerment skills), 도전기술(challenging skills)(Shebib Bob, 2003), ③ 관찰기술(observation skills), 경청기술(listening skills), 질문기술(questioning skills), 초점화－유도－해석기술(focusing, guiding, and interpreting skills), ④ 분위기조성기술(climate-setting skills), 관찰기술, 경청기술(listening skills), 질문기술(questioning skills), 초점 · 유도 · 해석기술(focusing/guiding/interpreting skills)(Johnson, 1995: 182-185), ⑤ 인지적 기술(listening skills), 상호작용적 기술(interactive skills), 혹은 관계적 기술 (relational skills)(Johnson & Yanca, 2001) 등으로 구분하여 소개되고 있다. 사회복지실천기술들에 대한 유형과 관련 해당 기술들의 내용은 학자들에 따라 다소간의 차이가 있다.

본 장(3장)에서는 개인을 대상으로 한 사회복지실천개입에서 활용할 수 있는 다양한 내용의 실천기술들은 크게 8개 영역으로 구분하여 소개하였고, 마지막 내용으로 사회복지실천의 실패원인에 대하여 Shebib(2003)가 다양한 차원에서 분석한 요약내용(Shebib, 2003: 14-19)을 추가하였다. 이는 많은 사회복지사가 사명감을 가지고 헌신하고 있지만, 사회복지사의 실천개입이 항상 성공적이지는 않다는 현실을 인정할 필요가 있고, 실패 원인에 대한 분석과 성찰이 실패를 줄일 수 있는 또 하나의 사회복지사의 사명이기 때문이다.

본서에서 소개하고자 하는 사회복지실천기술들의 8개 영역과 각 영역에 속하는 주요 실천기술들을 정리해 보면 다음과 같다

(1) 분위기조성 기술(climate-setting skills) 영역

① 존중 ②진실함 ③ 공감

(2) 기초 실천기술 영역(basic practice skills)

① 주목기술(눈맞춤, 말따라가기, 신체언어, 음성의 질)

② 관찰기술(비언어적 행동파악, 언어행동특성파악, 주요 구성체계 파악, 불일치 및 모순발견)

③ 질문기술(폐쇄질문, 개방질문, 척도질문, 관계성질문, 대처질문)

④ 적극적 경청기술(격려 · 인정 · 촉진, 재언급, 환언, 감정의 반영, 의미의 반영, 요약 등)

⑤ 초점화 기술(주요이슈, 클라이언트, 문제, 다른 사람, 우리 · 공동집단, 실천가, 문화 · 환경 · 상황)

(3) 지지 실천기술 영역(supporting skills)

① 정서적 지지 ② 조언 ③ 정보제공 ④ 재보증 ⑤ 재구성 ⑥ 역량강화 ⑦ 옹호

(4) 영향기술 영역(Influencing skills)

①지시 ② 논리적인 결과인식 ③ 자기개방 ④ 피드백 ⑤ 해석 ⑥ 환기기술

(5) 도전기술 영역(challenging skills)

① 직면기술 ② 행동계획기술

(6) 교육훈련기술 영역(teaching-training skills)

① 시범(modeling) ② 역할극(role-play) ③ 자기주장훈련 ④ 사회기술교육

(7) 중재 및 협상기술영역

① 중재(mediation) ②협상(negotiation)

(8) 의뢰기술

(9) 실천개입의 실패원인에 대한 고찰

1. 분위기조성 실천기술 영역

클라이언트를 원조하기 위해서 개입하는 사회복지사가 어떠한 실천가치를 가지고 임하는가는 원조 과정에서의 사회복지사와 클라이언트의 행동 유형을 이끌어 내는 데 매우 중요하다. 진실함(genuineness), 존중(respect), 공감(empathy)은 사회복지사가 지녀야 할 중요한 실천가치(practice values)이다. Egan(2002)은 '존중'은 그야말로 '근본적인 가치'(foundation value)이고, '진실'은 '전문가로서의 가치'(professional value)이고, '공감'은 실천을 할 수 있게 하는 가장 중요한 '실천지향 가치'(primary orientation value)라고 강조하였다 '존중', '진실함', '공감' 등의 가치는 단지 이상(ideals)이 아닌, 결정을 내리는 일련의 실제적 기준이 된다는 측면에서(Egan, 2002). 실천지침이며, 실천기술로 활용될 수 있다. 실제로 Johnson(1995)은

'진실함'(genuineness), '비소유적인 따뜻함'(non-possessive warmth) 등을 사회복지실천을 위한 대표적인 분위기조성기술로 소개하였다(Johnson, 2002: 184).

사회복지사가 클라이언트를 원조함에 있어서, 진실한 자세로 클라이언트를 존중하고, 클라이언트에 공감할 수 있는 능력 자체가 실천개입을 위해서 가장 먼저 선행되어야 하는 '분위기조성 기술'(climate-setting skills)로 간주할 수 있다. 분위기 조성 기술이 선행되지 않은 상태에서는 다른 어떤 고급 수준의 실천기술(advanced practice skills)을 활용한다고 해도 그 효과를 기대할 수 없다. '분위기 조성 기술'이 원조 과정에서 결정적 역할을 한다는 것은 많은 임상가들(Egan, 2002: 44 재인용; Bergin, 1991; Beutler & Bergan, 1991; Kerr & Erb, 1991)이 공감하고 있다. 본 장에서는 존중, 진실함, 공감 등을 중심으로 분위기조성 기술들을 소개하고자 한다(Egan, 2002: 43-61)

1) 존 중

존중은 영어로 표기하면 'respect'인데, '보다(seeing)', '바라보다(viewing)' 등의 개념을 포함하고 있다. 자신과 다른 사람을 어떻게 보는지의 의미인 '존중'은 인간의 존엄성에 대한 신념에 기초한다. 모든 인간은 존엄하다. 이것은 개인의 능력, 자원, 성, 종교, 계층, 인종 등을 모두 초월하여 적용된다. 즉, '존중'은 그 어떤 상황에 있는 사람이라도, 상대를 존엄하다고 바라보는 것을 의미한다.

Egan(2002: 46-47)은 원조 과정에서 클라이언트를 존중하기 위해서 실천가가 지켜야 할 수요 사항을 여섯 가지 구체적 지침을 통하여 소개하고 있다.

① 클라이언트에게 어떤 해로운 것도 하지 말라

클라이언트에게 해가 되는 것은 어떤 것도 하지 말아야 한다는 것은 원조자에게 있어서 지켜야 할 첫 번째 규칙이다. 이 사회에서는 아동학대, 아내 구타, 노동 착취 등과 같은 끔찍한 일들이 우리가 생각하는 것 이상으로 발생하고 있다. 일부 슈퍼바이저(supervisor)가 훈련생을 성적으로 또는 다른 형식(예: 정서적, 경제적 등)으로 착취한 사실이 선행 보고되고 있다(Egan, 2002: 46). 이러한 문제는 사회복지사와 클라이언트의 관계에서도 발생될 수 있는 문제이다. 사회복지사는 클라이언트를 사회복지사 자신을 위해서 조종하거나 착취해서는 안 된다. 이것은 사회복지사 윤리강령에도 명백하게 제시되어 있다.

② 실천역량과 사명감을 가져라

클라이언트를 존중한다면, 실천을 제대로 하지 못하는 그러한 잘못은 범하지 않도록 노력해야 한다. 끊임없이 자신의 전문성 향상을 위해서 노력하는 것은 사회복지사의 사명감이기도 하다.

③ 당신은 클라이언트를 '위해서(for)' 있음을 명확히 하라

사회복지사는 자신이 바로 그 클라이언트를 '위해서' 있다는 것을 자신의 태도와 행동에서 보여 주어야 한다. 즉, "당신과 같이 일하면서 쓰는 나의 시간과 에너지는 가치 있는 일입니다."라는 메시지가 전달될 수 있어야 한다. 클라이언트를 존중하기 위해서는 매우 친절하고 정중하면서도 인내하는 마음도 가져야 한다. 클라이언트를 위해서 존재하는 것(being for client)은 클라이언트의 행동과 생각 등이 도전을 받아야 할 필요가 있을 경우라 할지라도, 클라이언트가 가진 견해를 진지하게 수용하는 것을 의미한다.

④ 클라이언트가 '좋은 의지'를 가지고 있다고 가정하라

사회복지사는 클라이언트는 좀 더 효과적으로 잘 생활할 수 있기 위해 작업하고 싶어 한다는 가정(assumptions)을 가지고 클라이언트를 대해야 한다. 어떤 클라이언트는 내키지 않아 하며, 저항적이다. 특히 비자발적으로 기관에 오게 된 클라이언트의 경우에는 더욱 그렇다. 그렇다고 해서 그것이 클라이언트의 '나쁜 의지'에 대한 증거는 아니다. 사회복지사가 클라이언트를 존중할 때, 사회복지사 자신이 그들의 세계에 기꺼이 들어갈 수 있고, 클라이언트의 저항을 이해하게 되고, 그와 관련해서 작업(working)하여 클라이언트의 저항을 없애도록 도와줄 수 있는 것이다.

⑤ 서둘러 심판하려 하지 말라

사회복지사는 클라이언트를 심판하고, 자신의 가치를 클라이언트에게 밀어 넣기 위해서 원조 현장에 있는 것이 아니다. 사회복지사는 클라이언트가 택한 가치가 초래할 수 있는 결과에 대해서 클라이언트가 확인, 탐색, 검토하고 도전할 수 있도록 돕기 위해서 있는 것이다.

⑥ 클라이언트가 가진 의제에 초점을 두라

원조자는 자신의 의제(agenda)가 아닌 클라이언트의 의제를 따라야 한다. 클라이언트의 의제에 대한 관심이 결여되어서, 결국 클라이언트를 잃는 원조자의 예를 들어 보겠다.

정신보건사회복지사 A는 클라이언트의 고통스러운 에피소드보다 오히려 자신이 관심을 갖고 있는 우울증에 관한 이론에 지나치게 붙잡히게 되어 결국 클라이언트를 잃게 되었다고 고통스럽게 회상하였다. 정신보건사회복지사 B는 클라이언트의 애착을 가진 애완동물의 죽음에 대해서 슬퍼하는 것을 별로 대수롭지 않은 것으로 반응하였는데, 나중에 그 클라이언트가 자신의 목숨을 끊으려고 한 일이 벌어지자, 사회복지사는 너무 어이가 없어서 말을 잃었다고 한다.

2) 진 실

존중과 같이, 진실함은 원조자로서 사회복지사의 일련의 행동이며 태도이다. 진실함을 일치/조화(congruence)로 표현하기도 한다. 진실한 사람은 그들 자신에게 편안하기 때문에 그들이 다른 사람들과 상호작용할 때, 자신들에 대해서 아주 편안하게 느낄 수 있다.

① 원조 역할을 지나치게 강조하지 말라

진실한 사회복지사는 자신이 원조자라는 역할에 지나치게 집착하지 않는다. 이 말은 원조자로서의 역할에서 자유로울 수 있다는 것이 원조자로서의 역할을 하지 않아도 된다는 것을 의미하는 것은 아니다. 오히려 전문직의 마스크를 쓰고, 클라이언트에게 자기가 원조자 또는 전문가라는 인식을 심어 주려고 하는 의도를 가진다거나, 전문가라는 우월감을 가지고, 클라이언트에게 여유를 부리며 관대한 자세를 취하는 등의 행동에 대한 경고의 의미가 담겨 있다.

Gibb(1968; 1978)은 진실함을 위해서 원조자가 학습해야 할 주요 내용들을 다음과 같이 소개하였다.

- 현재 무엇을 경험하고 있든지 다른 사람들에게 직접적으로 표현하라.
- 자신의 메시지를 왜곡하지 말고 의사소통을 하라.
- 다른 사람이 말한 메시지를 왜곡하지 말고 경청하라.
- 의사소통 과정에서 메시지에 실제 동기를 드러내라.
- 다른 사람들과 의사소통을 할 때, 습관적이거나 계획된 전략을 사용하지 말고 자발적이고 자유롭게 하라.
- 다른 사람의 욕구나 상태에 적합한 시간을 기다리거나 적절한 반응을 나타낼 시간을 충분히 가지려고 주저하지 말고 즉각적으로 반응하라.
- 취약한 것, 일반적으로 내면의 삶의 '본질'인 것을 감추지 말고 나타내어라.
- '지금-여기' 안에서 살고, '지금-여기'에 관해서 의사소통을 하라.
- 클라이언트와의 관계에서 의존심 또는 역의존심이 아닌, 상호 의존을 추구하라.
- 어떻게 심리적 친밀감을 즐기는지를 배워라.
- 의사소통은 막연하게 하지 말고 분명하고 구체적으로 하라.
- 다른 사람들에게 기꺼이 책임(사명감)을 가질 수 있도록 하라.

② 자발적(spontaneous)이 되어라

효과적인 사회복지사는 전략적인 면을 가지고 있지만, 클라이언트에게 자신이 무엇을 말해야 할지를 끊임없이 재어 보는 그런 행동은 하지 않는다. 진실한 원조자는 자신이 다른 사람들에게 표현한 것과 자신의 내적 삶 사이에 많은 여과기를 넣지 않기 때문이다.

③ 방어적이지 않도록 하라

진실한 사회복지사는 방어적이지 않다. 왜냐하면 그들은 자기가 가진 강점뿐만 아니라 한계점도 잘 알고 있으면서, 성숙하고 의미 있는 삶을 살아가기 위해서 노력하고 있기 때문이다. 그러므로 설령 클라이언트가 사회복지사에게 부정적 태도로 표현할 경우에도, 클라이언트의 그러한 태도와 행동을 면밀히 살펴보면서, 클라이언트의 관점에서 이해하려고 노력하며, 클라이언트와 계속 작업하려 한다.

다음은 클라이언트에게 각기 다르게 반응하고 있는 세 가지 사회복지사 사례이다.

면담 사례 | 사회복지사의 방어 수준

클라이언트: 저는 정말로 이 회기에서 선혀 아무것도 얻은 것이 없는 것 같네요. 왜 내가 여기 와서 시간을 허비해야 하는지……

사회복지사 1: 당신이 정말로 자신에 정직하다면, 당신이 바로 시간을 낭비하는 장본인이라는 것을 알게 될 것입니다.

사회복지사 2: 글쎄요, 그것은 당신의 결정이지요.

사회복지사 3: 당신이 이렇게 앉아 있으면서, 여기서 기대하는 어떤 보상이 없군요. 단지 참 지루하고 힘든 일이고 아무것도 보이지는 않는군요.

사회복지사 1, 2의 경우, 둘 다 다소 차이는 있지만 방어적이다. 클라이언트는 사회복지사의 그러한 반응으로 진전을 도모하기는커녕, 오히려 더 방어적으로 반응할 가능성이 많다. 반면, 사회복지사 3은 '그 체계'를 재배치하려는 견해를 가지고, 클라이언트의 경험에 집중하고 있다. 원조 과정이 잘 기능하기 위해서 가져야 할 책임을 토로할 수 있도록 돕고 있다. 진실한 사회복지사는 자신에게 편안하다. 그래서 부정적 비난(비판)을 자신이 면밀히 검토할 수 있게 한다.

④ 개방적이 되어라

진실한 사회복지사는 원조관계 안에서도, 깊은 수준에서의 자기개방을 할 수 있다. 진실한 사회복지사는 자기개방 그 자체를 목적으로 생각하지 않고 자신을 드러낼 수 있으며, 그러한 자기개방을 하는 데 자유롭다. 개방적이 된다는 것은 사회복지사가 숨기고 있는 의제가 없다는 의미이기도 하다. 즉, '당신이 보는 것이 바로 당신이 얻는 것'이다.

3) 공 감

공감(empathy)에 관한 개념은 각 이론가들의 강조점에 따라 다소 차이가 있다. 공감을 인성의 특성(personality trait)으로 보는 쪽에서는, 공감을 다른 사람들이 어떻게 느끼는지를 느낄 수 있는 기질, 또는 다른 사람들을 그 자체로 '안에서부터' 이해할 수 있는 기질이라고 설명하고 있다. 다른 편에서는 공감을 타인의 경험에 대한 이해와 타인을 위한 감정에 대한 구체적 상태–상황으로 이해한다. 이것이 주는 함의(implications)는 어떻게 원조자가 이러한 상태를 자신들 안에 불러올 수 있는지를 배울 수 있다는 것이다.

Egan(2002: 48)은 공감을 대인관계 기술이라는 측면에서 그 중요성과 기능을 강조한다. 숙련된 원조자는 자신이 클라이언트를 이해하기 위해서 열심히 노력한다. 클라이언트에 대해서 사회복지사가 얻은 이해를 바탕으로, 클라이언트가 자신의 문제 상황, 그들이 사용하지 않은 자원과 기회, 그리고 그들의 감정에 대해서 잘 이해하여 보다 효과적으로 기능할 수 있도록 돕기 위하여 사회복지사가 클라이언트와 의사소통을 한다.

클라이언트를 잘 이해하기 위해서, 사회복지사는 '가치로서의 공감'을 원조자로서 가져야 할 철저한 사명감(commitment)으로 다음 세 측면에서 유념할 필요가 있다. 첫째, 공감은 각 클라이언트의 '견해(viewpoint)'를 둘러싼 클라이언트의 감정을 함께 이해하기 위한 작업에 대한 사명감이다. 둘째, 공감은 개인을 그들의 삶의 '맥락(context)' 안에서 또는 맥락을 통하여 이해하려는 사명감이다. 셋째, 공감은 클라이언트의 견해와 현실 간의 '부조화(dissonance)'를 이해하려는 사명감이다.

다음은 클라이언트와 공감하기 위해서 사회복지사가 유념해야 할 구체적 지침이다.

① 다양성에 관해 이해하라

사람들은 인간으로서 가지는 공통성을 지니고 있지만, 어느 누구 하나 같은 사람이 없다. 클라이언트는 나이, 성, 성적 오리엔테이션, 발달 단계, 건강 상태, 인성, 교육 배경, 가정환경, 직업, 사회계층, 종교, 말투, 매력, 능력, 장애, 하위집단문화 등 헤아릴 수 없이 다양한 배경을 가지고 있다. 사회복지사는 클라이언트가 가진 다양성에 대해서 충분히 숙지하여야 한다.

사회복지사는 클라이언트와 클라이언트의 문제 상황을 클라이언트가 처한 맥락에서 이해하는 것이 중요하다. 마약 전력을 가지고 있는 대학원 중퇴자인 홈리스(homeless)와 자신을 쉼터(shelter)에 수용하는 것에 심하게 저항하며 쉼터를 싫어하는 홈리스는 홈리스라는 공통성을 가지고 있긴 하지만, 그들이 처한 상황과 맥락은 상당히 다르다는 것을 유념해야 한다. 클라이언트의 문제는 그러한 문제를 가진 클라이언트가 처한 상황과 맥락을 충분히 고려할 때 정확히 이해할 수 있는 것이다.

② 당신이 가진 맹점(blind spots)에 도전하라

사회복지사는 여러 측면에서 클라이언트와 다를 수 있다. 그러므로 사회복지사는 원조 과정에서 부적절한 상호작용과 개입을 유도할 수 있는 자신이 가진 맹점과 관련된 다양성을 회피하려는 자신에 대해서 도전할 필요가 있다.

예를 들면, 신체적으로 매력적이고 외향적인 사회복지사의 경우, 신체적으로 매력적이지 않고 내향적인 클라이언트의 사회적 유연성 및 자아존중감에 대해서 맹점을 가질 수 있을 것이다. 다양성에 대해서 맹점을 가지고 있는 원조자는 원조자로서 장애를 가진 셈이다. 원조자는 자신이 클라이언트와 다른 측면을 민감하게 인식하고, 그러한 차이점에 대해서 각별히 관심을 가지고 대처할 수 있는 길을 깨달아야 한다.

③ 다양성과 민감한 방식 안에서 이루어지는 개입 요건을 갖추어라

원조자로서 사회복지사의 자기 인식(self-awareness)과 다양성에 관한 실제적인 이해는 실천개입에서 적절히 반영되어야 한다. 예를 들어, 보수적인 영남 지방 출신의 중년 남성

공무원과 서울에서 생활한 비교적 개방적인 가정 분위기에서 성장한 여성 사회복지사의 자기개방(self-disclosure) 수준은 상당히 차이가 있을 수 있다. 이 경우, 원조자의 친밀한 자기개방이 클라이언트에게 심리적 부담을 주어 오히려 역효과를 가져올 수도 있다.

④ 개인들과 함께 일하라

다양성의 원칙은 아주 명료하다. 즉, 사회복지사가 함께 일하는 인구집단에 대한 특성, 욕구, 문제 행동 등에 대해서 광범위하게 이해할수록 그러한 폭넓은 특성들과 원조 과정을 클라이언트와 맞추는 데 더 유리한 입장에 설 수 있다. 그러나 다양성이 집단 내 또는 집단 간의 차이(문화와 하위문화)에 초점을 두는 것에 반하여, 사회복지사는 개인으로서 클라이언트와 상호작용한다. 클라이언트는 개인(들)이지 문화, 하위문화 혹은 집단 그 자체가 아니다. 카테고리 특성은 클라이언트에 대한 이해를 촉진시키는 측면이 있지만, 동시에 클라이언트에 대한 이해를 파괴시키기도 한다는 사실을 기억해 둘 필요가 있다(Egan, 2002: 43-61).

2. 기초 실천기술 영역

1) 주목행동기술

주목행동(attending behavior)은 의사소통의 기초가 된다. 의사소통을 하기 위해서는 먼저 상대를 경청하고 주목할 수 있어야 하기 때문이다. Ivey Allen(1985)은 '눈 마주침', '신체언어', '음성의 질', '말따라가기' 등을 주요 주목행동으로 소개하고 있다(신성자 외, 2000: 216-218).

- 눈 마주침(eye contact): 얘기할 때 상대의 눈을 자연스럽게 쳐다보는 것
  - 상대를 노려보거나, 빤히 쳐다보는 것은 피해야 하고, 문화적인 차이를 고려해야 한다. 서양인들에 비해 동양인들이 눈 마주침에 다소 소극적인 경향이 있다.

- 주목하는 신체언어(attentive body language)
  - 면접자가 클라이언트에게 관심을 가지고 있다는 것을 알리기 위한 것인데, 클라이언트의 얼굴을 똑바로 보고, 면접자의 몸이 앞으로 약간 기울은 자세를 취하면서, 표정 있는 얼굴로 클라이언트를 격려(촉진)하는 몸짓이 필요하다.
- 음성의 질(vocal qualities)
  - 면접자의 목소리 톤이나 말의 속도에서 클라이언트는 면접자가 자신에게 얼마나 관심과 성의를 가지고 임하는지를 느낄 수 있다. 클라이언트가 따뜻하고 편안하게 느낄 수 있고 대화 내용을 잘 이해할 수 있도록 말의 속도와 음성의 톤을 잘 조절해야 한다.
- 말따라가기(vocal tracking)
  - 클라이언트가 관심을 가지고 말하는 주제 및 내용을 잘 따라가면서 화제를 진행하는 것이 필요하다. 인내심 없이 화제를 갑자기 바꾸거나, 방해하는 행동을 하지 않아야 한다.

사회복지사의 클라이언트를 위해 개입할 때, 사회복지사의 주목행동은 클라이언트에게 더 잘 말할 수 있도록 격려할 수 있다. 그리고, 라포(rapport) 형성에도 매우 효과적이다. 사회복지사의 주목행동은 클라이언트가 보다 자유롭고 개방적인 태도로 얘기할 수 있게 하는 것이기 때문에, 결과적으로 면접자가 적게 말한다. 결과적으로 구체적이고 훨씬 자세한 문제 또는 내용을 검토할 수 있는 기회를 가질 수 있다. 면접자가 주목행동에 충실하면, 클라이언트의 의사소통 유형을 파악할 수 있다. 한편 클라이언트에 주목(attending)하지 않으면서, 클라이언트가 다른 사람에게 파괴적인, 비생산적인 화제에 대해 덜 말하게 하는 효과도 가져올 수 있다.

사례 | 주목행동

클라이언트: 전 아주 혼돈스러워요. 화학, 심리학, 언어학 중에 제 전공을 결정하지 못하겠어요.

사회복지사(주목행동 결여): 너의 취미에 대해서 말해 보렴. 무엇을 좋아하는지? 혹은 학점은 어떤지?

사회복지사(주목행동): 내게 좀 더 얘기해 줄 수 있어요? 어떤 점에서 혼돈감을 느끼는지…? 혹은 화학 분야… 장래 전망이 좋지… 그 분야에 대해서 좀 더 얘기해 줄 수 있니?… 그 결정에 대해서 어떻게 하고 싶어요? 등등

2) 관찰기술

사회복지사가 클라이언트를 올바르게 이해하고 정확하게 사정하기 위해서는 클라이언트를 잘 관찰할 수 있는 지식과 기술이 있어야 한다. 관찰기술(observational skills)은 다른 사람들, 상황과 관련하여 클라이언트가 어떻게 생각하고 행동하는지를 이해하는 데 아주 유익하다. Ivey A.(1985)는 관찰의 세 영역을 다음과 같이 소개하였다(신성자, 2000: 220-223).

(1) 비언어적 행동 관찰

비언어적인 행동으로는 클라이언트의 눈 마주침 유형, 신체언어, 음성의 질 등을 잘 관찰해야 한다. 이러한 내용은 앞서 주목행동(attending behavior)에서도 그 중요성을 소개한 바 있다.

(2) 언어 표현에서의 특징

언어적 행동(verbal behaviors)에서는 주의를 기울여 클라이언트의 말을 잘 따라가면서, 핵심 단어가 무엇이고, 클라이언트의 언어적 표현이 어떤 유형으로 구성되고 있는지에 관심을 가져야 한다. 화제가 갑자기 변경된 시점과 변경된 화제는 무엇인지에 관심을 가져

야 한다. 클라이언트가 반복적으로 사용하는 단어와 클라이언트가 자신의 행동이나 상황을 기술할 때 어떤 핵심 단어를 구사하는지 등을 파악함으로써 클라이언트가 어떻게 자신과 상황을 이해하고 표현하는지에 대한 실마리(clue)를 얻을 수 있다.

(3) 구상체계파악

클라이언트의 대표적인 구상체계(primary representational system: PRS)에 대한 이해가 필요하다. 최근 면접 또는 상담기법으로 NLP(Neuro-Linguistic Programming) 활동에 대한 관심이 높아지고 있다(O'conner & Symour, 전경숙 역, 1996). NLP는 사람들의 행동을 정확하게 사정하기 위해서는 그 사람의 구상체계를 잘 파악하는 것이 중요하다고 본다. 사람들은 외부와 상호작용을 할 때는 감각작용을 통하여 한다. 사람들은 기본적으로 다섯 가지 감각체계(시각, 청각, 촉각, 후각, 미각)를 가지고 있는데, 감각작용은 사람마다 차이가 있다. 예를 들어, 지난번에 가본 적이 있는 식품가게를 떠올렸을 때, 어떤 사람은 가게 물건에 대한 시각적인 경험을, 다른 사람은 식품 냄새에 대한 후각적인 경험을 떠올린다.

사회복지사가 클라이언트가 세상으로부터 정보를 다루고 처리하는 주된 구상체계는 어떤 방식으로 이루어지고 있는지를 알게 되면, 면접 또는 상담을 촉진시킬 수 있다. 클라이언트의 감각구상체계를 파악해서, 클라이언트와 동일한 구상감각체계에 합류(joining)하여 상호작용하게 되면, 아주 높은 수준의 라포(rapport)가 형성되어 면접 효과를 크게 높일 수 있다.

실천과정에서 클라이언트가 어떤 구상체계에 들어 있는지를 알기 위해서, 첫째, 클라이언트의 '언어표현'을 보고 판단하는 방법이 있다. 즉, 클라이언트가 표현한 언어가 어떤 감각체계에 초점을 두고 표현된 것인지를 파악할 필요가 있다. 이를 위해서는 클라이언트가 말을 할 때 선택하는 형용사, 부사, 동사 등의 술부를 이해하여야 한다. 다음에 예시를 소개하였다.

- [시각적 표현] "우리 어머니는 참 불쌍하게 보여요."
- [청각적 표현] "그 말은 참 슬프게 들리네요."
- [운동감각적 표현] "그의 따뜻한 목소리는 나를 감싸는 것 같았어요."

둘째, 또 다른 방법은 클라이언트의 눈동자의 움직임을 관찰하는 것이다. NLP를 지지하는 학자들은 클라이언트의 눈동자의 위치에 따라 대표적인 구상체계(시각적, 청각적, 운동감각적)를 파악할 수 있다고 보고하고 있다([그림 3-1] 참조).

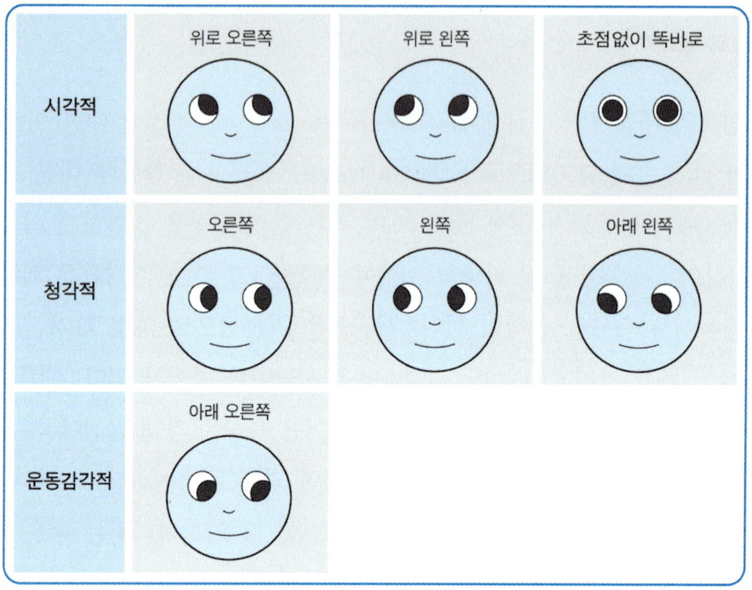

[그림 3-1] NLP 눈동자 움직임

(4) 불일치, 부조화, 모순 갈등 등을 발견하기

혼합된 메시지, 모순, 갈등, 부조화(incongruence) 등은 종종 클라이언트가 상담을 받게 된 이유가 될 수 있다. 사회복지사는 클라이언트 자신 혹은 다른 누구, 또는 무엇인가와 관련된 어떤 모순 때문에 클라이언트가 도움을 청하게 되었다는 사실을 인식할 필요가 있다. 클라이언트의 언어적 행동 및 비언어적 행동을 주의 깊게 관찰함으로써, 클라이언트 세계에 내재되어 있는 갈등과 모순 및 부조화 등과 관련된 많은 단서를 발견할 수 있다. 불일치, 모순, 갈등 등을 발견하기 위해서 면접(상담)과정에서 특히 관심을 가지고 살펴보아야 할 내용은 다음과 같다.

첫째, 두 진술 간의 차이를 비교해 보아야 한다. 클라이언트가 표현한 말에서 서로 모순되는 생각이 있을 수 있다. 예를 들어 "제 딸은 완벽해요. 그러나 그 아이는 나를 존경하지 않아요……"라고 했을 때, 모순되는 내용이 발견된다.

둘째, 진술과 비언어적인 행동 간의 모순을 찾아야 한다. 만약 클라이언트가 "그 질문은 나를 괴롭히지 않았어요"라고 말하면서 그때 얼굴 색깔이 벌겋게 달아 올라 있었고, 주먹을 꽉 쥐고 있었다면, 클라이언트의 진술과 비언어적인 행동에는 불일치가 존재하고 있는 것이다.

셋째, 사람들 간의 차이를 살펴보아야 한다. 사실 갈등을 사람들 사이의 불일치로 기술하기도 한다. 대인관계상의 갈등을 언급해 줄 수 있는 일은 치료자, 상담가 또는 면접가들의 핵심 업무이기도 하다.

넷째, 클라이언트와 상황 간의 차이에 주목할 필요가 있다. 예를 들어, 클라이언트가 "저는 미국의 하바드 대학교 법학대학원에 입학되기를 원해요. 제 학부 성적은 상위 약 30% 정도이고, 우리집은 경제적으로 어려운 편이에요"라고 말했다면, 클라이언트의 욕구와 상황 사이에 큰 부조화가 있음을 알 수 있다. 대부분의 클라이언트는 자신의 삶에서 어느 정도 수준에서의 갈등 및 불일치를 인식하면서도 직면하는 데 소극적인 경우가 많다. 숙련된 사회복지사는 클라이언트가 자신의 모순 및 불일치한 측면에 대해서 직면할 수 있도록 도와줄 수 있어야 한다.

3) 질문기술

클라이언트에 대한 사회복지사의 정확한 사정(assessment)은 효과적인 원조개입을 하기 위한 선행조건이다. 클라이언트에 대한 올바른 사정에 필요한 정보를 얻어 내기 위한 면접이 성공적으로 이루어지기 위해서는 클라이언트에게 질문을 잘해야 한다. 좋은 질문(questions)이 좋은 대답(answers)을 유도할 수 있기 때문이다. 클라이언트로부터 실천개입에 필요한 양질의 정보를 얻지 못하게 되는 데에는 클라이언트의 문제(예: 심리적 방어, 저항, 인지능력결여, 인지왜곡, 의사소통능력 부족 등)에서 기인되기도 하지만, 많은 경우, 실천가가 클라이언트에서 적절한 시점에서 적절한 질문을 던지지 못한 결과임을 간과해서는 아니 된다.

실천개입과정에서 사회복지사는 클라이언트에게 질문을 하기 전, 클라이언트의 대답에 관심을 기울여야 한다. 대부분의 사람들은 대화를 할 때 상대방이 자신의 말을 경청하는지, 그리고 자신의 생각이나 느낌을 충분히 중요하게 받아들이는지 여부를 직관적으로 알고 있다. 사회복지사는 질문을 할 때 클라이언트가 말하는 내용뿐 아니라 생각과 감정에도 주의를 기울이도록 한다. 질문기술이 효과적으로 작동되기 위해서는 주목기술(attending skills) 및 적극적인 경청기술(active listening skills) 등이 선행되어야 한다.

(1) 질문의 효과

Ivey Allen(1985)은 질문의 효과를 다음과 같이 제시하였다.

- 질문은 인터뷰의 시작을 돕는다.

예) "오늘 무엇에 대해 말하고 싶으신지요?"
"저를 찾아오시게 된 과정을 말해 주실 수 있나요?"

- 개방형 질문(open questions)은 인터뷰를 정교하고 풍부하게 한다. 개방형 질문은 클라이언트의 생각, 감정 등을 자유롭게 표현할 수 있도록 하는 질문이다.

예) "그것에 대해서 제게 좀 더 말씀해 주시겠어요?"
"그 일이 일어났을 때, 어떻게 느끼셨나요?"
"어떻게 하는 것이 문제해결에 좋을 것이라고 생각하세요?"

- 질문은 클라이언트의 세계에 대한 구체적인 내용(concrete specifics)을 알게 해 준다.

예) **클라이언트:** 그 친구(경식)가 나를 아주 화나게 해요.
사회복지사: 그 친구가 당신을 화나게 한 특별한 예를 하나 나에게 말해 줄 수 있어요?

- 질문은 문제 진단/사정에 결정적이다.

예) "왜 그 일이 일어났지요?"

- 개방형 질문의 첫 단어가 클라이언트가 말할 수 있게 하는 내용을 부분적으로 결정한다. '무엇'(what)으로 시작하는 질문은 어떤 '사실'에 대해 대답하도록 하고, '어떻게'(how)는 과정, 순서, 감정 등에 대해 대답하도록 한다. '왜'(why)라고 시작하는 질문은 이성(reason), 이유, 원인 등에 대해 대답하게 한다.

(2) 질문 시 유의할 점

가. 속사포 질문(Bombardment/Grilling Questions)

한편, 질문을 할 때 두 세 가지 질문을 한꺼번에 하거나 클라이언트가 이전 질문에 충분히 대답을 끝내기도 전에 다른 질문을 하는 것은 피하도록 한다. 이러한 질문은 대답하기에 혼란스러움이 있을 수 있다. 너무 많은 질문은 클라이언트를 방어적이게 한다. 클라이언트가 자신이 면접자로부터 너무 많은 통제를 받는다고 느끼게 되거나, 두 세 가지 질문을 한꺼번에 하거나, 이전 질문에 충분히 대답을 끝내기도 전에 다른 질문을 하는 것은 피하도록 한다. 이러한 질문은 클라이언트를 혼란스럽게 할 수 있다. 너무 많은 질문을 하게 되면, 클라이언트는 대화를 하고 있다기보다 심문을 받고 있는 것처럼 느낄 수 있다. 면접에서 사회복지사가 주로 질문을 하고 클라이언트가 대답을 하는 방식은 면접에서 다루어질 내용과 어떤 방향으로 나아가야 하는지를 사회복지사가 모두 알고 있다는 인상을 줄 수 있다. 구체적 정보가 수집될 필요가 있을 때 사회복지사는 질문을 활용해야 하겠지만 질문을 할 때 강압적이지 않도록 유의해야 한다.

나. 견해 및 성명발표 같은 질문(Statement Questions)

어떤 면접자는 질문을 그 자신의 견해를 팔기 위한 방법으로 한다.

> 예) 만약 당신이 공부를 더 열심히 하면 훨씬 도움이 될 것이라고 생각하지 않습니까?

이러한 질문은 클라이언트의 생각을 알아내려는 질문이 아니고 오히려 사회복지사 자신의 생각을 상대방(클라이언트)에게 강요할 수 있다.

다. 문화의 차이

서구인에 비해 동양인의 경우, 질문속도가 빠르면 덜 효과적이다. 클라이언트가 속한 문화집단의 특성을 고려하지 않은 부담이 되는 질문은 면접자(사회복지사)에 대한 불신을 야기시킬 수 있다.

라. '왜'라는 질문

"왜?"라는 질문(why questions)을 사용할 때는 신중하여야 한다. "왜냐하면", "왜"라는 질문이 클라이언트(피면접자)에게 심리적인 부담을 느껴 불안해질 수 있어 방어적이게 될 수 있기 때문이다. 이러한 문제점은 면접자와 피면접자 간에 라포 형성이 제대로 이루어지지 않았을 경우에 더 심각할 수 있다. "왜"라는 질문은 상대방으로부터 구체적인 중요한 정보를 얻는 데 효과적인 유형의 질문이지만, 클라이언트가 방어적인 상황에서는 정직한 대답을 기대하기 어렵다. 피면접자가 "왜"라는 질문에 상당히 부담을 가질 수 있다고 판단될 경우에는 "어떻게"라는 질문을 적절히 활용해서 유용한 정보를 얻는 것도 대안이 될 수 있다고 생각한다.

마. 질문은 통제/지배(control) 효과를 가진다

통상 질문을 하는 사람이 인터뷰를 주로 통제한다. 인터뷰 과정에서 때때로 면접자가 피면접자에 대해 끌려가고 있다고 느낄 때, 혹은 면접자 자신이 방향을 잃고 헤매고 있다고 생각될 경우, 면접자(사회복지사)가 피면접자(클라이언트)에게 다시 적절한 질문을 하면서, 잃어버린 통제력을 회복할 수 있다. 왜냐하면, 질문을 받은 사람은 그 질문에 대한 대답을 해야 하는 것이 의사소통의 기본적인 규범이기 때문이다.

질문은 크게 폐쇄형 질문과 개방형 질문으로 나눌 수 있으며 두 가지 질문 모두 상황에 따라 유용하게 사용될 수 있다. 다음에 폐쇄형 질문과 개방형 질문에 대해 살펴보고 각 질문을 사용할 때 유의해야 할 사항을 알아보기로 한다. 추가로 단기치료에서 활발하게 사용되고 있는 질문기술들(예: 척도질문, 관계질문, 대처질문, 기적질문 등)을 함께 소개하고자 한다.

(3) 폐쇄질문과 개방질문

① 폐쇄형 질문

폐쇄형 질문(closed question)은 보통 '예', '아니요'로 대답할 수 있는 질문이다. 이름이나 주소, 나이 등과 같이 몇 마디로 짧게 대답할 수 있는 질문이다. 이런 형태의 질문은 시간이 제한되어 있는 상황에서 사실에 관한 자세한 정보를 얻어 내야 할 때 유용하다(Trevithick, 2000; 우국희 외 역, 2002 재인용).

또한 면접에서 초점을 유지하고, 새로운 주제로 들어갈 때, 면접의 방향을 변경할 때, 민감하거나 감정적인 주제를 피하거나 다루고자 할 때, 면담의 속도를 늦추거나 면담에서 간과한 세부 내용을 보충하고자 할 때에도 도움이 된다. 그러나 면접과정에서 폐쇄형 질문을 사용할 경우, 사회복지사가 적절한 질문을 고르고 구체화하며, 내담을 경청해서 다음 질문이 자연스럽게 이어지도록 하는 책임을 져야 하므로 질문을 선택할 때나 클라이언트의 대답을 들을 때 주의를 기울여야 한다. 개방형 질문에 비해 폐쇄형 질문은 클라이언트가 보다 쉽게 대답을 할 수 있고 덜 통제받고 있다는 느낌을 줄 수 있다. 특히 면담 초기에 피면접자가 다소 긴장하고 있을 때는, 피면접자가 다소 덜 부담이 되는 폐쇄형 질문부터 먼저 사용하는 것도 바람직한 방법이다. 그러나 폐쇄형 질문만으로는 어떤 사건이나 상황에 대한 개인의 인식이나 경험에 대해서 알기 어려우므로 이를 자세히 알고자 할 때에는 개방형 질문을 활용하는 것이 좋다.

② 개방형 질문

면접에서 개방형 질문(open question)을 활용하면 클라이언트는 보다 자유롭고 개방적으로 말하게 된다. 개방형 질문을 받은 클라이언트는 대답을 할 것인지, 말 것인지 그리고 언제 대답할 것인지 등에 관해 선택할 수 있으며 자신이 원하는 시기에 자신의 말로 생각과 느낌을 표현할 수 있다.

사회복지사는 최초의 면접이나 첫 만남에서 클라이언트에게 개방형 질문을 주로 하는 것이 좋다. 사회복지사의 질문이 면담의 시작을 도울 수 있으며 비교적 의사표현을 잘하는 클라이언트의 경우 개방형 질문을 받았을 때 많은 이야기를 할 수 있도록 한다. 그러나 공개된 장소에서 자신의 느낌이나 생각을 표현하는 데 주저하거나 다소 저항적인 클라이언트에게는 이런 형태의 질문이 위협적이고 자신을 압도하는 것으로 느껴질 수도 있으므로(Trevithick, 2000; 우국희 외 역, 2002 재인용) 유의한다. 이러한 클라이언트에게는 처음부터 개방형 질문을 사용하기보다는 폐쇄형 질문을 먼저 사용하는 것이 바람직하다.

사례 | 폐쇄형 질문

사회복지사: 모 재벌 기업 사회복지재단에서 근무하는 사회복지사 김현식(남, 38세)
클라이언트: 동일 재단 산하에 있는 병원 의무국에서 일하는 김수정(여, 39세)

직원들과의 갈등으로 어려움을 겪고 있는 클라이언트를 상담한 내용이다. 폐쇄형 질문을 주로 사용하여, 클라이언트가 가진 문제를 이해하는 데 유용한 정보를 얻어 내고 있다. 클라이언트가 선뜻 말하기 어려워하는 문제나 클라이언트가 잘 인식하지 못하고 있는 문제들과 관련된 정보를 얻기 위해서 사회복지사는 적절한 내용의 폐쇄형 질문을 클라이언트에게 던져, 구체적 정보를 확인할 수 있다. 그러나 상담과정에서 클라이언트에 대한 사회복지사의 질문이 폐쇄형 질문에 지나치게 치우칠 경우, 사회복지사의 관점이 부각되어 클라이언트가 자신의 관점에서 생각과 감정을 토로하는 데 부정적 영향을 줄 수 있다. 그러므로 폐쇄형 질문의 과도한 사용은 명백한 한계가 있다.

사회복지사: 안녕하세요, 김수정 씨. 무슨 일이 있었어요?
클라이언트: 저 …… 같은 과에 있는 이정애(미혼, 36세) 씨가 다시 말썽을 일으켜요.
사회복지사: 이정애 씨가 사람들하고 또 다투나요?
클라이언트: 네, 이정애 씨는 사람들과 잘 지내는 것이 어려운 것 같아요.
사회복지사: 제 시간에는 출근하고 있나요?
클라이언트: 정시에 출근해야 되지요. 그게 큰 문제는 아니에요. (클라이언트는 다소 좌절스러워하며 혼란스럽게 보인다. 이런 유형의 행동을 경험했을 때, 전에는 클라이언트는 자신의 입장이 분명한 편이었다.)
사회복지사: 이정애 씨가 노력은 하나요?
클라이언트: 이정애 씨가 애쓰고는 있어요. 그것이 문제가 아니에요.
사회복지사: 그럼, 성격 문제인가요?
클라이언트: 네. (클라이언트는 자신이 사회복지사에게 말하려고 했던 것을 그가 정말로 들었다는 것으로 다소 안심이 된다는 표현. 그러나 사회복지사는 실제로 필요한 것보다 정보를 얻기 위해서 훨씬 더 많이 작업을 하고 있다.)
사회복지사: 이정애 씨는 최순애(부서직원, 33세) 씨와는 잘 지내나요?
클라이언트: 글쎄요, 얼마 동안은요. 제 말은, 실은 …… 음, 제 말은, 부서에서 모두들 최순애 씨

에 대해서는 힘들어하는 편이에요.

사회복지사: 김수정 씨는 최순애 씨와 잘 지내나요? 최순애 씨가 현석민(부서 직원) 씨와는 어때요?

클라이언트: 누구나 다는 아니지요. 이정애 씨는 자신이 부서의 직원으로 다른 사람을 위해서 무엇을 해야 할 경우에도, 선생님도 알고 계시지만, 끝까지 일을 제대로 마무리하지 않아 저희들이 어려움을 겪게 되지요.

사회복지사: 이정애 씨는 당신의 지시(명령)를 따르나요?

클라이언트: (놀라며) 제가 바라는 만큼은 아니에요.

사회복지사: 김수정 씨는 이정애 씨에게 지시를 내릴 때 분명한 태도를 취하나요?

클라이언트: …… 저는 그러려고 노력해요. 전 ……

사회복지사: 때때로 당신은 말이 분명하지 않군요.

클라이언트: 선생님 말씀이 아마 옳을 거예요. 저는 이정애 씨에게 기대해요. 선생님이 맞아요. 필시 저는 이정애 씨가 할 수 있는 것보다 이정애 씨가 더 해 주기를 기대하고 있어요. 이정애 씨에게 좀 더 많은 지시를 하는 것이 필요해요.

사회복지사: 김수성 씨는 자신이 좀 더 분명해져야 할 필요가 있다고 생각하나요?

클라이언트: 아마도…… 하지만 저는 이정애 씨가 다른 사람의 말을 알아듣는 데 어려움이 있는 것은 아닌지, 종종 중요한 내용을 놓치는 것은 아닌지 의문스럽기도 해요.

사회복지사: 김수정 씨가 이정애 씨에게 앞으로는 보다 분명한 지시를 줄 필요가 있다는 말로 들리는군요, 김수정 씨. 그렇게 할 수 있다고 생각합니까?

클라이언트: 그렇게 생각해요.

다음의 사례는 앞의 폐쇄형 질문 사례에서 소개한 동일한 클라이언트(김수정)에 대해서, 사회복지사(김현식)가 개방형 질문을 적극적으로 활용하여 개입한 사례 내용이다. 클라이언트를 상담하는 사회복지사가 적절한 개방형 질문을 하여 광범위한 정보가 비교적 짧은 시간에 밝혀진다. 앞에서 폐쇄형 질문이 주로 사용된 사례와 달리, 여기 사례에서는 클라이언트가 더 많은 책임을 가지고 면접에 응하고 있다. 클라이언트가 이야기하는 시간이 개방형 질문보다 중요하다는 점은 새삼 강조할 필요가 없을 것이다.

사례 | 개방형 질문

사회복지사: 안녕하세요, 김수정 씨. 무슨 일 있어요?

클라이언트: 선생님, 안녕하세요. 선생님께서도 아시다시피, 올 가을에 저를 도와줄 사람으로 고용했던 이정애 씨와 문제가 생겼어요. (경청은 인터뷰를 위한 견고한 토대가 된다. 클라이언트는 보다 편안해지면서 자신에 보다 더 집중하게 된다. 회기 동안 사회복지사와 클라이언트 간에는 존중과 편안한 분위기가 있다.)

사회복지사: 네. 대체 어떻게 된 일인지 말해 주겠어요? (가장 효과적으로 개방적인 "해 주시겠어요?" 등으로 시작하는 개방형 질문)

클라이언트: 이정애 씨는 제 직원들 모두와 일하는 데 어려움이 있어요. 선생님도 알고 있지요. 이정애 씨는 사람들에게 방해가 되어요. 이정애 씨는 쉬지 않고 이야기하는데, 아시다시피, 시간을 소모해요. 사람들은 매우 바쁜데 일을 중단하고 이야기를 들어야만 해요. 그리고 저는 이정애 씨에게 뭔가 지시를 할 때에도, 몇 번이고 반복해서 지시를 해야만 해요. 게다가 저는 이정애 씨가 무언가에 대해 말하는 것을 들어야만 해요. 그런 것에 시간을 많이 낭비하게 되고, 사람들이 이정애 씨에 대해 화가 나는 것을 이해하게 되지요.

사회복지사: 김수정 씨는 이정애 씨에 대해서 어떻게 느끼나요? ("어떻게"로 시작하면서 감정을 다루는 개방형 질문)

클라이언트: 글쎄요. 이정애 씨는 좋은 사람이고 이정애 씨에 대해서 호의를 갖고 있어요. 하지만 저는 이정애 씨의 이야기를 듣는 것이 힘듭니다. 이정애 씨는 …… 모든 것에 관해 말을 너무 많이 하는 것 같고, 그런 것이 참 힘들지요. 선생님도 알다시피, 제가 그렇게 한가한 사람이 아니고, 계속 부지런히 움직이고 일을 해야 하잖아요. 저는 해야 할 일이 많이 있고 앉아 있을 시간도 별로 없는데…… 시도 때도 없이 이정애 씨의 이야기를 들을 수가 없어요.

사회복지사: 김수정 씨, 그 질문을 다시 해 보면, 김수정 씨는 이정애 씨에 대해서 어떻게 느끼나요? 저는 김수정 씨가 이정애 씨를 좋게 생각한다고 들리는데요. (사회복지사는 클라이언트와 앞서 견고한 관계를 맺고 있어서 그 이슈를 좀 더 많이 끌어낼 수 있다. 클라이언트와 사회복지사는 모두 클라이언트가 종종 자신의 감정에 관해 이야기하는 것을 피한다는 것을 알고 있다. 감정은 행동을 결정하는 데 중요할 수 있다. 견고한 관계없이 이러한 일련의 질문을 하는 것은 상당히 주제넘게 나서는 것일 수 있다.)

클라이언트: 이정애 씨는 열심히 일해요. 그녀 때문에 저는 조금 슬퍼지거나 심지어 화가 날 때도 있어요. 비록, 이정애 씨에 대해서 호의를 갖고는 있지만, 저는 이정애 씨와 관계가 힘들어요. 이정애 씨는 너무 관여하려고 해서 좋아하기가 어려워요.

사회복지사: 음.

클라이언트: 게다가 이정애 씨의 목소리는 듣고 있기가 힘들어요.

사회복지사: 당신은 이정애 씨가 왜 그렇게 한다고 생각합니까? ("왜"라는 질문은 그 상황에 관해 이유와 해석을 나타내는 경향이 있다. 그러나 "왜"라는 질문은 사람들을 종종 방어적으로 만들기 쉽기 때문에 사용에 주의가 필요하다.)

클라이언트: 제 생각으로는 아마 이정애 씨가 일을 잘 해내길 원하고, 이정애 씨는 자신이 관리하고 싶은 욕구를 갖고 있는 것 같아요. 그리고 이정애 씨는 감독하기를 원하기 때문에 언제나 사람들을 감독하고 이야기하려는 것처럼 보여요. 이정애 씨는 끊임없이 자신이 하고 싶은 대로 하려고 하고, 심지어 다른 사람들이 정말로 그녀에 대해 신물이 날 때까지 모두에게 이야기하려는 것처럼 보여요. 그 다음에 …… 결국에는 이정애 씨는 자신이 원하는 대로 할 거예요.

사회복지사: 김수정 씨, 지금까지 당신이 이정애 씨와 문제가 있고 그 문제는 진행형이라는 것을 들었어요.

클라이언트: 그래요.

사회복지사: 음, 이정애 씨가 다른 사람들과 잘 지내지 못하는 것이 중요한 일 가운데 하나로 보여요. 그녀는 말이 많고 주제넘게 나서지요. 그리고 김수정 씨는 이정애 씨에게 화가 나고, 이정애 씨가 남에게 폐를 끼치는 행동에 특히 화가 나지요. 김수정 씨는 이정애 씨를 좋아하기가 어렵지요. 이정애 씨가 감독하려고 하는 것을 당신이 느끼는 것으로 저는 받아들였어요. 지금까지 제가 제대로 듣고 이해하였나요? (이것은 요약이다. 상당한 정보를 이끌어 내는 질문들, 클라이언트로부터 들은 것을 요약하는 것이 유용하다. 상담 마지막 부분에서 폐쇄형 질문은 확인-점검 또는 지각-점검을 위한 것이다. 이것은 클라이언트나 다른 사람에게 사회복지사가 말한 것에 대해 반응할 여지를 제공하게도 한다. 일종의 인터뷰의 소유권을 공유하는 방식이기도 하다.)

클라이언트: (웃으며) 네. 매우 정확해요.

사회복지사: 이제 김수정 씨가 저에게 아주 구체적인 예를 말해 줄 수 있으면 도움이 될 겁니다. 이정애 씨가 앞서 말한 그러한 유형의 갈등을 일으켰던 상황과 관련하여 구체적인 예를 말해 줄 수 있겠어요? (이 점을 꼬집어서 말하는 것은 클라이언트가 사회복지사에게 이정애에 관하여 일반적으로 기술하였던 점을 상기시키기 위한 것이다.)

클라이언트에게 구체적 사례를 요청하는 것은 중요한 인터뷰 기술이다. 그것은 인터뷰를 구체적으로 다룰 수 있게 해 준다. 예를 들어, '어려운 일'이라는 문구는 사람마다 그 의미의 차이가 있을 수 있다. 그러나 관찰 가능한 행동에 관한 구체적 기술을 할 경우, 사회복지사와 클라이언트가 모두 동의할 수 있는 어떤 것을 얻을 수 있다. 그러므로 "저에게 ~에 관해 한 가지 구체적 사례를 이야기해 줄 수 있겠어요?"라는 질문은 매우 유용한 기술이다.

클라이언트: 좋아요. 이정애 씨는 '갑'과 '을' 부서와 함께 일을 할당받았어요. 거기서 이정애 씨가 감독자와 구매 계획을 세워야 했어요. 이정애 씨는 그 프로젝트를 위해 자신만의 아이디어를 갖고 있었어요. '갑'과 '을' 감독자가 우리에게서 빠른 피드백을 원할 때, 이정애 씨는 형식의 디자인을 바꾸고 싶어 했어요. 저는 이정애 씨가 좋은 아이디어를 갖고 있었다고 생각해요. 하지만 이정애 씨는 그 감독자와 결국 논쟁으로 끝냈고, 두 집단 사이에 많은 불화를 일으켰어요. 확실히 우리는 새로운 형식을 필요로 했어요. 하지만 우리는 또한 '갑'과 '을'과도 잘 지낼 필요가 있어요. 그리고 …… 이정애 씨는 약속 일정 또한 만들지 않았어요. 아시겠지만, '갑'과 '을'의 감독자인 홍 부장님도 그 상태를 개선하기를 원해요. 이정애 씨는 그것을 오히려 어리석은 것으로 여기고 자기 방식만을 주장해요.

(4) 기타 질문방법

단기해결치료에서 사용하는 다양한 질문기법 중에서 특히 척도질문, 대처질문, 관계성 질문 등도 클라이언트(피면접자)로부터 사회복지사(면접자)가 중요한 정보를 얻을 낼 수 있는 매우 효과적인 질문기법이다.

① 척도질문

클라이언트의 동기 수준, 관계정도, 자아존중감 수준, 상태 및 문제해결 정도 등에 대한 평가를 수치로 표현하여 대답하도록 묻는 질문기법이다. 척도질문(scaling question)은 클라이언트의 상태의 변화에 대한 비교, 다른 사람과의 비교가 용이하다. 클라이언트가 다음 단계로 발전하기 위해 무엇을 해야 할지를 구체적으로 수치를 통해 생각하고 탐색하게 하는 데 효과적인 질문기법이다.

예) "1부터 10까지 있는 척도에서 10은 문제가 해결되었다고 확신하는 것을 말하고 1은 문제가 가장 심각할 때를 말합니다."
"오늘은 몇 점에 해당하십니까?"
"현재의 상태를 3점이라고 한다면, 4점으로 변화할 때 무엇이 달라질 것 같습니까?"

② 관계성 질문

클라이언트와 밀접한 관계에 있는 사람들에 대한 질문이다. 관계성 질문(relationship question)은 사람들이 자신의 희망, 힘, 한계, 가능성 등을 지각하는 방식은 자신에게 중요한 의미 있는 사람들이 자신을 어떻게 보고 있을 것이라는 생각과 밀접한 관계가 있다는 이해에 기초하고 있다. 클라이언트는 종종 자신의 문제가 해결되었을 때 자신의 생활에 무엇이 달라질 것인지에 대해 잘 생각하지 못해 예측하지 못하는 경우가 있다. 이 경우, 클라이언트는 자신의 입장이 아닌 자신에게 중요한 타인(significant others)의 눈으로 자신을 보게 되면, 자신이 알지 못했던 새로운 가능성에 대해서 생각해 볼 수 있게 된다. 자신의 주변의 의미 있는 타자들(예: 가족, 친구, 동료 등)이 클라이언트의 문제, 처한 상황, 클라이언트가 앞으로 만들어 갈 변화 등에 대해서 어떻게 반응할 것 같은지를 클라이언트가 상상해 보게 하는 질문기법이다. 사회복지사로부터 관계질문에 대한 대답 내용을 참고하여, 자신의 바람직한 변화를 위한 다양한 지표들(indicators)를 설정해 볼 수 있다. 이를 통하여, 클라이언트는 실생활에서 보다 적합하고 바람직한 미래상을 그려 볼 수 있도록 도울 수 있다.

> 예) "당신 어머니가 여기 계시다고 가정하고, 제가 어머니께 당신의 문제가 해결되면 무엇이 달라지겠냐고 묻는다면, 어머니께서는 뭐라고 말씀하실까요?"

③ 대처질문

대처질문(coping question)을 사용하는 경우는 클라이언트 중에서도 자신은 아무런 희망을 없다고 느끼고, 자신의 미래를 비관적으로 생각하여, 긍정적인 변화에 대한 기대와 동기가 거의 없는 클라이언트에게 주로 사용해 보기를 권장하는 질문기법이다. 대처질문은 클라이언트가 어려움과 위기를 어떻게 견디고 여전히 생존(survival)할 수 있었는지 등에 관하여 질문한다. 동시에 대처질문은 클라이언트의 생존능력을 인정하고 간접적으로 칭찬하는 효과도 가져올 수 있는 질문기법이다. 대처방안에 관한 질문을 통해서, 사회복지사는 클라이언트의 신념체계와 무력감에 도전하면서, 클라이언트가 약간의 성공감을 느낄 수 있도록 유도할 수 있다. 사회복지사로부터 대처질문을 받은 클라이언트가 질문에 대한 대답을 준비하면서, 자신이 대처기술과 능력을 지니고 있음을 깨닫게 될 수 있다. 사회복지사는 클라이언트가 자신의 긍정적인 측면을 인식할 수 있도록 지지해야 한다. 클라이언트의 강점에 대한 사회복지사의 승인(validity)을 통해서, 클라이언트는 자신의 가치를 인식할 수 있어 자아존중감이 향상될 수 있다. 이는 문제에 대한 클라이언트의 대처역량을 강화시키는 데 긍정적인 효과를 줄 수 있다.

예) "당신은 그 어려운 상황 속에서 어떻게 지금까지 견딜 수 있었습니까?"
"배우자로부터 그토록 많은 상처를 받고 살아왔음에도 불구하고, 어떻게 얼굴에 온화한 표정을 지니고 계신지요?"

④ 기적질문

기적질문(miracle question)은 클라이언트가 원조과정에서 자신이 무엇을 성취해야 하는지에 대한 목표가 없거나, 목표가 무엇이어야 하는지도 모르는 클라이언트들을 대상으로 시도해 볼 수 있는 질문이다. 클라이언트에게 만약 기적이 일어났을 경우, 자신을 둘러싼 무엇이 어떻게 변화되었을 것인지를 상상해 보도록 하고, 이에 대한 대답을 하게 하는 질문기법이다. 기적질문은 클라이언트가 문제가 해결된 상태를 상상해 보고, 해결하기 원하는 것을 구체화하고 명료화하며, 치료목표를 현실적이며 구체적으로 설정하는 데 유용한 질문기법이다.

예) 오늘밤 당신이 잠자고 있는 사이에, "기적"이 일어나서, 당신이 가지고 있는 문제가 사라졌다고 상상해 봅시다.(그런데 당신이 잠자고 있는 동안 일이라, 당신은 기적이 일어났는지를 모르고 있습니다). 아침에 눈을 떴을 때, 기적이 일어난 것을 어떻게 알 수 있을까요? 이에 대한 답으로 만약 클라이언트가 "제가 아침에 눈을 떴을 때, 제 남편이 제게 미소를 짓고, 나를 따뜻하게 바라보고 있겠지요(기적상황)"이라고 말했다면, 이 클라이언트의 구체적인 희망/목표는 남편이 자신에게 "따뜻하게 바라보는 것"이라는 구체적인 내용이 될 수 있기 때문이다.

4) 적극적 경청기술들

클라이언트로부터 필요한 정보를 얻기 위해 질문기술을 잘 활용하는 것이 매우 중요한데, 가장 좋은 방법은 클라이언트가 스스로 자신의 이야기를 하도록 하는 것이다(Poindexter et al., 1999; 이윤로 외 역, 2003 재인용). '적극적인 경청(active listening)'은 단순히 클라이언트가 한 말을 잘 듣기만 하는 것이 아니다. 적극적인 경청은 클라이언트가 자기 표현을 더 할 수 있도록, 자신이 이해와 격려를 받는다는 느낌을 받도록 말하고 경청하는 면담, 상담에서의 실천기술이다. 그러므로 적극적인 경청은 주목행동(attending behavior), 관찰 기술, 탐지 기술 등이 뒷받침되어야만 가능하다 할 수 있다. 적극적인 경청을 잘 활용하기 위해 필요한 다양한 실천기술들(격려 · 인정 · 촉진기술, 재언급, 환언, 감정의 반영, 의미의 반영, 요약 등)을 먼저 살펴보고자 한다.

각 해당 실천기술들의 기능 및 특성을 설명을 마치고, 실제로 다양한 실천기술들이 실천 개입을 위한 면담(혹은 상담) 과정에서 어떻게 활용되는지에 대한 이해를 높이기 위해 선행연구(Ivey, 1985)에서 소개된 사례 내용을 다소 수정하여 제시하였다.

(1) 격려, 인정, 촉진기술

① 격려

'격려'(encouragement)는 클라이언트가 특정 행동이나 경험 혹은 생각으로부터 벗어나도록 하거나, 혹은 그 반대로 그런 쪽으로 생각하고 행동을 취할 수 있도록 도움을 주는 것을 의미한다. '격려기술'은 특히 클라이언트가 낮은 자존감을 갖고 있거나 자신감이 적거나, 두려움을 많이 가지고 있을 경우, 적극적으로 활용하면 유용한 기술이다.

'격려기술'(encouragers)은 클라이언트가 계속 자신의 생각과 느낌을 표현할 수 있게 한다(Ivey, 1985: 89). '격려'는 언어적, 비언어적으로 다양한 형태로 이루어진다. 격려기술(encouraging skills)은 '단순한 몸짓'(예: 고개 끄덕임, 손뼉치기, 무릎을 치는 감탄표현 등)과 매우 간단한 언어적 표현('아', '네', '음', '그렇지요', '그렇군요', '또', '그러고요?' 등)을 통해서도 효과적으로 작동될 수 있다. 클라이언트가 말한 핵심 단어를 간단하게 다시 언급하는 '재언급'(restatement)도 격려기술 수행하기 위해서 자주 사용되는 실천기술이다.

'격려'는 주로 클라이언트의 행동, 태도, 감정을 칭찬해 주는 지지적인 방식으로 이루어진다. 격려는 클라이언트가 가진 강점, 잠재적 능력과 힘을 발견하고 이를 발휘할 수 있도록 돕는 기술이다.

> 예) 격려기술활용
> **클라이언트**: 내일 포크레인 운전시험을 본다고 생각하니 떨리네요. 제가 잘 할 수 있을는지…
> **사회복지사**: 그동안 학원에서 배우고 나서도 실습훈련도 꾸준히 받아오셨지 않아요?

② 인정기술

'인정기술'(validation skill)은 '격려기술'과 유사하나 분명히 구별되는 기술이다. '격려 기술'은 주로 어떤 사건이 일어나기 전에 클라이언트를 동기화시켜서 다르게 생각하거나 행동하도록 하는 데 초점이 있는 반면, '인정기술'(validation skill)은 클라이언트의 행동이 있은 후에 긍정적 평가를 제공하는 점에서 차이가 있다('격려'와 '인정'의 차이). '인정'은 클라이언트가 특정 상황에 쏟은 노력을 칭찬하고 이를 통해 얻은 개인적 성취나 학습을 축하함으로써 긍정적 피드백을 제공하는 것과 같다(Trevithick, 2000; 우국희 외 역, 2002 재인용).

'격려기술'과 '인정기술'은 모두 클라이언트가 낮은 자존감을 갖고 있거나 자신감이 거의 없거나 혹은 제한된 경험을 가지고 있을 때, 또는 앞으로 당면하게 될 것에 압도당하거나 두려워할 경우, 유용하게 사용할 수 있는 실천기술이다(Tevithick, 2000; 우국희 외 역, 2002 재인용). 사회복지사는 클라이언트가 자신의 행동 및 태도와 관련된 의미를 분명하게 표현하도록 유도할 수 있는 격려기술을 잘 활용할 수 있어야 한다. 격려기술을 사용할 경우, 클라이언트가 자신의 행동 및 태도와 관련된 의미를 좀 분명하게 표현할 수 있도록 유도해야 한다.

> 예) 인정기술 활용 예
> A: "당신은 매우 잘 해낼 거예요."
> B: "이번에 당신이 깔끔하게 일을 처리해 낸 것을 보니 새로운 과제도 잘 수행할 것으로 믿어요.".
> 평가: A의 표현내용은 다소 막연하지만, B는 상당히 구체적인 내용을 잘 표현하였다.

③ 촉진기술

'촉진기술'은 '고취시키기기술' 혹은 '독려하기기술'(prompting skill) 등으로 불리기도 한다. '촉진기술'은 클라이언트가 말을 시작하거나 계속하도록 용기를 북돋워 주기 위한 실천기술이다(Trevithick, 2000; 우국희 외 역, 2002 재인용). '촉진기술'의 기능은 '격려기술'과 상당히 유사하다. '격려'(encouraging)와 '촉진'(prompting)은 상호보완적이며, 상호호완적인 성격을 지니고 있다. 실제로 촉진기술은 격려기술과 함께 사용되는 경우가 많다. 앞서 '단순한 몸짓'(예: 고개를 끄덕이는 행동)이나 '간단한 언어표현'(예: 음, 네, 그럼요, 또?, 그리고요? 등)을 이용한 격려기술을 '짧은 촉진반응'기술로 소개되기도 한다(사회복지교육연구센터, 2020: 33).

'촉진기술'은 직접적 제안으로 이야기를 계속하도록 요청하거나('더 많은 이야기 끌어내기'), 말과 말을 연결시켜 주어서 더 진전된 대화를 이끌어 내거나('연결하기'), 또는 끝맺지 않은 이야기 주제로 되돌아가게 하는데('미완성 설명 코멘트')에 유용하다(Trevithick, 2000; 우국희 외 역, 2002 재인용; 2002, 전재일 외, 2002: 109 재인용).

사회복지사가 '촉진 기술'을 사용할 때에도 적절한 시기와 민감성, 친절한 어조 등이 중요하다(전재일 외, 2002: 109). 클라이언트의 상태와 감정에 대한 충분한 배려 없이 사용할 경우, 클라이언트는 사회복지사로부터 자신이 강요(coercing)당하는 느낌을 가질 수 있기 때문이다. 사회복지사가 '촉진기술'을 효과적으로 사용하기 위해서는 '분위기 조성기술'(예: 공감, 진실성, 존중)은 물론, 특히 적극적인 경청기술들(예: 격려, 환언, 재언급, 명료화, 확인질문 등)을 적절히 잘 활용할 수 있어야 한다. 앞서 다양한 사회복지실천기술들은 기능과 특성에서 어느 정도 공통성과 상호 연관성이 있음을 지적하였는데, 촉진기술 또한 배타적인 난일 실천기술이 아니다.

예) 촉진기술 중에 "더 많은 이야기 끌어내기"

사회복지사: 조금 전에 당신은 김 부장이 교활하고 기분 나쁜 사람이라고 말했다가 바로 옆자리에서 근무하고 있는 박 대리의 업무처리가 못마땅하다는 이야기로 바꾸었습니다. 김 부장이 그런 좋지 않은 사람이라는 것을 어떻게 알았습니까?

(2) 재언급

클라이언트가 말한 간단한 낱말들(phrases)을 다시 반복해서 말해 주는 것이다(예: 절망적이라구요?, 그 직원은 당신을 못되게 쳐다봤다고요?, 당신이 화가 났군요, 직장에서 어려움이 있군요 등). '재언급'(restatement)은 격려기술의 한 형태이기도 하다(Ivey, 1985: 93). 재언급은 긍정형이나 의문형(질문형식)으로 모두 사용할 수도 있다. 사회복지사가 다양한 형태의 재언급 기술을 잘 활용하면, 클라이언트를 여러 방향으로 이끌어 낼 수 있어, 상담(혹은 면담)을 효과적으로 진행할 수 있다. 재언급 기술을 사용할 때, 클라이언트가 한 말을 마치 앵무새같이 되돌려 말하는 식의 재언급은 삼가해야 한다. 클라이언트를 불쾌하게 할 수 있다. 재언급 기술을 사용할 때는, 재언급 한 말의 내용 자체 못지않게, 사회복지사의 목소리 톤, 표정 등이 중요하다(Ivey, 1985: 93).

(3) 환언

환언(paraphrase)은 '바꾸어 말하기' 또는 '부연' 등으로 표현되기도 한다. '환언'은 클라이언트가 언급한 말을 좀 더 간결하고 명확하게 하여 되돌려 주는 피드백이다(Ivey, 1985: 97). '환언'은 클라이언트의 메시지 내용에 초점을 두고 클라이언트가 말한 바를 재진술하는 것이다. 이를 통해, 클라이언트는 자신이 생각하고 경험한 바를 살펴보며 다른 시각에서 생각해 볼 수 있는 기회를 갖게 된다(김혜란 외, 2006: 137). '환언' 기술의 주된 목적은 사회복지사가 클라이언트가 언급한 내용과 의미를 잘 파악하고 있음을 확실히 하기 위한 것이다(Trevithick, 2000). '환언'은 "클라이언트가 한 말을 사회복지사가 자신의 언어로 다시 표현하여 말해 주는 것이므로"(사회복지교육연구센터, 2020: 33), 클라이언트가 사용한 말, 표현을 사용하여 단순히 되돌려 말하는 '재언급'과 구별된다('환언'과 '재언급'의 차이).

(4) 명료화 기술

클라이언트의 진술이나 표현이 혼란스럽거나 추상적일 때 구체화하기 위한 방법이다(사회복지연구센터, 2020: 33). 명료화는 "클라이언트가 좀 더 명확하게 말할 수 있도록 격려하고 클라이언트가 말한 것에 대해서 사회복지사가 이해했음을 입증"(전재일 외, 2010: 103)하기 위해 사용한다. 명료화 기술은 사회복지사가 클라이언트로부터 들은 내용을 정확히 파악했는지 확인하기 위해서 사용된다(Trevithick, 2000; 우국희 외 역, 2002 재인용). 명료화 기술은 '확인질문'(check-out question)의 형태로 많이 사용되고 있다. '명료화 기술'(clarifying skill)은 "클라이언트의 생각이나 감정, 경험을 명확히 이해하기 위한 것"(김혜란, 홍성미, 공계순, 2006: 139)이라는 점에서는, '환언', '감정의 반영', '의미의 반영'과 공통적인 특성을 가지고 있다('명료화', '환언', '감정의 반영', '의미의 반영'의 유사함).

예) 명료화 기술 활용

클라이언트: 진저리나요. 어떻게 해야 헤쳐 나가야 할지 정말 모르겠어요.

사회복지사: 무슨 말씀인지 잘 알아듣기 어렵군요. 지금 상황이 지난번 면담 때 말씀하신 것보다 더 나빠졌다는 것인지요?

사회복지사는 명료화 기술을 통해 현재 클라이언트를 괴롭히고 있는 문제들을 파악하여 우선순위를 정하도록 도울 수 있으며, 클라이언트에게 가장 심각한 영향을 미치는 문제에 초점을 맞추도록 할 때에도 사용할 수 있다.

예) '환언' 기술 활용

클라이언트: 제가 아내 입장을 어머니께 설명하면, 어머니가 서러워하고, 아내에게 어머니 마음을 설명하면, 아내가 화를 내고 내가 어떻게 해야 할지 모르겠습니다.

사회복지사: 중간에서 성날 살해 보려고 애 많이 쓰시는데, 쉽지 않아 고생하시군요.

'명료화' 기술에서는 클라이언트가 사용한 것과 같은 단어를 사용하는 반면, '환언' 혹은 '바꾸어 말하기'(paraphrase)는 클라이언트의 말을 사회복지사의 단어로 바꾸어서 말하는 데 중점을 두기 때문에 차이가 있다('명료화'와 '환언' 차이).

(5) 감정의 반영

'감정의 반영'(reflection of feeling)은 클라이언트가 말한 내용 중에서, 특히 정서적인 부분에 초점을 두어 "클라이언트의 정서적인 내용을 재진술하며 탐색하는 기술"이다(김혜란 외, 2006: 137). 감정 반영 기술은 말 속에 내포되어 있는 감정과 태도를 표면으로 이끌어 내서 마치 거울처럼 당사자에게 보여 주는 것이다(Poindexter et al., 1999; 이윤로 외 역, 2003 재인용). 감정과 의미 반영 기술은 '환언' 기술과 비슷하지만 반영 기술에는 들은 내용을 바꾸어 말하는 것뿐 아니라 다른 사람의 감정이나 비언어적 의사소통을 다시 한 번 재음미해 주는 것이 포함되어 있다. 주로 많이 사용하는 표현양식은 "당신은… 때문에 …게 느끼고 계시군요"이다. 이렇게 감정의 반영을 먼저 해 주고, 이어서 " 그리고 …게 생각하시나 봐요" 등의 의미의 반영도 같이 해 주면 효과적이다(김정진, 2014: 73). 감정의 반영은 의미의 반영과 함께 사용하는 경우가 많다. 감정의 반영은 클라이언트가 가진 정서적인 내용뿐만 아니라, 수준이나 강도에도 적절히 부합하기 위해서 사회복지사는 정서적 표현에 필요한 풍부한 어휘력을 갖추어야 하며, 비언어적 표현에 대해서도 민감성을 가져야 한다(김혜란 외, 2006: 137).

(6) 의미의 반영

사람들은 동일한 사건을 경험하더라도 저마다 다른 의미를 가질 수 있기 때문에 면접에서 사회복지사는 의미 반영 기술을 통해 클라이언트로 하여금 자신의 경험에 대한 의미를 찾도록 돕는다. 의미 반영 기술을 사용할 때, 사회복지사는 클라이언트가 생각하는 중요한 의미가 무엇인지에 초점을 두면서 언급해야 한다. 의미의 반영을 사용할 때, 주로 많이 사용하는 표현 방식은 "당신은 …게 생각하시는군요" 혹은 "당신은 …게 느끼지만, …게 생각하시군요"이다. 만일, 클라이언트가 말한 내용에 대해 사회복지사가 중요하다고 생각하는 의미를 말한다면, 그것은 의미의 반영이 아니라 해석이 된다. 해석이 사회복지사의 준거 틀에 초점을 둔 것이라면, 의미 반영 기술은 클라이언트의 준거 틀에 초점을 둔다는 점에서 차이가 있다('의미의 반영'과 '해석'의 차이)(신성자 외, 2000).

(7) 요약

'요약 기술'(summary skill)은 면접 도중 나온 이야기 내용을 요약하고 강조할 때 필요한 기술이다. 요약은 클라이언트의 생각, 행동, 감정들을 사회복지사의 언어로 정리하는 것으로, 주로 한 회기가 끝날 때, 혹은 회기가 시작할 때 지난 회기에서 나눴던 내용을 정리하기 위해 실시하지만(사회복지교육연구센터, 2020: 33), 한 회기 안에서도 몇 가지 구별되는 주요 사안(주제)에 대해 언급된 내용을 '요약'하는 것도 효과적이다.

예) '요약' 기술 활용에서 주로 사용하는 양식소개

사회복지사: 선생님께서는 오늘 여러 가지 어려움을 말씀해 주셨습니다. 우선, …와의 문제, 그리고 …와 관련된 어려움… 등등 이 오늘 상담에서 다룬 중요한 내용이라 생각합니다. 제가 제대로 잘 이해하고 요약했나요?

요약기술은 클라이언트가 언급한 것을 간략히 요약하고 내용을 분명히 한다는 점에서 환언 기술과 비슷하지만, '환언'보다는 좀 더 긴 시간 동안 다루어진 면담(상담) 내용을 다룬다(신성자 외, 2000: 225)('요약'과 '환언'의 유사점과 차이점). 요약을 통해서 면담(상담) 동안 다루어진 내용이나 진전된 사항을 파악할 수 있고, 주요 이슈나 요점을 다시 한 번 생각할 수 있는 기회를 가질 수 있으며, 면담 내용이 정확한지를 확인하는 기회를 가지게 된다(Poindexter et al., 1999).

(8) 사례제시

앞서 살펴 본 실천기술들 가운데 격려, 재진술, 환언, 감정의 반영, 요약기술 등이 활용된 사례를 제시한다(실제 사례가 아님).

사례 | 격려, 재진술, 환언, 감정 반영, 요약기술 등 활용

사회복지사: 개업을 한 임상사회사업가 손미숙(기혼 여성, 46세)

클라이언트: 영상 관련 기업에 근무하는 중견 사원(과장) 김규태(기혼 남성, 45세)

이 사례는 사회복지사가 클라이언트에게 지난 인터뷰를 요약하는 것으로 시작한다. 사회복지사가 사용하는 기술들이 클라이언트와 사회복지사에게 모두 문제(이슈)를 보다 정확히 하고 분명하게 하는 데 어떻게 도움이 되는지에 대한 이해를 높일 수 있는 상담 개입 사례이다.

사회복지사: 지난 시간에 김규태 씨는 자신이 하고 싶어 하는 것에 대해 확신을 하지 못하고 있다는 것을 이야기했어요. 김규태 씨는 다른 지역에서 일자리 가능성을 가지고 있고 상당히 관심을 가지고 있지만, 여기(부천)에 김규태 씨를 붙잡아 두는 것들이 있습니다. 우리는 그 직업에 관련하여 몇 가지 세부적인 것에 대해 논의했어요. 김규태 씨가 새롭게 얻을 수 있는 직장에 관하여 얼마나 기뻐하고 흥분하고 있는지를 알게 되었습니다. 이번 주에 무슨 일이 있었는지 나에게 계속 이야기해 주겠어요? (이것은 대화가 지속되도록 하고, 보다 충분한 논의를 시작하기 위해서 '개방형 질문' 형식을 빌려서 이전에 논의된 주요 문제들을 '요약'한 것이다.)

클라이언트: 선생님, 우리가 이야기한 이후에 일어난 일은 제가 일자리 제의를 받았다는 것이에요. 흥분되었지요. 월급도 더 많고, 그 직장은 부산에 있는데, 저는 항상 따뜻하고 해안이 있는 곳에서 사는 것을 좋아했기 때문에, 그 제안은 정말 멋지게 들렸어요. 이와는 대조적으로, 가족은 그 일에 대해 그다지 감격하지 않았어요. 음, 여기 부천에 있는 것을 더 좋아하는 것 같았어요. 집사람이 좋아하는 삶의 유형이지요. 아내는 여기에 친정도 있고, 친구도 많아서 이들과 자주 만나 어울리는 것을 좋아해요. 아이들도 태어나서 줄곧 자라 온 여기를 좋아해요. 나는 부산에서 영상 관련 기관으로는 가장 큰 규모의 회사에서 일자리 제안을 받은 빅뉴스를 갖고 집으로 돌아왔지만, 아무도 별로 좋은 반응을 보이지 않았어요.

사회복지사: 김규태 씨는 좋은 회사로부터 받은 제안에 매우 흥분되어 있지만, 우리가 이야기를 해 보아야 할 몇 가지 문제들이 있는 것 같군요. (이러한 짧은 '환언'은 어쨌든 여태까지 논의된 갈등의 핵심이 무엇인지를 잡아낸다. 그것은 또한 클라이언트와 그의 가족 사이에서 발견되는 불일치에 대해 기본적으로 '직면'하는 측면을 포함하고 있다.)

클라이언트: 네. 두 가지 문제가 생겼어요. 제안을 받은 그 직업은 좋아 보였지만, 가족은 정말 우울한 반응을 보였어요. 저 역시 그것에 대해 생각했어요. 저도 여기 부천에서 H 테니스 팀에 속해 있는 것이 즐거웠어요. 아, 저도 여기에 친구들이 많아요. 주택도 여기보다 부산이 더 비싸겠지요. 그리고 …… 결정해야 할 많은 일들이 있어요. 그러고 나서 가족이 부산으로 이사 오면, 신경 써야 할 더 복잡한 문제들이 생길 것이고요.

사회복지사: 복잡하게 될 것이라고요? (이러한 하나의 단어로 '격려'하는 것은 클라이언트가 말한

것에 대한 이해와 의미에 관하여 그가 더 많은 이야기를 하도록 기대된다. 질문하는 어조로 진술된 하나의 단어로 촉진하는 것은 클라이언트로 하여금 더 깊이 있는 이야기를 하도록 격려한다.)

클라이언트: 네. 지난주에 그 결정이 내려졌다고 생각할 때, 그것은 더 복잡해져요. 만일 제가 제안을 수락하면 우리는 가게 되겠지요. 이제 그것이 더욱 복잡한 것으로 보여요.

사회복지사: 그쪽으로 옮기는 것이 정말로 힘든 것 같군요. (이러한 '환언'은 클라이언트가 인터뷰에서 지금까지 말해 온 것 가운데 핵심을 잡아낸다. 환언에서 감정의 반영이라는 일면이 있다-"그것은 정말 힘든 것 같군요.")

클라이언트: 네. 바로 정확하게 보셨어요. 저는 그것에 관해 많이 생각했어요. 하지만…… 저는 정말로 가고 싶어요. 저는 이번 이직에 관해 정말로 편하게 느껴지지 않아요. 전에도 그랬어요. (클라이언트는 확신이 부족한 목소리로 말을 한다. 그 결정을 자신이 원래 생각했던 것보다 훨씬 더 복잡한 것으로 보고 있다. 사회복지사의 거의 모든 진술이 '부연'에서 신중함을 보이며 '네'로 끝나는 것에 주목할 필요가 있다. 사회복지사는 자신의 부연이 효과적일 때 클라이언트가 자주 긍정을 사용하는 것을 주목할 필요가 있다.)

사회복지사: 그러한 생각들에 관해서 저에게 좀 더 말해 주겠어요?

클라이언트: 저는 나이가 자꾸 들어가고, 아이들은 거의 고등학교를 끝마칠 거예요. 저는 여기에 있는 집(단독주택)을 좋아해요. 그리고 부산에 가면 집이 더 비싸지요. 저는 그곳에서 우리가 행복할지 확신하지 못하겠어요.

사회복지사: 당신은 그곳에서 행복할 것인지 확신하지 못하는군요. ('재진술 형태의 격려')

클라이언트: 네. 상당히 혼란스러울 거예요. 하지만 다른 한편으로 생각해 볼 점은, 여기서의 제 직업이 지긋지긋하게 지루하다는 거예요. 제가 그런 사실을 겉으로 드러내지 않으려고 하는 것을 제 자신도 느끼고 있어요.

사회복지사: 드러나지 않게 한다고요? ('격려')

클라이언트: 네. 그것이 저를 잡아매는 걸쇠예요. 내 자신이 점점 초라해지고 꼼짝달싹할 수 없이 꽉 막혀져 있는 것 같아요. 여기에는 기회가 많이 없어요. 월급은 나쁘지 않지만, 더 이상 많은 도전이 없어요.

사회복지사: 그래서 김규태 씨는 현재 직장에서 느끼는 지루함과 반복적 일상으로부터 가능한 한 탈출하려는 생각을 하고 있군요. (이 '환언'은 기본적인 딜레마를 찾아내서 그러한 갈등이 드러나 분명해지게 하는 '직면'의 요소도 포함한다.)

클라이언트: 바로 그래요! 그게 바로 내가 느끼는 바입니다. 그리고 그러한 결정은 정말로 치열하지요. 나는 새로운 일을 할 기회가 온 것처럼 거의 느끼고 있어요. 일이 더 재미없고 지루할수록, 저는 그 집 주위를 맴돌며 사는 것이 더 힘들어질 거예요. 그렇게 산다는 것은 좋지 않지요. 그렇게 산다면, 말썽을 일으킬 것입니다. ('환언'이 계속됨에 따라, 클라이언트가 결정을 내리는 것에 점차 더 복잡성을 확장해 나가고 있음을 주

목할 필요가 있다.)

사회복지사: 그래서 김규태 씨는 자신의 삶이 혼란스럽게 되는 것에 대해 걱정하면서, 지금 있는 직장에서의 지루함에 대해서도 아주 고민하는 것처럼 들리는군요. (이 '환언'은 남편과 아내 사이에 있을 수 있는 갈등 차원을 놓친 이전의 환언보다 조금은 덜 효과적이다. 그러나 그러한 갈등이 나중에 논의될 때, 이 생략은 계획적인 것일 수 있으며 보다 신중한 것일 수 있다.)

클라이언트: 네…… (주저하면서) 저도 그렇게 생각해요. (클라이언트의 목소리 톤과 말이 주저하는 것을 보면, 사회복지사의 환언이 충분히 정확하지 않았음을 짐작할 수 있다.)

사회복지사: 여기 부천에서 김규태 씨에게 더욱 흥미 있는 직업을 갖는 데 필요한 것이 어떤 것인지 생각이 있으시면 말해 주시겠습니까? (이러한 '개방형 질문'은 부천에 머무르고자 하는 클라이언트의 욕구를 적절히 처리하는 것이며 새로운 선택을 위한 논의를 시작한다.)

클라이언트: 글쎄요. 전 사무실에서 그 사람(직장 동료 중 한 사람)과 잘 지낼 수 없어요. 그는 항상 마음에 들지 않아요. 그는 사장의 마음에 들었지요. 잘 지내는 것은 좋지만, 제가 좋아할 수는 없어요.

사회복지사: 김규태 씨가 지금 이야기하는 것은 현재 직장에서의 어려움들이 부산에서의 새 직장이 주는 매력만큼이나 현재 직장을 떠나고 싶은 동기가 될 수 있어요. 동시에, 김규태 씨는 가족이 여기 부천에 머무르기를 원한다는 것을 알고 있어요. 아마도 김규태 씨가 말하는 새로운 차원에서 잠시 동안 탐색하는 것에 시간을 좀 가질 필요가 있겠어요. 하지만 그렇게 하기 전에, 지금까지 제가 김규태 씨의 이야기를 정확히 들었는지에 대해 확인해 보고 싶군요.

지난주에 김규태 씨는 만약 직업이 생기면 잡고 싶다고 매우 확실하게 이야기했어요. 이제는 원했던 직업을 제안받았지만, 새로운 문제들이 떠오른 것처럼 보입니다. 그 문제들 가운데 중요한 것은 가족의 반응과 김규태 씨가 좋아한 장소 및 사람들을 떠나는 것에 대한 자신의 반응입니다. 직업이 지루한 것과 사무실에서 그 사람(동료)에 관한 이슈는 이 직장을 떠나도록 하는 강한 동기가 되는 것처럼 보입니다. 이제 우리는 여기에서 보다 편안한 직업을 찾도록 하기 위한 것에 관해 이야기를 시작했어요. 제가 제대로 듣고 이해한 것인지요? 여기서 상황을 살펴볼까요?

의견: 이러한 요약은 이 문제에 대한 두 가지 인터뷰를 모아 주며 다음 단계의 인터뷰를 위한 잠재적인 논의에 초점을 맞춘다. 종종 일어나는 것처럼, 전직(轉職) 밑에 깔린 보다 깊은 이슈들이 탐색될 때 '단순한' 선택이 점점 복잡해진다. 일어날 수 있는 가족갈등, 현재 상황에서 더 만족할 수 있는 방식, 잠재적인 이동의 긍정적이고 부정적인 측면에 관한 그 이상의 탐색이 여전히 고려된다.

이 사례에서는 매우 많은 반영적 경청 기술을 사용하고 있다. 부연, 촉진, 요약만을 충분하게 사용해서 클라이언트를 돕는 것은 가능한 일이다. 부연, 촉진, 요약 등은 명료화에 유용하다. 사회복지사는 여러 회기에 걸친 상담과정에서 처음에는 짧은 인터뷰에서조차 부연이 어렵다는 것을 발견할 것이다. 또한 사회복지사가 직접 제안하지 않고 클라이언트 스스로 결정하도록 촉진하는 것에 주목할 필요가 있다

다음 사례는 의미의 반영, 격려, 재진술 등이 활용된 사례이다. 의미 반영 기술을 활용한 이 사례에서 사회복지사가 사용하는 기술이 클라이언트와 사회복지사에게 문제를 보다 정확히 하고 분명하게 하는 데 어떻게 도움이 되는지 살펴보기로 한다.

사례 | 의미의 반영, 격려, 재진술 등 활용

사회복지사: 가정복지관 가족개입 담당 사회복지사 박종규(기혼 남성, 40세)
클라이언트: H 기업 소속 엔지니어 나영균 대리(기혼 남성, 35세)

다음 인터뷰에서 클라이언트는 과거의 이혼을 둘러싼 감정에 관해 이야기하고 있다.

사회복지사: 나영균 씨, 이혼에 관해 다시 생각하고 있군요. ('격려－재진술')

클라이언트: 네. 이혼은 정말로 나를 역경에 빠뜨렸다고 선생님께 말했지요. 저는 정말 아내에게 많은 관심을 갖고 있었어요. 그리고 …… 아, 우리는 함께 잘 지냈어요. 하지만 보이지 않는 어떤 것이 있었어요.

사회복지사: 음, 보이지 않는 어떤 것이라고요? (하나의 단어 또는 짧은 문구로 '격려'. 클라이언트는 종종 이러한 단어들이 의미하는 바를 보다 깊이 이야기한다는 것을 주목할 필요가 있다. 촉진하기는 많은 사례들에서 의미와 밀접히 관련되어 나타난다.)

클라이언트: 음, 우리는 매우 기본적인 것도 결코 공유하지 않았어요. 선생님도 알다시피…… 그러한 관계는 충분히 깊이 있는 관계를 갖지 못한 것과 같지요. 우리는 서로 좋아했고, 서로 즐겁게 해 주었지만, 그 외에는 더 …… 나도 모르겠어요.

사회복지사: 저도 그것을 느낄 수 있다고 생각이 됩니다. 음, 제가 들은 바로는, 계속되는 다른 일들이 많이 있는 것같이 생각됩니다. 나영균 씨는 그와 관련하여 어떻게 느낍니까? (그 상황에서 클라이언트의 의미를 탐색하는 '개방형 질문'에 의해 가벼운 '자기개방'이 따랐다.)

클라이언트: 글쎄요. 어느 정도, 그 관계는 다소 피상적이었던 것처럼 보여요. 우리가 결혼했을 때, 음, 의미 있는 관계에서 기대할 수 있는 그런 깊이는 …… 별로 없었어요.

사회복지사: 으음. 나영균 씨는 '의미 있는 관계'와 대비하여 '피상적인 관계'에 관해 이야기하는 것처럼 보여요. 의미 있는 관계라는 것이 나영균 씨에게는 어떻게 느껴집니까? ('의미의 반영' 뒤에 '격려'가 따랐다. 클라이언트의 과거 관계를 논의하는 데 있어 그의 개념은 '의미 있는'이라는 단어와 대조적인 '피상적'이라는 단어에 집중되어 있다는 것에 주목할 필요가 있다. 이러한 대립은 클라이언트가 자신의 경험을 조직화하는 것을 둘러싸고 중요한 의미 가운데 하나일 것이다.)

클라이언트: 글쎄요. 내가 생각하기로 …… 음, 그것 참 좋은 질문이에요. 선생님께서도 아시겠지만, 결혼하기 위해서 저는 매일의 일상사를 뛰어넘어 진실한 보살핌이 있어야 한다고 생각해요. 선생님, 있잖습니까? 선생님은 매우 강하게 배우자와 연결되어 있지요.

사회복지사: 그래서 연결, 영혼, 보다 깊은 측면들이 당신에게는 정말 중요하군요. ('의미의 반영'. 이러한 반영은 환언과도 매우 밀접하며, 사회복지사는 클라이언트가 사용한 주요 단어를 사용하고 있다.)

클라이언트: 맞아요. 만약 내가 누군가와 결혼한다면, 나는 한집에서 같이 사는 사이 이상이 되어야 한다고 생각해요. 정말로 결혼한 상태로 있기 위해서 나에게는 몇 가지 이유가 있어야만 하고, 나는 파트너와 같이 생각하고…… 아, 그러한 연결과 깊이는 보이지 않았어요. 우리는 서로를 많이 이해하지 못하지는 않았어요. 있잖습니까, 우리는 서로를 좋아했지만, 우리 가운데 한 사람이 가 버렸을 때, 우리가 여기에 있든 거기에 있든 그리 문제가 될 것이 없는 것처럼 보였어요.

사회복지사: 다른 한쪽이 떠났을 때조차 의미 있는 관계에 대하여 정말로 좋은 감정이 있군요. 나영균 씨와 파트너와의 관계에서는 그러한 감정이 없었고요. 나영균 씨는 그러한 가치 있는 관계를 갖지 못했군요. ('의미의 반영'은 감정의 반영 가운데 일부를 보탠다. 사회복지사가 논의에서 가치라는 단어를 추가한 것을 주목하여야 한다. 의미의 반영에서 사회복지사는 의미, 이해, 느낌, 그리고 가치와 같은 단어들을 추가할 수 있다. 그러한 단어들은 상당히 어려운 논의를 유도하는 것처럼 보이며, 클라이언트로 하여금 자신의 준거 틀로 경험을 해석하도록 이끌어 준다. 의미의 반영은 클라이언트의 준거 틀에서 나온다. 해석은 사회복지사의 준거 틀 또는 이론적 관념에서 비롯된다).

클라이언트: 으음.

사회복지사: 음, 나영균 씨는 다른 관계에서 그러한 생각들, 감정들, 의미들을 어떻게 끌어낼 수 있을지 환상을 가지고 있나요? (의미 지향의 '개방형 질문')

클라이언트: 글쎄요. 제게 어떤 사람으로부터 독립심을 갖는 것은 중요하지만, 우리가 따로 있을 때, 우리는 여전히 다른 한쪽을 생각할 수 있는 그러한 독립심을 좋아하지요.

사회복지사: 으음.

클라이언트: 다른 말로 하면, 저는 우리가 항상 붙어 다니는 관계를 원하지는 않아요. 아시는 바와 같이,

그러한 관계의 극단적 상태는 함께 있든 아니든 실제로 제대로 충분히 돌보지 않는 것이지요. 그것은 충분히 친밀하지 않은 것이에요. 요약하자면 나는 결혼에서 정말 친밀함을 원한다는 것입니다. 나의 환상은 내가 매우 많이 관심을 가지는 배우자이자 나에게 매우 많은 관심을 갖는 매우 독립적인 배우자를 갖는 것이며, 우리는 우리의 삶을 살 수 있을 뿐 아니라 개인일 수도 있으며 긴밀한 유대와 관계를 가질 수 있지요.

사회복지사: 나영균 씨가 말한 것을 나란히 정리해 봅시다. 핵심 단어는 '친밀함과 관심을 가지면서 서로 독립적이라는 것'으로 보여요. 그러한 개념들은, 나영균 씨가 말했듯이, 파트너와 함께 있든 아니든 긴밀한 유대와 관계를 만들 수 있는 것이지요.

의견: 이러한 '의미의 반영'은 거의 의미의 요약이 된다. 핵심 단어와 개념들이 의미와 가치에 관한 질문에 대한 클라이언트의 반응에서 나온다는 것을 주목할 필요가 있다. 이러한 관점에서 움직이는 논리적인 부분은, 보다 명확하게, 삶의 활동에 대해 클라이언트가 이러한 깊이 느껴지는 의미를 현실화하는 데 몰두할 수 있는, 의미에 관한 그 이상의 탐구이다. 사회복지사는 클라이언트의 행동이 클라이언트의 생각과 잘 부합될 수 있게 나타나도록 이끄는 노력을 한다. 현재 관계는 클라이언트의 행동에서 의미가 설명되거나 설명되지 않는 행동들에 대해서 뿐만 아니라 클라이언트의 중요한 의미를 성취하는 방법에 대해서도 탐색될 수 있다.

(9) 적극적인 경청의 세 단계

적극적인 경청은 세 과정('주의를 끄는 단계', '경청의 단계', '반영의 단계')을 포함하고 있다(Brill, 1997: 79). 각 단계별 내용은 다음과 같다(Cournyer, 2000).

가. [1 단계] 주의를 끄는 단계(inviting)

신체적 포지션, 얼굴표정, 목소리, 어투 등을 통해 경청할 준비가 되어 있다는 것을 보여 준다(예: "무슨 일이 있었습니까" …등등 질문을 던지는 것도 한 예임)(Cournyer, 2000).

나. [2 단계] 경청의 단계(listening)

주의 깊게 듣는 것, 관찰, 격려, 전달한 것을 기억하는 과정을 포함한다.

㉠ 주의 깊게 듣는 것(hearing): 상대의 목소리, 어투, 언어에 관심을 기울인다. 전적으로 귀 기울여 듣는 것을 말한다.

ⓛ 관찰(observing): 클라이언트의 신체적 특성(얼굴표정, 눈맞춤 수준 등), 몸자세 및 몸짓(제스처), 비언어적 행동 등에 관심을 기울여야 한다.

ⓒ 격려(encouraging): 상대가 자신을 계속 표현하도록 격려하는 것인데, 짧은 문구(예: 머리를 가볍게 끄떡이는 것, "아 예. 그래서요, 아! 그렇군요…") 등 핵심단어를 언급, 혹은 목소리나 제스처로 상대방에게 간단히 반응하는 것 등이다. 격려는 단순히 공감적인 이해만으로는 충분치 않고, 좀 더 적극적인 경청이 뒷받침되어야 한다.

ⓔ 전달한 것을 기억(remembering)하는 과정이다. "기억하기"는 나중에 사용할 수 있는 정보를 일시적으로 저장하는 과정이다. 이것을 위해 클라이언트로부터 들은 정보를 정확한 이해를 한 것인지 확인해 볼 수 있는 "확인질문(Check-out Question)" 등을 해 볼 수 있다. 면담 마지막 부분(또는 주제별로도 가능)에 클라이언트에게 "요약정리" 해 주는 것, 간단한 서식에 간략하게 기술하는 것도 도움이 된다. 면접 중에 메모를 계속하는 것은 절대로 삼가야 한다. 메모를 할 경우, 간단한 단어, 핵심 단어 정도 적는 것이 바람직하다. 잘 기억하기 위해서는 정확한 이해를 하기 위해 노력하는 것이 기본 전제이다(Cournyer, 2000).

다. [3 단계] 반영하는 단계(reflecting)

클라이언트의 메시지 마지막 부분에서 잠시 멈출 때나 주기적으로 클라이언트의 진술을 잠시 끊고, 의미의 반영 혹은 감정의 반영 등의 피드백을 주는 것이다(Cournyer, 2000). Brill(1977)은 이 단계에서는 '제 3의 귀'를 사용하라고 하였다(엄명용 외, 2020: 44). 이 말은 클라이언트가 말하지 않은 클라이언트 속에 있는 메시지도 들을 수 있도록 노력한다는 것에 대한 은유적인 표현이다.

5) 초점화 기술

초점을 맞추는 초점화 기술(focusing skill)은 사회복지사가 사회복지실천에서 어떤 부분을 강조하거나 집중시킬 때 사용하는 의사소통기술이다(전재일 외, 2003: 69). 클라이언트는 때때로 사회복지사와 함께 합의한 목적 및 목표에서 벗어난 주제나 내용을 이야기할 수 있다. 클라이언트의 표현이 산만하고 혼란스럽거나 내용이 모호할 때, '초점화'(focusing)를 실시하여, 다시 합의된 실천목표를 향해 나아갈 수 있는 관련 주제 및 내용을 다룰 수 있는 방향으로 되돌릴 수 있다(Cournoyer, 2000; 김인숙 · 김용석 역, 2002 재인용). '초점화'는 클라이언트의 말이 두서가 없을 때, 다시 본래의 주제로 돌아오게 할 수 있는 기술(사회복지교육원, 2020: 23)이다.

다음 사례는 딸의 대학원 진학에 드는 비용 때문에 고민하는 택시 기사인 아버지(클라이언트)가 거주 지역 내 위치하고 있는 가정복지관에 있는 사회복지사를 찾아간 한 사례이다. 이 사례는 사회복지사가 '초점화' 기법을 활발히 사용하고 있는 사례이다. '초점화'는 많은 문제가 종종 우리가 생각한 것보다 더 복잡한 동시에 덜 복잡하다는 것을 설명하기 위해 사용된다(〈표 2-1〉 참고). 종종 클라이언트는 문제를 개인의 책임이라고 받아들이며, 어떤 문제나 이슈를 해결하는 데 서로 관계 있는 전체 체계가 관련되었다는 것을 깨닫지 못한다. '초점 맞추기' 기술의 활용은 이러한 문제해결에 매우 유용할 수 있다.

사례 | 초점 맞추기 기술 활용

사회복지사: 가정복지관 위기가족개입 담당 사회복지사 박종규(기혼 남성, 50세)
클라이언트: 지역에 사는 운전기사 차지훈(기혼 남성, 55세)

사회복지사: 차지훈 씨, 오늘 아침에 생각한 것을 말해 주겠습니까?

클라이언트: 네, 선생님. 저는 제 딸(정희)이 대학원에 가겠다고 해서 정말로 기뻤어요. 하지만 제가 부담해야 할 등록금을 생각하니 끔찍합니다.

사회복지사: 음, 그 점에 관해서 어떤 느낌이 듭니까? (감정 중심의 '개방형 질문'. 초점은 '클라이언트'에 맞추이져 있음.)

클라이언트: 글쎄요. 말씀 드린 것처럼, 딸이 대학에 합격해서 정말로 기뻤어요. 하지만 책임이 무겁지요. 전 제가 할 수 있는 한 많이 도와주고 싶어요. 경제 형편이 썩 좋지 않아서 그렇게 할 수 있을지 자신은 없어요.

사회복지사: 따님인 정희 양은 진학에 따르는 비용 문제를 알고 있나요? ('폐쇄형 질문'. 초점은 '다른 사람'에 맞추어져 있음.)

클라이언트: 글쎄요. 그 애도 계속 아르바이트를 해서 꽤 돈을 벌고 있어요. 하지만 난 우리가 합쳐 봐야 돈이 얼마나 되는지 그 애가 잘 알고 있다고는 생각하지 않아요. 전에는 항상 충분히 돈을 가지고 있었지요. 그 애는 그렇게 생각하고 내가 학비를 부담해 주

기를 기대하는 것처럼 보여요. 고민입니다.

사회복지사: 음, 학교재단이나 은행 같은 곳에서 이용할 수 있는 대출은 없나요? ('폐쇄형 질문'. 초점은 문제를 둘러싸고 있는 보다 큰 이슈인, '환경적 맥락'에 맞추어져 있음.)

클라이언트: 별로 거기에 대해 생각해 본 적은 없어요. 그 대학에 편지를 써서 요청할 수 있다고 생각했어요. 일종의 학자금 대여 프로그램이 있다는 것을 신문에서 읽었어요. 하지만 최근에 지자체 시행 이후 지방 대학이 재정적으로 그전보다 더 어려워지면서, 그러한 프로그램들을 줄이고 심지어 없앨 가능성이 있다는 말도 들리는데 그것이 사실은 아니겠지요?

사회복지사: 저는 최근에 자녀를 학교에 보낸 경험이 있어 좀 알게 되었는데, 재정 지원이 그전보다 좀 깎였다는 것을 알았어요. 역시 그것이 문제일 수 있어요. 이 재정적인 부분이 당신을 약간 진퇴양난에 빠져 있게 한 것으로 보이네요. (자기개방에서 초점은 '면접자'에 맞추어져 있다. 자기개방의 끝부분에서 '환언'과 '감정의 반영'은 현명하게 '주요 주제 또는 문제'에 맞추고 있다. 즉, 재정, 자기개방은 종종 유용하지만 대개의 경우 간결해야만 한다.)

클라이언트: 네. 제가 어떻게 딸아이의 등록금을 해결하는 데 도움이 될 수 있을지 걱정을 하고 있습니다. 솔직히 겁이 납니다.

사회복지사: 어떤 방식으로요? ('클라이언트'에 초점을 둔 '개방형 질문')

클라이언트: 글쎄요. 전 단지 그 문제를 해결해야 한다는 큰 욕구를 느끼고 있고, 장부를 보며 여기에 앉아 있고, 어떤 여분의 돈도 찾지 못하고 있어요. 저는 제가 하려는 일이 삭감이 되지 않을지 그것도 회의적이에요.

사회복지사: 차지훈 씨께서 이해하는 재정에 관해 좀 더 이야기해 주세요. (개방형 질문. 초점은 '주요 주제 또는 문제'에 맞추어져 있다.)

클라이언트: 저는 저축통장에 250만 원이 있어요. 저는 지금과 9월 사이에 얼마나 많이 벌 수 있을지 모르겠어요. 1학기 등록금, 방세, 식대는 700만 원이고, 내 딸 정희가 가지고 있는 돈이 약 150만 원쯤 되는가 봐요. 그것으로는 모자라지요.

사회복지사: 차지훈 씨, 우리가 더 나아가기 전에, 우리가 이야기했던 사실들 가운데 일부를 요약해 봅시다. 당신은 따님의 대학원 진학에 대해 염려와 걱정을 하는 동시에 상당한 책임을 느끼고 있어요. 대출이 도움이 되겠지만, 경제적 상황이 의문이지요. 재정상태가 당신을 정말로 괴롭히고 있지요. 이제 그 질문은 문제를 해결하도록 돕기 위해 우리가 함께할 수 있는 것이 무엇인가처럼 보입니다. 지금까지 우리가 했던 것 가운데 차지훈 씨에게 도움이 되는 것으로 인식되거나 특별히 마음에 와 닿는 것이 있습니까? (이러한 '요약'에서 사회복지사는 여러 가지 초점 차원에서 조사하고 문제에 대해 중요한 차원으로 '우리' 또는 공동의 초점을 추가한다.)

클라이언트: 선생님께서 말씀하신 것 중에서 저에게 특히 와 닿는 것은 제가 책임감을 느끼고 있다는 선생님의 설명입니다. 저는 저 자신에 대해서 필요 이상으로 한 가지 이슈에 대해 더 많은 책임을 지려는 경향이 있었던 것을 이전에 상담을 받았을 때부터 알

고 있어요. 저는 다른 사람들의 이야기를 듣지 않은 채 나 혼자서 다른 사람들을 위한 결정을 내릴 수도 있다고 생각합니다.

사회복지사: 차지훈 씨, 전 차지훈 씨가 책임지는 것에 대한 책임을 떠맡은 것을 알겠어요. 차지훈 씨는 혼자가 아니에요. 차지훈 씨가 일을 계속하는 것을 돕는 데 관심이 있는 제가 있고, 차지훈 씨가 따님에 관해 이야기한 것을 들어 보면, 확실히 따님은 자신의 전부를 공유하려고 하고 대학 당국과 지방 행정 당국에서도 나름대로 자신들의 책임에 부합할 수 있기를 희망할 것입니다. (먼저 '클라이언트'에 초점을 둔 해석, 그다음 클라이언트로 하여금 그가 생각하는 것처럼 이 문제에서 그가 혼자가 아니라는 것을 이해하도록 하기 위한 노력으로 다양한 '우리' 초점으로 다시 이동함)

클라이언트: 아마 우리는 이런 문제를 계속 헤쳐 나갈 수 있을 겁니다. 저에게 선생님이 상기시켜 주신 것들에 대해서 감사하고 싶어요. 전 때때로 제가 필요 없는 존재일 때 혼자라고 느껴요. 저는 주변의 다른 사람들과 함께 풀어 갈 수 있는 가능성에 대해서 생각할 필요가 있어요. 선생님께서 제 이야기를 들어주고 공감해 주셔서 제가 덜 외롭게 느껴집니다. 제가 느꼈던 만큼 외롭지 않군요.

사회복지사가 실천목표를 잘 달성하기 위해서는, 상담과정에서 어떤 대상에 혹은 어떤 주제나 문제에 초점을 맞추면서 상담을 진행할 것인지를 잘 판단해야 한다. 개입대상이 개인인 사회복지실천에서 사회복지사가 무엇에 대해 초점을 맞추는지 초점화의 주제 및 대상(예: 제시된 주요 이슈, 클라이언트 자신, 주요 문제들, 다른 사람, 우리 또는 공동의 집단, 사회복지사 등)에 따라서 실천에서 실제로 다루는 내용이 달라진다. 예를 들어, '나' 초점과 대조적인 '우리'에 초점을 옮길 경우, 개인들로 하여금 개인이 솔선하고 책임지는 것에 더하여 그들 자신이 체계의 일부라는 것을 받아들이도록 도울 수 있다. 초점화 기술을 사용하기 위해서 사회복지사가 선정할 수 있는 주요 주제 및 대상을 〈표 3-1〉에서 소개하였다.

〈표 3-1〉 클라이언트와의 인터뷰에서 초점 분석

제시된 주요 이슈	지불되어야 할 상당한 수업료[1]
클라이언트 초점	차지훈(클라이언트)
주요 주제/문제 초점	수업료와 재정
다른 사람 초점	딸 정희
공동의 집단, '우리' 초점	클라이언트–면접자 관계–'우리'
면접자 초점	박종규(사회복지사)
문화/환경/상황 초점 다양한 이슈들, 옆의 개요 일부	지방행정부, 기관들/사립 대학재단 지방정부의 예산 삭감/전반적인 경제 상황 재정 배경과 자원 시기와 적용 형식의 준비 희망하는 대학원 대학에 대한 가족의 경험(예를 들어, 다녔던 최초의 가족성원)

3. '지지'를 위한 실천기술 영역

사회복지실천에서 사용되는 '지지'는 매우 포괄적인 개념이다. 원조, 후원, 재보증, 격려, 보호, 관심의 제공과 관련된 것이라면 무엇이든 '지지'의 의미로 받아들일 수 있다. 클라이언트는 현실에서 자신이 겪는 어려움이나 문제를 스스로 대처하기 어렵기 때문에 사회복지사를 찾아 도움을 구하는 사람들이다. 클라이언트는 자신의 문제와 관련하여 정서적으로 어려움(좌절, 분노, 우울감, 불안감 등)을 가진 경우가 많다. 사회복지사로부터 도움을 받고자 하는 욕구와 기대감을 가지고 있으면서도, 서비스를 받는 것에 대해 긴장하고 불안할 수 있다. 그러므로 사회복지사는 어려운 상황에 있는 클라이언트에 대해 비심판

1) 클라이언트는 이러한 이슈들에 많은 다른 것들을 더해서 모든 것에 초점을 두거나 주요 주제나 문제 또는 개인의 느낌과 태도들에만 초점을 둘 수 있다는 것을 주목한다. 초점 분석은 어떤 중요한 결정에서 고려될 필요가 있는 이슈들에 관한 지도를 제공한다.

적인, 있는 그대로의 모습을 '수용'하고, 적극적인 관심과 이해를 보여야 한다.

사회복지사가 개인을 대상으로 실천개입을 할 때 사용할 수 있는 '지지 기술', 지지를 하는 기술(supporting skills)은 간단한 '공감', '격려'기술부터 정교한 '역량강화기술'까지 매우 광범위하게 활용될 수 있다. 클라이언트를 '지지'하기 위해서는 다양한 형태의 실천기술들('공감기술', '정서적 지지', '칭찬 · 강점찾기', '격려', '적극적인 경청', '조언', '정보제공', '재보증', '재구성', '역량강화', '옹호' 등)을 활용할 수 있다('지지'를 위한 중요한 실천기술인 '공감기술(분위기 조성 실천기술)'과 '격려기술'을 포함한 '적극적인 경청기술들'에 대한 내용은 앞서 소개한 바 있어, 생략함).

1) 정서적 지지

정서적 지지로서 '지지'를 다음과 같이 기술하고 있다. 즉, 긴장이나 스트레스 또는 위기 상황에서 클라이언트에게 적절한 후원자가 되어 줄 수 있고, 따라서 클라이언트가 계속 대처하고 나아갈 수 있게 해 주는 사람에게 언제든 기대고 싶은, 그러한 욕구에 반응하는 것을 의미한다. 자신에게 잘 공감해 주고 자신의 말을 잘 경청해 주는 사회복지사에게 자신의 문제를 이야기하는 것 자체만으로 클라이언트에게는 정서적 지지가 된다. 클라이언트를 정서적으로 잘 지지하기 위해서는 비심판적이고 수용적인 자세로 임해야 하고, '공감기술', '칭찬', '강점 확인', '격려', '감정의 반영' 등을 포함한 '적극적인 경청기술들' 등을 잘 활용하여야 한다.

사회복지사는 클라이언트의 문제해결을 돕기 위해 클라이언트의 문제와 결핍된 부분(부정적인 측면)에 대해서 관심을 집중하기 쉬워, 자칫 클라이언트의 긍정적인 측면을 보는 것을 놓칠 수 있다. 클라이언트가 가진 강점, 자원 또는 많은 가능성(예: 자상함, 인정 많음, 인내심, 양심적임, 좋은 친구가 있음, 꼼꼼함, 포기하기 않는 태도, 상식이 풍부함, 음식 솜씨, 좋은 부모가 있음, 좋은 학력, 신체적 건강, 젊음 등등)을 (권위 있는)사회복지사의 입으로 클라이언트에게 직접 언급해 줄 때, 클라이언트의 자존감이 향상되고, 정서적으로 지지받고 있음을 느끼게 된다.

클라이언트에게 필요한 정서적 지지는 배우자, 가족, 친구 혹은 이웃으로부터도 충족될 수 있다. 그렇지 못한 경우, 클라이언트는 외부의 관련 '지지집단'이나 '자조집단'과 같은 적절한 지지원을 찾도록 원조를 받을 필요가 있다. 여기에서 어떤 지지가 필요하고 얼마나 오래, 누구에 의해, 어떤 목적으로 제공되고 있는지를 명확히 해야 한다. 또한 지지가 의도한 대로 수용되고 있으며 실제로 도움이 되는지를 점검할 필요가 있다(Trevithick, 2000; 우국희 외 역, 2002 재인용). 일상적 긴장에 대처하는 클라이언트의 능력이 심각하게 손상되었을 때, 그의 삶의 질이 더 이상 심각하게 악화되지 않도록 하려면 대안적 지지원이란 측면에서 사회복지사의 반응이 엄격하고 신뢰할 수 있어야 한다.

2) 조언

'조언하기'(suggestion)는 클라이언트가 해야 할 것을 추천하거나 제안하는 사회복지사의 진술을 의미한다(Sheafor et al., 1997; 서울대학교 사회복지실천연구회 역, 1998). 클라이언트에게 조언을 할 때 사회복지사의 역할은 정확한 정보와 그에 따르는 결과를 설명해 주는 것이고, 클라이언트가 스스로 결정을 내리는 데 도움을 주는 것이다.

그러나 사회복지사가 클라이언트에게 직접적으로 조언을 하는 것은 신중해야 한다. 사회복지사의 조언은 정확하지 못하거나 잘못될 가능성이 있는데, 이로 인해 클라이언트에게 부정적 결과가 발생할 수 있기 때문에 신중하고 제한적으로 사용할 필요가 있다. 사회복지사는 클라이언트가 자신의 문제를 파악하고 해결방안을 찾아보려고 모색하였지만, 별 효과를 거두지 못하여, 다른 선택이나 개입의 여지가 없을 때, 조심스럽게 제안을 할 수 있다. 언제 조언을 할 것인지, 언제 하지 말아야 할 것인지, 그리고 특히 어떻게 조언을 할 것인지에 대해 잘 판단해야 한다(Cournoyer, 2000; 김인숙 · 김용석 역, 2002 재인용). 사회복지사는 클라이언트가 자유롭게 조언을 받아들이거나 거절할 수 있다는 것도 분명히 전달해야 한다(Cournoyer, 2000; 김인숙 · 김용석 역, 2002 재인용).

예) '조언' 기술 활용

클라이언트: 녀석(아들, 고등학교 2학년)이 허구한 날 친구들이랑 어울려 술을 마시고 외박도 자주하니 어떻게 하면 좋을지 모르겠어요. 야단도 많이 치고 욕도 하고, 용돈도 끊고 별것 다 해 봤지만, 들어먹지를 않아요. 이러다가 아예 가출을 하지 않을까 걱정돼요.

사회복지사: 그럴 가능성도 배제할 수는 없을 것 같네요. 이렇게 애타는 아들을 사랑하는 아버지를 나중에라도 깨닫지 않을까요? 제가 아버님이라면, 뭘 더 요구하지 않고, 일단 아들과 많은 대화를 시도해 볼 것 같은데요.

사회복지사가 클라이언트에게 직접적 조언을 제공할 경우, 클라이언트의 '자기결정권'을 침해하는 문제가 발생하며, 클라이언트로 하여금 사회복지사에게 의존하도록 만들 수 있다. 사회복지사가 조언을 할 수 있지만, 강요해서는 아니 된다. 조언의 수용여부는 반드시 클라이언트가 스스로 결정할 수 있어야 한다.

만일, 클라이언트가 사회복지사에게 자기를 대신해서 사회복지사가 결정을 내려 달라고 하면서 직접적으로 조언을 구할 경우, 사회복지사는 관심을 표명해 주면서 함께 해결책을 찾아보고 그 결과도 함께 '직면'(confrontation)하는 것이 좋다. 그러나 클라이언트에게 무엇을 어떻게 하라고 이야기하지는 말아야 한다. 그것은 클라이언트의 권리와 문제를 스스로 해결할 수 있는 능력을 무시하는 것이 될 수 있기 때문이다(Poindexter et al., 1999; 이윤로 외 역, 2003 재인용).

3) 정보제공

'정보제공'(informing)은 실천과정에서 클라이언트를 준비시키고 상황에 대한 설명이나 지침을 주기 위해서, 또는 클라이언트에게 의사결정이나 문제해결에 필요한 정보를 제공하는 것을 말한다. 예를 들어, 국민기초생활보장제도의 기초생활 수급 신청을 하는 방법, 장애인 등록 신청을 하는 방법, 지역사회 내에 있는 주거시설 등을 이용하는 절차를 알려 주는 것이 해당된다. 이러한 정보 제공은 클라이언트의 문제해결과 의사 결정

과정에 중심이 될 수 있기 때문에 정확하게 제공되어야 한다. 따라서 사회복지사는 클라이언트에게 필요한 정보와 관련하여 기관의 연락처, 위치, 담당자, 주요 업무 등을 알고 있어야 하며, 기존에 갖고 있던 정보가 최신 정보인지 여부를 확인할 필요가 있다. 사회복지사가 클라이언트를 다른 기관에 의뢰하는 경우, 물론 제일 먼저 클라이언트에게 이용하고자 하는 의사가 있는지 여부를 확인해야겠지만, 그 다음으로는 의뢰하기 전, 그 기관에 연락하여 클라이언트에게 제공하려는 정보가 정확한지를 미리 점검하고 나서 정보를 제공하는 것이 필요하다(Trevithick, 2000; 우국희 외 역, 2002 재인용). 한편, 사회복지사가 클라이언트에게 제공하는 정보는 클라이언트가 이해할 수 있는 수준에서 가능한 문서로 제공하는 것이 좋다.

예) '정보제공' 기술 활용

클라이언트: 어떻게 하면, 그 사람으로부터 벗어날 수 있을까요?(절망적인 목소리로). 저를 그냥 두지 않을 거에요. 혹시 누가 그러는데 자동이혼이라는 게 있다면서요?

사회복지사: 자동이혼이요?

클라이언트: 그냥 숨어서 지내다 보면 어디 있는지 알 수 없어서 자동으로 이혼되지 않나요?

사회복지사: 자동이혼이란 없습니다. 이혼은 부부가 서로 합의하는 경우와 소송을 하는 경우의 두 가지 방법을 통해 가능합니다. 오랫동안 행방을 알 수 없는 경우에는 다른 상대방이 이혼소송을 해야만 이혼이 될 수 있습니다(출처: 김정심, 2014: 76).

4) 재보증 기술

'재보증'(reassurance) 이란 자신이 능력이나 자질에 대해서 회의적인 클라이언트에게 자신감을 향상시키기 위해 활용된다(엄명용 외, 2020: 102). 클라이언트의 능력에 대해 사회복지사가 신뢰를 표현함으로써 클라이언트에게 불안과 불확실성을 제거하고 위안을 주는 중요한 방법이다(Trevithick, 2000; 우국희 외 역, 2002 재인용). 예를 들어, 아내와 며느리, 직장인, 대학원생으로 여러 가지 역할을 동시에 맡아 수행하고 있는 클라이언트가 자신은 지금까지 어느 것도 제대로 못하고 있다며 자책하고 있을 때 "당신이 지금까지 그 모든 일을 누구의 도움도 받지 않고 혼자서 무리 없이 해 온 것을 보니 그만큼 열심히 살았다는 것을 알겠군요" 라고 하며 능력과 성실함을 인정해 주는 것이다. 이러한 재보증 기술은 자신의 능력에 대해 회의적이었던 클라이언트의 자신감을 향상시키는 데 유용하다.

재보증 기술은 사실상 합리적이고 현실적인 생각과 결정에 대해서 클라이언트가 의구심을 갖고 있을 때 사용되며, 클라이언트의 생각이나 감정 또는 행동이 다른 사람들과 비슷하다는 것을 설명하는 진술로 이루어진 보편화 기술 또한 재보증의 한 형태가 될 수 있다(Sheafor et al., 1997; 서울대학교 사회복지실천연구회 역, 1998). 재보증기술을 현실을 무시한 채 섣불리 클라이언트를 편안(위로)하게 해 줘야 한다는 압박감을 느껴 사용할 경우, 오히려 클라이언트와의 신뢰관계를 손상시킬 수 있다. Brill(1997)은 사회복지사가 재보증 기술을 사용할 때는, 클라이언트의 능력, 감정상태, 성취정도 등을 존중하여, 현실적이고 현명하게 대응해야 한다고 하였다(엄명용 외 2020: 102). 적시에 재보증기술을 잘 사용할 경우, 클라이언트에게 확신과 희망을 가질 수 있게 한다(Hepworth et al., 2003; 엄명용 외 2020: 102 재인용).

5) 재구성 기술

'재구성'(reframing)은 '재명명'(relabeling) 혹은 '재규정'(redefining)이라고도 한다. 재구성의 목적은 어떠한 행동과 사건에 대해 클라이언트가 부여하는 의미를 새롭게 수정해 줌으로써 자신이나 다른 사람들의 행동을 바라보는 클라이언트의 관점을 변화시키고 좀 더 긍정적 시각을 가지도록 하기 위한 기술이다. 클라이언트가 생각하는 것을 바꾸거나 수정하기 위해 돕는 실천기술이다(Shebib, 2003: 209). 클라이언트에게 대안적인 해석 혹은 의미를 제시하여, 이전과 다르게 생각해 볼 수 있게 돕는다. 해결책에 초점을 두고, 부정적인 상황(것)을 오히려 '기회' 또는 '도전'임을 강조하면서, 클라이언트의 역량을 강화시킬 수 있다(Shebib, 2003: 209, 김정진, 2014: 83).

재구성의 목적은 어떠한 행동과 사건에 대해 클라이언트가 부여하는 의미를 새롭게 수정해 줌으로써 자신이나 다른 사람들의 행동을 바라보는 클라이언트의 관점을 변화시키고 좀 더 긍정적 시각을 가지도록 하기 위한 기술이다. 클라이언트의 고정된 태도가 문제의 근본적 부분을 차지하는 경우에도 재구성 기술을 적용할 수 있다. 재구성의 결과로 클라이언트는 자신이 지녔던 신념을 다시 생각해 볼 수 있으며, 이는 클라이언트의 감정과 행동에 영향을 미치기도 한다(Cournoyer, 2000; 김인숙·김용석 역, 2002 재인용).

재구성 기술은 특히 클라이언트의 낮은 자존감, 낙인감, 죄책감, 수치심 등을 극복하고 보다 건설적인 방향에서 생각해 볼 수 있게 돕는 데 유용하다. 재구성 기술을 사용할 때는 매우 구체적인 사실을 가지고 재구성하되, 새로 구성한 의미가 클라이언트 입장에서 신뢰성 있고 이해할 수 있는 것이어야 한다(Trevithick, 2000; 엄명용 외, 2020:104 재인용).

예) '재구성' 기술 활용

클라이언트: 우리 부모님은 항상 나를 통제하려고 해요. 독재자 같아요. 내가 외출할 때마다 어디에 가는지, 누구와 가는지 꼬치꼬치 캐물으세요. 우리 집 통금은 10시인데, 1분만 늦게 들어와도 문 앞에서 기다리고 계시다가 왜 늦었는지 물어보세요. 미칠 것만 같아요.

사회복지사: 연희는 부모님 때문에 숨이 막힐 것처럼 느끼는구나. 그런데 내가 보기에는 부모님이 연희를 염려하셔서 그러시는 것 같구나. 만일 부모님이 연희에게 정말로 관심이 없다면, 연희가 어떻게 행동하든 개의치 않으시겠지. 부모님은 연희를 통제하고 있다고 생각하시기보다는 부모로서 자식을 보호해야 한다고 생각하셔서 그렇게 행동하는 것이 아닐까? (출처: 김정심, 2014: 83).

6) 역량강화 실천기술

역량강화기술(empowering skills)은 클라이언트가 자신의 삶에 대해 자신감, 자아존중감, 그리고 통제력을 개발할 수 있도록 돕는 실천기술이다(Shebib, 2003: 12). 클라이언트의 역량이 강화되면서, 클라이언트는 자신의 문제에 통제력을 가지고 보다 효과적으로 대처해 나갈 수 있다. Cower(1994)는 "사회복지사의 역할은 클라이언트를 변화, 치료 혹은 '역량을 강화시키는 것'임을 강조하였다(Shebib, 2003: 12). '역량강화'는 사회복지실천의 핵심가치이자 실천목표이고 실천기술로도 활용할 수 있다. 개인을 대상으로 한 사회복지실천에서, 클라이언트의 역량을 강화하기 위한 실천기술에 대한 이해를 높이기 위해서는, (1)

평등한 원조관계 수립을 위한 역량강화실천의 필요성, (2) 역량강화를 위한 구체적인 실천지침(Egan, 2002: 43-61), 그리고 (3) 역량강화를 위해서 활용할 수 있는 주요 실천기술들(Shebib, 2003: 12)을 소개하고자 한다.

(1) 평등한 원조관계 수립을 위한 역량강화실천

아무리 평등지향적인, 클라이언트 중심의 사회복지사라 할지라도, 원조(helping)를 받는 입장에 있는 클라이언트는 자신을 도와주는 사회복지사를 종종 권력을 가진 사람으로 경험한다. 사회복지사가 클라이언트와 평등한 관계에서 실천을 수행하기 위해서도, 다양한 실천기술들(강점 찾기, 정보제공, 지지, 교육, 불안 관리 등)(Shebib, 2003: 12)을 함께 활용하면서 클라이언트의 역량을 강화시키도록 노력해야 한다. 사회복지사가 클라이언트의 능력(competence)을 확인하여 이것을 클라이언트에게 재인식(재보증)시켜 줄 때, 클라이언트의 문제(혹은 장애)를 확인하는 것을 넘어서, 클라이언트가 지닌 개인적 자원 및 환경적 자원에 대해 논의할 수 있다. 이러한 과정은 클라이언트의 취약성과 결함 등을 우선적으로 고려했을 때보다, 사회복지사와 클라이언트 간의 '힘의 차이'를 경감시킬 수 있다.

클라이언트의 관계에서 생각할 때, 원조자가 충분히 잘 훈련되지 못하였을 때, 클라이언트의 역량을 정당하게 강화시키는 데 실패할 수 있다. 사회복지사는 클라이언트를 보호하고 있으며, 자신에게 의존하는 클라이언트에 대한 우월감으로부터 클라이언트를 너그럽게 대하는 것도 그러한 한 예가 된다. 그러한 경우에는, 클라이언트에 대한 사회복지사의 진정한 존중이 결여되기 쉽고, 클라이언트가 가져야 할 자신에 대한 책임감을 훼손시키는 결과를 가져다줄 수 있다. 이러한 현상과 관련하여, Freire(1970)는 원조(helping)가 가진 그 본질에 반하여 행동하는 원조자들을 향하여, 단지 이미 억압당한 사람(클라이언트)을 위한 또 다른 형태의 억압이라고 경고한 바 있다. 사회복지사는 클라이언트에게서 자기책임(self-responsibility) 및 자기결정(self-determination)을 박탈하지 않으면서, 원조할 수 있어야 한다. 효과적인 사회복지사는 클라이언트가 자신들이 가지고 있으면서도 활용하지 못한 힘(권한)을 클라이언트가 발견하고, 개발하여 사용할 수 있도록 돕는다(Shebib, 2003: 12).

(2) 역량강화를 위한 실천적 규범

아래 소개한 구체적인 실천지침들(Egan, 2002)은 클라이언트의 역량강화를 위해서 사회복지사가 준수해야 할 내용들이다.

① 시작할 때, 클라이언트가 선택하면, 클라이언트가 변화할 수 있다고 전제하라

클라이언트는 종종 사회복지사가 생각하는 것보다도 자신의 삶에서 파생된 문제들을 관리하는 데 활용할 수 있는 자원을 실제로 더 많이 가지고 있다.

② 클라이언트를 희생자로 보지 말라

비록 클라이언트가 제도 혹은 사람들에 의해 희생되었다 하더라도, 그들을 무력한 희생자(victims)로 보지 말아야 한다. 클라이언트를 희생자로 낙인을 찍으면, 클라이언트가 선택할 수 있는 자유(선택)는 그만큼 감소한다.

③ 클라이언트와 같이 원조 과정을 공유하라

사회복지사와 같이 클라이언트도 원조 과정에서 지도(maps)의 덕을 보아야 한다. 클라이언트도 그들이 무엇을 시도하고 있는지 원조 과정이 어떻게 전개되는지에 관해서 알아야 할 권리가 있다. 원조가 클라이언트에게 블랙박스(black box)가 되어서는 안 된다. 사회복지사는 클라이언트에게 어떤 원조가 전개될지에 대해서 단순히 설명해 주는 것도 좋은 방법이다. 클라이언트가 이해할 수 있는 범위 내에서 원조 과정에서의 사회복지사의 개입과 관련하여 잘 설명해 주고, 클라이언트의 피드백을 교환하는 것이 바람직하다.

④ 각 회기를 작업 회기(work sessions)로 알도록 클라이언트를 도와라

원조는 클라이언트의 변화를 증진시키는 것이다. 그러므로 사회복지사는 각 회기마다 변화를 위한 욕구와 변화를 위해 필요한 것이 무엇인지를 클라이언트와 함께 탐색하고, 건설적 변화를 위한 창의적 프로그램들, '시범 프로젝트(pilot project)' 등에 착수하고, 변화에 장애가 되는 것을 처리하는 방법 등을 모색하여야 한다. 이러한 업무를 찾아 수행하는 일은 귀찮을 수도 있는 힘든 일이지만, 한편 깊은 만족감을 느낄 수 있다.

클라이언트가 '작업윤리'를 가질 수 있도록 도와, 클라이언트가 원조 과정에서 사회복지사의 파트너가 될 수 있도록 만드는 것이야말로 사회복지사에게 만만찮은 도전임에 틀림없다. 클라이언트가 '작업을 하기 위한 준비'가 될 때까지 사회복지사의 적극적 개입이 이루어지기 어렵기 때문이다.

⑤ 클라이언트에게 (사회복지사는) 점차 자문가(consultant)가 되어라

자문가의 역할은 많은 것을 포함한다. 클라이언트 말을 경청하고, 관찰하고, 자료를 모으고, 관찰한 것을 보고해 주고, 가르치고, 훈련시키며, 코칭하며, 지지를 제공하고, 도전하고, 조언을 주고, 제안을 하며, 경우에 따라서는 옹호자의 기능도 한다. 자문도 '사회-영향 과정(social influence process)'이지만, 자문은 서비스를 받는 사람에게 책임을 박탈하지 않는 협력적 성격을 가지고 있다. 사회복지사에게 있어서 최고의 클라이언트는 사회복지사가 준 자문으로 클라이언트 자신의 문제를 관리하고, 기회를 개발하는 데 가치를 부여하며 활용하는 것을 배우는 바로 그러한 클라이언트이다.

⑥ 원조를 사회복지사와 클라이언트 쌍방이 서로 자연스럽게 영향을 주는 과정으로 수용하라

원조는 양쪽 길이 있다. 클라이언트나 사회복지사가 원조 과정에서 서로 변화를 줄 수 있다는 것이다. Tyler, Paragament와 Gatz(1983)는 자문자의 역할을 넘어, '자원 협력 역할(resource collaborative role)'의 필요성을 피력하고 있다. 클라이언트와 사회복지사가 동등한 위치에서 관계를 정의하고, 그 관계 안에서 행위를 이끌어 내고, 결과와 그 관계에 대한 평가도 함께하는 것이다.

⑦ 도와주려는 것보다도 배우도록 하는 데 초점을 두라

효과적인 사회복지사는 클라이언트를 '학습진로(learning track)'에 들어가게 한다. 개입을 위한 각 회기, 회기 간의 시간들은 학습, 무학습, 재학습하는 과정이라고 할 수 있다. "학습한 것은 우리의 삶에 편입되어 통합되고, 그만큼 실제로 우리의 선택도 증가한다."

원조 과정에서 클라이언트가 배워서 깨닫게 되면, 자신의 삶에 가치를 부여하는 선택(options)의 문이 열리고, 그것을 잡고, 행동으로 진행시킬 수 있는 것이다.

⑧ 클라이언트를 너무 취약하게 보지 말라

사회복지사가 클라이언트의 응석을 지나치게 받아 주거나 가혹하고 엄격하게 하는 것은 모두 클라이언트에게 좋은 도움을 줄 수 없다. 사회복지사가 생각하는 것만큼 그렇게 취약하지 않은 클라이언트도 많다. 원조자가 클라이언트를 아주 취약한 존재로 볼 때, 보호적 방법으로 행동하기 쉽다.

(3) 역량강화를 위한 실천기술들

Shebib는 사회복지사가 개인들을 대상으로 클라이언트의 역량을 강화시키기 위해 5가지 주요 실천기술들을 소개하였다(Shebib, 2003: 12-13).

① 강점 찾기 기술

'강점 찾기'(searching for strengths)는 클라이언트를 도와 자신이 강점을 가지고 있음을 인식하게 하고, 그러한 믿음을 가지고 긍정적인 변화를 유도할 수 있도록 하는 것이다. 클라이언트가 가지고 있는 여러 형태의 긍정적인 인적, 물적, 정서적, 사회적 자원들을 확인시켜 주는 것이다. 클라이언트는 자신의 결함, 문제에 몰입되어서, 자신의 강점 및 자원에 대해서는 잘 인식하지 못하는 경우가 많다. 어려움에 처해 있는 클라이언트의 손상된 사회기능을 회복하기 위해서 사회복지사와 외부의 지지가 필요하지만, 클라이언트 자신이 가진 강점과 자원을 간과해서는 안 된다. 클라이언트가 문제에 대해서 어떻게 생각하는지를 재구성(reframing)해 주는 것만으로도, 클라이언트는 자신의 '문제'를 오히려 '기회'로 바라볼 수 있게 된다(Shebib, 2003: 12-13). 클라이언트가 가진 많은 강점들을 클라이언트에게 재인식 시켜 줌으로써, 자신감과 용기를 얻어, 자신의 문제를 더 적극적으로 대처할 수 있게 된다. '질문기술'을 활용하여 클라이언트의 장점 및 자원을 찾아내고, 그것을 클라이언트에게 인식시켜 주는 데에는 '재보증 기술'(reassurance skill)이 유용하다.

예) '강점 찾기'를 통한 역량강화기술 활용
사회복지사: 당신이 잘 해 나갈 수 있는 것이 무엇일까요? 저는 당신의 인내심에 감동했어요. 웬만한 사람들은 아마 벌써 포기하였을 거라 생각해요.

② 교육(가르치는 기술)

'교육'(teaching)은 클라이언트의 강점을 개발하도록 도와주기 위한 실천기술이다. 기술훈련(예: 자기주장기술 훈련, 사회기술 훈련 등), 시범(modeling), 행동시연(behavioral rehearsal), 역할극(role-play), 기타 도구들을 활용하여 클라이언트의 능력을 개발하고, 선택을 확장할 수 있도록 돕는 기술이다(Shebib, 2003: 12-13)(역량강화를 위해 활용될 수 있는 교육관련 실천기술들에 대한 내용은 '6. 교육 및 훈련기술 영역'에서 제시될 것임).

③ 정보제공기술

'정보제공기술'(informing skill)은 클라이언트가 문제를 다루는 데 도움이 될 수 있는 자원을 포함하여, 대안적인 일련의 행동(informing)에 대한 지식을 줌으로써, 클라이언트를 역량강화시킬 수 있는 실천기술이다(Shebib, 2003: 12-13)(역량강화를 시키는 데 활용할 수 있는 다양한 지지기술은 앞서 '6. 교육 및 훈련기술 영역'에서 제시된 것임).

④ 지지기술

클라이언트의 역량강화를 위한 '지지기술'(supporting)은 클라이언트의 에너지와 낙관성(optimism)을 향상시키기 위해서 사용된다. 클라이언트를 지지해 줌으로써, 클라이언트의 소외감을 경감시키고, 클라이언트의 문제에 대해서 말할 수 있고, 감정을 표현할 수 있는 동기를 부여해 주고, 변화의 과정이 시작될 수 있도록 한다(Shebib, 2003: 12-13)(지지를 위한 다양한 실천기술들은 앞서 제시한 '3. 지지를 위한 실천기술 영역'의 내용을 참조할 것).

⑤ 불안 관리기술(managing anxiety skill)

클라이언트가 불안감을 잘 관리하게 하기 위해서는 '지지기술'을 적극적으로 활용해야 한다. 클라이언트를 잘 지지해 주면서, 클라이언트에게 그들이 "지금 제대로 잘 하고 있다"("they are on the right track")고, 그리고 그들이 지닌 (특히 불안, 분노, 우울 등과 같은 부정적인) 감정들은 지금 클라이언트가 처한 상황에서 지극히 "정상적인 것"임을 알려 준다. 이러한 사회복지사의 '지지적 피드백'은 클라이언트의 불안과 스트레스를 경감시켜 주고, 에너지, 자신감, 그리고 문제해결능력을 증진시킬 수 있다(Shebib, 2003: 12-13).

7) 옹호기술

(1) '옹호'의 개념 및 목적

'옹호'(advocacy)는 자신의 이익을 대변할 수 없는 사람들의 이익을 대변해 주기 위하여, "변화를 이끌어 내거나 변화하도록 영향을 주는 과정"이다(Hepworth, et al., 2002: 449). 사회복지사는 개입 과정에서 자주 힘없는 클라이언트를 위해 협상을 해야만 하는 경우가 있다. '옹호'(advocacy)는 특정 집단의 사람에게 불이익을 주는 권력의 차이를 인정하는 것이 중심이 된다. 이는 권력의 차이가 특정 집단으로 하여금 자원이나 기회에 접근할 수 있는 권리를 제한하기 때문이다. 사회복지사는 복잡한 관료주의 체제와 사회복지서비스 현장, 그리고 의료체계 내에서 약자인 개인이나 가족, 집단의 입장에서 협상을 벌이면서 (Poindexter et al., 1999; 이윤로 외 역, 2003 재인용), 클라이언트(개인, 집단, 지역사회 등)의 권익을 위해서 '옹호'한다.

옹호과정은 클라이언트와 함께 또는 클라이언트를 위해서, (1) 클라이언트에게 제공되지 못했던 서비스나 자원들을 획득하기 위해서, (2) 클라이언트가 속한 집단 혹은 지역사회에 불리하게 작용된 정책, 절차 혹은 실천 등을 수정하기 위해서, 혹은 (3) 클라이언트가 필요로 하는 자원들 혹은 서비스 제공을 이끌어 낼 수 있는 법률, 정책 등을 만들기 위해서이다(Hepworth, et al, 2002: 449).

(2) '옹호'의 다양한 유형

① 사례권익옹호(case advocacy)

자원이나 서비스 혹은 기회를 얻고자 하는 사례별로 개인을 대표하는 것을 의미하며, 전문가, 자원봉사자, 동료가 수행할 수 있다.

② 원인권익옹호(cause advocacy)

어떤 문제, 차별, 억압의 원인이 되는 정책, 절차, 혹은 제도 변화의 필요성을 입증하고 주장하는 것이다. 전문가나 시민단체가 수행할 수 있다.

③ 자기권익옹호(self-advocacy)

자신의 권리와 관심사를 획득하기 위해, 클라이언트가 자신을 대표할 수 있는 방안을 모색하는 것을 의미한다. 이는 자조집단이나 동료권익옹호를 통해 가능하다.

④ 동료권익옹호(peer advocacy)

여러 사람들이 서로 간의 욕구를 논의하기 위해 공조하는 것을 의미한다. 자조집단에서 많이 볼 수 있다. 이들은 캠페인과 같은 적극적인 행동을 통해 여론을 조성하고, 정부의 정책에 영향을 주는 것을 목적으로 하고 있다.

⑤ 시민권익옹호(citizen advocacy)

시민단체나 자원봉사들이 소외된 클라이언트와 관계를 형성하고 이들의 욕구를 이해하고 대표하는 것을 의미한다(Payne, 1977: 269, 엄명용 외, 2002: 123 재인용).

(3) 옹호를 위한 실천전략

㉠ '설득' 및 '직면' 전략

㉡ 공청회와 법적 호소

ⓒ 표적체계(target system)를 당황하게 만드는 전략

ⓓ 미디어 활용(미디어 기관에 정보제공, 여론조사 적극참여)

ⓔ 정치적, 지역사회 압력(투표권 생성, 정치후원금 중단모금 등)

ⓕ 탄원 및 청원 서명 전략(법원에 탄원서 제출, 청와대 청원 서명 등)

ⓖ 정책 및 법률입안자(국회의원, 시 · 구위원 등) 및 행정가(주무 행정기관 담당 공무원 등)를 대상으로 한 전략들(편지쓰기, 전화하기, 시위하기, 면담요청 및 건의 사항을 체계적으로 조직적으로 전달하기 등등)

ⓗ 해당 기관(시설)등의 운영재정 지원을 하는 외원기관 재원 중단 및 감소 전략 등

(4) 옹호를 위한 실천 기술들

옹호 기술의 주요 개념은 '대표(representation)하는' 것으로, 여기에는 다음 내용이 포함될 수 있다(Trevithick, 2000; 우국희 외 역, 2002 재인용).

ⓐ 클라이언트가 자신을 대표할 수 있도록 지지하는 것

ⓑ 클라이언트의 견해와 욕구를 주장하는 것

ⓒ 다른 사람에 대한 클라이언트의 견해, 욕구, 관심사 및 이익을 해석해 주거나 대표하는 것

ⓓ 다양한 과업을 수행하기 위해 경청과 협상 기술, 감정 이입, 자기주장 기술, 분명하게 초점 맞추기와 같은 적절한 기술을 개발하는 것 등

특히 개인을 대상으로한 옹호 실천에서 사회복지사는 '클라이언트의 입장에서 시작'하고, '강점을 인정'(재보증 기술 활용)하고, '위해서가 아닌 함께 계획'(이윤로 외 역, 2003: 237)하는 실천기술이 필요하다.

'옹호'는 '역량강화기술'(권한부여기술), 협상, 시민참여와 같이 '인권'과 밀접한 관계가 있으며, 사회행동, 시민권, 소비자 교육, 의뢰와 중재 등의 개념과 혼용되기도 한다(김성이 외, 2004), '권익옹호'와 '권한부여'(역량강화)는 활동 내용 측면에서 중복되는 부분이 많다. 없는 권한이나 자원 등을 획득하도록 돕는 것이 '역량강화' 혹은 '권한부여'라면, '권익

옹호'는 이미 존재하지만 클라이언트가 누리지 못하는 경우나, 침해받은 권리를 보호하고 지켜 주기 위한 대리적 활동이다('옹호'와 '역량강화'의 차이점).

4. '영향을 주는 실천기술' 영역

1) 지시기술

지시기술(directive skill)은 사회복지사가 원하는 클라이언트가 취해야 활동(action)을 명확하게 지칭(지적)해 주는 기술이다. 지시기술을 사용하면, 클라이언트가 과제(task)를 이해하고, 어떤 행동(action)을 하도록 지원할 수 있다(Ivey, 1985: 169). 지시기법은 클라이언트의 행동을 촉진하거나 향상시키기 위해, 직접적인 조언, 제안, 옹호(혹은 대변) 등을 통해서, 클라이언트의 결정을 지원하고 방향을 제시하는 개입기법이다(신성자 외, 2000: 128; 김정진, 2019: 101).

지시기술을 사용할 때도 적절한 주목행동(신체언어, 음성의 질, 눈맞춤 등)을 취하고, 사회복지사의 언어적 표현은 명확하고 구체적이어야 한다. 그리고 반드시 클라이언트가 워커의 지시내용(directives)을 제대로 정확하게 알아들었는지를 '확인질문'(check-out question) 등을 사용하여 확인하는 것이 필요하다.

예) '지시기술'에서의 불명확한 언어적 표현과 명확한 언어적 표현 사용 비교

애매한 표현: "가서 검사를 준비하세요."

구체적인 표현: "오늘 여기를 떠난 뒤에, 그 검사기관 사무실에 가서 SCIB 검사지를 받아를 받도록 하세요. 오늘 그 검사지에 답을 작성하세요. 그러면 우리가 다음주 미팅에서 그 결과를 놓고 논의할 수 있을 거에요.(자료출처: Ivey, 1985: 175).

애매한 표현: "긴장을 풀고 진정 하세요"(relax)

구체적인 표현: "조용히 자리에 앉으세요. 의자에 몸을 편하게 기대세요. …오른쪽 손을 꼭 잡고, 힘주어 꼭 쥐어 보세요. …그렇게 계속 꼭 쥐고 있어요 …이제 손을 펴시고 천천히 느긋하게 쉬십시오.(자료출처: Ivey, 1985: 175).

'온화한 형태의 지시기술'(mild directives)은 클라이언트 스스로가 이미 생각하고 있거나, 행동한 것을 단지 찬성 혹은 강조하는 방법이다. '옹호적 주장'은 조언(suggestions)의 배후에 일종의 강압(coercion)이 수반되기도 한다. 아동을 가정에서 격리시키거나, 정신질환이 있는 클라이언트를 병원에 입원시키기 등을 지시하는 것은 매우 '강력한 지시기법'(strong directives)을 사용하는 예가 될 수 있다. 이런 경우에도 반드시 클라이언트의 사생활에 대한 개입수단이 실제로 정당할 때에 한해서만 활용되도록 하여야 한다(신성자 외, 2000: 128).

2) 논리적 결과 인식기술

'논리적 결과 인식기술'(logical consequences skills)은 클라이언트가 취하는 행위(action)로 인해서 발생될 수 있는 결과를 지적해 주는 실천기술이다(클라이언트를 위한 행위는 긍정적일 수도 있고, 부정적일 수도 있음). 논리적 결과 인식기술을 사용함으로써, 클라이언트에게 자신의 행위가 미치는 영향(impact)을 잘 알아차리게 하고, 미래를 위한 선택을 하도록 촉진시킬 수 있다(Ivey, 1985: 179). '논리적 결과 인식기술'은 클라이언트의 행동으로 일어날 수도 있는 결과에 대해서 설명해 줄 수 있는 실천기술이다. '경고 하는 것'(warnings)도 논리적 결과 인식기술의 한 형태다.

(1) 부정적인 논리적 결과 인식기술

'경고'는 클라이언트가 결정하거나 어떤 행동을 취하는 것에 대한 부정적인 결과가 발생할 수 있는 가능성을 알려 주는 것이다. 이러한 형태의 논리적 결과 인식기술의 활용은 위험부담을 줄이고 동조(conformity)를 유도하게 한다. 이러한 논리적 결과 인식기술은 학교에서 학생들을 훈련시켜야 하는 교사나 교도소 교도관들이 어느 정도의 '동조' 유도가 필요한 상황에서 활용할 수 있다. 위험이 많이 따르는 행동들(예: 학교중퇴, 이혼, 직장 상사를 혼내 주려 함 등)을 작정하고 있는 클라이언트들에게 이러한 '논리적 결과 인식기술'을 활용하면 매우 효과적일 수 있다. 클라이언트가 위험행동(risky behaviors)을 취했을 때 초래될 수 있는 결과들을 사회복지사가 미리 통고해 줌으로써, 불필요한 대가를 치르지 않도록 예방할 수 있는 것이다(Ivey, 1985: 179).

(2) 긍정적인 논리적 결과 인식기술

위험부담을 갖게끔 격려하고 새로운 과제를 시도하는 것은 '긍정적인 논리적 결과인식 실천기술'이다. 예를 들어 보면, 학교 교실에서 한 아동이 주변에 거의 동조만하고, 창의성을 거의 보이지 않는다면, 이 아동은 자신이 무엇인가를 했을 경우에 나쁜 결과, 위협, 경고 등이 있을 것이라는 것에 상당히 조건화되어졌다고 볼 수 있다. 이런 아동에게 '결정' 혹은 선택과 같은 '가능한 행동들' 했을 때, 가져올 수 있는 긍정적인 결과들을 말해주면서, 위험을 감수(risk taking)해 볼 수 있도록 격려하는 것을 실천 목표로 설정할 수 있다(Ivey, 1985: 180).

'보상에 대한 기대'(anticipation of rewards)란 클라이언트에게 새로운 행동이나 어떤 조처를 취했을 때 받을 수 있는 긍정적인 결과나 보상을 상상해 보도록 하는 것을 의미한다. 사회복지사는 실천과정에서 클라이언트가 좀 더 자기 주장적이고, 새로운 행동을 시도해 볼 수 있도록 격려한다. 이런 과정에서 긍정적인 결과에 대한 기대감을 가질 경우에는 한층 더 효과가 크다(Ivey, 1985: 180).

(3) 논리적 결과인식 기술을 위한 실천지침

- 주목기술들(attending behaviors)을 잘 활용하여, 사회복지사가 상황과 클라이언트를 잘 이해하고 있음을 확신하도록 한다.
- 클라이언트가 결정을 할 수 있도록, 클라이언트의 결정 혹은 행위에 따르는 긍정적 결과와 부정적인 결과를 생각해 보도록 장려한다.
- 클라이언트의 결정 혹은 행위에 대한 긍정적 결과와 부정적 결과에 관련된 모든 자료(data)를 클라이언트에게 제공한다.
- 적절한 상황에서, 비심판적인 방법으로 긍정적, 부정적 결과들을 잘 요약하여 클라이언트에게 제공한다.
- 클라이언트로 하여금 실천과정에서 어떤 행동을 취할 것인지에 대해 스스로 결정

할 수 있도록 그냥 둔다.

이 과정에서 사회복지사는 클라이언트를 가르치거나 관리하면서, 가끔은 결정하기도 하고 실제로 그러한 결과를 이끌기도 한다(Ivey, 1985: 180).

(4) 논리적 결과 인식기술을 적용해 볼 사례(과제)

아래 제시한 세 사례에 여러분이 '논리적 결과 인식기술'을 활용해 본다면, 어떻게 진행할 것인지 토론해 보십시오.

- 처음으로 마약을 해 보려는 대학생 A(남성, 대학교 2학년 재학 중)
- 남친과 동거하고 있으며 임신 중절을 고려하고 있는 회사원 B(여성, 27세)
- 학자금을 이미 1,000만 원 대출하였지만, 추가로 500만 원을 더 대출받고 싶어 하는 대학생 C(남성, 25세)

3) 자기개방기술

'자기개방기술' 혹은 '자기노출기술'(self-disclosure skill)은 클라이언트에게 실천가(사회복지사)의 생각, 감정을 말해 주면서 개방하는 실천기술이다. 사회복지사가 자기개방을 함으로써, 클라이언트의 자기개방을 촉진시킬 수 있다. 사회복지사의 자기개방은 클라이언트에게 행동변화를 위한 유용한 모델(modelling)을 제공하는 효과를 가져올 수 있다(Ivey, 1985: 169).

'자기개방기술'은 내용과 감정을 표현하는 미시적 실천기술들(micro skills)로 구성된 실천기술들이 결합된 기술이라 할 수 있다 (Ivey, 1985: 182). 자기개방기술을 사용할 때, 감정언어, 감정에 대한 표현이 특히 중요하다. 자기개방은 실천가의 '자기 자신과의 대화'(self-talk)이다. 자기개방기술의 구조는 단순하다. 그러나 실천가의 '자기 자신과의 대화'를 클라이언트와 관련짓게 하는 작업은, 실천가의 진솔함(genuineness), 시간변수(timeliness), 시제(tense) 등의 문제와도 관련되는 훨씬 복잡한 과제이다(Ivey, 1985: 183).

사회복지사가 자기개방기술을 사용할 때, 첫째, 진실해야 한다. 사회복지사는 클라이언트에게는 물론, 자기 자신에게도 정직할 수 있어야 한다. 감정의 '진솔함'(진실함)은 감정의 공시성(synchronicity)을 요구한다. 사회복지사가 자기개방을 한 내용은 클라이언트의 경험과 아주 밀접한 것이어야 한다. 예를 들어 보면, 사회복지사도 클라이언트 나이에 클라이언트와 같이 수행불안을 경험했다면, 사회복지사의 그 경험을 클라이언트에게 개방할 수 있어야 한다. 이러한 사회복지사의 진솔한 자기개방(자기노출)이 클라이언트에게 일종의 모델링이 되어, 클라이언트가 자기문제에 대해서 더 많이 이야기하고 개방할 수 있게 유도할 수 있다. 사회복지사의 자기개방으로 인해 클라이언트는 자기가 가진 유사한 문제를 가졌던 사회복지사는 어떻게 생각하고 대처했었는지를 들으면서, 자신의 문제를 또 다른 대안적인 관점에서 조명해 볼 수 있는 기회를 얻게 된다(Ivey, 1985: 183).

둘째, 클라이언트가 어려움 없이 자신을 이야기하는 경우는 실천가의 자기개방이 필요 없다. 그러나 클라이언트가 뭔가 어떤 주제에 대해 말하기를 원하는 것처럼 보이면서도, 말하기 어려워하는 것 같이 보일 때에는 바로 사회복지사가 그 시점을 놓치지 말고, 자기개방을 하여 클라이언트를 약간 이끌어 주면, 클라이언트도 더 용이하게 자기개방을 할 수 있게 된다. 결론적으로 말하면, 실천가는 자기개방을 할 적절한 시간을 잘 포착해야 한다는 것이다(Ivey, 1985: 183).

셋째, 가장 강력한 자기개방은 통상 '현재' 시제에서 만들어진다(예: "바로 지금 나는 …로 느낀다"). 그러나 다양한 시제를 사용하면서, 자기개방의 강도를 강하게 하거나, 부드럽게도 할 수 있다(Ivey, 1985: 183). 클라이언트가 심리적인 준비가 잘 되지 않은 상태에서 클라이언트에게 너무 강한 내용의 자기개방을 유도하는 것은 오히려 클라이언트에게 불안감 및 저항감을 가지게 할 수 있다. 이런 클라이언트에게는 오히려 온화한 수준의 자기개방을 사용하는 것이 더 효과적일 수 있다.

(1) 자기개방 표현의 양식소개(Ivey, 1985: 182)

- **'인칭대명사' 사용법**: '나-전달법' 혹은 '나를', '나의' 등의 표현을 사용한 자기 자신에 대한 언급이다.

- **내용(contents) 및 감정에 관한 '동사'**: "나는 …생각한다", "나는 …느낀다", "나는 …로 경험했다" 등의 표현을 하면서, 실천가의 입장에서 어떤 행동을 보여 준다.
- **부사와 형용사로 묘사한 대상**: "나는 당신이 자신에 대해서 훨씬 더 주장적이고, 부모님에게도 곧장 직접적으로 말할 수 있는 것이 기쁘군요", "이혼에 대한 내 경험은 당신과 비슷해요, 나도 …느끼고, 여전히 그렇게 느껴요"

(사회복지사의 느낌, 과거의 이혼 경험 등을 클라이언트와 공유하는 자기개방)

4) 피드백 기술

'피드백'(feedback)이란 의도했던 메시지가 실제로 받은 메시지인지를 찾아내는 과정이다(Napier, 1993: 32). 피드백 기술은 클라이언트의 행동의 결과에 대하여 의도적으로 반응이나 보상을 하여, 그 행동을 강화하거나 줄이는 실천기술이다(김정진, 2014: 86). 사회복지사는 피드백 기술을 사용하여 다른 사람(들)이 클라이언트를 어떻게 보는지에 대한 정확한 자료(data)를 제공해 줄 수 있다. 이를 통해서 클라이언트가 자기탐색과 자기검토를 할 수 있도록 촉진할 수 있다(Ivey, 1985: 185).

효과적인 피드백은, 클라이언트가 간절히 원할 때(가장 원하지 않을 때와 대조적으로) 하는 피드백, 평가적이지 않고 기술적인(descriptive) 피드백, 포괄적이지 않고 구체적인 피드백, 행동이 발생한 후 오랜 시간이 지나지 않고 빠른 시간 내에 이루어진 피드백, 군살 없이 간결한 피드백, 비판적인 부정적 피드백보다는 클라이언트의 강점(strength)에 초점을 둔 긍정적 피드백 등이다(Campbell & Dunnette, 1968; Jocobs et al., 1973; Yalom, 1970; Napeir, 1993: 32 재인용; Ivey, 1985: 185). 사회복지사는 클라이언트가 받은 피드백이 어떠했는지를 파악하기 위해서, 효과적인 '지시기술들'(directive skill)을 사용하여 확인(check-out)하는 것이 좋다. 예를 들어보면, "당신은 그것에 어떻게 반응했는지요?", "그게 비슷해요?", "당신에게 무슨 의미가 있어요?" 등의 확인질문을 통해서, 사회복지사가 제대로 클라이언트를 이해했는지, 사회복지사의 피드백이 얼마나 유용했는지를 평가해볼 수 있다(Ivey, 1985: 185-186).

사회복지사가 클라이언트에게 한 효과적인 피드백의 예시(김정진, 2014:87)

클라이언트: 처음에는 오늘 하루 오전 동안만이라도 한번 담배를 피우지 말아 보자고 하면서 시작했어요. 오전 동안 담배를 안 피웠더니, 어째 오후까지 참을 만하더라고요. 그렇게 한 주 한 주가 한 달이 다 되어 가네요. 저도 한 달 동안 담배를 안 피운 것이 참 신기해요. 아내도 아주 좋아해요. 잘했다는 생각이 들어요.

사회복지사: 정말 잘했어요. 다음에는 금연 교실을 체험해 보지 않을래요? 지금보다 더 흐뭇하실 거에요(사회복지사의 피드백은 간결하고, 클라이언트의 강점에 초점을 두었고, 클라이언트가 언급한 내용에 대해 즉각적으로 반응하면서 피드백을 주었음).

5) 해석 기술

'해석'(interpretation)은 실천(상담)과정에서 클라이언트가 제공한 정보를 토대로, 클라이언트에게 자신의 상황을 볼 수 있는 대안적 준거 틀을 제공하기 위해 사용하는 것이다(Ivey, 1985: 170). Trevithick(2000)은 여기에 사회복지사 자신의 의지 및 직관(intuition)에서 비롯된 추론이 포함된다고 하였다. 해석기술을 사용하여, 클라이언트가 자신의 삶의 상황을 재구성하고, 대안적 관점에서 조망해 볼 수 있는 능력을 촉진시킬 수 있다(Ivey, 1985: 170). 적절한 때에 세심한 말로 이루어진 클라이언트에 대한 사회복지사의 해석은 클라이언트가 자신을 더 잘 이해할 수 있도록 하는 데 도움을 줄 수 있다.

사회복지사는 클라이언트의 행동을 이해하고 해석하기 위해서 하나의 사건과 다른 사건을 서로 연결시켜서 보려 하는 경향이 있는데, 이러한 연결이 부정확할 수도 있음을 인식하고 유의해야 한다(엄명용 외, 2020: 105). 사회복지사는 해석을 제공하기 위해 클라이언트로부터 얻은 정보를 충분히 검토한 후에 언제, 어떻게 해석을 제공할 것인지 고려해야 한다. 해석기술을 사용하기 위해서는, 관련 이론적 지식(정신역동, 정신분석 등), 직관력(intuition), 추리력 등을 잘 통합하고, 클라이언트의 상황, 행동, 사고 그리고 감정 유형을 잘 설명하고 해석할 수 있는 능력이 있어야 한다. '해석' 기술은 인지기능이 아주 낮아 통찰력이 결여된 클라이언트에게는 효과적이지 않다. '해석'은 상당히 높은 수준의 실천기술이다. 전문성과 충분한 타당성이 확보된 해석만이(엄명용 외, 2020: 105), 클라이언트에게 설득력을 가질 수 있다.

'해석'은 '감정의 반영', '의미의 반영', '환언(paraphrase)' 등과 비교될 수 있는데, 이런 세 가지 실천기술들(감정의 반영, 의미의 반영, 환언)은 모두 '클라이언트의 준거 틀'(client's frame of reference) 안에서 나온다면, '해석'은 실천가의 경험과 이론을 토대로 한 '실천가의 준거 틀'(practitioner's frame of reference)에서 나온다고 할 수 있다. 즉, '감정의 반영', '의미의 반영' 또는 '환언'은 모두 클라이언트가 어떻게 느끼고 생각하는지를 잘 파악하여, 클라이언트의 감정 및 생각을 사회복지사가 다시 언급해 주는 것이다. 반면에, '해석'은 클라이언트가 말한 내용(감정, 생각)에 대해서, 실천가의 관점에서 실천가는 어떻게 생각하는지를 전달하는 데 초점을 둔다('해석'이 감정의 반영, 의미의 반영 또는 환언 등과의 차이점).

예) 해석과 감정의 반영, 환언 및 재언급 등을 비교할 수 있는 예시(Ivey, 1985: 189-190).
클라이언트(무단 결근 경력이 있음)

클라이언트: 해야 할 일들을 너무 많이 하지 않았기 때문에 기분이 좋지 않아요.

사회복지사: (감정의 반영) 정말로 곤란하고 걱정스러우시겠어요.
(환언/재언급) 할 일을 많이 놓치셨군요.
(해석) 해야 할 일들을 많이 놓쳤고, 당신의 결근을 사장님(boss)이 어떻게 보는지 당신도 잘 알겁니다. 그래서 당신이 계속 이 직장에서 일할 수 있을지 못할지 걱정하게 하는군요.

클라이언트: (좀 안절부절해 함) 제 아내와 어제 밤에도 야동(sexy movie)을 같이 봤는데 싸웠어요. 제가 아내와 동침하려 했는데, 아내가 또 거절을 했거든요.
사회복지사(감정의 반영). 많이 화가 나고 힘들었겠어요.
(환언) 야동을 보고 난 후 싸웠고, 또 성적으로도 거절당하셨군요.
(해석) 그 아내로부터 거절당한 것이 당신이 그렇게 만들었다고 두려워하는 것처럼 들리네요.
(해석) 거절당한 감정이 힘들게 하는군요. 이런 감정들이 지난주에 당신의 꿈 내용과도 비슷한지요?

6) 환기기술

'환기'(ventilations)는 묵은 나쁜 공기를 내보내고 신선한 좋은 공기를 받아들이는 것을 의미한다. 환기기술은 정화기법이라고도 한다(전재일 외, 2010: 181). 환기법은 정신 역동치료 영역에서 보다 활발하게 사용되고 있다(엄명용 외, 2020: 103). 환기기술은 정서적으로 중요한 의미를 지닌 문제를 감추고 억압해 온 클라이언트가 부정적인 감정(증오, 분노, 죄책감, 불안, 슬픔, 비난 및 낙인에 대한 두려움 등)을 표출할 수 있게 돕는 데 효과적이다. 자신의 감정과 생각을 드러내어 표현하는 클라이언트에게 사회복지사가 관심을 가지고 집중해 주는 것만으로도 종종 좋은 치료적인 효과를 가져올 수 있다.

클라이언트가 자신의 문제와 관련된 부정적인 정서에 압도된 경우, 인지능력이 저하되어 자신의 문제 및 상황을 객관적으로 이해하기 어렵다. 이런 클라이언트에게 '환기기술'을 사용하여 정서적으로 안정되게 도울 수 있다. 정서적으로 안정되면서, 클라이언트는 자신의 문제와 상황을 보다 현실적으로 판단할 수 있다.

다른 많은 실천기술들과 같이, 환기기법 또한 배타적인 단일기법(single technique)으로 간주할 수 없다. 다양한 실천기술들(예: 분위기 조성기술, 적극적 경청기술, 자기개방, 재보증, 재명명, 재구조화 등)을 함께 잘 혼용할 때, 환기 실천기술의 효과도 더 높아질 수 있다. 사회복지사가 클라이언트를 '존중'하고 '진실'한 자세로 클라이언트에 잘 '공감'할 수 있는 '분위기 조성기술'은, '환기'를 촉진하는 데 반드시 선행되어야 할 기초실천기술이라 할 수 있다. 사회복지실천에서 항상 강조해 왔듯이, '환기기술'을 사용할 때, 사회복지사는 클라이언트를 있는 그대로의 모습으로 받아들이는 수용(acceptance)적이고, 비심판적인 태도(non-judgemental attitude)로 대해야 한다. 그리고 클라이언트를 격려 · 지지하면서, 적극적인 경청기술들을 적극적으로 활용할 수 있어야, 클라이언트의 진솔한 자기개방(자기노출)도 기대할 수 있다. 클라이언트가 자기개방을 할 수 있을 때, 내재된 부정적인 감정과 생각들도 잘 드러날 수 있어 '자기개방'은 '환기'의 효과를 높이는 데 유용한 실천기술이다.

'자기개방'을 통해 클라이언트가 표출한 부정적인 감정 및 생각들을 클라이언트가 새로운 대안적인 관점에서 다시 생각해 볼 수 있도록 하는데, '재구성 기술'(재명명 기술), '재보증(reassurance) 기술' 등을 활용할 수 있다. 그리고 '환기기술'을 사용하여, 클라이언트가 자신의 고민, 어려움을 사회복지사와 공유할 수 있도록 돕는다.

사회복지사가 환기기술을 사용할 때는, 어느 정도까지 클라이언트가 정서적으로 발산하는 것이 적절한지 클라이언트의 상태(기능수준)를 잘 판단할 수 있어야 한다. 부정적인 정서(예: 죄책감, 수치심, 강한 두려움 등등)가 과도하게 표출될 경우, 오히려 안정감을 잃고 불안해질 수 있고, 지나친 흥분상태에 빠질 수도 있다(전재일 외, 2010: 182). '환기' 기술의 효과를 높이기 위해서는 많은 실천기술들(분위기 조성기술, 적극적인 경청기술, 재명명/재구성기술, 자기개방기술 등등)을 적절히 함께 활용할 수 있는 실천역량을 갖추어야 한다.

예) 다음은 불안, 적개심, 거부감 등이 강한 클라이언트를 대상으로 환기기술을 사용할 때 클라이언트의 '환기'를 고취하기 위해서 사용한 표현들의 예시이다.
"사람은 자기가 생각하고 있는 것을 그대로 이야기하는 것이 때때로 어려울 경우가 있지요", "그러나 당신이 이야기를 하지 않는 한 나는 도울 수가 없습니다", "나는 당신을 비판하기 위해 여기 있는 것이 아니라 당신을 돕기 위해 있습니다", "언제나 자녀들을 귀여워 할 수는 없지요", "마음은 그렇지 않는데 자녀를 싫어하는 경우도 있지요", 등등 (출처: 전재일 외, 2002: 185)

5. 도전실천기술 영역

'도전기술'(challenging skills)은 클라이언트 자신들의 행동 및 생각(idea)을 비판적으로 평가할 수 있도록 장려하는데 사용되는 기술들이다(Shebib, 2003: 13). 도전은 흔히 클라이언트가 자신의 문제를 인정하려고 하지 않거나 회피하는 것, 행동에 따른 결과를 인식하지 않으려 하거나 말과 행동이 일치하지 않는 것, 문제를 해결하기 위한 조치를 취하려 하지 않는 것에 초점을 둔다. Sheafor 등(1997)은 도전이 효과적으로 되기 위해서는 사회복지사가 클라이언트의 감정과 인식에 관심을 갖고 개입하는 것이 중요하다고 보았다.

사회복지사는 클라이언트에게 도전 기술을 활용할 때 적절한 시기와 방법을 고려할 필요가 있다. 클라이언트가 받아들일 수 있는 상황이 아닌데도 이 기술을 활용하는 것은 클라이언트와의 전문적 관계를 손상시키고 나아가 클라이언트의 문제해결을 늦추는 결과를 초래할 수 있다.

도전기술에 대한 설명은 학자들 혹은 실천가들 간에 다소 이견이 있다. '직면기술'(confronting skills)은 대표적인 도전기술로 소개되고 있다. '직면기술'과 '도전기술'의 용어가 크게 구별하지 않고 혼용하기도 하지만, 구별하기도 한다. 차이점을 지적하는 입장에서 소개한 내용을 보면, '직면기술'은 주로 클라이언트의 불일치에 대해 클라이언트가 인식하도록 하는 실천기술이라 설명하고 있다. 반면에, '도전기술'은 '클라이언트의 불일치가 없어도, 클라이언트가 부정하거나 받아들이기 힘들어 하는 문제에 대해서 자신을 돌아봄으로써 상황에 대해 정확히 인식하고 받아들일 수 있도록 하는 일종의 피드백(사회복지교육 연구센터, 2020: 33)'이라고 기술하고 있다. 도전기술은 직면기술과 다르게 클라이언트의 '불일치 문제' 여부와 관련 없이 개입하는 기술이라는 점에서, 좀 더 포괄적 도전기술로 간주할 수 있겠다.

넓은 의미에서 보면, 도전기술도 앞서 소개한 '영향 실천기술'(influencing skills) 영역에 속하는 실천기술이기도 하다. 본 서에서는 강력한 영향을 미칠 수 있는 도전기술이 가진 특성과 기능을 고려하여, '도전기술 영역'을 별도로 구분하여 추가하여 제시하였다.

Shebib(2003)는 클라이언트가 자신들의 행위들을 비판적으로 면밀하게 살펴보게 하여, 다른 관점에서 자신을 바라볼 수 있게 하는 '직면기술'과 함께, 클라이언트의 삶에서 변화를 가져올 수 있도록 돕는 실천기술인 '행동계획기술'(action planning skills)을 또 다른 중요한 '도전기술'로 제시하고 있다. '직면'기술에 비해 '행동계획'기술은 좀 더 포괄적인 의미의 도전기술로 간주할 수 있다. 본 서에서는 '도전기술 영역'의 주요 실천기술을 Shebib(2003)가 대표적인 도전기술로 제시했던 '직면기술'과 '행동계획기술'을 중심으로 소개하고자 한다.

1) 직면기술

직면기술(confrontation skill)은 클라이언트의 행동, 사고, 감정, 혹은 의미에서 부조화, 불일치, 혹은 혼란스러운 메시지를 지적해서 주목할 수 있게 하는 실천기술이다(Ivey, 1985:

170). 직면기술을 활용할 때도 주목행동기술(attending behavior skill)과 다양한 영향기술들을 적절히 활용할 수 있어야 한다(Ivey, 1985: 170).

직면기술(confronting skill)은 클라이언트가 자신의 문제를 유지하거나 그에 영향을 미치는 사고, 감정, 행동과 대면하는 것을 말한다. 직면 기술 역시 클라이언트와의 전문적 원조관계가 발전하기 전에 너무 성급하게 이루어질 경우 종종 부정적 결과를 초래할 수 있으나 클라이언트가 자신이나 타인에게 위협을 가하거나 법을 위반한 상황에서는 직면시킬 필요가 있다.

사회복지사는 클라이언트의 문제를 외부적인 관점에서 볼 수 있기 때문에 클라이언트의 왜곡된 인식이나 회피 행동 등을 바꿀 수 있는 새로운 관점과 피드백을 제공해 줄 수 있다. Hepworth 등(1997)은 직면을 효과적으로 사용하기 위한 지침을 다음과 같이 제시하고 있다.

㉠ 클라이언트가 자신이나 타인에게 해를 끼칠 위험이 있을 경우를 제외하고 가능하면 효과적 원조관계로 발전할 때까지 직면을 피하도록 한다.

㉡ 직면 기술을 함부로 사용하지 않는다. 시기적으로 부적절하고 과도한 직면은 클라이언트에게 심리적 손상을 줄 수 있다.

㉢ 따뜻하고, 걱정하며, 보살피는 분위기에서 클라이언트에게 직면을 전달한다.

㉣ 클라이언트가 극단적인 정서적 긴장 상태를 경험할 때 직면을 사용하지 않는다.

㉤ 클라이언트에게 직면을 사용한 이후 클라이언트의 반응에 세심한 주의를 기울인다.

㉥ 직면 후 즉각적 변화를 기대하지 않는다.

클라이언트와 직면할 때 사회복지사는 클라이언트의 말이나 감정, 행동에서 나타나는 모순과 불일치를 직접적으로 지적하되 비판하지 않으면서 하는 것이 중요하다. 직면하는 것은 클라이언트에게 강력한 영향을 줄 수 있다. 즉, 직면은 스트레스를 많이 받거나 효과적 대처 기술을 갖고 있지 못한 사람에게는 정서적 불균형을 초래하는 잠재 요인일 수 있는데, 이러한 불균형은 클라이언트가 처한 상황을 벗어나기 위해 일시적으로 필요한 것일 수 있다. 따라서 사회복지사는 클라이언트에게 직면 기술을 사용하기 전에 클라이언트가 직면에 따른 영향을 견딜 만한 심리적 · 사회적 자원을 가지고 있는지를 확인하는 것이 필요하다(Cournoyer, 2000; 김인숙 · 김용석 역, 2002 재인용).

또한 사회복지사는 직면기술을 활용할 때 클라이언트가 보이게 될 반응을 미리 고려하고 이에 대한 사회복지사 자신의 반응도 사전에 고려하는 것이 필요하다. 사회복지사가 직면을 사용한 후, 클라이언트는 화를 내고 분노감을 표출하거나 고통스러움과 안도감을 느끼는 등 다양한 반응을 보일 수 있기 때문에 이러한 직면 기술을 활용하는 것 자체가 사회복지사에게 스트레스를 받는 일이 될 수 있으므로 슈퍼비전과 같은 지지가 제공될 필요가 있다(Trevithick, 2000; 우국희 외 역, 2002 재인용).

직면기술을 위한 실천 지침(Ivey, 1985: 193-194)

① **"불일치와 혼돈된 메시지를 발견하라"(Identify incongruities and mixed messages).**

사회복지사는 클라이언트에게 개입하면서 종종 다양한 형태의 '불일치' 혹은 '혼돈된 메시지'를 발견할 수 있다. 다음은 상담과정에서 흔히 발견할 수 있는 전형적 불일치를 여섯 가지 유형으로 정리한 내용이다.

- 진술과 진술간의 불일치
  예) 클라이언트가 남편을 좋아한다고 말했는데, 남편이 없이 혼자 살면 좋겠다고 말함.
- 말한 것과 행동의 불일치
  예) 취업계획을 위해서 직업적성검사를 받는 것에 관심이 많다고 말했는데, 적성검사를 받도록 약속된 날에는 클라이언트가 나타나지 않았음
- 진술과 비언어적인 행동 간의 불일치
  예) 상담을 받는 것이 즐겁다고 말하였지만, 얼굴이 긴장되고, 손도 떨고 있었음
- 비언어적 행동들 간의 불일치
  예) 겉으로는 여유로운 표정을 짓고 있지만, 계속 다리를 떠는 불안한 행동을 함.
- 클라이언트의 진술과 상황(맥락)의 불일치
  예) 클라이언트가 가족문제를 해결할 것이라고 말했는데, 진작 그것을 해결하기 위한 돈도 능력도 전혀 없음.
- 사람들 간의 불일치
  예) 클라이언트의 상황에 대한 설명이 배우자, 직장상사, 절친한 친구, 등 여러 사람들의 생각이나 진술과 많이 차이가 있을 때, 혹은 클라이언트의 진술과 사회복지사의 생각 및 판단이 다를 경우 등.

② 불일치와 혼돈된 메시지 해결을 위해서 개입해라(Ivey, 1985: 195).

사회복지사가 '직면' 기술을 사용할 때, '비심판적인 직면'(non-judgemental confrontation)방법을 사용하여, 단순히 '불일치'한 부분을 클라이언트에게 말해 주는 것만으로도 상당히 효과적일 수 있다. 그런데 사회복지사가 클라이언트에 '직면'할 때, 클라이언트(사람) 자체를 비난하는 잘못을 종종 행하는 경우가 있다. 직면기술을 사용할 때, 클라이언트가 자체가 아닌, 클라이언트의 '불일치한 내용'에 초점을 두고 직면해야 한다.

- '불일치' 혹은 '부조화'(incongruity)를 명확히 확인하라.
  반영적 경청기술들을 사용하면서, 클라이언트를 위해서 요약해 준다. "어떻게 그 두 가지를 함께 할 수 있지요? ", "어떻게 …하면서 …할 수 있을까요?"와 같은 질문을 하면서, 클라이언트 스스로가 '자기직면'(self-confrontation)을 할 수 있도록 돕는다.
- '질문기법'과 다른 경청기술들을 활용하여, 갈등 혹은 혼돈된 메시지를 좀 더 구체적으로 묘사하라.
  혼돈된 메시지, 모순 혹은 갈등의 각 부분마다, 한 번에 하나씩만 집중해야 한다. 이 과정에서 비심판적이고, 비평가적인 자세로 클라이언트를 대해야 한다. 사회복지사가 직면해야 하는 목표는 '사실'(facts)이지, 클라이언트 사람 자체가 아님을 항상 명심해야 한다.
- 불일치한 내용을 여러 측면(차원)에서 일정 시간(기간)마다 정기적으로 요약해 주어라.
  직면진술을 할 때 편리하게 사용할 수 있는 표현으로, "한편으로는… 그러나 다른 한편으로는……"과 같은 표현은 불일치한 내용을 요약하는 데 유용한 표현이다. 이렇게 말한 뒤에, 확인(check-out)하는 절차가 따라야 한다. 이때, "당신은 그것이 어떻게 들립니까?" 등의 질문형식을 활용할 수 있다.
- 필요하다면, 사회복지사는 불일치에 관한 사회복지사 자신의 의견과 관찰한 것으로 클라이언트에게 피드백을 제공해라.
  직면진술을 할 때 "한편으로는… 그러나 다른 한편으로는……",의 표현은 자주 사용되는 양식이다. 사회복지사가 클라이언트에 '직면'하면서, 클라이언트의 '불일치' 문제를 잘 뚫고 나아가기 위해서는, '지시기술'(directive skill), '해석, 자기개방과 같은 고급 수준의 영향기술'도 적절히 활용할 수 있어야 한다.
  클라이언트에게 '직면기술'을 사용할 때 다음 '1-2-3 형식'을 기억해야 한다.
  '주목'하라!(attend), '영향'을 주어라!(influence), 그리고 '확인'하라!(check-out)

2) 행동계획 실천기술

'행동계획기술'(action planning skills)은 클라이언트가 자신의 삶에서 변화들을 가져올 수 있도록 원조하는 실천기술이다. 이러한 변화들은 감정을 관리하는 새로운 방법을 찾게 하고, 생각하는 방식을 수정하기 위한 전략들을 구축하거나, 새로운 기술과 행동을 개발(발전)시키는 것을 포함한다. 행동계획 및 수행을 위한 과정은 클라이언트의 목표(goals) 혹은 하위 목표들(sub goals) 달성을 위해 일련의 단계를 거쳐 이루어진다(Shebib, 2003: 13).

| 행동계획(action planning) **실천을 위한 4단계**(Shebib, 2003: 216–221).

1단계: 대안들을 찾는다

- 아이디어를 평가하고 비판하지 말라(클라이언트는 꽤 가치 있고 유용할 수 있는 제안을 가지고 있으면서도 비판받고 창피를 당할지 모른다는 두려움 때문에 주저하는 경우가 많다).
- 가능한 많은 아이디어를 만들어내라(창의적인 제안을 할 수 있도록 적극적으로 격려해야 한다. 브레인스토밍을 이용할 수 있다).

2단계: 행동전략들을 선택한다(Shebib, 2003: 221).

행동 전략들을 위해서 창의적인 리스트를 확보하며, 그 다음 과제로 클라이언트에게 그 대안들을 평가하고, 선택을 할 수 있도록 돕는다. 이 시점에서 사회복지사의 역할은 클라이언트가 선택을 할 수 있다는 인식을 하도록 돕는 것이다. 전략들을 선택함에 있어서, 다음 4가지 기준을 유념해서 선택하도록 한다.

- 그 대안(alternatives)이 클라이언트의 '목표'에 부합되고 효과적인지 고려해야 한다
- 그 대안이 클라이언트가 감당할 수 있는 '능력' 안에 있는 것인지를 고려해야 한다
- 그 대안이 클라이언트의 '가치와 신념'에 부합하는지 고려해야 한다
- 그 대안을 선택하였을 때, 부수적으로 따르는 '비용'(시간, 돈, 에너지 등등)을 고려해야 한다.

행동전략을 위해 대안들을 찾을 때, 클라이언트의 목표 달성을 위해서, 다양한 영역(예: 행동, 감정, 사고, 기술적인 면, 관계, 건강, 재정, 영성적인 측면 등등)에서 찾을 수 있는데. 해당 대안의 내용은 가능한 명확하고 구체적이고, 측정 가능한 것이 바람직하다. 그 내용이 포괄적이고 막연해서는 안된다.

예시) [행동 영역에서, 행동전략을 위해 클라이언트가 제시한 대안 비교]

"학사관리를 잘해야 한다" 보다는 "이번 학기 말까지 내 학점을 평균 C에서 B수준으로 올린다"가 구체적이고, 명확하고, 측정가능한 좋은 대안이다.

3단계: 계획을 개발하고 수행한다(Shebib, 2003: 221-222).

계획은 개발하고 수행하는데, '계획순서정하기'(sequencing plans), '만일의 사태를 위한 계획들'(contingency plans), '계획을 행동으로 실천하기', '평가하기' 등 네 단계를 거쳐야 한다.

'효과적인 계획'은 최종 목적으로 이끌 수 있는 일련의 일(사건)의 순서에 대해 매우 자세히 그려진 '지도'이다. 계획을 개발하고 수행하는 단계에서 "어떤 특정 계획을 사용할 것인가?", " 어떤 순서로 그 전략들을 활용할 것인가?", "각 단계에 어떤 자원들 혹은 지원이 활용되어야 하나?", "발생할 수 있는 잠재적 위험요소와 장애물(방해)은 무엇인가?" 등의 질문을 하는 것을 소홀히 해서는 안 된다. 효과적인 계획은 계획을 수행하는 과정에서 클라이언트가 부딪힐 수 있는 잠재적인 방해요소를 미리 예견하게 할 수 있게 한다.

4단계: 결과를 평가한다(Shebib, 2003: 222-223).

'효과적인 계획'은 수행과정에 대한 지속적인 평가를 내포한다. 평가함으로써, '성공'하고 있다는 것을 알 수 있다. 이러한 확신을 갖게 해 주는 평가는 그 자체가 사실 강력한 동기요인(powerful motivator)이 될 수 있다. 그러나 평가를 하면서, 다시 다루어야 할 문제를 발견하기도 한다. 예를 들면, 달성하려고 설정했던 목표가 명백하게 너무 비현실적이라는 것을 평가를 하면서 깨달을 수 있다. 목표가 너무 도전적이거나 달성하기 힘든 것이었다면, 이 경우 사회복지사는 클라이언트에게 그보다 좀 작고 쉬운 목표를 다시 찾을 수 있도록 도와야 한다. 이와 대조적으로, 목표가 너무 쉬운 것일 경우에는 좀 더 도전할 수 있는 목표를 제공할 수 있다.

진행과정에 대한 정기적인 검토(review)를 통해서, 목표와 구체적인 전략들은 적절하고 현실적인 것으로 유지될 수 있다. 계획이 성공하기 어렵다는 평가가 나왔을 때는, 그 계획을 재설계하거나, 행동조처를 위한 또 다른 전략을 선택하도록 다시 이끄는 노력이 필요하다. 어떤 케이스는 담당 사회복지사의 능력 밖의 도움이 필요한 경우도 있다. 이 경우, 사회복지사는 다른 사회복지사나 다른 서비스에 '의뢰'(referral)를 고려할 수 있다(Shebib, 2003: 222-223).

6. 교육 및 훈련기술 영역

사회복지사는 클라이언트가 문제를 예방하거나 사회적 기능을 향상시키는 데 필요한 지식과 기술을 제공해야 한다. 현장에서 사회복지사가 클라이언트를 가르치고 훈련시키기 위해서 많이 활용되고 있는 '시범기술', '역할극', '주장훈련', '사회기술훈련' 등을 중심으로 소개하고자 한다.

1) 시범기술

'시범기술'(modeling)은 모델링이라고 부르기도 한다. 모델링이란 "클라이언트가 활용하기를 바라거나 필요로 하는 절차에 대해 시범을 보이는 것"(Hepworth et al., 2002)을 의미한다. 모델링은 모델의 행동을 관찰하고 학습하여 행동을 변화시키는 기법이다"(사회복지교연구센터, 2020: 33). 모델링은 '우연적인 모델링'과 '의도적인 모델링'이 있다(Gambrill, 1996; 엄명용, 2020: 114 재인용). '우연적인' 모델링은 다른 사람을 관찰하면서 자연적으로 얻어지는 모델링이다. 주로 부모, 선생님, 친구 또는 의미 있는 타자들의 행동과 태도 등을 보면서 자연스럽게 얻어지는 모델링이다. 특히 부모는 자녀를 사회화시키는 데 강력한 영향을 줄 수 있는 모델이다. 대리경험으로 학습하는 것은 자기효능감을 높일 수 있는 강력한 자원이다(허남순 외, 2004: 330).

사회복지실천에서 활용하는 '시범기술', 즉 모델링은 '의도적인 모델링'이다. '의도적 모델링'은 클라이언트의 문제행동이나 정서적인 문제들(예: 불안감, 심한 공포 등)을 교정 또는 감소시키기 위해서 계획된 모델링 기법이다. 모델링을 보여 주는 사람은 반드시 사회복지사가 아니어도 된다. 사회복지사는 모델링을 시범으로 보여 주는 데 적합한 다른 대상(훈련자, 코치)을 찾을 수도 있다. 참여자들 중에 시범을 보여 줄 지원자가 있는지 물어볼 수 있고, 그 지원자가 적합한지 여부는 검증을 통해 사회복지사가 잘 판단하여 결정하여야 할 것이다.

Gambrill(1996)은 '의도적 모델링'을 실천하기 위해서 다음과 같은 실천지침을 제시하였다.

- 변화와 시범을 보이고자 하는 행동은 구체적이어야 하고, 이러한 구체적인 행동을 클라이언트가 주의 깊게 잘 관찰하도록 한다.
- 시범을 보여 준다.
- 시범을 보인 후, 클라이언트에게 곧바로 따라 해 보도록 한다.
- 계속해서 연습해 보도록 한다(Gambrill, 1997; 535; 엄명용, 2020: 114 재인용).

2) 역할극

'역할극'(role-playing)은 '역할 수행하기'로 부르기도 한다(전재일 외, 2002: 51). 역할극은 사회복지실천에서 많이 활용하는 행동시연 형태(허남순 외 역, 2004: 288)의 실천기술이다. '시연'(rehearsal)은 "클라이언트가 습득한 행동기술을 반복적으로 연습하도록 하는 실천 기술"(사회복지연구센터, 2020: 33)인데, '역할극'에서 사용되는 핵심실천기술이다.

역할극은, 첫째, 클라이언트가 어떤 특정 역할을 수행하는 데 어려움이 있을 때, 어떤 특정 역할을 실제로 행동시연을 통해 연습시켜, 그 역할을 잘 수행하도록 돕는 데 효과적인 실천기법이다.

예를 들어, 어떤 한 여학생(클라이언트)이 자신에게 지나칠 정도로 자주 부탁을 하는 어떤 친구 때문에 화가 나지만, 거절하지 못해서 힘들어하는 경우, 사회복지사는 이런 클라이언트에게 역할극에 참여해 볼 것을 권유할 수 있다. 역할극 연습을 시킬 때, 클라이언트가 특히 수행하는 데 어려움이 있는 어떤 특정 역할(정중하게 거절하는 역할)을 맡겨 '시연'을 통해 연기 연습시킬 수 있다. 클라이언트가 역할극 훈련을 통해서, 그전에 어려웠던 역할을 수행하는 데 자신감을 얻게 되면, 실제 현실에서도 이 여학생은 자신이 원치 않는 요청상황에서 상대에게 정중하면서도 명확하게 거절을 할 수 있게 된다.

둘째, '역할극'은 클라이언트가 자신과 갈등 및 문제가 있는 어떤 대상(인물)에 대한 이해를 높이게 하는 데에도 유용하게 활용할 수 있는 실천기술이다. 예를 들면, 고부간에

심한 갈등을 겪는 어떤 여성(며느리)이 시어머니를 증오하게 되고, 남편과의 관계도 같이 악화되어 매우 힘들어 할 때, 이런 클라이언트에게는 역할극을 참여시켜서 도움을 줄 수 있다. 역할극을 설계할 때, 며느리는 시어머니의 역할을, 시어머니는 며느리의 역할을 서로 바꾸어서 맡도록 하는 것도 효과적이다. 자신이 맡은 역할 및 행동은 '행동시연'을 하면서 그 역할을 연기하도록 격려한다. 비록 가상행동(simulated behaviors)이지만, 역할극을 통해서 상대방의 역할을 실제로 수행해 보면서, 클라이언트는 상대의 입장에서 생각하고 느껴 볼 수 있는 기회를 가질 수 있다. 그 결과, 이 클라이언트(며느리)는 자신과 갈등적이었던 상대(시어머니)에 대해서도 좀 더 공감하면서 상대에 대해 좀 더 이해하게 된다.

사회복지사는 클라이언트로부터, 역할극에서 "수행할 인물의 예상되는 행동들, 목소리 톤, 얼굴표정, 몸짓, 단어선택, 특유의 자극적인 행동들 "(허남순 외 역, 2004: 288) 등에 관한 정보를 가능한 충분히 확보해야 한다. 이러한 정보들은 역할극에서 실제 인물과 유사하게 행동시연을 하도록 지도하는 등 사회복지사가 역할극 진행을 위해 실천지침을 마련하기 위해서도 필요한 중요한 정보이다. 이러한 정보는 역할극에 참여하여 클라이언트가 수행한 그 가상행동을 교정해 주는 데 어떻게 지도할 것인지를 판단하고 결정할 때도 근거자료로 유용하다. 역할극에서 수행한 클라이언트의 어떤 행동 또는 역할을 사회복지사가 더 '강화'해야 한다고 판단할 경우, '격려기술' 혹은 '긍정적 피드백기술', '긍정적 지시기술'들 등을 포함한 다양한 기술들을 적극적으로 활용할 수 있어야 한다.

역할극을 마친 후, 참여자들이 서로 '피드백'을 하도록 격려한다. 사회복지사는 참여자들에게 이러한 피드백 과정을 통해서, 자신들의 역할극 수행에 대한 평가, 역할극의 긍정적 효과뿐만 아니라, 부족했던 부분에 대해서도 논의하고 평가해 보도록 한다. 참여자들이 서로 피드백을 주고받으면서, 역할극을 하는 동안 각 참여자의 경험을 공유할 수 있도록 적극적으로 격려하고 지지해야 한다. 역할수행을 방해했던 부정적인 감정들도 공유하고 논의하면서, 역할극 실행의 방해 요인이 무엇이었는지를 알게 된다면, 그것은 매우 훌륭한 성과로 평가할 수 있다(허남순 외 역, 2004: 330-331).

3) 자기주장기술

'자기주장'이란 개인이 자신의 의견, 감정, 바람 등을 표현할 때, 심지어 비난, 거절 그리고 징벌 등의 결과를 낳을 위험이 있더라도, 타인의 권리와 감정을 존중하면서 구체적인 행동요소를 표현하는 것이다(허남순 외 역, 2004: 331). 즉, 자기주장은 자신과 다른 사람의 권리를 존중하면서 자신의 생각이나 의견, 감정, 원하는 것을 상대방에게 표현하는 것을 말한다. 자기주장은 경험적 연구에서 다양한 자기주장 목록을 밝힌 것처럼 단일 개념이 아니다(Burcell, 1979). Burcell(1979)은 비교적 구별되는 자기주장 행동이나 그 반응을 7 영역으로 구분하여 소개하기도 했다(예, 요청 거절하기, 인기 없는 의견이라도 표현하기, 개인의 결점 시인하기, 칭찬 받아들이기, 긍정적인 감정 표현하기, 행동변화 요구하기, 대화를 시작하고 유지하기).

자기주장이 부족한 것은 대인관계에서 많은 어려움으로 작용하기 때문에 자기주장훈련(assertiveness training)은 임상적으로 거의 모든 진단과 행동장애 분야에 적용해 왔다(허남순, 2004: 331). 많은 클라이언트들은 대인관계에서 자기주장을 제대로 하지 못하는 데에서 오는 갈등을 겪으며 사회복지사에게 도움을 요청하게 된다. 자기주장 기술이 부족한 클라이언트는 자신의 의사를 상대방에게 분명히 표현하지 못한 데 따른 부정적 결과를 경험하게 되므로 자기주장 기술을 배울 필요가 있다.

대인관계에서 자기주장을 적절하게 하지 못함으로써 부정적 결과를 경험한 클라이언트가 자기비하적인 말을 할 때 사회복지사는 클라이언트로 하여금 여기에 도전하여 좀 더 적극적이고 희망적인 말로 대치할 수 있도록 돕는다. 클라이언트의 자기비하적인 말은 신념이나 태도의 형태로 나타날 수 있으며, 자기비하적인 태도는 자신이나 다른 사람들 또는 미래의 가능성과 상황을 개선시킬 수 있는 기회를 잃을 수 있게 한다. 이 경우, 클라이언트를 주저하게 만드는 불안과 공포를 다룰 수 있도록 돕고, 클라이언트 스스로 어떤 시도를 해 볼 수 있도록 격려하고 지지할 필요가 있다.

사회복지사는 자기주장 기술을 학습이론이나 다른 인지행동적 접근에 근거한 모델링이나 자기주장훈련을 통해 클라이언트에게 가르칠 필요가 있다(Trevithick, 2000; 우국희 외 역, 2002 재인용). 자기주장기술이 중요한 사회기술인 만큼, 주장기술훈련은 사회기술훈련 영역에서 가장 많이 보급된 프로그램이다. 사회기술훈련에서도 많이 사용하는 '시범'(modeling),

'행동시연'(behavioral rehearsal), 그리고 '지도된 연습'(guided practice)등의 실천기술은 자기주장 훈련에서도 많이 활용되고 있다.

4) 사회기술훈련

'사회기술훈련'(social skills training)은 클라이언트가 취약하거나 사회적으로 소외되어 있거나 혹은 사회생활 유지 및 수행에 필요한 특정 기술을 숙달한 필요가 있다고 판단될 때 제공된다(Gambrill, 1996; 엄명용 외, 2020: 115 재인용). 사회기술훈련에서는 '시범'(modeling), '행동시연'(behavioral rehearsal), '지도된 연습'(guided practice), 역할극, 숙제, 코칭, '직접적 지시적 기술' 등 다양한 실천기술들이 일종의 하위기술로 활용되고 있다. 동영상 시청하기, 시청각 자료 등을 이용한 사회기술훈련도 활발하다. 사회기술훈련은 원조전문가들(사회복지사, 상담가 및 상담치료사, 정신과의사 등) 중에서도 사회복지사가 주도하고 있는 실천영역이다.

사회기술훈련과정은 '부족한 기술사정' 과정(면접, 사정도구 등을 활용한 사회행동, 사회심리기능 평가 등 포함), '사회기술 선택' 과정, 그리고 '훈련방안구성'(training formulation) 등 크게 세 과정으로 구분해 볼 수 있다(허남순 외, 2004: 331). 사회복지사는 클라이언트의 부족한 기술을 사정한 후, 어떤 사회기술을 훈련시킬 것인지를 결정하고, 계획한 사회기술훈련방안에 기반하여 개입을 하게 된다. 훈련방안을 계획하는 과정에서 우선 훈련 대상을 개인 단위로 할 것인지 소집단 단위로 진행할 것인지 여부를 결정한다. '사회기술훈련'은 개인적으로나 집단적으로 행할 수 있지만, 대부분 소집단 단위로 진행되고 있다.

사회기술훈련을 진행하는 사회복지사는 본격적으로 사회기술 훈련에 들어가기 전에 반드시 학습목적에 대해 논의하고 기술에 대해 설명하여야 한다. 클라이언트가 자신에게 필요한 사회기술을 훈련을 통해서 잘 습득할 수 있도록, 사회복지사는 다양한 하위기술들(시범, 시연, 역할극, 코칭 등)을 잘 활용하면서 지도해 나가야 한다. 소집단 단위로 진행하는 사회기술훈련에서 참여자들 간의 '피드백'이 활발히 이루어질 수 있도록 사회복지사는 칭찬, 격려, 명료화, 환언 등의 실천기술들을 적극적으로 활용하여 도와야 한다.

사회기술훈련의 마지막 단계로 학습한 사회기술을 실제 사회상황에 적용해 보는 과제를 부여한다. 클라이언트들이 실제 상황에 적용하는 데 열심히 하도록 참여자들을 충분히 준비시키는 것(허남순 외, 2004: 331)은 사회복지사의 중요한 과제이다. 이와 함께, 사회복지사는 적합한 '실제 사회상황'을 잘 물색해서, 참여자들에게 제공해야 하는 것도 매우 중요한 사회복지사의 과제이다.

실제 상황에서 사회기술을 잘 수행한 클라이언트에게 그러한 '성공'을 인정하고 격려해 주는 것을 사회복지사는 결코 놓쳐서는 안 된다. 과제수행에 실패한 클라이언트에게도 지지와 격려를 아끼지 말아야 하고, 그동안의 작은 성취라도 인정하고 지지해 주는 것이 바람직하다. 클라이언트의 성공적인 경험뿐만 아니라, 사회복지사의 격려와 지지는 클라이언트에게 자기효능감을 강화시켜 주고, 클라이언트로 하여금 더 열심히 배우고자 하는 동기를 유발시켜 줄 수 있다.

마지막으로, 사회복지사는 참여자들에게 '보고모임'을 가질 것을 장려할 수 있다. 사회복지사는 이 모임에서 참여자들이 진솔하게 자신들의 경험(성공적인 수행방법, 실패한 경험, 시행착오 등)을 공유할 수 있도록 '격려'하고, 수행결과의 성공여부를 떠나서 훈련과정에 끝까지 함께한 참여자들의 노고에 대해 칭찬해 주어야 한다(격려, 인정, 재보증 등의 실천기술활용). 사회복지사는 '보고모임'이 참여자의 "사회기술을 강화하고, 세련되게 하는 부가적인 훈련기회"(허남순 외, 2004: 331)가 될 수 있다는 사실을 간과하지 말아야 한다.

사회기술훈련 프로그램의 영역을 '예방용', '치료용' 그리고 '기본적인 일상생활 영위용' 등으로 구분해 볼 수 있다. 첫째, '예방'을 위한 사회기술훈련에서는 '다른 사람에게 부탁하기', '친구들의 강압에 견뎌 내기', '친구관계 유지하기'(LeCroy, 1983), '임신예방하기' 등을 포함한 다양한 프로그램이 제공되고 있다.

둘째, 치료를 위한 사회기술훈련은 사회기술이 부족한 다양한 형태의 심리적 사회적 문제를 가진 클라이언트들을 위해서 이들에게 필요한 사회기술을 교육해 주고 훈련하는 프로그램이다. "사회적 역기능은 일반적으로 자존감 성취, 만족스러운 상호작용 형성, 다양한 역할을 효과적으로 수행하는 데 핵심이 되는 사회기술 부족과 관련이 많다"(허남순 외, 2002: 326)는 실천가정에 근거하고 있다. 사회기술의 부족은 "외로움, 우울증, 역기능적 결혼생활, 부모-자녀의 문제, 가족붕괴, 취업문제, 다양한 정신건강 문제, 그 외 다양한 문제의 원인"이 된다(허남순 외, 2002: 326). 이러한 관점에서 보면, '치료'를 위한 사회기술훈련은 동시에 문제발생을 '예방'할 수 있는 '예방을 위한 사회기술훈련'의 기능도 가진다고 볼 수 있다.

치료를 목표로 사회기술훈련에서 선택한 기술은 클라이언트의 성격과 기관이 돕는 클라이언트의 문제에 따라 다양하다. 치료적 사회기술훈련에서 제공되고 있는 사회기술들은 상당히 다양하다. '양육기술', '자기주장기술', '다른 사람 말 경청하기', '메시지를 명확하게 보내기', '감정을 개별화하기', '부탁하기', '대화를 시작하고 지속하기', '친구 만들기', '분노조절하기', '문제를 해결하기' 등을 위한 기술 등이 있다.

'기본적인 일상생활을 위한 사회기술' 훈련 내용은 주로 지역사회에서 생활을 하는 데 필수적으로 요구되는 아주 기본적인 생활기술이 많다. 예를 들면, '공공교통 수단 사용하기', '식사주문하기', '전화하고 전화 받기', '옷입기', '화장하기', '대화 시작하기' 등이 있다. '기본적인 일상생활을 위한 사회기술'의 프로그램의 주대상자는 인지능력이 낮거나 손상된 지적 장애인 혹은 정신병 환자가 포함되지만, 장기간 정신병원에서 생활했거나 혹은, 장기간 교도소에서 수감생활을 한 사람들도 이 프로그램의 주대상자(클라이언트)이다. 기본적인 일상생활을 위한 사회기술 훈련 프로그램은 오랜 기간 동안 지역사회와 격리되어 생활했던 사람들(클라이언트들)이 지역사회에 복귀하여 재적응해야 할 때 매우 유익한 프로그램이다.

7. 중재 및 협상기술 영역

1) 중재기술

중재기술(mediating skill)은 갈등이 있을 때 당사자들이 '차이를 조정하고 타협점을 찾거나 서로 만족할 만한 합의에 이르도록 돕는' 기술이다. 중재는 어느 한편의 입장을 취하는 것이라기보다는 '상반된 당사자들 사이에서 중립적 역할을 취하는 것'을 포함한다. 중재에서 중요한 한 가지 접근법은 상반된 당사자들이라도 어느 정도의 공통점은 있을 수 있으므로 이들 간의 공통 기반을 찾는 것이다(Trevithick, 2000; 우국희 외 역, 2002 재인용).

사회복지사는 종종 중재를 하는 과정에서 어느 한쪽이 다른 한쪽에 비해 인적 · 물적 자원이 앞서거나 당사자들이 사회복지사의 중립성을 인정하지 않을 경우 곤란함을 겪을 수 있는데, 적극적 자세로 당사자 간의 합의점을 모색하면서 당사자들이 직접적으로 대화할 수 있도록 하는 것이 필요하다. 이러한 중재기술은 많은 훈련을 필요로 한다.

2) 협상기술

협상(negotiation)기술은 중재기술과 함께 주로 갈등이 있는 당사자 간에 합의점이나 차이점을 조정하거나 이해를 도모하기 위해 활용되는 점이 비슷하다. 그러나 중재 과정에서 사회복지사는 당사자들 사이에서 중립을 지키는 것이 중요한 반면, 협상에서는 사회복지사가 중립을 지키지는 않는다('중재'와 '협상'의 유사점과 차이점)(양옥경 외, 2000; 엄명용 외, 2006 재인용).

협상 기술은 사회복지사가 클라이언트의 문제해결을 돕는 과정에서 합의점을 찾기 어려울 때 협상을 할 수 있다는 면에서 유용한 기술이다. 협상을 잘 이끌어 내기 위해서 사회복지사는 준비가 필요하다. 협상을 할 때에는 동일한 협상이 여러 측면에서 이루어지도록 하기 위해 보다 더 큰 비중을 어디에 두어야 할 것인지를 고려하는 것이 중요하다. 협상을 통해 결정된 것이 클라이언트에게 어떤 이득을 가져다줄 것인지 조명해 주는 것도 필요하다. 사회복지사가 협상을 하기 위해 갖추어야 할 요소는 유연함과 단호한 의지 및 설득 기술이다(Trevithick, 2000; 우국희 외 역, 2002 재인용).

3) 의뢰기술 및 연결기술

'의뢰'(referrals)는 클라이언트의 문제 상황이 아직 호전되지 않았거나 문제나 욕구가 충분히 해결되지 않았을 경우 사회복지사가 클라이언트를 다른 기관이나 외부 자원에 연결하는 것을 말한다. 매우 드물지만, 동일 기관 안에서 '다른 사회복지사'에게 의뢰하거나, 동일한 직무를 수행하는 다른 사회복지사에게 '의뢰'하는 경우도 없지는 않다. 그러나 사회복지실천에서 이루어지고 있는 '의뢰'는 주로 다른 기관의 서비스를 받을 수 있도록 연결(사회복지교육연구센타, 2020: 33)해 주기 위해서 이루어지고 있다.

클라이언트의 문제를 탐색하는 과정에서 종종 현재 존재하고 있는 문제들을 개선하기 위해 필요한 자원과 서비스가 기관이 제공할 수 있는 것 이상으로 필요할 때가 있다. 그러한 경우에 자원과 서비스를 제공해 줄 수 다른 기관에 의뢰하는 것이 필요하다. 의뢰기술은 일종의 '연결기술' 혹은 '네트워킹기술'로 볼 수 있다.

다양한 상황에서 다양한 욕구와 문제를 가진 클라이언트를 대상으로 개입하는 사회복지실천의 특성으로 인해, 사회복지사는 다른 정신건강 원조 전문가들(정신과 의사, 심리치료사, 상담가 등)에 비해 '의뢰'기술을 훨씬 활발하게 사용하는 편이다. 다른 정신건강 전문가의 경우, 자신의 클라이언트를 '의뢰'해야 할 때, 전문가로서의 자부심이 다소 손상될 수 있는 측면도 있다. 그러나 '의뢰'에 대한 사회복지사의 인식은 이들과 차이가 있다. 사회복지사의 경우에 '의뢰'가 전문가로서의 자질 혹은 능력부족에서 기인되기보다는, 대부분의 경우에는 다양한 욕구를 가진 클라이언트에게 부합하는 서비스들을 보다 효과적으로 제공하기 위해서 '의뢰'가 이루어지고 있기 때문이다. '의뢰'는 사회복지사에게 또 하나의 중요한 실천기술인 것이다. 특히 사례관리자는 '의뢰'기술을 적극적으로 활용하는 사회복지사이다.

'의뢰 과정'은 조심스럽게 이루어져야 한다. 왜냐하면 클라이언트는 의뢰를 사회복지사가 자신을 거부하는 것으로 받아들이거나 새로운 관계 형성에 대한 두려움으로 좌절하거나 필요한 도움을 더 이상 받으려 하지 않을 수 있기 때문이다. Hepworth와 Larsen(1986: 593)은 의뢰 과정에서의 지침을 다음과 같이 제시하였다.

① 새로운 서비스에 대한 불신, 걱정, 잘못된 개념에 대한 클라이언트의 감정을 끌어내 다루어 주고 의뢰 과정이 꼭 필요함을 강조하면서 준비시킨다.
② 클라이언트에게 최선의 서비스가 무엇인지를 함께 결정한다. 이를 위해 사회복지사는 지역사회 내에 다양한 자원을 알고 있어야 하고 그에 대한 적절한 정보를 제공하여 클라이언트가 잘 알고 판단할 수 있도록 해야 한다.

③ 의뢰 가능한 대안들을 제시하고 사회복지사는 가장 도움이 될 만한 제안을 하되 항상 클라이언트의 자기결정권을 존중해야 한다.
④ 다른 기관에서 클라이언트에게 줄 수 있는 도움에 대해 비현실적 보증을 하는 것은 피해야 한다.
⑤ 의뢰하는 다른 기관의 기능을 명확히 하는 것은 좋지만 그곳의 사회복지사가 사용하게 될 방법까지 구체적으로 안내하는 것은 좋지 않다. 왜냐하면 사회복지사마다 스타일과 사용 방법이 다르므로 이는 클라이언트에게 선입견을 갖게 하고, 만약 그 방법이 사용되지 않을 경우 실망할 수도 있기 때문이다.

8. 실천개입의 실패원인에 대한 고찰

사회복지사의 실천개입이 모두 성공적일 수는 없다. 사회복지사는 실천개입의 실패에 대해서 체계적으로 조사, 검토하여 능력을 개발할 필요가 있다. 사회복지사는 그 실패가 자신의 통제 밖의 것에서 기인된 것과, 자신의 실수에서 기인된 것인지를 분명히 구별하여야 한다. 실패는 다양한 요인에서 기인될 수 있다.

1) 클라이언트의 요인

(1) 비현실적인 기대, 빈약한 동기, 무의식적인 자기방해(self-sabotage), 파괴적인 인성, 기질적 요인(organic factors), 통찰능력 저조 등(예: 물질남용, 정신장애는 클라이언트가 상담에 참여하기 어렵게 함).
(2) 문제, 증세로 인해 얻는 이차적 이득문제(현재 가지고 있는 문제로 인해 얻는 이득과 변화를 가질 때 얻는 이득을 저울질하면서 문제로 인해 얻는 이차적 이득이 클 때, 상담에 저항하게 됨).

2) 워커 관련 요인

(1) 워커 개인관련 요인

- 사회복지사의 소진(예: 과도한 사례배정, 제한된 자원, 과도한 문서작성 및 행정업무 등)
- 개인적 문제(예: 우울, 부부갈등, 노부모 부양 과부담)
- 객관성 상실(예: 감정적 평가, 왜곡, 클라이언트와의 과동일시, 클라이언트에 대한 비현실적인 두려움 등)

(2) 과정 및 기술관련 요인

- 가성상담(pseudo-counseling)

예) 안전한 주제를 골라 힘든 감정이나 주제는 회피함, 단조롭고 진부하게 틀에 박힌 진행, 문제에 대해 지나치게 지적하고 탐험하는 것처럼 보이지만, 진작 원인파악, 문제해결에는 기여하지 못하는 것. 등등

- 적절치 못한 조언제공(비현실적인 조언, 성급하게 제공하는 조언, 의존심을 조장하기 쉬운 조언 등)

(3) 구제/구원(rescuing)

- 클라이언트와 긴장을 회피하고, 유쾌하게 회기를 유지하려는 잘못된 욕구(클라이언트의 긴장 경감에 과몰입, 클라이언트가 자신의 감정을 처리하는 것은 방해, 대처능력, 해결능력을 방해 등)

(4) 잘못된 기술을 사용(faculty technique)

- 실천기술 숙달 부족, 부적합한 기술을 선택, 개인 차이 반영 결여, 다양한 실천기술 활용 능력 결여 등등

3) 통제할 수 없는 요인

- 많은 업무량은 클라이언트에게 충분한 시간을 활용하기 어렵게 한다.
- 변화과정에서 클라이언트를 지지하는 데 유용한 자원이 없을 수 있다(예: 헤로인 중독을 치료하기 위해서 클라이언트를 위한 해독기관이 필요하지만, 그 지역사회에서는 없는 경우).
- 예상 밖의 사건 및 위기(예: 코로나와 같은 감염병, 죽음, 실업 등으로 인한 좌절)

사회복지사는 항상 모든 클라이언트에게 도움을 줄 수는 없다. 자신의 한계를 수용할 수도 있어야 한다. 사회복지사는 원조자(helper)로서의 정체성이 매우 강하여, 클라이언트를 돌봐야 한다는 사명감이 강하지만, 자칫 자신을 돌보는 데에는 소홀할 수 있다. 사회복지사가 소진되지 않고, 역량을 충분히 발휘하기 위해서는 자신을 위한 지지체계구축과 유지를 위해서도 자신의 에너지를 사용할 수 있어야 한다. 특히 동료와 슈퍼바이저를 좋은 지지원으로 잘 활용할 수 있어야 한다.

사회복지사는 빠르게 변화하는 사회에서 발생되는 사회 문제들에 민감하여야 한다. 새롭고 다양한 문제를 가진 클라이언트의 출현에 주목하면서, 그들의 욕구에 부응할 수 있도록 사회복지실천을 위한 이론적, 실천적 지혜를 구축해 나가는 노력을 결코 멈추지 말아야 한다.

Chapter

4

집단 대상 사회복지실천의 이해

사회복지사는 다양한 사회복지실천현장에서 집단을 대상으로 실천하거나 집단을 중요한 개입의 수단으로 활용한다. 집단을 활용한 사회복지실천은 집단사회사업이 사회복지의 중요한 한 방법으로 인식되기 시작한 1920년대 이후 지속적으로 그 중요성과 활용이 증대되고 있다. 정신보건사회복지사는 정신장애인의 사회적응능력 향상을 위하여 집단을 활용할 수 있으며, 초등학교 학생의 사회성 향상을 위하여 집단을 활용한다. 뿐만 아니라 학대아동의 부모를 대상으로 부모 효율성 훈련을 실시할 수 있으며, 발달장애아동의 부모가 아동발달을 위한 상호지지와 정보 교환을 위하여 자조집단에 참여하게 할 수도 있다. 또한 지역 단위의 지역복지계획을 수립하기 위하여 사회복지기관 실무자들로 구성된 집단활동을 진행할 수도 있다.

집단은 개별 성원과 집단 그리고 환경 변화를 위한 의미 있는 힘을 가지고 있다. 사회복지실천현장에서 사회복지사는 집단의 힘을 활용하여 참여자의 긍정적 변화를 유도하려고 한다. 따라서 사회복지사는 효과적으로 집단활동을 이끌어 가기 위해서는 집단 및 집단이 갖는 힘에 관하여 이해해야 하며, 다양한 집단 상호작용에 관한 지식을 갖추는 것이 필요하다.

1. 집단 대상 사회복지실천의 이점

Lewin(1979)은 내담자의 욕구 충족 면에서 개인치료보다 집단치료가 더 많은 도움을 줄 수 있다고 하였다. 물론 집단 접근 방법이 개별 접근 방법보다 내담자의 욕구 충족이라는 목적을 달성하는 데 더 유용할 수 있기는 하지만 항상 그러한 것은 아니며 접근 방법에 따라 나름대로의 장단점을 지니고 있다. 집단을 이용한 사회복지실천은 사회복지사로 하여금 단 한 번에 한 사람 이상에게 도움을 제공할 수 있고 전문가적 노력의 사용을 잠재적으로 비축하게 하는 이점이 있다. Corey(2012)도 집단상담을 통해 더 많은 클라이언트와 함께 작업할 수 있을 뿐만 아니라 집단과정에서 발생하는 독특한 학습의 이점을 가지게 한다고 하였다.

집단을 활용하는 이유들이 많이 있는데, 실제로 모든 유형의 집단에서 공통으로 지적되는 이유는 두 가지가 있다. 집단은 보다 효과적이며 많은 자원과 관점을 제공한다는 것이다. 집단접근을 사용하는 또 다른 이유로는 감정의 대중성, '소속'의 경험, 새로운 행동연습의 기회, 피드백의 기회, 다른 사람을 관찰하고 청취함을 통한 대립학습의 기회, 실제 삶과 근접한 상황의 직면, 그리고 계약을 유지할 수 있는 압력 등을 들 수 있다(Jacobs et al., 김춘경 역, 2016: 3-5).

(1) 효율성

만약 공통의 목적을 가진 몇 명의 클라이언트가 함께 집단을 구성한다면 상당한 시간과 노력을 절약할 수 있다. 조언이나 가치명료화, 개인성장, 지지, 문제해결 등을 위해서 집단을 활용한다면 많은 대상자들의 요구에 응할 수 있게 된다. 실제로 대부분의 기관과 학교에서 전문가들은 더 많은 대상자들을 상담하기 위해서 상호협력적인 집단활동 프로그램을 실시하고 있다.

(2) 공통성의 경험

많은 사람들은 그들이 특별한 사람이라는 감정을 가진다. 그러나 집단을 경험하면서 비슷한 생각과 느낌을 가진 것이 단 한 사람이 아니라는 것을 발견하게 된다. 집단에서 개인적인 관심, 생각, 느낌을 서로 공유할 때 그들은 집단의 다른 사람들과 비슷한 관심, 생각, 느낌을 가지고 있다는 사실에 놀란다. Yalom(2005)은 사람이 함께하는 것의 가치를 논할 때 보편성(universality)이라는 용어를 사용하였다.

(3) 다양한 자원과 다양한 관점

정보공유, 문제해결, 개인적 가치의 경험 또는 그들이 공유한 감정의 발견으로 집단성원들은 더 많은 관점과 자원을 제공받을 수 있게 된다.

(4) 소속감

인간이 가진 소속에 관한 욕구는 집단의 일원이 됨으로써 충족될 수 있다. 집단성원들은 서로를 동일시하고 그런 후 일원으로 느끼게 된다. 집단의 성원들은 수용되는 경험이 집단의 가장 중요한 특성 중의 하나라고 말할 수 있다.

(5) 기술연습

집단은 연습을 위한 안전한 공간을 제공한다. 집단성원들은 새로운 기술과 행동을 실제적인 세계에서 행하기 전에 지지적인 환경에서 연습해 볼 수 있다. 특히 주장성, 의사소통, 사회기술, 양육, 대인관계 등의 목적을 갖는 집단은 집단성원들이 새로운 행동을 경험할 수 있는 좋은 예라고 할 수 있다.

(6) 피드백

집단은 집단성원에게 피드백을 받을 수 있는 기회를 제공한다. 집단의 피드백은 종종 개인적인 피드백보다 더 강력하다. 특히 행동연습 집단에서는 타인의 제안, 반응, 인식 등이 매우 가치 있는 중요한 요소이다.

(7) 다양한 학습

집단성원들은 그들 자신과 비슷한 고민과 근심을 들을 기회를 가짐으로써 집단에서의 대리학습을 하게 된다. 많은 경우에 집단성원들은 “그것이 바로 내가 가지고 있는 문제이다.”, “당신의 이야기를 들으면서 내가 가진 두려움과 콤플렉스를 깨닫게 되었어요.”라고 하면서 서로에게 학습의 기회를 제공한다.

(8) 실생활 접근

집단활동은 일대일 상담보다 실제적인 상황에 더 가깝다. 집단은 사회의 축소판이며 사회를 반영하고 있기 때문이다. 비교적 안정된 집단의 분위기에서는 엄격함, 분노, 화 등과 같은 감정과 직면 등의 행동들이 나타나고 그것을 논의할 수 있다. 이러한 집단환경은 개인의 문제와 관련되어 가져야 할 감정과 태도에 대한 방법을 학습하고, 매일의 삶에서 학습한 바를 연장하여 모방이 가능하도록 해 준다.

(9) 계 약

계약은 종종 일대일 상황에서 만들어지지만 그러한 계약이 집단상황에서 이루어졌을 때 더욱 강점을 갖는다. 즉, 계약은 집단과 같이 많은 사람들에 의해 만들어졌을 때 더욱 강력해진다. 집단성원들은 특정한 행동을 변화시키거나 중단시키기 위해 또는 시작하기 위해서 계약을 한다. 지지, 적절한 기대 그리고 집단을 실망시키지 않으려는 바람들이 잘 조화되어 종종 행동을 변화시키는 강한 동기가 된다.

한편 Yalom(2005)은 '집단의 무엇이 변화하게 만드는가?'라는 질문에 대한 구체적인 대답으로 집단이 갖는 11가지 치료적 요인을 정리하였다. Yalom의 치료적 요인은 계획된 상담 및 치료집단과 집단지도자와의 대인관계 방식을 기초로 하고 있으며 현재 이것을 느끼는 집단은 성공적이라고 간주한다(Jacobs et al., 김춘경 역, 2016: 48).

- 희망 심어주기: 자신의 삶에 대한 희망 느끼기
- 보편성: 비슷한 걱정을 가진 타인 인식하기
- 정보제공하기: 건강한 생활에 대한 정보 얻기
- 이타주의: 다른 집단성원에게 주기
- 사회화 기술의 발달: 사회적 기술(social skill) 배우기
- 모방행동: 다른 집단성원으로부터 긍정적인 행동 모델링하기
- 감정정화: 과거에 표현한 적 없는 감정 표현하기
- 초기 가족의 교정적 재현: 초기 아동 경험과 유사한 역동을 경험할 기회 얻기
- 실존적 요인들: 자신의 책임 수용하기
- 집단응집력: 집단성원 사이의 친밀감
- 대인관계 학습: 타인과 상호작용을 통해 학습하기

2. 집단 대상 사회복지실천[1]의 정의

집단을 대상으로 하는 사회복지실천은 전통적인 3대 사회복지실천방법론의 하나인 집단사회사업(social group work)을 포함하여 다양하게 정의될 수 있다.

(1) Coyle(1930)의 정의

집단사회사업은 집단을 통하여 개인의 성장과 발전뿐 아니라 집단 내에서 경험하는 사회적 관계를 활용하는 사회복지방법론 중의 하나이며 사회적 책임성을 키우고 민주사회의 책임 있는 시민을 양성하는 데 관심을 가진다.

(2) Trecker(1972)의 정의

집단사회사업은 사회복지의 한 방법론으로서 집단에 속한 개인이 프로그램 활동을 통하여 상호작용을 지도하는 전문가의 도움을 받아 그들의 욕구와 능력에 따라 타인과의 관계나 성장의 기회를 경험하며, 나아가 개인, 집단, 사회의 발전을 도모하고자 하는 것이다.

(3) Konopka(1983)의 정의

집단사회사업은 의도적 집단 경험을 통해 개인의 사회적 기능을 향상케 하며 또한 개인, 집단 또는 지역사회의 당면 문제들에 대해서 보다 효과적으로 대처해 나갈 수 있도록 원조하는 사회복지의 한 방법이다.

1) 여기서 집단 대상 사회복지실천이라는 용어는 social group work, social work with groups 등을 의미하는 것으로서, 집단사회사업, 집단지도, 집단수준 사회복지실천, 집단사회복지실천 등으로 다양하게 사용되고 있다.

(4) 남세진과 조흥식(1997)의 정의

집단지도란 사회복지실천의 한 방법으로서 전문가에 의한 의도적 집단 경험을 통해 개인의 사회적 기능 수행 또한 개인, 집단, 지역사회의 당면 문제들에 대해 보다 효과적으로 대처해 나갈 수 있도록 도움을 주는 것이다.

이상의 정의들을 종합해 볼 때, 집단 대상 사회복지실천이란 집단을 매개 수단으로 목표지향적 활동을 통하여 개인이 가진 문제를 해결하거나 개인의 강점을 더욱 강화시키고 집단이나 지역사회가 당면한 문제에 효과적으로 대처해 나가도록 돕는 사회복지의 한 실천방법론이다.

3. 집단의 종류

사회복지사는 실천현장에서 치료집단, 교육집단, 사회화 집단 및 자조집단 등 그 집단의 목적과 운영방법에 따라서 다양한 집단을 만나게 된다. Toseland와 Rivas(1995)는 치료집단, 교육집단, 성장집단, 감수성 훈련집단 등으로 분류했으며, Zastrow(2006)는 좀 더 다양하게, 사교적 대화집단, 레크리에이션 · 기술증진집단, 교육집단, 과업집단, 문제해결 및 의사결정집단, 초점집단, 자조집단, 사회화 집단, 치료집단, 감수성 훈련집단 등으로 분류하기도 했다.

한편 집단의 목적과 활동에 따라 수단적 집단과 표현적 집단으로 구분하거나 과업집단과 치료집단으로 구분할 수 있다(남세진 · 조흥식, 1997: 6-9). 수단적 집단은 집단의 목표달성이나 과업 성취를 주목적으로 하는 집단, 표현적 집단은 성원들의 상호작용을 통한 정서적 만족을 주목적으로 하는 집단을 말한다. 치료집단은 집단성원의 교육, 성장, 행동 변화 또는 사회화에 대한 욕구를 충족시키기 위해 구성된 집단이며, 과업집단은 의무 사항의 이행, 조직, 또는 집단의 과업 성취를 위해 구성된 집단을 의미한다. 여기서는 치료집단, 교육집단, 성장집단, 과업집단, 사회화 집단, 자조집단으로 구분하여 설명한다.

1) 치료집단

치료집단은 일반적으로 다소 심한 정서적 · 개인적 문제를 가진 성원들로 구성된다. 치료자는 인간행동에 관한 지식뿐만 아니라 집단역동, 집단상담 능력과 행동 변화를 가져올 수 있도록 집단을 활용할 수 있는 능력, 높은 인지 능력과 통찰 능력, 집단 내 건설적 분위기 유지 및 발달 능력 등을 가져야 한다. 치료집단을 운영하는 집단지도자는 태도와 행동을 변화시키는 안내자로서 역할을 하게 되며, 다양한 이론(체계이론, 장이론, 정신분석이론, 학습이론, 인지이론, 교류분석, 클라이언트 중심 치료, 현실치료 등)을 근거로 다양한 기법들을 활용하게 된다. 치료집단에는 정신역동치료집단, 인지치료집단, 행동치료집단 등이 있으며, 섭식장애, 외상 후 스트레스 장애, 성폭행 같은 문제를 다루는 집단이 포함된다(이윤로, 2005: 108).

2) 교육집단

교육집단의 목적은 직접적 교습활동을 통해 기술을 가르치고 정보를 제공하며 지식을 습득할 수 있도록 돕는 데 있다. 지도자는 일반적으로 특정 분야의 전문가이거나 상당한 훈련 능력을 가진 전문가이다. 예를 들어, 아동양육의 실습, 주장훈련, 효과적인 부모가 되는 훈련, 양부모가 되기 위한 준비집단, 사회복지기관의 특수한 과제 수행을 위한 자원봉사자 교육집단과 같은 것들이 있을 수 있다. 이들 집단의 지도자는 교사와 같은 기능을 많이 하고 이들 집단은 집단 상호작용이나 토론이 장려되면서 수업과 비슷하게 운영된다(Zastrow, 2006: 4). 교육집단은 대체로 소수집단이며, 성원 간의 의사소통이나 집단토의를 가지는 기회가 있지만 일반적으로 초빙 강사, 전문가 또는 집단지도자가 교육하는 형태를 취하는 경우가 많기 때문에 자기개방 정도는 낮은 편이다.

3) 성장집단 · 참만남집단

성장 지향적 집단의 기본 목적은 성원들의 자기 인식을 증진시키고, 자신의 사고를 변화시키는 것이다. 그러므로 집단은 성원들이 자신의 능력을 최대한 발휘하기 위한 하나의 도구로서 의미를 지닌다. 따라서 성장집단은 질병의 치료보다는 사회정서적 건강 증진에 초점을 둔다. 예를 들면, 참만남집단(encounter group), 퇴직준비집단, 잠재력 개발(human potential movement) 집단 등이 여기에 속한다.

성장집단을 구성하고자 할 때에는 서로 다양한 속성을 지닌 성원들로 구성하는 것이 바람직하다. 그 이유는 성원들이 서로 다른 특성을 지니고 있는 집단의 이질성 자체가 성장의 밑거름이 될 수 있기 때문이다. 그러나 어떤 성장집단에서는 성원 상호 간의 감정 이입과 상호 원조 기능을 증진시키기 위해서 유사한 특성을 지닌 성원들로 집단을 구성하기도 한다. 대부분의 성장집단에서는 자기개방의 정도가 높은 편이다.

4) 과업집단

과업집단을 조직이나 기관의 문제에 대한 해결책 모색, 새로운 아이디어 개발, 효과적 원조 전략 수립 등의 과업 수행을 목적으로 하는 집단을 말한다. 따라서 과업집단은 집단과 함께 일하고 노력할 주제에 대해 관심이 많은 사람이나 특별한 재능을 가진 사람들로 구성된다. 과업집단의 예로는 위원회, 행정집단, 협의체, 팀 치료회의, 사회행동집단과 같은 것이 있다(Zastrow, 2006: 4). 이러한 과업집단은 그 과제가 수행되고 나면 기능이 정지되어 해체되는 집단이다. 최근의 지역복지시스템의 변화로 인하여 과업집단은 지역사회 수준에서 다양한 집단 간 연계와 협의 등이 강화되는 상황이어서 기관 내외에서 활용성이 높아지고 있다.

5) 사회화 집단

사회화 집단은 성원들이 사회적 기술을 습득하고, 사회적으로 수용되는 행동 유형을 학습함으로써 지역사회의 생활에서 효과적으로 기능할 수 있도록 원조하는 데 일차적 목적이 있다. 사회화 집단은 게임, 역할극, 야외활동 등과 같은 프로그램을 자주 활용한다. 집단토의보다는 이러한 프로그램 활동을 통하여 집단의 공동 목적과 개인적 목적을 성취하는 경향이 있다.

이와 같이 사회화 집단은 프로그램 활동에 참여함으로써 개인적 기술을 향상시키는 집단이기 때문에 '활동을 통한 학습'을 지향한다. 예를 들면, 주의력결핍 과잉 행동 장애(Attention Deficit-Hyperactivity Disorder: ADHD) 아동을 대상으로 한 활동집단, 퇴원 정신질환자를 위한 사교집단, 독신자를 대상으로 하는 사회활동집단 등이 있다. 사회화 집단은 크게 사회기술훈련집단, 자치집단, 여가집단으로 나눌 수 있다(남세진 · 조흥식, 1997: 8).

사회기술훈련집단의 전형적 예로는 자기주장훈련집단을 들 수 있으며, 이 집단은 효과적으로 의사소통을 하지 못하거나 만족할 만한 사회적 관계를 맺지 못하는 사람에게 매우 유용하다. 예를 들면, 부끄러움을 많이 타서 이성에게는 물론 친하지 않은 사람에게 자신의 의견을 전혀 표현하지 못하는 청소년이나 성인에게 매우 유용한 집단이다.

6) 자조집단

자조집단은 유사한 어려움을 가진 성원들이 자발적 집단을 만들어 동료끼리 경험을 나누어 개인적으로 바람직한 변화를 가져오도록 노력하는 상호 원조집단으로 볼 수 있다. 집단을 주도하는 사람이나 집단성원은 그들의 욕구가 기존의 사회제도 내에서는 충족될 수 없다는 것을 안다. 그래서 스트레스 상황이나 사건에 직면했을 때 문제행동을 통제할 수 있는 경험 중심의 기술을 사용하는 동료집단을 말한다(Kurtz & Powell, 1987: 70). 이러한 자조집단도 치료적 효과가 있다는 것이 인정되고 있으며(김진국, 1983: 326-327), 단주친목모임이 자조집단의 효시라고 할 수 있겠다.

| 집단 대상 사회복지실천의 주요 프로그램 예시 2)

- ADHD 아동의 자기통제능력향상 프로그램
- 위센터 또래관계 증진을 위한 사회기술훈련집단 프로그램
- 결식아동의 사회성 향상을 위한 집단 프로그램
- 군대 내 부적응사병의 적응력 향상을 위한 임파워먼트 프로그램
- 그룹홈 청소년들의 집단 프로그램

- 학대받는 아동의 사회적응력 향상을 위한 집단치료 프로그램
- 다문화가정 아동의 자기표현능력 향상 집단미술치료
- 미취학 발달장애아동의 사회성 향상 프로그램
- 보호관찰 청소년의 사회적응 프로그램
- 미혼모의 성적 자기결정권 강화 집단 프로그램
- 징계중학생의 강점강화집단 프로그램
- 학교폭력피해학생 역량강화 프로그램
- 시설 청소년의 자립강화 프로그램
- 우울 및 스트레스위험 청소년집단 학교정신건강 프로그램
- 학교생활 부적응 청소년의 중도탈락예방집단 프로그램
- 여성장애인의 역량강화를 위한 자조집단 프로그램
- 다문화가족의 가족 기능 강화를 위한 집단 프로그램
- 알코올중독자 주간 재활집단 프루그램
- 장애여성의 임파워먼트를 위한 집단 프로그램
- 고령경도 인지 장애 노인을 위한 회상 및 작업치료 프로그램
- 손자녀를 양육하는 조부모 자조 프로그램
- 남성노인의 자립성 향상기술 프로그램
- 저소득 이혼여성가장의 역량강화를 위한 자조집단 프로그램
- 정신장애인 취업동기 고취 및 취업유지 역량강화를 위한 자조집단 프로그램
- 생활시설 어르신과 대학생이 함께하는 집단활동을 통한 정서지지 프로그램
- 투석 중인 신장장애인의 재활의지강화집단 프로그램
- 황혼육아노인의 양육코칭 집단 프로그램
- 전환기 발달장애인 가정의 자녀진로지도를 위한 부모역량강화 프로그램
- 장애아동 가족 기능 강화를 위한 아빠 역할 찾기 집단 프로그램
- 이혼여성가장의 임파워먼트집단 프로그램
- 다문화가정 부부 관계증진 집단 프로그램
- 북한이탈여성가족의 사회적응력향상 프로그램
- 도박 중독자 가정위기극복 프로그램
- 조직화를 위한 영구임대아파트 주민 자조집단 프로그램
- 치매가족의 가족 기능 강화를 위한 가족집단 프로그램
- 가정폭력피해 한부모가족 자조모임 역량강화 프로그램

2) 최근 사회복지기관들이 실시한 집단 대상 사회복지실천 및 집단을 주요 개입수단으로 활용한 프로그램들을 개괄적으로 정리한 것으로서, 여기에는 공동모금회, 삼성복지재단 등 민간재단으로부터 재정지원을 받

4. 집단 대상 사회복지실천의 접근 방법

집단사회복지실천에서 이론적 모델을 발전시키려는 노력은 여러 학자들에 의해 시도되었다. 이론적 모델이란 현실에 존재하는 문제를 해결하기 위한 개념적 설계도이며, 주어진 현실 안에서 문제해결에 관련된 구성 요소 간에 질서를 만든 것이다. 모델의 가설화된 관계들이 그와 유사한 다양한 문제들에 적용될 수 있을 때, 보다 높은 수준의 일반화된 이론이 형성될 수 있다(이화여자대학교 사회사업학과, 1993: 300). 대표적인 집단 대상 사회복지실천모델에는 Papel과 Rothman(1980)이 제시한 세 가지 모델이 대표적이며, 세 가지 모델을 통합하여 활용하려는 시도가 늘고 있다(Toseland & Rivas, 1995).

1) 사회목표모델

사회목표모델은 소집단에서의 사회질서와 사회가치 지향을 중심 문제로 다루고 있다. 역사적으로 청년봉사조직, 인보관, 유태인 지역사회센터 등이 이 모델에 근거하여 집단 서비스를 발전시켜 온 전통적 모델이다. 사회목표모델에서의 주요 개념은 '사회적 의식'과 '사회적 책임'이다. 집단사회사업의 기능은 지식과 기술을 갖춘 시민 기반을 확장하는 것이다.

이 모델에서는 사회행동이 어느 면에서는 개인의 심리적 건강에 영향을 미친다고 가정한다. 그러므로 개인은 자신의 욕구를 타인과 공통된 욕구로 만들고 자기 추구를 사회에 기여하도록 전환시키기 위한 기회와 도움을 필요로 하는 존재로 간주된다.

사회목표모델에 내포된 원칙은 기관정책의 명확화, 제한의 긍정적 사용, 기관 목적과의 동일시, 집단행동을 위한 적절한 이슈들의 결정, 대안적 행동과 그에 대한 결과들에 가중치를 매기는 것 등으로 알려져 있다. 각 성원들은 상세히 조사하지 않고도 개인에 대한 사정과 개입이 이루어진다. 기본적으로 사회복지사는 지역사회와 지역사회의 하위

아 실시한 프로그램 및 각 기관들이 자체적으로 실시한 프로그램들을 포함하고 있다.

문화 생활방식의 표출인 집단의 규범적 행동을 이해함으로써 개인을 사정하며 참여, 동의 그리고 집단 과제를 강조한다.

2) 치료모델

사회복지실천과정을 역사적으로 고찰해 볼 때, 치료모델의 발전이 집단사회사업이 전문사회복지실천으로 통합할 수 있게 된 계기를 마련하였다. 치료모델은 집단사회사업과 개별사회사업을 연결하는 데 적합한 기초를 제시하였다. 이 모델에서 집단은 개인의 치료를 위한 수단임과 동시에 상황으로서 개념화되고 있다.

집단사회복지사의 역할은 지시적이고 계획적이며 목표 지향적이다. 이 역할은 전문가와 집단성원 간에 개별적으로 체결한 치료 계약에 근거를 둔다. 집단성원은 전문가의 치료 계획에 따라서 사전의 진단을 받아 선택되고 계약이 성립되며 이어서 치료적 집단활동을 하게 된다. 전문가의 개입 전략은 집단성원 개개인의 욕구와 집단의 욕구를 구체적 목표달성과 관련시켜 파악한 후에 선택된다. 집단이 치료를 위한 활력 있는 상황이 되도록 하는 일은 수단적으로 중요한 목표가 되기도 한다. 전문가의 개입과 결과에 대한 상호평가를 통해서 사정은 계속되며, 이를 위해 과거의 경험, 이론적 지식, 현재의 관찰과 같은 방법이 동원된다.

3) 상호작용모델

중간모델 또는 인본주의 모델로도 불리는 상호작용모델은 개별 성원과 집단 간의 상호관계에 초점을 둔다. 이 모델에서는 집단활동 이전에 구체적 목표를 정하지 않으며, 목표설정은 사회복지사와 집단성원 간의 상호관계 속에서 이루어지는 집단 작용의 본질적인 부분으로 인식된다. 일반적으로 지지집단이라 불리는 집단이 상호작용모델의 개념에 속한다. 상호작용모델에서 사회복지사는 개인과 집단이 상호 원조체계가 되도록 중재하는 역할을 한다. 사회복지사는 성원들과 권력을 공유하고 집단에 대한 통제권을 공유하도록 요구한다.

5. 집단이론

현재 잘 알려진 소집단에 대한 연구 방법은 1930년대부터 발달해 온 것이다. 그중 대표적인 장이론, 소시오메트리, 상호작용 분석(Northen & Kurland, 노충래 역, 2006: 50-52)에 대하여 살펴본다.

1) 장이론

소집단에 대한 이론적 접근 방법으로 가장 잘 알려진 것은 Lewin과 연구진이 연구한 장이론이다. 장이론(field theory)의 기본 전제는 인간의 행동은 생활공간(life space) 혹은 장(field)의 기능이며, 생활공간은 주어진 시간에 상호의존적 요인들의 총합체로 여겨지는 인간과 환경으로 구성되어 있다.

개인은 의식적 행동의 주체자로 개인의 요구, 목적, 신념에 따라 자신의 환경을 지각하기 때문에 환경에 의해 개인이 수동적으로 영향을 받는 것이 아니라, 개인의 요구에 따라 환경을 지각함으로써 개인의 심리적 환경을 구성하고 이에 따라 행동한다. 개인은 의식적으로 행동하는 자아로서 생활공간을 중심으로 개인의 내적 요구, 신념, 필요, 목적에 따라 심리적 환경이 변화한다. 장이론에서 심리적 환경은 생활공간 중에 개인을 심리적으로 둘러싸고 있는 모든 환경적 요소들로, 관념적이든 실재적이든 개인이 의식함으로써 개인에게 심리적으로 영향을 주는 모든 환경을 의미한다. 또한 심리적 환경은 의식적 자아인 개인에 의해 결정되기 때문에 상당히 유동적이며 개인의 요구가 변하면 지각하는 환경, 심리적 환경도 변하며 개인의 지적 · 정서적 · 신체적 · 사회적 요구에 의해 결정되고 변화한다.

또한 생활공간은 심리적 환경과 개인의 역동적인 상호작용이 이루어지는 장이다. 따라서 생활공간은 개인의 내적 특성과 심리적 환경에 의해 변화하며 개인은 개인의 관심과 요구에 의해 규정된 심리적 환경과의 상호작용을 통해 성장한다. 내적 요구와 관심의 변화는 심리적 환경을 변화시킴으로써 이전과 다른 생활공간을 형성하며, 생활공간은 이렇게 개인과 심리적 환경이 변화하고 상호적 관계를 맺으면서 조금씩 천천히 변화하며 개인도 성장해 간다.

Lewin은 행동을 이해하거나 예측하기 위해서는 개인과 환경의 상호의존적 요인들을 총체적으로 고려해야 하며, 따라서 하나의 체계로서 집단은 성원 간의 역동적 상호작용이라고 불리는 지속적 적응의 과정에 있기 때문에 집단을 전체로 이해해야 하며 개개인의 단순한 총합으로 이해해서는 안 된다고 하였다.

2) 소시오메트리

각각의 개인이 집단에 함께 모이게 되면 복잡한 대인관계망이 점차 발달하게 되는데 소시오메트리는 집단 내 대인 간의 관계에 대한 매력을 기술하고 측정하는 방법으로 Moreno와 Jennings에 의해 개발되었다. Moreno는 인간관계나 집단의 분석을 위한 주요 방법으로서, ① 면식테스트(acquaintance test), ② 소시오메트릭 테스트(sociomatric test), ③ 자발성 테스트(spontaneity test), ④ 상황테스트(situational test), ⑤ 역할연기 테스트(role-playing test) 등의 5가지를 제안하였다.

이 중에서 소시오메트릭 테스트가 인간관계와 집단 구조의 분석법으로서 많이 사용되고 있다. 이것은 특정한 상호작용 상황에 관해서, 개인의 다른 성원에 대한 선택(choice)과 거부(rejection)의 행동(정서관계에서는 좋아함과 싫어함)을 테스트에 의해 타진하는 방법이며, 데이터는 일정한 약속(즉, 선택관계는 실선, 거부관계는 점선)에 따라 공간적으로 도표화된다. 이를 소시오그램(sociogram)이라고 하며, 개인의 행동 특성과 집단의 구조적 특성이 시각적으로 명시된다.

소시오메트리는 집단 내의 정서적 관계망을 특히 강조하는데 이러한 정서적 관계는 주어진 환경 속에서 성원들이 누구와 함께 어울리고 싶은지를 선택하는 것으로 파악할 수 있으며, 학급, 직장, 커뮤니티 등 다방면에 걸쳐 집단분석법으로 활용된다.

3) 집단 상호작용

집단 상호작용(group interaction)은 Bales와 연구진에 의해 개발되었다. 여기서 집단은 집단성원이 특정 문제를 해결할 목적으로 상호작용하는 하나의 체계로 간주된다. 이 과정에서 성원 간의 대화 양상과 순서에 초점이 두어진다. 집단성원은 집단의 과업을 성취하기 위해 특정 문제를 해결해야 하는데, 이때 정보와 제안, 의견을 주고받는다. 집단성원은 또한 긴장감을 해소하고 통합된 집단을 유지하기 위해 사회정서적 문제를 다룬다. 이러한 집단의 문제해결 과정은 순차적 발달 단계를 거치게 되는데, 각 단계는 이전 단계의 영향을 받으면서 다음 단계에 영향을 주는 상당히 규칙적 방법을 가지게 된다는 것이다.

장이론, 소시오메트리, 집단 상호작용의 개념들은 상당히 중첩된다. 집단의 역동성 분석을 위한 개념적 틀로 활용되며, 이를 통해 하나의 사회체계로서의 집단에 대한 이해를 향상시킨다. 결국 집단은 각 구성 요소와 전체 간에 상호의존성이 있으면서 주위 환경과 지속적으로 상호작용하는 체계인 것이다.

6. 집단역학

사회복지학이 소집단을 활용하여 집단성원을 돕게 된 것은 소집단 속에서 발생하는 사회적 힘이 성원을 변화하도록 작용하기 때문이다. 집단 내에서 성원과 성원 사이, 그리고 전문가와 성원 사이 모두 통틀어 발생하는 역동적 상호작용을 집단 과정(group process)이라고 한다. 그리고 이러한 집단 과정은 개별 성원뿐만 아니라 전체로서의 집단에 영향을 미치는 독특한 힘(force)을 만들어 내는데 이러한 힘을 집단역학이라고 한다. 집단역학에 대한 관심은 집단이 어떻게 조직되어야 하고 관리 · 지도되어야 하는가에 대한 방법에 관심을 두기도 하고, 집단성원 간의 상호작용을 일으키는 기술을 강조하기도 하고, 집단이 형성되는 방법, 집단의 구조, 집단이 구성원에 미치는 영향 등에 연구의 초점을 모으기도 하는 것을 볼 수 있다.

집단역학을 잘 이해하고 활용하면 전체 집단과 성원 모두에게 긍정적 결과를 가져올 수 있다. 따라서 집단사회복지사의 가장 중요한 과업 중의 하나는 집단의 발달 단계에 따라 나타나는 집단의 역학을 잘 이해하고 활용하는 것이다. 집단역학의 구성 요소에는 사회적 상호작용－의사소통, 집단의 목적, 대인관계, 지위와 역할, 가치와 규범, 긴장과 갈등, 집단응집력, 그리고 집단발달 단계 등이 있다(Northen & Kurland, 노충래 역, 2006: 53-61).

1) 사회적 상호작용－의사소통

사회적 상호작용이란 사람 간의 접촉이 참여자의 태도와 행동의 변화를 초래하는 역동적 힘의 상호작용을 의미하는 용어이다. 이때 의사소통(communication)은 사회적 상호작용의 가장 핵심적인 부분이다. 이것은 정보, 태도, 감정 그리고 다른 메시지가 전달되고 받아들여지며 해석되고 반응하게 되는 복잡한 사회적 과정이다.

사람들은 의사소통을 함에 있어 언어적으로 명확하게 그리고 의도를 가지고 메시지를 전달하기도 하지만, 비언어적으로 전달되어 타인에게 영향을 미치기도 한다. 생각은 주로 언어적 수단을 통해 교환되지만 정서적 내용은 비언어적 수단, 즉 얼굴 표정, 자세, 몸짓, 침묵, 행동으로 표현되기도 한다. 집단성원의 솔직하고 신중하며 의미 있는 상호작용은 그들의 긍정적 변화를 촉진하게 된다. 따라서 집단성원은 자신의 정보와 태도를 다른 성원과 어느 정도 공유해야 한다. 집단 과정에 진심으로 관여할 때 새로운 생각과 경험, 관점이나 정서적 반응이 각 성원의 성격에 통합된다. 사회복지사는 가급적 통합된 상호작용이 일어날 수 있도록 이끌어야 한다.

의사소통 과정에 대한 이해와 더불어 사회복지사는 집단 내에서 발달하는 상호작용 유형에 대해서도 고려해야 한다. Middleman(1978)은 네 가지 상호작용 유형을 제시하고 있는데, ① 기둥형(maypole), 즉 지도자가 중심적 인물이고 성원과 지도자 양자 간에만 의사소통이 이루어지는 상호작용 유형, ② 순번형(round robin), 즉 각 성원이 돌아가면서 얘기하는 상호작용 유형, ③ 뜨거운 자리형(hot seat), 즉 다른 성원들이 지켜보는 가운데서 지도자와 한 성원만이 의사소통하는 유형, ④ 자유부동형(free floating), 즉 집단에서 얘기되는 것 또는 얘기되지 않은 것이든 간에 모든 성원이 의사소통할 책임을 지는 유형이다. 기둥형, 순번형, 뜨거운 자리형은 지도자중심의 유형이며, 자유부동형은 집단중심의 유형이다.

집단중심의 상호작용 유형에서는 성원 간에 자유롭게 상호작용한다. 지도자중심의 유형에서는 사회복지사에서 성원으로, 성원에서 사회복지사로 상호작용이 이루어지므로 성원들의 상호의사소통 기회는 제한된다. 집단중심 상호작용 유형에서는 성원 간의 사회적 상호작용이 증가하고 집단 사기가 높고, 성원들의 목표 성취를 위한 노력이 증진된다.

그러나 집단중심 유형은 의사소통의 내용이 피상적일 수 있으며 효과적 의사소통을 정착시키기 위해서는 많은 시간이 소요된다. 시간의 제약이나 집단의 목적, 특성에 따라 상호작용 유형을 선택하여야 한다.

적절한 상호작용 유형을 정립하고 유지하기 위해서 사회복지사는 상호작용 유형에 영향을 미치는 요인을 고려해야 한다. 상호작용 유형에 영향을 미치는 요인은, ① 성원들이 특정한 상호작용을 했을 때 받게 되는 강화물이나 실마리, ② 집단성원 간의 정서적 결속 정도, ③ 집단 내의 하위집단, ④ 집단의 크기와 물리적 환경, ⑤ 집단 내의 권력과 지위와 같은 요소들이다. 이러한 상호작용에 영향을 미칠 수 있는 요인들을 변화시킴으로써 집단의 상호작용 유형을 변화시킬 수 있다.

2) 집단의 목적

모든 집단은 목적을 갖고 있다. 즉, 궁극적 목표와 최종 목표 혹은 의도를 가지고 있다. 집단의 목표는 집단성원의 선택, 의사소통의 발달, 집단규범, 집단의 활동 그리고 집단성원 및 집단의 평가기준에 영향을 준다. 이러한 과정이 때로는 집단의 목표를 성취하려는 동기에도 영향을 주게 된다. 또한 집단의 목표 자체가 분명해지고 강화되는 경우도 있지만 수정되거나 버려지게 되기도 한다. 사회복지사는 개별 성원의 다양한 목표를 파악하여 이를 명료화할 수 있도록 돕고, 성원들의 목표 가운데 공통점을 파악할 수 있도록 도울 필요가 있다. 집단이 목표를 설정하게 되면 이를 성취하려고 앞으로 전진하게 되며, 집단의 성원들도 각자 자신의 동기에 의해 앞으로 나아가게 된다.

집단목적의 예시

- 일반적 집단목적의 예
  - 자아존중감 향상
  - 자기통제 능력 및 문제해결 능력 향상
  - 사회성 및 사회기술 향상
  - 적응능력 향상
  - 재활 및 자립의지 강화
  - 상호지지를 위한 자조집단
- 구체적 집단목적의 예
  - 이혼가정자녀의 자아존중감 향상
  - ADHD 아동들의 자기통제 능력 향상
  - 또래관계 증진 및 사회기술 향상
  - 새터민여성의 사회적응력 향상
  - 정신장애인 재활의지 향상
  - 한부모가족 상호지지를 위한 자조집단

3) 대인관계

집단 내의 의사소통 행위는 의견과 사실뿐만 아니라 긍정적이거나 부정적인 감정의 표현도 전달하게 된다. 집단성원이 서로 도움을 주고받으며, 다른 성원에게 관심을 가질 것을 요구한다. 대부분의 경우에 집단성원은 다른 성원을 하나의 독특한 성격을 가진 사람으로 인식하고 그 사람에 대해 관심을 갖는 능력이 결여되어 있다. 그러나 개개인이 모여 집단을 이루기 위해서는 혹은 현존하는 집단이 생존하기 위해서는 긍정적이면서 집단을 단합시킬 수 있는 힘이 부정적이면서 집단을 분열시키는 힘보다 강하게 지배하고 있어야 한다. 사회복지사는 집단이 성장, 발달하기 위해서는 개별 성원이 자기중심적이기보다는 집단중심적이고 집단에 통합된 행동과 생각을 보일 수 있도록 도울 필요가 있다.

4) 지위와 역할

지위란 주어진 집단 내의 위계질서에서 한 사람이 다른 사람에 비해 상대적으로 차지하고 있는 위치를 의미한다. 역할은 사회에서 특정한 지위를 점하고 있는 개인에게 기대되는 활동, 특정 상황에서 행동해야 하는 방식 등을 말한다. 사람들은 자신이 속한 각각의 집단에서 상이한 지위를 갖게 되는데 때로는 같은 집단 내에서도 시간에 따라 상이한 지위를 가질 수 있다. 집단성원이 지역사회 내에서 갖게 되는 일반화된 지위는 교육, 소득, 능력과 같은 수단을 통해 주로 얻게 된다.

또한 어떤 지위는 성취적인 것이라기보다는 주어진 것인데, 이러한 지위에는 인종, 민족성, 신체적 조건, 생활습관 등이 있다. 집단성원은 다양한 지위를 가지고 집단에 들어오게 되며, 집단 내에서 자신의 지위를 찾고자 한다. 지위는 집단성원 간에 상호작용을 하게 되면서 사회정서적 역할과 과업 역할이 발생하게 됨에 따라 변하게 된다. 집단 내에서 집단성원의 위치는 자신에게 주어진 혹은 자신들이 성취한 역할에 의해 영향을 주고받기 때문에 지위와 역할은 복잡하게 얽혀 있으면서 상호연관성을 갖고 있다. 사회복지사는 집단성원의 역할에 대한 지식뿐만 아니라 이러한 역할이 집단 목표달성의 방향으로 발휘되도록 역할에 영향을 미칠 수 있는 기술을 갖추고 있어야 한다.

5) 가치와 규범

사람들이 한 집단에 함께 참여하게 되면 공통의 가치체계를 형성하게 되고 이것이 집단성원에 대한 행동규범을 어느 정도 결정하게 된다(남세진 · 조흥식, 1997: 166).

규범이란 집단에 어떠한 결과를 가져오든지 성원에게 기대되는 행동기준을 일반화시킨 것이다. 이것은 가치판단을 포함한다. 일련의 규범은 집단 내에서 수용될 수 있는 행동범위를 규정하고 집단의 기능에 있어 어느 정도 규칙성과 예측성을 갖게 되는데, 이는 집단성원이 집단의 기대에 따라야 한다는 의무감을 갖기 때문이다. 규범은 대체로 집단성원 간의 합의에 의해 만들어지기 때문에 규범을 수용하고 준수하게 되면 내적으로 보상을 받게 되고 외부적 통제의 필요성은 감소하게 된다. 따라서 규범은 특별한 대가를 치를 필요 없이 행동을 통제하는 수단을 제공하는 동시에, 대인관계의 힘을 활용하여 규칙에 순응하도록 할 때 발생할 수 있는 불확실성을 없애는 수단이 되기도 한다. 따라서 사회복지사는 집단의 규범을 만들고 이를 잘 관리할 수 있도록 촉진해 나가야 한다.

6) 긴장과 갈등

집단활동이 진행되면서 성원 간에는 다양한 형태의 긴장 및 갈등관계가 형성될 수 있다. 집단 과정에서 갈등은 자연스럽고 필요한 구성 요소로서 집단성원이 서로 대화하는 과정에서 발생하게 된다. 갈등은 자신과 집단성원 혹은 사회에 부정적 영향을 미칠 수 있으나 한편으로는 집단관계에 있어 긍정적 힘이 되기도 하기 때문에 갈등 자체는 발달과 변화에 있어서 매우 중요한 요소이다.

집단 차원에서 갈등은 성원의 내적 갈등에서 발생하게 되며, 과업의 객관적 상태에 대한 잘못된 정보나 집단성원 간의 목표, 가치, 규범에 대한 차이로 인해 발생한다. 때때로 갈등은 집단의 가치와 규범의 분기점에서 발생하거나 집단이 속해 있는 지역사회의 특정 부분에서 발생한다. 집단의 목표, 가치, 규범의 차이는 생활 경험 및 사회경제적 자원의 차이로 인해 발생하기도 한다. 이 점에 있어서 집단 내에서의 갈등은 사회복지실천에서 생태체계적 관점과 일치한다. 갈등에 관여된 사람과 문제의 본질, 갈등에 대한 사람들의 반응과 갈등이 일어난 환경 그리고 갈등으로 인해 영향을 받는 모든 사람들에게 나타나는 결과를 이해할 필요가 있다.

7) 집단응집력

집단응집력은 개별 성원이 집단에 대해 갖는 소속감과 매력을 표현한 집단의 특성이다. 이 개념은 집단성원이 다른 성원에 대해 갖는 매력과 집단 전체에 대해 갖는 매력을 의미한다. 집단이 성원들에게 매우 매력적이라는 것은 성원들의 태도나 의견 혹은 행동에 변화를 일으킬 수 있는 능력이 있음을 말해 준다.

집단응집력이 높다는 것은 집단에 대한 만족도가 높고 사기가 충천하고 내적 갈등이 적으며 집단성원이 중도에 탈락하여도 집단이 생존할 능력이 강하다는 것을 의미한다. 응집력이 높은 집단에서는 그렇지 않은 집단에 비해 집단의 목표를 성취하는 것이 더욱 효과적이다. 집단응집력이 안정적으로 형성되면 집단성원의 시간 엄수와 집단 출석이 규칙적이 되고, 이러한 것들이 자발적으로 이루어진다. 또한 집단에 대한 소속감이 강하게 되어 '우리' 의식이 향상되며 성원 간의 친밀감도 증대된다.

한편 집단응집력이 강하면 집단성원에게 긍정적 결과뿐만 아니라 부정적 결과도 초래할 수 있다. 집단에 지나치게 의존적이 되어 지역사회활동에 제한을 받기도 하며, 자아정체감을 상실하게 될 수도 있으며, 집단이 외부 환경으로부터 새로운 정보를 유입하는데 반대함으로써 폐쇄적이 될 수도 있다. 결국 집단성원의 자아정체감이 상실되지 않으면서 모든 성원들에게 유익한 집단응집력이 발달하여 집단이 종결되어도 성원들이 효과적으로 기능할 수 있어야 한다.

8) 집단발달 단계

집단은 시간이 지남에 따라 집단의 내부 구조, 의사소통과 상호작용의 형태, 응집력, 사회적 통제, 문화 등이 형성되며 발전, 변화되어 간다. 이러한 변화를 집단발달이라고 한다(남세진 · 조흥식, 1997). 집단의 발달 과정에서 서로 구분되는 기간 또는 구분되는 정도를 집단발달 단계라고 한다. 집단발달 단계에 대해서 여러 학자가 구분하고 그 특성을 달리하고 있지만 공통적 부분도 있다(〈표 4-1〉 참고).

Garland, Jones와 Kolodny는 3년 동안 아동기관에서 수행한 집단 과정 기록을 분석하여 집단발달 단계를 다섯 단계로 규명하였다(Zastrow, 1999: 147-149). 이 모델은 집단이 시작되어 계속적으로 발달하면서 흔히 일어나기 쉬운 문제들을 서술하고 있다. 이러한 문제를 이해함으로써 지도자가 집단성원에게 좀 더 효과적으로 반응할 수 있도록 돕는다. 특히 이 모델은 집단성원들이 서로 간에 정서적으로 얼마나 가깝게 지낼 수 있는지를 의미하는 친밀성(closeness)에 초점을 두고 있다.

Garland 등은 사회화 집단, 치료집단, 감수성 훈련집단에 특히 잘 적용되도록 이 모델을 개념화했으며 이는 동시에 자조집단, 문제해결집단, 의사결정집단, 교육 및 여가기술집단에서도 어느 정도 적용될 수 있다고 보았다.

〈표 4-1〉 **통합된 집단발달의 모델**

모델 / 단계	Garland, Jones, & Kolodny	Hartford	Sarri & Galinsky	Kindelsperger	Trecker	Northen & Kurland
1	친밀 전 단계	집단 전 단계	발생 단계	접근 또는 오리엔테이션	시작 단계	포함-적응 단계
2	권력과 통제 단계	집단 형성 단계	형성 단계	관계의 협상 또는 갈등	집단 감정, 조직이 출현	불확실성-탐색
3	친밀 단계	통합, 분열 갈등의 재통합, 재조직 종합 단계	중간 단계 Ⅰ	집단 역할의 출현	유대, 목적, 응집력 개발	상호성-목표 성취
4	개별화 단계	집단 기능 및 유지 단계	수정 단계	집단 역할 우세의 동요	강한 집단 감정-목표달성	이별-종결
5	이별 단계	종결 단계	중간 단계 Ⅱ	집단 역할 우세	흥미의 전회 집단 감정 감소	
6			성숙 단계	제도화된 집단 역할	종결 단계-집단 종결 결정	
7			종결 단계			

출처: Whittaker(1970); Northen & Kurland(2001) 재구성.

(1) 친밀 전 단계(pre-affiliation)

이 단계에서 성원들은 집단에 참여하는 것에 대해 양가감정을 갖는다. 그러므로 다른 성원들과 상호작용도 조심스럽게 한다. 이 기간 동안 집단사회복지사는 성원에게 집단이 매력석이 될 수 있도록 하기 위해 허용적이고 지지적인 태도를 취하고 신뢰를 갖게 하고, 물리적 · 심리적 환경의 참석을 허용하는 활동을 제공하고 집단 구조를 주도한다. 이 단계는 성원이 집단에서 어느 정도의 안정감과 편안함을 느끼고 집단에 소속되어 활동함으로써 받게 되는 보상을 전망하면서 끝난다.

(2) 권력과 통제 단계(power and control)

이 단계에서 집단의 특징이 나타나기 시작한다. 의사소통 유형, 동맹, 하위집단 등이 발달하고 성원들은 역할과 책임을 맡게 된다. 또한 집단규범이 수립되고 과업을 수행하기 위한 방법론이 만들어지며 성원들은 질문을 하기 시작한다. 이 시기에는 성원들을 통제하기 위한 권력투쟁도 일어난다. 이 단계는 과도기로 집단이나 지도자의 일차적 통제가 있다. 권력의 한계는 권력 사용의 범위 등과 같은 기본 문제가 해결되어야 한다. 성원이 반항하기도 하며 집단을 탈퇴하기도 한다. 이 기간 동안 지도자는, 첫째, 성원이 권력투쟁의 성격을 이해하도록 돕고, 둘째, 성원이 불확실성 때문에 갖게 되는 불안감에 대해 정서적으로 지지하고, 셋째, 이러한 것들을 해결하기 위한 규범의 수립을 도와야 한다. 그러면 지도자를 신뢰하게 되면서 성원들도 집단에 기여하게 된다.

(3) 친밀 단계(intimacy)

이 단계에서 집단성원은 인간적 관계가 강화되어 형제 간의 경쟁관계와 같은 성향이 나타나며 지도자는 부모처럼 된다. 성원들은 좀 더 개방적으로 감정을 표현하며 토론한다. 집단은 성장과 변화가 일어나는 장소로 드러난다. 개인은 자신들의 태도, 생각, 문제를 바꾸려 노력하며 집단과업이 시작된다. 이런 가운데 집단 내의 응집력이나 '하나됨(oneness)'의 감정이 발생한다. 성원은 집단 경험의 중요성을 인식하고 자신의 생활에서 집단의 의미를 탐색하고 자신의 변화를 이루고자 한다.

(4) 개별화 단계(differentiation)

이 단계에서 집단성원 상호 간의 개인적 차이를 수용하게 되고 집단사회복지사를 전문가로 인식하게 된다. 그리고 성원들이 독특한 경험을 제공하는 대상으로 집단을 인식할 수 있게 되어 효과적으로 의사소통을 할 수 있다. 지도자의 역할을 함께 나누고, 집단은 기능적이 되며 효과적으로 조직된다. 이때 집단지도자는 집단이 스스로 운영되도록 돕고, 다른 집단 혹은 지역사회와 통합되도록 권유하고, 집단의 활동과 성원의 감정 그리고 행동에 대한 평가를 해야 한다.

이 단계에서는 성원 간의 관계가 좀 더 대등해지고 서로 간에 지지적이며 좀 더 합리적이고 목적적인 방법으로 관계를 형성할 수 있게 된다.

(5) 이별 단계(separation)

집단의 목표가 성취되고 성원은 다른 사회적 상황에 적용하게 될 새로운 행동 유형을 배웠다. 종결은 쉽게 이루어지지 않는다. 성원은 종결을 꺼려 해 퇴행적 행동을 보이거나 분노 혹은 종결을 심리적으로 거부하기도 한다. 집단지도자는 이별을 촉진시키기 위해 성원들로 하여금 종결에 대한 양가감정을 표현하고 개선된 점을 인식하도록 도우며 지속적 지지와 원조의 자원을 안내함으로써 종결을 수용하게 한다.

이 장에서는 집단 대상 사회복지실천의 개념과 유용성, 그리고 집단역학이라고 표현되는 집단의 치료적인 힘을 설명하는 기초이론에 대하여 살펴보았다. 이러한 내용을 바탕으로 집단을 활용하는 사회복지사가 유념해야 할 내용을 정리하면 다음과 같다.

① 집단성원 간에 공유된 목적이 있어야 한다.
② 집단성원의 역할은 협력적인 것으로 규정되어야 한다.
③ 집단성원 간의 관계는 상호의존성 및 긍정적 유대감을 우선적으로 고려한 것이어야 한다.
④ 집단의 의사소통은 표현의 자유 및 개방성 그리고 상호 원조에 기반을 둔 것이어야 한다.
⑤ 집단의 규범과 가치는 적응적 행동을 위해 건전한 성장을 지원해야 한다.
⑥ 갈등을 인정하고 적절한 의사결정 과정을 통해 이에 대처해야 한다. 응집력 있는 집단은 변화를 위한 역동적인 힘이 쉽게 적용될 수 있으며, 결과적으로 그러한 집단에서 성원들이 긍정적 결과를 얻을 수 있다.
⑦ 집단발달 단계를 잘 이해함으로써 단계별 개입 전략과 기술을 적용해야 한다.

Chapter

5

집단 대상
사회복지실천의 과정

1. 집단사회복지실천의 계획

집단성원에게 집단이 갖는 의미와 가치는 많은 복잡한 요인에 의해 결정된다. 집단성원에게 효과적으로 서비스를 제공하기 위해 사회복지사는 집단을 시작하고 지속적으로 발달시키기 위해 체계적으로 준비해야 할 필요가 있다. 계획은 집단의 첫 모임 전에 사회복지사의 생각, 준비, 의사결정, 행동으로 이루어진다. 집단에 관해 신중하게 사전 계획을 하는 것은 여러 가지로 도움이 된다. 이는 집단성원의 욕구를 충족시킬 수 있는 집단을 구성하면서 집단성원이 집단의 목표 성취에 자신의 시간과 정력을 쏟을 수 있는 집단을 구성할 수 있도록 돕기 때문이다.

따라서 계획은 사회복지사에게 두 가지의 이점을 줄 수 있는데, 첫째, 계획은 집단을 구성하는 사회복지사가 집단에 대해 충분히 생각을 하기 때문에 자신뿐 아니라 집단에 대해서도 보다 자신감과 확신을 가질 수 있다. 둘째, 계획은 사회복지사로 하여금 집단의 개별 성원과 그의 주위 환경 및 상황, 배경, 지역사회, 문화, 태도, 관점 및 관심사 등에 관해 보다 더 잘 이해할 수 있도록 돕는다. 사회복지사의 이러한 이해는 성공적 집단사회복지실천에 있어 필수적인 것이다.

1) 집단 계획의 구성 요소

Northen과 Kurland(노충래 역, 2006: 139-184)는 집단사회복지실천에서 서비스를 제공하는 기관 및 사회적 상황 속에서 집단 구성에 대한 계획을 다음과 같이 여섯 가지로 제시하였다.

① **욕구**: 집단에 참여할 집단성원들의 문제나 어려움, 관심사는 무엇인가?
② **목적**: 집단 전체가 추구하는 목적과 목표는 무엇인가? 개별 성원의 목표는 무엇인가? 집단 전체의 목적 및 목표와 개별 성원의 목표 간에는 어떤 연관성이 있는가?
③ **구성**: 집단에 참여할 성원의 수는 몇 명인가? 집단성원의 공통점과 차이점 가운데

중요한 부분은 무엇인가? 집단을 이끌 사회복지사는 누구인가?

④ **구조**: 집단의 운영을 촉진하기 위해 필요한 것은 무엇인가? 특히 집단 모임의 시간 및 장소와 관련해서 고려해야 할 것은 무엇인가?

⑤ **내용**: 집단의 목적을 성취하기 위해 활용될 도구는 무엇인가? 집단 내에서 실제로 어떤 일들이 벌어질 것인가?

⑥ **사전 접촉**(pregroup contact): 집단 참여에 필요한 인원은 몇 명 확보할 것인가? 집단의 참여를 위해 집단성원을 어떻게 준비시킬 것인가?

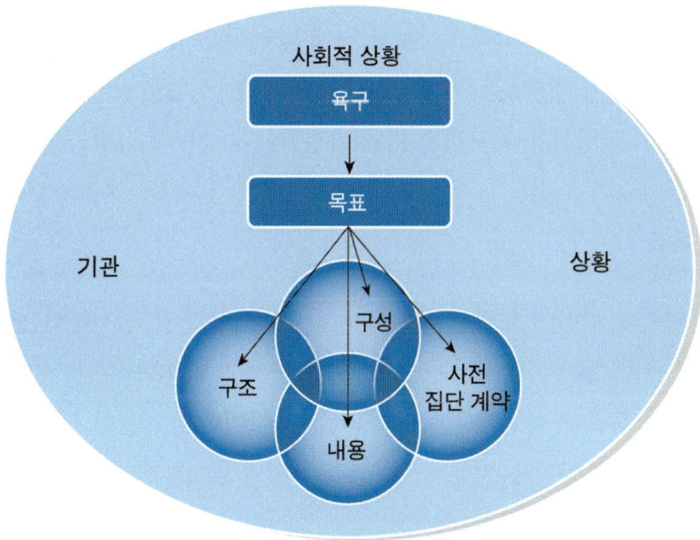

출처: Northen & Kurland, 노충래 역(2006: 140).

[그림 5-1] 집단계획모델

이러한 계획의 구성 요소 간의 관계는 [그림 5-1]에 나타나 있다. 우선 고려되어야 할 것은 욕구다. 집단의 목적에 대한 결정은 직접적으로는 욕구에서 나온다. 다른 네 가지 요소, 즉 구성, 구조, 내용, 사전 집단 계약은 욕구와 목표로부터 나오는 것이며, 사회복지사는 기관과 사회적 상황을 함께 고려하여 이들 구성 요소를 동시에 살펴보아야 한다. 예를 들면, 사회복지사가 근무하는 기관에서 이러한 집단 프로그램을 지원할 수 있는가?

집단 프로그램을 실시한다면 집단성원들을 어느 정도 의뢰해 줄 것인가? 외부 후원기관이 있다면 후원기관에서는 이러한 집단 프로그램을 지원할 의사가 있는가? 지역사회의 다른 기관에서는 유사한 프로그램이 운영되고 있지는 않는가? 등의 문제들을 고려해야 한다.

2) 계획 단계에서의 과업

집단 계획 과정에서 사회복지사의 초점은 누구를 집단성원으로 구성하는지를 결정하는 것에서부터 시작된다. 사회복지사는 실천에 앞서 집단 목적에 부합되는 집단성원을 선택하고 집단의 모임 횟수, 장소, 시간 등을 설정하는 작업을 하게 된다. 동시에 앞서 제시한 바와 같이 집단활동과 관련된 기관의 정책이나 사회적 상황들을 고려하게 된다.

(1) 집단 목표

목표는 개인이나 집단이 도달하고자 하는 지점으로 집단을 실시하려는 기관의 욕구, 사회복지사의 욕구, 클라이언트의 욕구가 상호작용하여 사회복지사나 기관의 직원들이 의견을 수렴하여 목표를 설정한다. 집단 목표는 집단이나 성원들이 나아가야 할 방향을 제시하고 프로그램의 방향을 정해 준다. 집단은 일반적으로 단기목표와 장기목표를 가지게 된다. 단기목표는 장기목표를 달성하는 데 디딤돌이 되도록 하여야 한다.

집단에 참여하는 모든 성원은 개인적 목표를 가지고 참여한다. 집단성원의 개인적 목표가 동질적일수록 집단 목표를 설정하기 쉽다. 그러나 성원의 목표가 이질적일수록 집단 내에서 숨겨진 의제가 발생하고 숨겨진 의제는 집단에 심각한 문제를 유발할 수 있기 때문에 사회복지사는 집단성원에게 모두 꺼내 놓고 이야기할 수 있는 기회를 주는 것이 좋다.

집단성원의 개인적 목표와 집단 목표가 일치하면 할수록 성원들은 집단을 좋아하며 집단 목표에 찬성하고 집단 목표를 성취하기 위해 그들이 가지고 있는 자원이나 에너지를 기꺼이 바치려고 한다.

집단의 목표가 6학년 학생들이 중학교에서 만족스러운 적응을 할 수 있도록 돕는 것이라면, 성원들의 목표와 명확히 연결되어야 한다. 따라서 이런 목표에는 초등학교와는 다른 새로운 학교에서의 행동규범에 대해 이해하는 것, 교사 한 명이 한 반을 담당하는 초등학교와 달리 여러 교사들과 만족할 만한 관계를 형성하는 것, 친한 친구들과 이별하게 됨으로써 생기는 외로움에 대처하는 것, 타인을 찾아가 친구로 사귀는 것, 적절한 과외활동을 선택하고 학습하는 것 등이 포함될 수 있다.

집단 목표를 간략하게 진술한다면, 그 내용은 집단 모임의 이유, 집단 진행 방식, 참여자에게 요구되는 기대 등에 관한 정보로 구성한다. 목표를 진술할 때 광범위하여 추상적으로 들리기 쉬우니 성원이 이해하기 쉽게 명확하게 서술해야 한다. 예를 들면, 뇌졸중 환자의 교육집단인 경우 뇌졸중이 신체에 미치는 영향을 교육하고 생활에서 불편함을 극복하는 방법을 성원끼리 공유하고 지지하는 것이 그 집단의 목표이다.

(2) 집단성원의 선정과 사정

집단성원을 선택하는 작업은 사회복지사가 운영하고자 하는 집단에 적합하지 않은 클라이언트, 집단에 참여할 수 있는 능력이 부족한 클라이언트, 집단 과정을 방해할지도 모르는 클라이언트 등을 선별해 낼 수 있는 기회를 제공한다. 일반적으로 위기 상황에 처해 있는 클라이언트, 자살할 가능성이 높은 클라이언트, 반사회적 성격장애를 지닌 클라이언트 등은 집단에 적합하지 않은 클라이언트로 볼 수 있다(Corey, 1995). 또한 지배적 클라이언트, 공격성이 강한 클라이언트, 자기중심적 클라이언트 등이 집단에 포함될 경우도 사회복지사가 집단을 효과적으로 운영하는 데 방해가 될 수 있다. 물론 집단활동을 계획하는 사회복지사의 입장에서 자신의 의사와는 관계없이 집단에 참여하도록 지정된 클라이언트의 경우에는 모두 참여시키게 된다.

한편 사회복지사는 집단을 소집하기에 앞서 집단에 참여하기로 결정된 사람들과 사전 개별면접을 통해 집단을 보다 세심하게 구성할 기회를 갖는다. 이를 통해 사전에 결정된 기준에 근거하여 성원을 선택하는 것과 특정 행동과 성격 특성이 집단의 목표달성에 이로울 것이라 생각되는 사람들을 포함시키게 된다. 특히 이 단계에서 비자발적 클라이언트 집단(예: 비행자, 법원이 의뢰한 약물중독자 등)을 구성할 때 개별면접을 하는 것은 잠재적 성원의 문제라고 생각되는 것뿐만 아니라 문제라 인정된 것을 확인하고, 강제적 선택을 명백히 하는 데 도움이 된다.

(3) 집단 구성

대부분의 경우에 집단성원을 선별할 때에는 잠재적 성원이 변화에 대한 동기가 있고 생산적 집단성원이 될 준비가 어느 정도 되어 있는지, 그리고 집단 내 다른 성원들과의 친화성은 어느 정도인지를 살펴보게 된다. 일반적으로 사회복지사는 집단 구성을 할 때, 성별, 연령, 혼인 여부, 지적 능력, 교육수준, 사회경제적 지위, 자아의 힘, 그리고 문제의 유형 등을 고려한다.

① 집단성원의 이질성과 동질성

집단을 구성할 때 동질적 집단인 경우는 성원들이 유사한 특성을 가지고 유사한 목적을 가지고 있는 경우를 말하고 이질적 집단인 경우는 성원들의 특성이나 목적이 상이한 경우이다. 동질적 집단인 경우, 의사소통을 촉진시키고 상대방의 관심사, 문제를 파악하기 쉬우며, 상호 간의 관계를 증진시키며, 집단의 결속력이 높으므로 집단활동에 빨리 집중하게 된다. 이들 집단성원은 초기 집단에서 더욱 편안함을 느끼게 된다. 그러나 동질적 집단은 다양성이 적어서 토의되는 문제들에 성원들이 흥미를 덜 보일 수 있고, 활동수준 또한 이질적 집단에 비해 피상적이다.

이질적 집단에서 서로 다른 인생 경험, 대처 유형, 취미, 가치관을 가진 성원은 다양한 관점을 가지고 자신의 문제를 검토하고 여러 가지 유형의 사람들에게서 다양한 경험을 학습하며, 자극을 받아 자신의 문제를 해결하려는 적극적 시도가 있을 수 있다. 초기에는 방어와 저항이 많을 수 있고 이로 인하여 성원이 초기에 탈락될 수도 있다. 또한 집단성원의 인종, 교육 배경, 사회경제적 지위, 성, 지역적 특성과 관련되어 하위집단을 형성하기도 한다. 이질성은 복잡한 과업을 다룰 때 일의 효율적 분할을 위해 충분한 자원들을 제공해야만 하는 과업집단에서는 매우 중요한 변수이다(Toseland & Rivas, 1995: 158). 사회복지사는 집단의 목표 및 기관의 다양한 여건을 고려하여 이질성과 동질성 사이에서 실행 가능한 균형을 이루는 노력을 기울여야 한다(Hepworth, et al., 허남순 외 역, 2004: 234).

② 개방집단과 폐쇄집단

개방집단은 집단이 진행되어 가는 과정에 새로운 성원의 가입이 가능한 집단으로 성원이 항상 변화가 생길 수 있는 집단을 말한다. 집단성원이 변화하면 새로운 생각, 신념, 가치관이 집단의 역동에 유입될 수 있다. 그러나 개방집단에서 새로운 성원이 늘어날수록 집단의 발달 단계로 진행되지 못하고, 초기 오리엔테이션을 반복하는 상황이 발생할 수 있다. 그리고 계속 참여해 온 성원들은 초점이 흐려져 답답함을 느끼고 탈퇴를 조장하게 되기도 한다. 사회복지생활시설이나 AA모임(자조집단) 등에서 일반적으로 활용되는 집단 유형이다.

〈표 5-1〉 개방집단과 폐쇄집단의 비교

집단유형	장 점	단 점	적용 사례
개방집단	• 새로운 집단성원의 참여가 집단과 성원들에게 자극이 됨 • 집단의 가입과 탈퇴가 유연함	• 성원의 잦은 교체는 집단응집력을 약화시킬 수 있음 • 새로운 성원이 집단소속감을 갖는 데 문제가 있음	• 생활시설 내 집단 • AA모임 등 자조집단 • 위기집단
폐쇄집단	• 성원의 역할과 집단규범이 안정적임 • 집단응집력이 강함	• 다수의 성원이 탈퇴할 경우 나머지 집단성원에게 미치는 영향이 큼 • 새로운 정보나 내용이 없을 수 있으므로 지루해함	• 치료집단 • 교육집단

출처: 엄명용 외(2008: 270-271) 재구성.

폐쇄집단은 집단을 구성할 때 선정된 성원이 종결까지 성원 자격을 가지기 때문에 성원 간에 응집력, 결속력이 높고 서로 간에 동일시하는 경향이 많다. 청소년과 성인의 경우에는 폐쇄집단이 좋지만, 폐쇄집단은 인원의 감소로 집단이 조기에 종결될 수 있다는 한계를 가진다. 또한 집단에 형성되어 있는 친밀감이 일부 성원에게는 부담스러울 수 있으며 어떤 성원들은 친밀해지는 것을 저항할 수 있다.

(4) 집단 구조

① 집단의 크기

집단의 크기에 관해서는 정해진 규칙이 없다. 그러나 적당한 성원의 수는 집단 목적, 집단 유형과 더불어 집단성원의 만족감, 상호작용, 성원 개인당 산출 결과 및 집단의 생산성과 효율성에 영향을 준다.

큰 집단은 성원의 수가 많아서 자원도 많고 과제의 성공적 수행에 도움이 될 수 있지만, 스트레스를 더 많이 느끼게 되고 대화를 어렵게 하기도 한다. 집단이 클수록 개인적 문제를 다루기 위한 시간은 그만큼 더 적어진다. 보다 큰 집단 속에서 개인은 익명성을 가지게 되므로 숨거나 움츠리게 되며 집단에 참여하는 압박감은 더 적을 수 있다. 집단이 작을수록 성원들의 참여에 대한 요구는 커지고 집단사회복지사는 개별적 접근이 용이하게 된다. 집단이 4명 이하가 된다면 집단이 운영된다고 하더라도 상호작용이 없다는 점에서 집단이 운영된다고 보기 어려운 점이 있다(Zastrow, 1999: 164).

Slater(1958)는 집단의 최적 성원 수는 다섯 명으로, 이때에 집단성원이 가장 만족감을 크게 느끼게 된다고 주장하였다. 다섯 사람보다 더 적은 집단의 경우, 서로 배척당할지도 모른다는 두려움으로 서로의 생각을 표현하는 데 어려움을 느끼게 되며 결국 집단을 해체하게 되고, 이와 반대로 다섯 사람 이상일 경우 집단성원은 참여에 제한을 느끼게 된다는 것이다(Zastrow, 1999: 164 재인용).

집단은 그 목적을 달성할 수 있을 만큼 작아야 하지만 또 성원을 만족시킬 수 있는 경험을 얻을 수 있을 만큼 충분히 커야 한다(Bertcher & Maple, 1985).

② 집단의 지속 기간 및 모임의 빈도

집단은 종료 일자가 정해져 있는 시간 제한 집단과 정해진 종료 일자가 없는 지속적 집단이 있다. 시간 제한 집단은 정해진 기간 내에 목표를 달성하기 위하여 노력하므로 생산적일 수 있다는 장점이 있다. 지속적 집단은 각 성원에게 문제를 깊이 다루고 변화를 야기할 수 있는 충분한 시간을 제공한다. 그러나 의존성이 증가하고 시간 제한 집단에 비해 덜 생산적이다. 집단의 지속 기간은 클라이언트의 상황, 기관의 환경, 집단의 목적 등에 영향을 받아 정해진다(NASW, 이팔환 외 역, 2000: 253). 어떤 집단은 1회성 모임일 수도 있고, 몇 개월 또는 그 이상 지속될 수도 있다.

Reid(1991)는 시간상의 제한을 두고 있는 치료집단에게 대략 20회기 정도를 권고하면서 이 정도의 길이가 집단응집력과 신뢰감을 발달시키기에 적절한 시간을 제공한다고 하였다.

사회복지실천에서 상대적으로 몇 개월 혹은 그 이상으로 오랜 기간 동안 지속되는 집단이 많이 활용되기는 하지만, 최근 외부지원사업의 일부로 진행되는 집단활동의 정도가 많아지면서 자금 지원 유형 및 요구 사항을 볼 때 단기집단이 늘어나는 경우도 보인다.

집단사회복지실천에서 보편적인 모임의 빈도는 일주일에 한 번 정도이다. 그러나 개방집단의 경우 집단성원의 회전율(turnover)이 매우 빠르기 때문에 자주 모이는 것이 집단 참여의 지속성을 유지하는 수단이 될 수 있다.

③ 모임의 소요 시간

평균적인 집단 모임 시간은 1~2시간이다. 성원의 수나 주의 집중력에 따라 시간을 유동적으로 정할 수 있으나 한 시간보다 짧으면 제기된 문제를 토론하기에 충분한 시간을 갖지 못하고 2시간 이상이 되면 지겨움을 느껴 집중하지 못한다. 집단 모임의 가장 흔한 소요 시간은 한 시간 반 정도로, 도입, 활동, 종결의 시간을 가질 수 있다. 아동이나 제한적 기능을 가지고 있는 성인에게 한 시간 이상이 지속되는 집단 모임은 적절하지 않을 수 있으며, 오히려 일주일에 두 번 30분씩 나누어 모임을 가지는 것이 바람직할 수도 있다(Reid, 1997).

④ 모임의 시간

사회복지사는 집단의 모임 시간이 집단의 구성 및 출석에 줄 영향을 고려해야 한다. 어떤 사람은 낮 시간 동안 참여할 수 없거나 저녁 시간에 참여할 수 있는 반면에 그 반대의 경우도 있다. 프로그램의 목적에 따라 주말에만 진행되어야 하는 프로그램이 있을 수도 있다. 이처럼 모임의 시간은 집단성원의 일상적 과업과 책임을 고려하여 설정하게 된다. 최근 학교사회복지실천이 확대되면서 학교 내에서 이루어지는 집단활동의 경우 방과 후 시간대를 활용하거나 토요일이 휴업일로 지정되면서 토요일 특별활동 시간을 활용하는 등 다양한 요소를 고려하여 정해야 한다.

⑤ 물리적 환경의 배려

집단의 모임이 열리는 물리적 환경은 성원에게 비밀성, 친밀감, 편안함, 집중도의 측면에 상당한 영향을 미친다. 따라서 사회복지사는 해당 조직의 주어진 여건 내에서 최상의 조건을 만들어 내기 위해 노력해야 한다. 모임 장소는 집단에 속하지 않은 사람이 그 모임에서 토의되는 것을 들을 수 없으며, 집단성원이 아닌 사람이 들어올 수 없도록 해야 한다. 집단토의 참여와 친밀한 관계를 촉진하기에 이상적인 방은 조용하면서 필요한 활동을 할 수 있을 만큼 충분히 크며, 집단성원이 서로 쉽게 보면서 상대방의 말을 들을 수 있는 정도의 거리 내에 의자를 자연스럽게 둥글게 배치해 놓는 것이다. 너무 큰 방은 집단의 친밀감을 떨어뜨리며 너무 작은 방은 공포감과 불안감을 자아낼 수 있다.

(5) 공동 지도자의 역할 수행

집단에 두 명 이상의 지도자가 있는 경우가 있다. 사회복지사가 공동 지도력을 활용하는 경우에는 그 장점과 단점을 반드시 고려해야 한다. 공동 지도력의 장점은 다음과 같다(김종옥 · 권중돈, 1993).

① 지도자의 소진을 예방할 수 있다.
② 한 지도자는 과업 목표에 치중하고 다른 한 지도자는 사회정서적 문제에 집중하는 식으로 역할 분담이 가능하다.
③ 한 지도자가 집단에 참석하지 못할 때 다른 지도자가 집단을 지도할 수 있다.
④ 모임에서 한 지도자가 정서적으로 격앙된 경우에 공동 지도자와 함께 이런 정서적 문제에 관해 탐색해 볼 수 있다.
⑤ 공동 지도자가 참석해 있으므로 역전이를 어느 정도 방지할 수 있다.
⑥ 다른 관점에서 상호작용을 볼 수 있으므로 상호피드백을 통해서 전문적 성장을 가져올 수 있다.

⑦ 초심자의 훈련에 가장 효과적 방법이 될 수 있다.
⑧ 갈등이 생겼을 때 성원에게 적절한 갈등 해결 방법을 보여 줄 모델이 될 수 있다.

그러나 이와 같은 장점이 있다고 하여 공동 지도력이 모든 집단에 유용한 것은 아니다. 단점도 동시에 고려하여야 하는데 공동 지도력의 단점은 다음과 같다(김종옥 · 권중돈, 1993).

① 공동 지도자 간에 화합을 할 수 없게 되면 호흡의 일치가 안 되며, 서로 다른 목적을 추구하게 되어 집단이 양극화된다.
② 두 지도자 사이에 권력 다툼, 갈등, 경쟁관계가 발생할 수 있다.
③ 신뢰나 존경에 근거한 관계가 아닌 경우 상대방의 유능함이나 개입 방법을 인정하지 않고 자신의 입장만을 고수한다.
④ 한 지도자가 다른 지도자에 대항하여 성원들과 결탁할 수 있다.
⑤ 절친한 지도자들인 경우에는 자신들의 개인적 문제를 해결하기 위하여 집단을 이용할 수 있다.
⑥ 비용이 많이 든다.

(6) 집단 프로그램

사회복지실천에 있어서 프로그램이란 특정한 목표를 달성하기 위하여 사전에 계획된 여러 가지 활동의 집합체를 말한다. 집단활동에서도 프로그램은 집단 목표를 달성하기 위하여 매우 중요한 매개체라고 할 수 있다. 집단 내 상호작용을 촉진하고 목적을 달성하기 위해서는 적절한 활동의 선택이 매우 중요하다. 특히 지금까지 가장 중요한 생활 경험들이 놀이 중심적이고 언어 발달이 이루어지지 않는 아동이나, 생각하고 느끼고 경험한 것을 말하는 데 어려움을 겪는 성인에게 언어 중심의 집단 프로그램은 적합하지 않다. 집단 프로그램에서 사용되는 활동들로는 게임, 미술 작업, 역할 연기, 무용, 요리, 노래 부르기, 스포츠 등을 포함하여 매우 다양하다. 집단에서 프로그램 활동을 사용하는 장점은 다음과 같다(Reid, 1997).

① 사회적 상호작용을 위한 기본적인 인간 욕구를 충족시킨다.
② 비언어적 의사소통이 언어적 의사소통보다 덜 위협적이어서 더 효과적인 경우가 있다.
③ 성원에게 자신들의 감각을 배우고 경험하는 기회를 제공한다.
④ 특정한 생활상의 과업과 관련된 기술을 발전시킬 수 있다.
⑤ 어려운 토론 영역으로 들어가는 시점에서 관심을 표출시키는 데 사용될 수 있다.
⑥ 집단성원의 공유를 촉진시켜 서로 긍정적 관계로 만들며 집단응집력을 높여 준다.
⑦ 개인과 집단역동을 사정하기 위한 진단적 도구 또는 성원들을 돕기 위해 필요한 정보를 수집하기 위한 도구로 사용한다.

특정한 활동을 선택하는 데 있어서 사회복지사는 성원들의 욕구와 능력을 신중히 고려해야 한다. 사회복지사는 집단의 프로그램 활동에 요구되는 기술과 능력의 정도, 활동을 자극하는 경쟁 정도, 활동에 의해 요구되는 신체적 활동의 정도와 신체적 접촉의 양, 활동 수행 중 이루어지는 성원 간의 상호작용 정도, 활동에 따르는 규칙의 정도, 벌칙 및 보상과 같은 요인에 주의를 기울여야 한다. 예를 들어, 퇴행성 관절염을 가진 성원의 활동으로는 수영이 좋고, 어린 아동을 대상으로 하는 집단은 만들기, 몸 전체를 움직이는 활동을 하는 것도 좋다.

(7) 다문화적 환경에서의 집단사회복지실천

집단에 따라 다양하겠지만 모든 집단은 구성원들의 문화적 배경에 영향을 받게 된다. 특히 집단이 하나의 사회적 단위로 진행되어 가면서 그 속의 집단성원들의 가치나 신념, 생각이나 문화적 편견이나 과거의 경험 등은 집단상황에 그대로 드러내 보이게 된다. 오늘날 사회의 변화가 무쌍한 만큼, 집단지도자들에게 있어 문화적 유능감을 갖는 것이야말로 매우 중요한 일이며 최근의 여러 문헌에서도 이 부분이 강조되고 있다. 특히 Corey는 "다문화적 집단작업은 문화, 민족성, 인종, 성, 계층, 종교, 성적 성향 등 다양성 범위의 인식과 문화이해의 방법을 포함시켜야 한다."고 했다(Corey et al., 김진숙 외 역, 2012).

우리 사회에서도 그동안 다문화가정의 수가 증가함에 따라 지역적으로 다소 차이가 있긴 하나 다문화가정 자녀들의 숫자도 늘어났고 이에 따라 특히 학교에서의 집단활동에서는 다문화가정 아동이나 청소년들이 참여할 기회도 많아졌다.

다양한 문화를 가진 사람들로 구성된 집단을 이끌 때 집단지도자는 그들의 문화와 집단에 대하여 갖는 생각을 이해할 필요가 있다. 물론 문화적으로 다양한 집단을 이끌 때에는 장점과 한계점이 있다. 긍정적인 측면으로 집단성원들은 집단의 피드백이 주는 힘과 용기에서 많은 것을 얻을 수 있고, 유사한 방식으로 서로를 지지할 수 있다. 집단성원들이 그들의 동료가 스스로 도전하고 희망했던 삶의 변화를 만들어 가는 것을 보면서, 자신들에게도 그러한 변화가 가능하다는 희망을 갖게 한다.

하지만 집단이 모든 사람에게 적용되지는 않는다는 점을 깨닫는 것도 중요하다. 어떤 사람들은 개인적인 문제를 드러내거나 가족의 갈등을 밝히는 것을 꺼려할 수 있는데, 심지어 그들은 개인적인 문제가 있다는 것 자체를 부끄럽게 여기고, 낯신 사람들 앞에서 그 문제에 대해 이야기하는 것을 더 수치스러운 일이라 생각할 수도 있다. 일부 문화권의 사람들은 전문적인 도움을 구하기보다는 가족 구성원이나 성직자 등에게 의지한다. 또한 집단에 참여하는 것이 편하지 않을 수 있고, 상담 집단의 일부가 되는 것도 꺼릴 수 있다. 집단이 진행되는 방식에 익숙하지 않기 때문에 참여를 주저하기도 하고, 집단에서 기대하는 것이 자신들의 문화적 가치와 충돌한다는 것을 발견할 수도 있다. 모든 문화적 배경을 가진 사람들이 집단활동에서 이익을 얻을 수 있도록 집단지도자와 집단성원들은 함께 이러한 문화적 분리 사이에서 교두보 역할을 해야 한다.

집단활동에 있어서 모든 문화적 배경을 심도 있게 이해한다고 기대하는 것이 비현실적일지라도 문화적 다양성 가운데에서 성공적으로 작업하기 위해 일반적인 원리 정도는 이해하고 있어야 한다.

Corey는 집단지도자의 다양성 역량을 갖추기 위한 개념적인 틀을 신념과 태도, 지식, 기술이라는 세 가지 영역에서 제시하였다. 먼저 자신의 문화를 이해가는 것이 중요하다고 하면서, "내가 정말 집단성원들을 돕고 있는가? 그들은 나에게 효과적으로 도움을 받고 있다고 느끼는가?"라는 질문을 스스로에게 던져 보라고 권한다. 또한 집단지도자의 다문화역량을 갖추기 위해 고려해야 할 단계를 다음과 같이 제시하고 있다(Corey et al., 김진숙 외 역, 2012).

① 개인적 가치, 신념, 그리고 생산적인 방법으로 타인과 관계하기 위해서 어떻게 사람을 바라보는가를 명확히 규정한다.
② 집단개입에 대한 이론적 접근에 있어 자신이 본래부터 갖고 있던 가치를 확인한다.
③ 구체적으로 문화가 다른 집단을 효과적으로 개입하는 집단을 직접 보면서 배운다.
④ 자신의 개인적 가치나 이론적 관점, 그리고 신념이 문화적 다양성을 가진 사람들의 가치와 충돌하는 구체적인 상황을 확인한다.
⑤ 자신의 세계관을 집단성원에게 강요하는 것을 피한다.
⑥ 개인적 · 문화적 가치의 충돌 때문에 클라이언트를 의뢰해야 할 때와 상황을 확인한다.
⑦ 자신의 편견이나 관점 때문에 집단개입에 대한 슈퍼비전과 자문을 받아야 하는 사항을 확인한다.
⑧ 집단개입과 관련된 다른 문화와 잠재적 갈등에 대한 정보를 얻을 수 있는 자원목록을 찾는다.

한편 집단지도자는 집단활동 내에서 집단성원들로 하여금 문화적 다양성에 관하여 적극적으로 다룰 수 있도록 안내한다. Cardemill과 Battle(2003)은 집단성원들과 문화에 관해 대화하는 것은 치료적 관계를 강화하고 더 좋은 치료결과를 가져온다고 했다. 집단지도자는 문화적 차이에 관한 토론에 유연해야 하고, 다양한 수준의 토론에 집단성원들을 참여시키는 것이 좋다. 집단성원들과 문화적 정체성에 관해 대화를 시작하기 위해서는 집단성원들의 민족적 · 문화적 배경에 대한 기본이해가 필요하다. 그러나 모든 집단성원의 배경에 대해서 빠짐없이 안다는 것은 현실적으로 불가능하기 때문에 집단성원들이 관련된 차이점과 차이의 의미에 대해 이야기할 때 주의깊게 참여하는 것이 필요하다. 집단성원들에게 이러한 기회가 있다면 그들은 오히려 집단지도자가 효과적으로 이끌어 가는 데 필요한 정보를 제공해 줄 것이기 때문이다.

2. 집단 사정 단계의 특징과 과업

사회복지실천에서 사정이란 클라이언트 체계에 대해 정보를 수집하고 조직화하여 판단하는 것을 말한다. 집단을 대상으로 한 사회복지실천에서 사정의 초점은 집단의 유형이나 개입 전략에 따라 달라질 수 있다. 그러나 사회복지사가 반드시 개별 성원과 전체로서의 집단 등 양자에 초점을 두어야 한다는 점은 공통적이다. 집단은 계속 변하므로 사정 역시 시의 적절한 집단실천을 위해 지속적으로 이루어져야 한다. Hepworth, Rooney와 Larsen(허남순 외 역, 2004: 240-252)이 제시한 집단 과정에 대한 사정 방법을 중심으로 개별 성원과 집단에 대해 사정하는 방법을 알아보기로 한다.

1) 개별 성원에 대한 사정

집단에 참여하는 성원들의 상당수는 대인관계에서 그들 자신과 타인에게 스트레스를 야기하는 행동상의 비기능적 측면을 가지고 있다. 개인은 자신의 행동 패턴을 잘 인식하지 못할 수도 있으며 그것으로 대인관계에 문제가 생기는지를 잘 알지 못한다. 이때 사회복지사의 역할은 개별 성원들이 자신의 행동 패턴을 인식하고, 행동을 변화시키도록 도와주는 것이다. 이를 위해서 사회복지사는 개별 성원들에게서 반복적으로 나타나는 행동과 그 행동과 밀접히 관련되어 있는 인식에 초점을 맞추어야 한다. 일반적으로 행동 패턴은 집단성원과 상호작용하는 방식을 관찰하거나 집단에서의 역할, 사용하는 언어 습관 등을 확인함으로써 알 수 있다. 늘 '나는 안 돼', '내가 하면 잘 안 될지도 몰라'와 같이 자신을 부정적으로 말하는 사람은 부정적 인식 패턴을 가지고 있다.

집단에서 개별 성원들은 집단의 임무를 수행하거나 문제해결을 직접적으로 돕는 역할을 맡을 수도 있으며, 집단의 기능을 유지, 변경, 강화시키는 데 관련된 역할을 맡을 수 있다. 또한 개인적 목표만 추구하는 자기중심적 역할을 할 수도 있다. 집단에서의 역할은 곧 다른 사회적 상황에서의 역할을 그대로 반영하는 것이므로 집단 내 역할에 대한 사정은 매우 중요하다. 개별 성원의 기능적 행동과 비기능적 행동의 예는 〈표 5-2〉에 제시되어 있다.

〈표 5-2〉 **개별 성원 행동의 예**

기능적 행동	비기능적 행동
• 집단성원이나 중요한 타인에 대하여 관심을 표명 • 지도력을 보여 줌 • 자신을 분명하게 표현 • 타인을 지지하고 협동 • 초점을 유지하고 집단의 목적을 달성하는 데 지원 • 감정을 솔직히 표현 • 타인의 말을 정확히 인식하고 이해한 바를 전달 • 토론에 참여하여 건설적 피드백에 대해 솔직하고 긍정적으로 반응 • 집단에 의해 정해진 지침 내에서 일함 • 행동에 대한 책임을 짐 • 타인의 장점과 성장에 대한 긍정적 피드백을 줌 • 자신의 장점과 성장을 인정 • 유머를 적절히 사용	• 타인의 말을 중단시키거나 타인의 생각 무시 • 회유하기, 생색내기 • 경시, 비판, 빈정대기 • 논쟁, 공격, 비난 • 섣부른 조언 • 언어적·비언어적으로 반감 표현 • 말을 너무 많이 크게 하거나 속삭이기 • 무관심하거나 움츠러들고 관객의 역할을 취함 • 주제와 관계없는 이야기 • 타인을 놀리거나 흉내 냄 • 야단법석을 떨거나 육체적으로 공격적임 • 해로운 하위집단을 형성 • 타인을 분석하거나 판단 • 자신에 초점을 맞추는 것을 회피 • 개인적 문제와 연관된 감정이나 근심을 표현하지 않음

2) 전체 집단에 대한 사정

전체 집단에 대한 사정 영역은 집단행동양식, 집단 내 하위집단, 그리고 집단의 규범이나 가치 등을 포함한다. 집단행동양식에 대한 사정은 집단 전체의 상호작용이 성원 간에 지지적인가, 집단은 목표를 달성하는 데 건설적 방향으로 나아가고 있는가, 집단 내 권력이나 자원은 일부 성원이 독점하고 있는가 아니면 공유되고 있는가, 집단 내 의사결정은 민주주의적 방식으로 이루어지는가 등을 포함한다. 기능적 집단행동의 몇 가지 예를 들면 다음과 같다.

① 집단은 문제를 직시하고 필요하면 조정한다.
② 집단은 개별 성원들이 자신들의 문제를 드러내는 데 긍정적으로 반응한다.
③ 집단의 성원들은 타 성원의 욕구와 감정에 민감하고 상호지지적이다.
④ 집단 내 의사결정은 모든 성원의 관점과 감정을 고려하여 합의로 이루어진다.
⑤ 집단은 상호작용을 독점하거나 집단의 목표를 달성하는 데 방해가 되는 성원에 대해서 책임 있게 대응한다.

집단이 효과적으로 진행되기 위해서 사회복지사는 집단 내의 하위집단을 확인하고 그 집단이 전체 집단에 미치는 영향에 대해서도 사정해야 한다. 하위집단의 형성은 성원의 친밀감을 발전시키기도 하지만 다른 성원을 배제할 경우 전체 목표를 방해하고 해가 될 수 있다. 사회복지사는 규범을 통해서 긍정적 분위기를 만들어야 한다.

3. 집단사회복지실천기술

1) 집단사회복지사의 개입 기술

집단사회복지사의 개입 기술은 개인을 대상으로 하는 사회복지실천에서 사용하는 기술과는 다소 다른 측면을 가지고 있다. Toseland와 Rivas(1995)는 집단사회복지사가 실무에서 활용할 수 있는 개입 기술을 집단 과정 촉진 기술, 자료 수집 및 사정 기술, 그리고 행동 기술로 구분하여 각 범주에 해당하는 기술들을 제시하고 있다. 각 기술에 대해서 간단하게 알아보자.

(1) 집단 과정 촉진 기술

집단 과정을 촉진하는 기술은 사회복지사가 집단 과정에 영향을 미치려는 의도가 있을 때 사용한다. 집단 과정을 촉진하는 기술은 성원 간의 이해를 증진하고, 개방적 의사소통을 형성하며 신뢰감을 형성하는 데 도움을 준다.

① **집단성원 참여 촉진**: 모든 집단성원은 집단에 관심을 가지고 참여하는 것이 가장 바람직하다. 사회복지사는 소외되거나 침묵하고 있는 성원들을 토론에 참여시켜 자신의 생활 경험을 나누고 문제해결 방법을 찾도록 원조해야 한다. 또한 집단성원으로 하여금 집단 과정과 회합 내용을 정하는 데 적극적으로 참여하고 기여하도록 해야 한다. 성원의 참여를 통하여 집단의 의사결정을 공유하고 결속력을 증가시킬 수 있다.

② **주의 집중**: 사회복지사가 각 성원의 말이나 행동을 듣고 이를 이해하고 있다는 것을 나타내는 기술이다. 이러한 기술에는 성원의 말을 반복하거나 다른 말로 표현하는 것, 성원이 말한 바의 이면에 숨어 있는 의미에 감정 이입적으로 반응하는 것, 집단성원과 시선 접촉을 함으로써 성원들에게 관심을 가지고 있다는 점을 전달하는 것 등이 포함된다.

③ **표현 기술**: 사회복지사는 성원들이 주요한 문제나 과업 등에 대해 느끼고 생각하는 바를 자유롭게 표현하도록 원조해야 한다. 어려운 주제에 대해서는 사회복지사가 먼저 자기 표출을 함으로써 개방적 의사소통이 이루어질 수 있는 계기를 마련할 수 있다.

④ **반응 기술**: 사회복지사는 특정한 집단 과정에 선별적으로 반응하여서 다음에 이루어질 집단 과정에 영향을 미칠 수 있다. 사회복지사는 성원의 지속적인 참여가 필요하다면 집단성원의 노력을 지지해야 할 것이고, 성원의 행동이나 말을 멈추게 할 의향을 가지고 있으면 반응하지 않는 방법을 사용할 수 있다.

⑤ **집단 의사소통의 초점 유지**: 집단 과정의 특정 영역에 초점을 둠으로써 관련 없는 부분에 대한 의사소통을 감소시키고 문제에 관해 심도 있는 탐색을 할 수 있게 한다. 초점 유지 기술로는 명확화, 특정 의사소통의 반복, 토론 범위의 제한 등이 포함된다.

⑥ **집단 과정의 명료화**: 집단 과정의 명료화 기술은 성원으로 하여금 그들이 어떻게 상호작용하고 있는지를 인식하도록 도와주는 기술을 말한다. 이때 사회복지사는 집단에 내재하는 규범이나 특정 성원의 역할 또는 특정한 상호작용의 형태를 지적하거나, 성원들에게 특정한 상호작용 형태가 만족스러운지 물어볼 수 있다.

⑦ **내용의 명료화**: 집단 과정의 명료화뿐만 아니라 집단성원의 상호작용의 내용을 명

료화하는 것도 중요하다. 성원의 의사소통을 원활히 하기 위해 성원이 자신을 분명히 표현하도록 원조하며, 또 특정한 메시지를 집단성원이 잘 이해했는지 검토해 볼 수도 있다.

⑧ **집단 상호작용의 지도:** 사회복지사는 집단의 상호작용을 특정 방향으로 이끌어 나갈 수 있다. 집단의 상호작용에 대한 지도가 필요한 이유는 하위집단의 역기능적 측면을 수정하고, 과업 성취를 위해 노력할 수 있는 상호작용을 촉진하며, 의사소통의 방향을 재조정함으로써 개방적 의사소통을 격려할 수 있기 때문이다.

(2) 자료 수집과 사정 기술

자료 수집과 사정 기술은 의사소통 유형에 어떤 영향력을 행사할 것인지를 계획하고 집단 목적의 성취를 위해 어떤 기술을 사용할 것인지를 결정하는 데 유용하다. 이 기술은 앞서 제시한 집단 과정 촉진 기술과 뒤에 소개하게 될 행동 기술을 매개하는 역할을 한다. 효과적 자료 수집과 사정 기술이 없는 개입은 상황에 관한 완전한 이해가 없으므로 서투른 개입이나 과잉 단순화된 개입 또는 이전에 비효과적이었던 개입 방법이 될 수 있다.

① **확인 및 묘사 기술:** 자료 수집의 가장 기본적 기술은 성원이 특정 상황을 파악하고 묘사할 수 있도록 원조하는 기술이다. 사회복지사는 성원이 문제의 속성을 가능한 한 정확하고 구체적으로 표현하도록 원조해야 한다. 문제를 정확히 이해하기 위해서는 문제와 관련된 현재의 특성뿐만 아니라 과거의 특성까지 확인하고 기술할 필요가 있다. 사회복지사는 성원이 상황을 여러 각도에서 볼 수 있도록 다양한 준거틀을 제시하거나 대안적 해석을 제시할 수 있다.

② **정보 요청, 질문 및 탐색 기술:** 상황을 확인하고 묘사하기 위해서는 정보 제공을 요청하고, 질문하고, 탐색하는 기술이 필요하다. 이런 기술을 통하여 사회복지사는 문제와 관심사를 명확히 하고 모든 성원에게 유익한 추가 정보를 파악할 수 있다. 질문을 할 때 사회복지사는 명확하고 답변이 가능한 질문을 해야 한다. 사회복지사의 가치가 내재되어 있거나 매우 민감한 주제에 관한 질문은 성원들이 오해하거나 도전으로 받아들일 수 있으므로 주의해야 한다.

③ **요약 및 세분화 기술**: 집단이 직면하고 있는 문제나 관심사에 대해서 토론할 때 요약과 세분화 기술을 사용할 수 있다. 이미 논의된 것의 핵심을 요약하면 성원들은 문제에 관해 다시 한 번 생각하고, 자신이 인식한 바를 서로 비교해 볼 수 있으며 문제해결에 필요한 후속 조치를 발견할 수 있다. 세분화 기술은 복잡한 문제나 이슈를 다룰 수 있는 작은 부분으로 나누는 기술이다. 이는 성원의 문제해결 동기를 증진시킬 수 있다.

④ **통합 기술**: 통합 기술은 언어적 · 비언어적 의사소통을 통합하는 기술이다. 이 기술에는 성원들의 행동이나 말의 의미들을 연결하며, 숨겨진 의제를 표출하고, 명확하지 않은 생각과 느낌을 분명히 하며, 성원의 말과 행동 속에 나타나는 주제나 경향을 지적하는 것 등을 포함한다. 통합 기술은 성원들에게 그들이 어떻게 타 성원에게 인식되고 있는지에 관한 피드백을 제공하는 데 유용하다.

⑤ **분석 기술**: 분석 기술에는 자료의 유형을 파악하고, 자료 간의 차이를 발견하며, 평가에 필요한 자료를 획득할 수 있는 방법이나 기제를 설정하는 것이 포함된다.

(3) 행동 기술

행동 기술은 집단의 목적과 과업을 성취하도록 원조할 때 사용된다.

① **지지**: 사회복지사는 성원들이 서로 관심사를 공유하고 자신의 의견과 감정을 표현하도록 격려하며, 성원의 장점을 지적하고 그들의 요구에 반응함으로써 성원에게 지지를 나타낼 수 있다. 어떤 집단에서는 감정의 표출과 지지가 바로 집단의 일차적 목적이 되기도 한다. 집단성원을 지지하는 기술은 성원들이 집단 내에서 그들의 생각이나 감정이 받아들여질 것이라고 인식하지 않는다면 효과적일 수 없다. 따라서 성원들의 경험과 견해가 존중되는 집단문화를 발전시키도록 원조해야 한다.

② **재구조화 및 재정의**: 집단과 개별 성원은 문제를 다른 시각에서 볼 수 없으므로 적합한 문제해결 방법을 찾지 못하는 경우가 있다. 사회복지사는 집단이 직면한 관심사와 이슈를 다양하고 보다 긍정적으로 볼 수 있도록 원조할 수 있다. 상황을 새로운 관점에서 보기 시작하면 부정적 사항을 문제로만 인식하는 것이 아니라 변

화나 성장을 위한 기회로 활용할 수 있다.

③ **지시**: 사회복지사가 집단의 목적을 명확히 하고, 성원의 프로그램 활동 참가를 원조하며, 토론을 이끌어 가고, 정보를 공유하며, 특정 문제를 평가할 때, 사회복지사는 집단의 활동을 지시한다. 사회복지사는 성원의 승인 없이 또는 집단의 방향을 결정하는 데 성원은 참여시키지 않고 지시 기술을 사용해서는 안 된다. 집단성원들이 지시에 대해서 어떻게 반응할지 유의하면서 지시를 해야 한다. 지시 기술은 참여와 투입을 증가시키는 기술과 함께 사용될 때 효과적이다.

④ **조언, 제안, 교육**: 사회복지사는 성원들이 새로운 기술을 습득하고 문제를 이해하며 문제 상황을 변화시킬 수 있도록 원조하기 위해 이 기술을 사용할 수 있다. 이를 통하여 성원들은 직접적인 정보를 얻게 될 뿐만 아니라 집단 내 상호 원조체계를 발전시키는 데 활용할 수 있게 된다.

⑤ **자원 제공**: 사회복지사는 집단 내 · 외부의 자원을 성원에게 알려 주거나 연결시켜 주는 역할을 한다.

⑥ **모델링, 역할연습, 예행연습 및 지도**: 모델링은 사회복지사나 성원이 특정 상황에서의 행동에 대해 시범을 보임으로써 다른 성원들이 모방할 수 있게 하는 기술로서, 대인관계나 사회기술 향상을 위하여 많이 활용되는 기술이다. 역할연습은 성원이 특정 상황을 실시해 보는 것으로 성원의 기능을 평가하고, 대인관계에 필요한 기술을 인식하게 하며, 성원으로부터의 피드백을 통해 개인의 행동을 변화시키는 데 도움이 되도록 한다. 또한 역할연습 성원이 그의 생활공간에서 배우자나 부모와 같은 중요한 누군가의 역할을 취하게 하여 상대방의 견해로부터 상황을 경험하게 함으로써 자신의 내인관계에 대한 인식과 이해를 증진시키게 한다. 예행연습은 역할연습이 끝난 후 피드백에 근거해 호전되어야 하는 행동을 집단이라는 안전한 환경 속에서 연습하는 것이다. 사회복지사는 대인관계에서 반응하는 방법에 대해 자세하게 알려 주고 시범을 보여 줌으로써 기술 습득이 가능하게 돕는다.

⑦ **직면**: 직면이란 저항을 극복하고 성원을 동기화시킬 수 있는 행동 기술이다. 직면 기술은 성원들이 행동, 사고, 감정의 불일치를 극복할 수 있도록 원조하기 위하여 성원의 행동을 명확히 하고, 탐색하며, 도전하는 능력이다. 직면은 정서적 부담이

크므로 사회복지사는 상황을 정확히 평가하여 성원이 수용할 수 있을 때 조심스럽게 사용해야 한다.

⑧ **갈등 해결:** 성원 간의 갈등, 집단 외부 환경과의 갈등, 그리고 집단과 기관과의 갈등을 해결하는 기술이다. 사회복지사는 집단 내 갈등을 방지하기 위해 집단의 규칙을 개발하고 유지하도록 원조해야 한다. 또한 갈등을 완화하기 위해 조정, 협상, 중재 기술을 사용할 수 있다. 성원들이 집단 외부 환경과 갈등을 일으키는 경우 사회복지사가 갈등 상황에 직접 개입하거나 성원들이 갈등 해결에 필요한 기술을 개발하도록 원조할 수 있다.

2) 집단실천 단계별 사회복지사의 역할

집단이 구성되면 성원이 서로 관계를 맺고 상호작용을 하면서 집단의 규범과 문화를 만들고 영향력을 발휘하면서 자연스럽게 하나의 유기체처럼 성장, 발달해 나아간다. 따라서 집단의 발달 단계에 따른 특성과 사회복지사가 수행해야 할 과제들에 관한 지식은 집단사회복지사가 집단을 실시할 때 예견되는 사건이나 문제에 대처할 수 있게 하며 집단이 목표달성 방향으로 진행되도록 돕게 된다.

(1) 집단실천의 초기 단계

집단성원은 집단의 첫 모임을 시작하기 전에 사회복지사와 만나고 집단의 목표나 운영에 대해서 설명을 들었다 하더라도 집단이 시작되면 성원들이 낯설고 사회복지사에 대해서 염려와 두려움을 가질 수 있다. 성원들은 집단의 초기 단계에서 자신들이 집단에서 무엇을 할 것인지, 다른 성원과 사회복지사는 어떤 사람인지, 그리고 집단이 자신들에게 기대하는 바는 무엇인지에 대해서 의문을 제기한다. 그리고 자기 나름대로의 해답을 얻기 위해 다른 성원과 사회복지사에 대해서 평가하며, 집단이 자신이 원하는 것과 거리가 멀 경우 더 이상 접근하지 않고 회피한다.

〈표 5-3〉 집단 초기 단계의 특성 및 사회복지사의 역할

집단성원의 특성	집단의 특성	사회복지사의 역할
• 낯선 사람에 대한 불안, 불신 • 사회복지사와 대화 시도 • 탐색 및 거리감 유지, 친해지려고 노력을 보임 • 성공할 수 있을 것인가에 대한 불안감 • 집단에서 도움을 받아 성공할 수 있을지에 대한 두려움	• 집단, 사회복지사, 집단성원에 대한 오리엔테이션 • 집단의 규범, 가치, 대화양식 등이 설정됨 • 집단의 목적을 공유함 • 집단성원 간 공통점 모색 → 응집력에 영향	• 비밀보장 설명 • 집단성원이 사회복지사에게 의존하므로 사회복지사의 적극적인 개입이 요구됨 • 집단성원의 불안감 감소시킴 • 집단의 목적을 모두가 공유하게 함 • 집단성원 간의 공통점을 찾아 연결시킴 • 집단의 규범이 설정되도록 도움

출처: 김성이 외(2004: 199).

집단의 초기 단계에서 사회복지사의 주된 노력은 성원들이 자신을 집단의 일부로 느끼고 공통된 목적을 향해 함께 활동을 시작할 수 있는 공통적 기초를 발견할 수 있도록 도와주는 것이다. 이를 위해서 사회복지사는 개방적이고 솔직한 의사소통을 촉진시키며 집단 과정을 민주적으로 하여 신뢰할 수 있는 분위기를 확립하도록 해야 한다.

① 집단성원의 소개

집단의 첫 모임에서 사회복지사는 성원들을 소개하는 시간을 갖는다. 소개는 성원 간의 상호 관심사와 흥미를 공유하게 하고 상호신뢰를 발전시키는 계기가 된다. 사회복지사는 소개 과정을 통하여 집단성원들이 그들의 생활 경험, 어려움, 관심사, 감정 등에서 유사성이 있다는 점이 드러나도록 해야 한다. 따라서 집단의 목적을 고려하여 어떤 정보가 공유되는 것이 좋을지를 결정하고 개별 성원 소개 시 그 정보를 밝히도록 하는 것이 좋다.

집단성원의 소개에 가장 일반적 방법으로는 순번대로 돌아가면서 자신을 소개하는 것이다. 이때 사회복지사는 먼저 자신을 소개하여 성원들이 무엇을 소개할지를 보여 줄 수 있다. 예를 들면, 자신의 이름, 직위, 앞으로 운영될 집단 프로그램과 관련된 경력 등을 소개할 수 있으며, 공식적 기관명찰이나 자격증을 보여 주면서 자신을 소개하는 것도 좋은 방법이다(김영호, 2008: 154). 필요하다면 순번제의 변형으로서, 성원 간의 상호작용을 촉진하기 위하여 계획적 짝 짓기로 소개하는 방법이 있다. 짝을 지어서 5~10분간

미리 짜인 질문을 가지고 서로 면접을 하고 자신이 면접한 상대방에 대해서 집단에게 소개하는 방식이다.

집단을 개회할 때 프로그램 활동을 사용할 수 있다. 예를 들어, 아동집단에서는 성원들에게 자신들을 대표할 수 있는 동물을 선택하게 하고 자신을 소개할 때 어떤 점에서 그 동물과 동일한지 이야기하도록 하는 방법을 사용할 수도 있으며, 성원들이 원으로 둘러서서 자기 옆에 있지 않은 다른 두 사람과 손을 잡게 하고, 그런 다음 엉킨 것을 풀되 서로의 손을 놓지 않은 상태로 원을 만드는 방법을 활용하면 소개와 더불어 초기 긴장감을 해소하는 데 도움이 될 수 있다.

| 집단 내에서 성원을 소개하는 다양한 방법

- 순번제(round robin)는 차례대로 돌아가면서 자신을 소개하는 방법이며, 이때는 사회복지사가 먼저 자신을 소개함으로써 성원의 모델이 되어 준다.
- 두 명씩 짝(pair)을 지어서 사회복지사가 미리 알려 준 내용으로 서로 면접을 보도록 한다. 약 5분간 면접 후 역할을 바꾼다. 다시 집단을 소집하여 자신의 파트너를 소개하도록 한다. 이 방법은 성원 간의 상호작용을 촉진하는 이점이 있다.
- 문제 교환 방식(problem swapping)으로, 성원이 자발적으로 짝을 지어 자신들의 문제와 관심사에 대하여 집단 앞에서 공개적으로 토론하는 방식이다.
- 일급비밀(top secret) 방식은 성원들이 자신과 관련된 말하고 싶지 않는 사항 한두 가지씩을 적어서 내도록 한다. 집단에서 이 일급비밀을 읽어 주고 그 비밀을 써 낸 사람이 누구인가를 알아맞혀 보도록 하는 것이다.
- 보물찾기(treasure hunt) 방식은 아동집단에서 흔히 쓰이는 방법으로, 각 성원들은 타 성원들에 대해 2~3가지의 사실을 찾아내라고 요구하고 집단은 이를 위하여 상호작용하고 서로에 대한 정보를 공유한다.

출처: Toseland & Rivas(1984: 144-146).

② 집단의 목적에 대한 설명과 피드백

소개가 끝나면 집단의 목적에 대해서 설명해야 한다. 비록 성원들이 집단의 목적에 대해서 사전에 알고 있다 하더라도 다시 한 번 분명히 하는 것이 좋다. 집단의 목적은 부정적 측면보다 긍정적 측면을 강조하는 것이 좋다. 예를 들면 "여러분도 아시다시피 이 집단은 ~을 증진시키기 위하여 앞으로 ~ 기간 동안 진행되는 집단 프로그램입니다"와 같이 설명할 수 있다. 집단의 목적에 대해 설명할 때 후원하는 기관의 기능에 대해서도 간단히 언급하여 성원들이 기대할 수 있는 서비스의 한계를 명확히 해야 한다. 사회복지사는 목적이나 목표에 대해서 성원이 자신들의 의견이나 관심사를 표현하도록 촉구해야 하며, 그들의 의견을 반영하도록 해야 한다.

③ 개별 성원의 목적설정

집단성원 모두에게 적절한 공동의 목적이 수립되는 정도는 집단에 따라 다르다. 예를 들어, 만성 폐결핵에 걸린 성원들로 구성된 집단에서는 금연이라는 공동의 목적하에 금연할 수 있는 구체적 방법을 논의하는 데로 곧바로 옮겨 갈 수 있다. 그러나 시로 다른 정신장애를 겪고 있는 성원의 집단에서 공동의 목적은 매우 추상적이고 포괄적인 수준이어서 개인적 목표는 구체적으로 설정되어야 한다. 문제 자녀를 둔 교육집단에서 공동의 목적은 아동의 정상적 발달과 성장에 대한 학습이고 개별 성원의 목적은 자녀가 갖고 있는 문제행동의 감소가 될 수 있다. 효과적인 목적 달성을 위해 개인적 목적은 명확한 용어로 규정되어야 하고, 집단활동 기간 동안 성취할 수 있으며, 측정될 수 있는 것이 좋다.

④ 계약

초기에 성원들은 집단사회복지사의 역할, 성원의 역할, 그리고 그들에게 기대되는 것 등에 대해서 잘 알지 못한다. 따라서 계약을 통해 상호 간의 기대, 의무, 책임을 명백히 하는 것이 필요하다. 계약은 집단의 목적, 기관의 목적, 성원의 욕구를 명백히 하고 사회복지사의 기대와 적극적 행동 수행을 명시하는 것이다. 예를 들어, 자기주장훈련집단의 경우 두 사람은 서로에게 전화를 걸어 집단 밖에서도 연습을 잘하고 있는지 확인할 것을 계약할 수 있다. 특정한 목적이나 목표에 관해서 예약을 할 때 누가, 어떤 상황에서, 무엇을 하며, 그 이행에 대해서 어떻게 측정할 것인지에 대해서 언급해야 한다.

⑤ 집단활동에 대한 동기와 능력의 고취

집단의 목적과 개별 성원의 목적이 성공적으로 달성되는 데는 개인의 동기가 중요한 역할을 한다. 동기는 개별 성원이 갖고 있는 사회복지사의 역할에 대한 기대, 집단 과정에 대한 기대, 집단을 통하여 이루어질 수 있는 것에 대한 기대에 의해 결정된다. 사회복지사는 집단성원이 어떤 기대를 가지고 있는지 확인하기 위해 성원에게 직접적 질문을 할 수 있다.

가끔 성원들은 자신들의 목적 달성을 위한 능력이나 집단에서의 주어진 역할을 잘 해낼 수 있을지에 대해 양가감정을 가질 수 있으며, 이를 표현하기 꺼려하거나 그 양가감정에 대해서 사회복지사가 비난할지도 모른다고 우려한다. 변화에 대한 양가감정을 극복하도록 도와주는 방법 중의 하나는 목적 달성을 방해하거나 촉진시키는 심리적 · 사회적 · 환경적 요인이 무엇인지를 열거하고 이에 대해서 집단성원들이 토론하게 하는 것이다. 집단성원의 동기 저하에 영향을 미치는 요인들을 변화시키도록 도와주는 과정을 통하여 개별 성원은 두려움, 양가감정, 걱정들을 보다 적게 가지면서 자신의 목적을 성취하려는 동기를 유지하게 된다.

(2) 집단실천의 중간 단계의 특성과 사회복지사의 역할

집단의 발달 과정상 중간 단계는 문제해결과 목적 달성의 단계이다. 이 단계에서 집단성원들의 초기 갈등이 해소되고, 상호의존성과 응집력이 높아지며, 고도의 협동체제가 형성되며 문제해결 능력이 극대화된다. 집단성원들은 집단과 동일시하는 경향이 높아지며, 자유로운 의사소통이 활발해진다. 〈표 5-4〉에서 보는 바와 같이 중간 단계에서의 집단 및 집단의 특성을 정리할 수 있으며, 이에 따른 사회복지사의 역할을 집단 과정을 촉진하기 위한 역할과 변화를 이끌어 내기 위한 역할로 구분하여 설명하고자 한다.

〈표 5-4〉 집단 중간 단계의 특성 및 사회복지사의 역할

집단성원의 특성	집단의 특성	사회복지사의 역할
• 집단에 대한 탐색이 점차 감소 • 집단성원 간 하위집단 발생 • 하위집단 간 알력이 발생 • 자신의 지위 및 역할을 모색 • 집단성원의 독특성 인정, 집단에 대한 공헌 모색 • 집단의 중요성을 내면화 • 사회복지사에게 덜 의존하게 되고 자신의 의사표현 시작	• 집단의 문화, 행동, 규범, 갈등이 발생하고 이를 해결 • 집단성원의 지위, 위계질서, 역할, 리더가 형성 • 집단성원 및 리더를 실험하고 신뢰할 수 있게 됨 • 집단성원 간의 공통점, 차이점을 인정하고 존중함 → 집단응집력 발달	• 집단의 현 위치를 파악(진행 상황, 갈등, 협조체계 등) • 각 성원에 대한 평가(태도, 관계, 행동, 동기, 목표 등) • 집단의 목적, 목표를 재확인하고 성원 모두의 참여 유도 • 집단성원 간의 공통점 및 차이점 파악 • 집단 리더에 대한 실험을 인정 • 집단성원이 다양한 경험을 할 수 있도록 도움 • 직면 • 집단의 갈등 해소

출처: 김성이 외(2004: 199).

① 집단 과정을 촉진하기 위한 역할

가. 집단성원의 특성

집단의 신뢰감과 응집력은 초기 단계에 나타난 성원 간의 부정적 감정에 관해 집단 전체가 신중히 생각하고 각 성원의 문제나 과제에 관한 공통점을 찾아냄으로써 유대가 강화되고 신뢰감이 증대되며 집단 목표를 향해 함께 나아갈 용기를 가지게 된다. 신뢰감이 증대되면 집단성원들이 개별적 문제를 집단에서 말하게 되고 다른 성원에 대해서도 알고 싶어 하게 된다. 각 성원들은 지도자의 도움 없이도 성원끼리 도움을 주고받을 수 있게 된다. 그러나 성원들은 사회복지사나 다른 성원들에 대한 저항, 적대감, 투쟁, 불신감을 나타낼 수 있고, 이러한 감정으로 인하여 친밀해지는 것에 대한 불안과 방어적 저항이 나타날 수 있다.

나. 저항적 성원의 독려

사회복지사는 집단의 성원이 되기를 원치 않는 사람과 같이 일을 해야 하는 경우도 있다. 저항적인 사람은 집단 내에서 달성해야 할 목적 자체를 설정하지 않으려는 경향이

있는데, 이때 그들이 자신의 문제에 대처하지 않음으로써 발생할 수 있는 결과에 대해서 초점을 맞추며 성원 간에 건설적 직면을 하도록 하는 것이 동기 촉진에 도움이 된다. 집단에 적극적으로 참가하기를 꺼려하고 저항적인 성원은 목적을 달성하려고 노력하는 과정에서 장애에 자주 부딪히게 되고 이는 변화에 대한 그들의 동기를 약화시키며 변화에 대한 신념체계에 부정적 영향을 미칠 수 있다. 이런 성원에게는 신념체계를 변화시키는 방법과 외부의 칭찬과 같은 환경을 이용하여 독려할 수 있다.

다. 파괴적 행동 다루기

집단을 파괴하는 행동은 비자발적 집단에서 종종 나타난다. 비자발적 집단은 교정시설, 정신보건기관, 학교, 병원, 거주시설에서 종종 시행되며, 성원들은 집단활동이 시간 낭비라고 믿는 경우가 많다. 파괴적 행동은 분노감과 공격적 행동, 엉뚱한 행동을 하며, 동정을 받으려 하고 시간 내에 과업을 마치지 못하는 것이 해당된다.

지도자는 적대적이고 파괴적인 행동을 그 행동의 효과성을 최소한으로 줄일 수 있는 방법을 찾을 때까지 그냥 두거나, 성원들이 그 파괴적 행동을 직면하는 방법으로 다루어야 한다.

첫째, 파괴적 행동을 그대로 두는 것이 효과적일 때도 있다. 물론 법적인 문제와 연관되지 않을 파괴적 행동이어야 한다. 파괴적 행동을 허용하는 것 자체가 그 행동을 하는 사람에게 환기 효과를 가지며, 파괴적 행동을 하는 사람과 집단지도자가 역할 바꾸기를 통해 대안을 모색해 보는 것도 좋은 방법이다. 즉, 집단지도자가 파괴적 행동을 하고, 파괴적 행동을 하는 사람이 왜 그런 행동을 하느냐, 다른 방법은 없느냐, 무엇 때문에 그러느냐는 등의 질문을 통해 파괴적 행동을 하는 사람의 염려나 문제들을 해결함으로써 집단의 목적을 진행해 갈 수 있을 것이다.

둘째, 지도자가 파괴적 행동을 하는 사람과 직면하는 것인데, 집단성원이 있을 때 그 문제를 다루거나 사적으로 그 성원을 불러서 파괴적 행동을 다루는 방법이 있을 수 있다. 다른 성원이 함께 있는 곳에서 파괴적 행동을 다루는 것은 다른 성원이 어떤 행동이 파괴적 행동인지 명확히 알 수 있도록 이해하기 쉽게 설명되어야 할 것이고, 파괴적 행동을 하는 성원이 집단으로 몰아 부친다는 느낌을 줄 수 있고, 그래서 그 성원은 자신이 속상하고 불편한 부분을 충분히 표현하지 못하게 될 수 있음을 염두에 두어야 한다. 사적으로 부를 때에는 전체 성원의 목적을 달성하는 데 그 행동이 어떻게 영향을 미치는지를 논의함으로써 시작해야 한다.

셋째, 지도자보다는 집단의 다른 성원이 직면하는 방법이다. 이 방법은 파괴적 행동을 하는 성원이 지도자보다 더 친밀한 관계에 있는 다른 성원을 활용하는 것이 좋다.

라. 갈등 해결 전략

합의를 도출하고 문제해결 접근을 활용한다고 할지라도 갈등은 언제나 일어날 수 있다. 집단 내 갈등을 해결하는 데에 효과적인 전략으로는 역할 바꾸기(role reversal), 공감(empathy), 질문(inquiry), 나-전달법(I-message), 진정시키기(disarming), 스트로킹(stroking), 중재(mediation) 등이 있다.

㉠ 역할 바꾸기: 역할 바꾸기의 규칙은 반대되는 사람의 생각이나 느낌을 다시 고쳐서 말한 후에만 자신의 의견을 말하게 하는 것이다. 즉, 남의 말을 그대로 흉내 내는 것이 아니라 자신의 말로 상대방의 생각이나 감정을 표현하는 것이다. 물론 비언어적 메시지도 언어적 메시지와 일관되게 전달되어야 한다. 무엇보다도 역할 바꾸기는 상대방의 감정이나 생각, 입장들을 이해하는 데 진지한 관심을 표현하는 것이어야 한다. 역할 바꾸기는 서로를 가치 있고, 협조적이며 타협하려는 의지를 가지고 있는 사람으로서 이해하고 결과적으로 상대방의 문제에 관심을 가지는 태도를 바꾸고 다시 생각하게 만든다.

㉡ 공감: 역할 바꾸기와 밀접하게 연관된 기법이 공감의 표현이다. 공감은 갈등에 처해 있는 사람의 입장에서, 그 사람의 생각과 말을 이해한 대로 표현하는 것이다. "당신이 말하고자 하는 것은, 내가 보기에는 ~한 것 같다."와 같은 문장 형식으로 공감을 표현하면 좋을 것이다. 공감도 역할 바꾸기와 마찬가지로 의사소통을 개방적으로 촉진하고 오해를 분명히 하며, 협조적 행동을 가져오게 한다.

㉢ 질문: 누군가와 갈등관계에 있거나 다른 사람의 사고나 감정에 대해서 혼란스럽다면 질문기법이 유용하게 사용될 것이다. 이 기법의 핵심은 목소리의 톤이다. 질문을 할 때 비아냥거리거나 방어적이라면 갈등관계에 있는 사람이 더욱 방어적으로 되는

결과를 가져오기 쉽다.

㉣ **나－전달법**: 갈등이 일어났을 때 대부분은 너－전달법(you-message)으로 반응하는 경우가 많다. 너－전달법은 해결책 메시지(명령, 지시, 요구, 경고, 위협, 설교, 도덕, 충고 등)와 말대꾸(put-down) 메시지(비난, 판단, 비판, 놀림, 욕하는 것 등)가 있다. 예를 들면, "그만해", "하지 마", "나는 네가 싫어", "너는 좀 더 많이 알아야겠어" 등이다. 따라서 너－전달법은 의사소통을 단절하게 한다. 이에 반해 나－전달법은 의사소통을 촉진하고 정직하게 자신의 행동에 책임을 지게 하는 효과를 가진다. 나－전달법은 해결책을 제시하거나 충고하지 않는다. 예를 들면, 매번 지각하는 성원에게는 "~씨가 모임 때마다 제 시간에 참석하지 않으니까 프로그램이 자꾸 늦어지고 집중하지 못하는 것 같아서 안타까워요."라고 하거나 다른 성원들의 말에 비난하거나 비판적인 성원에게는 "~씨가 다른 사람이 말할 때마다 부정적으로 말하니까 갈등도 생기고 분위기가 엉망이 되어 가는 것 같아요."와 같이 표현을 할 수 있다.

㉤ **진정시키기**: 진정시키기는 말하는 사람이 비록 틀리고 비합리적이고 비이성적이고 부당하다고 생각된다고 할지라도 그 사람의 말이 의미하는 진실을 발견하여 표현하는 것이다. 진정시키기는 존중받는다는 느낌을 전하기 때문에 사람들은 자신의 권리만 주장하는 독단이 줄어들 수 있다. 진정시키기 기법을 활용할 때 진솔한 방법으로 당신의 동의를 표현하는 것이 중요하다.

㉥ **스트로킹**: 진정시키기와 밀접하게 연관된 기법은 스트로킹이다. 스트로킹은 논쟁이나 갈등 중에서도 솔직하게 그 사람의 긍정적인 면을 말해 주는 것이다.

㉦ **중재**: 갈등을 해결하는 방법으로 가장 빈번히 활용되고 있는 중재는 공평하고 중립적이며 제삼자의 개입을 받아들이는 방법이다. 중재는 갈등에 있는 사람 중의 한 사람이 이제는 더 이상 자신들로서는 갈등을 해결할 수 없으니 다른 사람의 개입이 필요하다고 인정하고 도움을 받을 필요가 있다고 판단하면서 이루어진다.

② 변화를 이끌어 내기 위한 역할

집단이 목표를 달성하도록 지원하는 데 있어서 사회복지사는 집단성원 개인, 전체로서의 집단, 그리고 집단 환경 모두에 관심을 두며(박용권, 1989), 이때 사회복지사가 사용하는 기술은 성원의 개인 내적인 변화와 대인관계상의 변화, 그리고 환경의 변화를 위한 기술로 구분된다(엄명용 외, 2005: 304-309). 여기서는 집단성원의 대인관계상의 변화와 환경의 변화를 위한 기술들에 대하여 살펴본다.

가. 대인관계 변화

집단은 각 성원들의 대인관계 기술을 학습하는 데 있어서 매우 좋은 환경이 된다. 집단 내에서 다른 성원들의 행동을 관찰할 수도 있고, 역할연습을 통해 특정 행동을 학습할 수도 있다.

집단성원들의 대인관계 기술은 도움이 필요할 때 요청하거나 부정적인 또래 압력을 거절하거나, 주변 사람들과 원만한 관계를 유지하기 위해서 필요하다. 사회기술훈련(social skills training)은 대인관계 기술의 향상을 목적으로 하는 대표적인 프로그램이라고 할 수 있으며 사회복지현장에서 다양하게 활용된다. 사회기술훈련은 의사소통 기술이 부족하거나 만족스러운 대인관계를 형성하는 데 어려움을 가지고 있는 클라이언트에게 매우 유용하며, 경청 및 말하기 기술 등을 포함하고 있어서 아동을 대상으로 하는 집단실천에서 많이 활용된다.

여기서는 Botvin(1996)이 청소년을 대상으로 개발한 생활기술훈련(life skill training) 중 사회기술을 다루는 회기의 내용을 소개한다(엄명용 외, 2005: 307-308 재인용).

㉠ 회기 목표

성공적 대인관계를 개발하기 위하여 학생들에게 기본적 사회기술을 가르치는 것이다.

㉡ 주요 하위 목표

- 많은 사람들이 다른 사람들과의 관계에서 수줍어하고 불편한 느낌을 갖고 있다는 점을 인식시킨다.
- 수줍음을 극복할 수 있는 방법에 관해 토의한다.
- 대인 접촉을 연습한다.
- 칭찬을 주고받는 방법을 연습한다.
- 대화를 시작하고 유지하며 마치는 방법을 연습한다.

ⓒ 주요 활동

주제: 수줍음 극복하기

- 수줍음에 관해 토의를 시작한다. 학생들에게 자기 스스로를 수줍어하는 성격의 소유자라고 생각하는지 또는 주변으로부터 그런 얘기를 들어 본 적이 있는지에 관한 질문을 함으로써 토의를 시작할 수 있다.
- 학생들에게 다음과 같은 질문을 한다.
  - 타인과의 관계에서 불편함을 느낀 적이 있는가?
  - 사람들은 왜 타인과의 관계에서 불편함을 느끼고 수줍어하는가?
  - 이와 관련해서 여러분이 할 수 있는 것은 무엇인가?
- 많은 배우와 유명인들도 수줍어하고 자연스럽게 행동하는 것에 대해 불편함을 느끼지만, 맡은 역할을 연습함으로써 수줍음을 극복하고 자신의 행동에 편안함을 느낀다는 것을 학생들에게 설명해 준다. 사회기술을 배우고 처음에는 상당히 쉬운 상황에서 이 기술을 연습함으로써 사회적 자신감을 개발할 수 있다. 다양한 상황에 대처하기 위한 대본을 만들고 이를 연습해야만 한다(예: 거울 앞에서 연습하기)는 점을 설명해 준다.
- 수줍음을 극복하기 위한 전략을 소개한다.
  - 연기하는 것을 배운다. 마치 특정 역할을 연기하는 연기자인 것처럼 어려운 상황을 처리함으로써 새로운 사회기술을 배울 수 있고 자신감을 키울 수 있다. 자신을 특정 역할을 연기하는 연기자로 생각하는 것은 새로운 사회기술을 배우고 자신감을 키우는 첫 단계이다.
  - 쉬운 상황부터 시작해서 점차 어려운 상황으로 이동한다.
  - 대본을 만든다. 극복하려는 각각의 상황에서 하고 싶은 말은 무엇인지, 그것을 어떻게 말하려고 하는지, 그리고 무엇을 하려고 하는지에 대한 대본을 만들어 본다.
  - 연습한다. 집에서 연습해 본다. 거울 속에 비친 자신의 모습을 관찰하고 자신의 목소리를 경청한다. 가능하다면 다른 사람과 함께 연습해 본다.
  - 꾸준히 노력한다.

나. 환경 변화

사회복지실천에서는 개인의 변화와 더불어 개인을 둘러싸고 있는 환경의 변화가 필수적이기 때문에 집단실천을 통해 환경 변화에 초점을 두어야 한다. 약물 사용의 문제를 지닌 집단성원의 예를 고려해 보자면, 집단 프로그램을 통해 약물을 사용하고 싶은 욕구와 재발과 관련된 주변의 유혹에 효과적으로 대처할 수 있는 기술을 배우고 익혔다고 하더라도 환경의 변화가 이루어지지 않는다면 재발 가능성이 높다. 따라서 이들을 지지하고 격려해 줄 지지체계를 확장하는 개입이 필요하다. 사회복지실천에서 개별 클라이언트의 욕구나 문제가 환경과의 관련이 높음을 감안할 때 집단을 통하여 환경 변화를 유도해야 하는 실질적 노력이 매우 중요하다. 최근 사회복지실천현장에서도 환경 변화 혹은 네트워크를 통한 개입 등을 강조함으로써 집단환경에 관심을 두는 경우를 쉽게 찾아볼 수 있다.

환경 변화와 관련하여 Monti 등(1989)은 알코올중독 치료 프로그램 중 알코올중독자의 사회지시방 확충에 초점을 두는 회기로서, 실천기술의 지침을 다음과 같이 제공하고 있다(김영호, 2008: 177 재인용).

㉠ 여러분에게 도움이 될 수 있는 사람들을 생각해 보시오.

- 이미 여러분의 삶에서 중요하고 항상 지지적인 사람
- 현재 중립적 입장이지만 여러분에게 지지적일 수 있는 사람(예: 여러분이 아직 도움을 요청하려고 접근한 적이 없는 사람, 여러분이 문제가 있다는 것을 알지 못하는 친척, AA회원 등)

㉡ 여러분이 어떤 유형의 지지를 원하는지 생각해 보시오.

- 문제해결과 관련된 원조
- 정서적 지지
- 필요할 때 도움을 받는 것
- 정보 또는 자원
- 위기 상황 때 도움을 받는 것

㉢ 여러분이 원하는 도움을 어떻게 얻을 수 있는지 생각해 보시오.

- 여러분이 원하는 것을 요청한다. 여러분이 구체적이고 직접적으로 요청할수록 여러분이 원하는 것을 얻을 수 있다.

- 새로운 지지자를 추가한다.
- 여러분이 다른 사람을 원조한다. 항상 A가 B를 원조하는 일방향 관계보다는 서로 원조하는 쌍방향 관계가 보다 신뢰적이고 만족스러운 관계이다.
- 적극적 경청자가 되어야 한다. 여러분이 다른 사람에게 도움을 줄 때 또는 그들로부터 도움을 받을 때 가장 기본적인 것은 상대방과의 의사소통이다. 여러분은 상대방이 하는 말에 집중하고 정확하게 경청하도록 해야 한다.
- 피드백을 제공한다. 가족, 친구들이 제공한 도움이 여러분에게 어느 정도 유용했는지 그리고 도움을 제공한 것에 대해 감사 표시를 한다.

(3) 집단실천의 종결 단계의 특성과 사회복지사의 역할

① 종결의 유형과 종결단계의 특성

종결은 집단과 집단성원과의 이별을 의미한다. 먼저 집단활동의 종결에는 성공적인 집단의 종료, 탈락, 집단성원의 의뢰, 집단사회복지사의 떠남 등의 다양한 유형이 있다 (Zastrow, 1999: 169).

가. 성공적 집단 종결

일반적으로 성공적 종결은 초기에 계약에 설정된 목적을 달성하였거나, 정해진 시간이 다 되었을 때의 종결이다. 성공적 집단에서는, 첫째, 집단성원들이 달성한 목표의 결과와 과정을 평가하고, 둘째, 남은 문제를 집단성원들이 어떻게 처리할 것인지를 논의하며, 셋째, 해결되지 않은 쟁점들에 관해 논의한다. 넷째, 종료에 대한 집단성원들의 정서적 반응을 다루고, 다섯째, 집단실천 종료 시 특별한 이벤트를 개최할 것인지 논의한다. 종료 단계에서는 집단성원들끼리 주고받았던 슬프고 부정적 감정들이 표출될 수 있기 때문에 마지막 모임 이전에 종결에 대한 준비를 하는 것이 필요하다.

나. 미완결 상태에서의 집단 종결

집단성원의 목표가 달성되지 않은 경우의 종결에서는 집단성원들이 분노, 좌절, 실망, 절망, 죄의식, 희생양, 비난, 무관심 등의 다양한 반응을 보인다. 그러나 미완결 종결 이라고 해서 종결 과정을 소홀히 다루어서는 곤란하다. 우선 목적이 달성되지 못한 이유와 대안을 탐색해 보고 집단성원의 정서적 반응을 고려해야 하며, 집단성원은 해결되지 않은 문제를 다룰 시간을 가져야 한다.

다. 중도 탈락

중도 탈락은 집단활동 중 집단에 대한 매력을 잃고 자신에게 부과된 목표를 달성하는 데 실패했다고 생각되거나 다른 성원과 갈등이 있을 때 생길 수 있다. 집단성원이 모임에 나오지 않을 때에는 집단사회복지사가 그 이유를 알아보고 다른 기관으로 의뢰해 주는 방법도 찾아본다. 그리고 탈락자가 발생하였을 때 남아 있는 집단성원들에게 탈락 이유를 설명하고 그들의 감정을 다루어 줄 필요가 있다.

라. 집단성원의 타 기관 의뢰

집단성원이 이 집단에서 목적을 달성하기 어렵거나 다른 성원과 갈등이 지나칠 경우, 혹은 다른 기관의 서비스가 더 적절하다고 판단될 때 타 기관에 의뢰하게 된다. 의뢰되는 성원에게 그 이유를 충분히 설명해야 하고, 나머지 성원들도 이해할 수 있어야 할 것이다.

마. 집단사회복지사의 떠남

집단사회복지사의 이직이나 다른 이유로 그 집단의 진행을 그만두어야 하는 경우에 집단성원들의 반응을 염두에 두어야 한다. 특히 의존적이었던 성원은 충격이 클 것이고 어떤 성원은 자신이 잘못하여 사회복지사가 떠나게 되었다고 생각할 수 있음을 고려해야 한다.

종결단계에서 집단성원들은 과제의 성취도가 다양하여 결과에 만족한 집단성원도 있고 좌절하는 집단성원도 생길 수 있다. 또한 종결을 인정하지 않고 계속 집단에 남으려는 성원도 있을 수 있다. 집단에 대해 정서적으로 친밀했고 기여를 많이 했던 성원들은 상실감을 더욱 많이 느낄 것이다. 집단에서 목표달성을 성취한 집단성원은 행복감을 느낄 것이고 자신의 생활에서 중요한 비중을 가졌던 집단과 이별하는 것 때문에 슬픔을 느끼게 된다. 보다 집단에 의존적이었던 사람은 분노, 거부, 우울을 느끼게 된다. 과거에 중요한 사람과 분리의 어려움을 겪었다면 분리는 반복되는 어려운 문제가 될 것이다.

② 종결단계에서의 사회복지사의 역할

종결단계에서 집단사회복지사는 집단성원들이 과제를 마무리하고 무엇을 해결했고, 남은 문제는 무엇인지를 파악하게 하며 집단의 경험을 평가하도록 돕는다. 또한 집단이 종결된 후에 집단성원들의 향후 계획을 파악한다. 종결단계에서의 집단사회복지사의 구체적인 역할을 살펴보면 다음과 같다(김혜숙 외, 2013).

가. 종결에 대한 감정을 다룸

종결단계의 경험은 친밀감이나 일체감, 소속감이 지속되기를 바라나 헤어짐에 대한 상실감, 불안감을 느끼게 된다. 집단사회복지사는 이러한 종결에 대한 구성원들의 아쉬움과 서운함을 표현하게 하여 자신감을 갖고 새 출발을 하도록 격려해야 한다.

나. 집단의 경험 피드백 나누기

집단사회복지사는 집단구성원들이 집단경험을 통하여 배운 것에 대해 구체적으로 검토할 수 있게 도와주어야 한다. 집단경험의 소감이나 마지막 느낌을 함께 나누는 것은 집단구성원들로 하여금 자신이 배운 것을 구체적으로 알고 이를 실제생활에서 활용할 수 있도록 지원하는 것이다.

다. 배운 것의 수행과 통합

집단사회복지사는 집단 내에서 배우고 경험한 것을 실제 생활에 적용해 보고 싶은 것은 무엇이며, 변화를 시도해 보고 싶은 새로운 행동이 무엇인지 정리하도록 돕는다.

라. 응집력의 감소

종결단계에서는 의도적으로 응집력을 줄여 나가도록 돕는다. 집단에 대한 의존감을 감소시키기 위해서는 접촉빈도를 줄이거나 모임의 간격을 길게 하여 상호작용의 빈도를 점차 줄여 나가게 된다.

마. 미해결 과제 다루기

집단을 마치기 전에 미해결문제나 해결되지 않은 부정적인 감정이 남아 있는지 확인해 보고 이를 다루어야 한다. 이를 위해서는 시간을 연장하거나 개별적으로 돕는 방법이 있다.

바. 사후관리와 평가

집단을 종결할 때 종결 후의 경험에 대해 이야기할 수 있는 사후관리모임을 가질 것인지 결정하는 것도 중요하다. 사후모임은 집단사회복지사에게는 집단의 성과를 평가할 수 있는 기회를 제공하고, 집단구성원들에게는 현실적으로 점검할 수 있는 기회를 제공하기도 한다.

사. 의례행위

집단사회복지사는 종결 시에 수료증을 주거나 종결파티와 같은 의식을 통하여 집단구성원들의 성취에 대한 긍정적인 면을 강조하고 격려하는 기회를 갖기도 한다.

(4) 모임의 시작, 진행 및 종결

사회복지사는 각 집단 발달 단계별로 어떻게 진행해야 하는가에 대한 것도 매우 중요한 개입 기술이지만 매 모임의 시작과 진행, 그리고 종결과 관련된 기술들도 매우 중요하게 다루어야 한다. 모든 집단활동에는 라포를 형성하기 위한 기술, 각각의 문제를 깊이 있게 탐색하고 해결책을 찾아본 후 그 모임을 종결하는 기술이 필요하다.

① 라포 형성하기

자발적 집단에서는 사회복지사가 직접 이야기하기보다는 좀 더 일상적이고 사교적인 이야기로 초기 접촉을 시도할 수 있다. 집단지도자는 성원에게 날씨, 주차문제, 스포츠, 최근의 뉴스거리와 같은 일상적 잡담을 소재로 이야기를 시작하여 성원과 친밀감을 형성한다.

자발적 집단에서는 성원의 참여동기가 형성되어 있기 때문에 지도자와 라포 형성이 비교적 쉽다. 그러나 비자발적 집단에서는 참여동기가 형성되지 않았기 때문에 집단지도자의 라포를 형성하기 위한 기술이 필요하다. 비자발적 집단에서는 사회복지사가 자신에 대한 소개와 집단의 목적에 대한 공식적 입장을 밝힘으로써 집단을 시작한다. 그리고 참여한 성원도 소개하도록 권유한다. 비자발적 집단에서는 어색해 하는 성원의 참여를 독려시키는 것이 성원을 돕는 일이 된다. 그리고 음주운전으로 면허가 취소된 사람들과 함께하는 집단인 경우, 알코올중독과 교통사고에 관련된 사실 정도나 영상자료를 보여 주는 방법과 같이 정보를 제공하는 것으로 집단을 시작하는 것은 자발적 집단이나 비자발적 집단 모두에 유용하다. 사실적 정보의 제공은 성원들이 정보와 관련된 여러 가지 활동에 참여하기 쉽게 한다. 비자발적 집단에서 집단지도자는 자신이 성원들의 행동을 통제할 수 없는 것을 제시하고 행동 대안에 대한 선택은 각 성원에게 달려 있다는 것을 알려야 한다.

비자발적 집단 중에 특히 강제 명령으로 집단에 참여하는 경우, 집단지도자는 "나는 여러분이 여기에 정말 오기 싫었을 것이라고 생각해요. 아마 내가 여기에 억지로 와야 했다면 어땠을까 싶네요. 여러분이 여기에 오기 싫은 마음, 화나는 마음을 얘기하면서 집단을 시작하면 어떨까요?"라고 집단실천을 시작하면서 집단의 목적과 진행 방식, 어떻게 참여하면 되는지를 설명한다.

두 번째 모임부터는 지도자가 지난번 모임에서 덜 논의되었던 주제로 시작해도 되고, 또는 과제가 주어졌다면 그 과제를 수행했는지에 대한 질문으로 시작해도 좋다.

집단지도자는 집단성원이 집단 내에서 문제를 충분히 의사소통하기에 안전하고 수용적이라고 느낄 수 있도록 비위협적 집단 분위기를 수립하기 위해 노력해야 한다. 집단지도자의 목소리는 낮으며 집단성원들의 감정에 관심을 가지고 있으며 이해하고 있다는 메시지를 전달할 수 있어야 한다. 또한 집단지도자는 성원들이 문제를 개방하기 시작할 때 놀라움을 표현하거나 결코 웃어서는 안 되며 안정적 정서를 가져야 한다. 아주 미세하지만 놀란 감정이 드러나게 되면 성원들은 치료자가 자신의 어려움을 이해하지 못하고 수용하지 않는다고 보고 토의를 중단하게 될 것이다.

라포를 수립하기 위해서 또 성원과 같은 언어를 사용해야 한다. 그렇다고 해서 속어나 사투리를 함께 사용하라는 것이 아니라 성원이 이해하기 쉬운 말을 사용해야 함께하고 있다는 느낌을 가지기 쉽다.

② 문제를 깊이 탐색하기

한 성원의 문제를 깊이 탐색할 때, 치료자와 집단성원은 문제의 심각성, 지속 기간, 원인, 문제에 당면한 성원의 어려움에 대처할 수 있는 정신적·신체적 능력, 강점들을 살펴보아야 한다. 하나의 문제는 여러 가지 방면에 걸쳐 있어서 이들 모두를 탐색해야 하고 그 문제들을 동시에 해결하기는 어렵다. 가장 어려움을 주고 있고 다루기 쉬운 문제를 선정하는 것이 해결 방법을 찾기 쉽고 그 문제가 해결되면 성원들이 자신감을 가지고 또한 강한 유대가 생긴다.

치료자는 동정이 아니라 공감을 잘 전달해야 한다. 공감은 다른 사람의 감정을 공유하고 이해할 수 있는 능력인데 비해 동정은 공유 감정에 몰입하여 연민을 가지게 되는 것이다. 공감과 동정은 별로 차이가 없어 보이지만 매우 중요한 차이가 있다. 공감은 성원에게 문제를 해결하도록 격려하지만 동정은 성원이 그 상황에 머물러 있도록 유도한다.

치료자는 한 클라이언트가 자신의 중요한 문제(concern)를 다룰 수 있을 것이라고 믿어야만 다양한 방식으로 의사소통이 이루어질 수 있다. 문제를 이야기하다가 중단할 수 있는데, 이때 치료자가 가만히 있어 주면 클라이언트는 이 부분의 문제를 좀 더 심사숙고할 시간을 가지게 되고 자신의 문제를 더 깊이 있게 탐색하게 된다. 초보 지도자는 이야기가 중단되면 불안해하면서 주제를 바꾸거나 자꾸 이야기를 하는 실수를 하기도 한다. 클라이언트의 이야기가 중단될 때 지도자는 대화의 방향을 통제하지는 않되 의사소통에 도움이 될 수 있는 말을 할 수 있다. 예를 들면, "그 부분에 대해서 좀 더 이야기해 주시겠습니까? 당신은 그것을 어떻게 느끼십니까? 저는 당신의 생각이 어떠했는지 잘 모르겠네요."와 같은 말을 하여서 표현을 격려한다. 또는 그 당시 클라이언트의 감정을 반영해 본다. "당신은 화가 났겠군요.", "그것 때문에 절망하셨겠네요." 성원이 했던 말을 요약하는 것도 한 방법이 될 수 있다. 요약은 경청의 표현뿐 아니라 메시지를 잘 전달받았다는 반응이 되기도 한다.

사회적으로 수용되기 어려운 주제들은 재치 있게 접근해야 한다. 응답하기 어려운 당황스런 상황에서 지도자는 질문을 하지 말아야 한다. 지도자가 성원의 단점을 말할 때 성원은 발가벗고 있는 느낌, 쫓겨나는 느낌일 것이다. 지도자는 그것을 잘 알고 칭찬도 칭찬할 일이 있은 뒤에 하는 것이 좋다. 수용되기 어려운 문제를 다룰 때, 클라이언트는 자신의 문제 탐색에서 목소리 톤을 바꾸거나 안절부절못하거나 하품을 하거나 경직된 자세를 하거나, 얼굴을 붉히는 것으로 짜증을 내기도 한다. 유능한 치료자는 성원의 비언어적 실마리를 관찰해 내고 또한 그것을 민감한 주제를 다룰 때 조심해서 잘 활용한다.

③ 대안적 해결책 탐색하기

한 문제를 깊이 있게 탐색한 후의 단계는 치료자와 성원들이 대체할 수 있는 해결책을 고려하는 것이다. 일반적으로 성원은 자기결정권을 가지고 있다. 치료자는 "당신은 이것을 해결하는 방법에 대해서 생각해 봤어요?" 하면서 시작할 수 있다. 치료자와 성원들은 대안을 심사숙고해서 찾아보고, 찾은 후에는 그 대안이 갖는 장점과 단점, 그리고 결과에 대해서 논의한다.

치료자는 대안을 선택하거나 충고하는 것이 아니라, 그 대안이 가져올 결과를 이해하도록 돕는 것이다. 성원이 선택하지 않고 치료자가 대안을 선택하였을 경우 그 대안이 바람직하지 않으면, 치료관계마저도 손상을 받을 우려가 있고, 성원의 의존심이 조장되어 모든 것을 치료자에게 의논하려 하게 된다. 치료자는 클라이언트와 함께 가능한 대안을 탐색하고 제시할 책임이 있다. 치료자가 클라이언트를 믿는다면, "내가 생각하기에는 당신이 그 대안을 선택해야 한다."고 하기보다는 "이 대안에 대해서 당신의 생각은 어때요?" 하는 말이 더 좋다.

집단치료는 성원과 함께하는 것이지 치료자가 성원에게, 성원을 위해 하는 활동이 아니다. 각 성원은 상황을 변화시키는 데 필요한 과제를 수행할 책임이 있다. 그리고 한 집단의 성원들은 모두 자기결정권을 가지고 있지만, 클라이언트 자신이나 다른 성원을 심각하게 해칠 가능성이 있는 행동은 자기결정권이 포기되어야 한다. 한 성원이 대안을 선택할 때에는 그 대안이 가지는 목적이 무엇이며, 왜 그 과제를 수행해야 하는지, 어떤 방법으로 과제를 수행할지, 누가 수행할 것인지를 명확하게 이해해야 한다. 그러한 것들은 계약에서 명시되어야 한다. 집단성원이 상황을 개선할 수 있을 것인지를 결정하는 것은 성원들이 필수적 과제를 수행하려는 동기가 얼마나 있는가 하는 점이다. 성원의 동기 유발을 위해서는 목적을 성취함으로써 얻을 수 있는 이익을 분명히 하고 성원의 개인적 헌신이 있을 때 보상해야 한다. 이때 실수가 있더라도 절대 비난하지 않아야 한다. 혹시 성원 중에 새로운 과업을 수행하는 데 자신감이나 경험이 부족한 사람이 있다면 실제 상황에서 시도하기 전에 역할훈련을 통하여 도움을 줄 수 있다.

④ 모임 종결하기

모임을 종결하는 것이 항상 쉬운 것은 아니다. 이상적으로는 치료자나 집단성원들이 모임이 끝났다는 사실을 받아들이고 논의되었던 주제는 중간에 해결되지 않고 남겨진 것이 없어야 한다. 급작스런 종결은 성원들에게 거절감을 느끼게 한다. 치료모임을 종결하는 지침은 모임 초기에 시간을 정해 놓고 성원들에게 공지한다. 특이한 상황이 발생하지 않는 한, 리더는 정해진 시간이 다 되면 성원들에게 시간이 다 되어감을 공지하고, 그 집단 모임에서 일어났던 일들을 요약한다. 그러고는 집단활동을 통해서 배운 점이나 소감을 말하면서 종결하기도 한다.

모임을 마무리할 때에는 시작할 때와 마찬가지로 약 5~10분 정도의 잡담, 사교적 이야기로 긴장을 풀면서 마무리하기도 한다. 모임 종결을 아쉬워하는 성원이 있다면, 직접적으로 "아쉬워하는군요. 하지만 정해진 시간을 준수하는 것이 필요해요."라고 말할 필요가 있다.

모임(session) 사이에 성원들에게 과제를 주는 것은 지난 모임을 되돌아보고, 새 모임에서 시작하기에도 좋고, 성원들이 실제 상황에 적용할 수 있어 치료적 효과를 가진다. 이처럼 모임 시작과 끝을 다루는 기술은 모임과 모임 간에 연속성을 갖게 한다. 이런 연속성으로 구성원은 집단에서 얻은 통찰력과 새로운 행동을 일상생활로 확장시킬 수 있다.

| 모임을 시작하고 마칠 때의 팁

▸ 시작할 때
· 성원들에게 오늘 모임에서 다루고 싶은 것이 무엇인지 말할 기회 제공
· 지난 모임 이후 성원들이 성취한 사항을 서로 나눔
· 지난 모임에 대한 피드백

▸ 마칠 때
· 오늘 모임에 대한 느낌 질문
· 집단 경험에서 성원들이 배운 것을 간단히 점검
· 다음 모임에서 다루어 보고 싶은 주제 질문
· 집단 모임을 떠나 실제 생활에서 연습해 보고 싶은 기술 질문

출처: Corey & Corey(1992).

(5) 집단실천의 평가

평가는 개별 성원과 집단의 목적 달성 정도를 통해 개입의 효과성을 판단할 수 있는 근거를 제공한다. 뿐만 아니라 성원들은 집단에서의 만족과 불만족을 표현할 수 있는 기회를 가지며, 사회복지사는 평가를 통해 얻은 정보를 활용하여 집단지도 기술을 발전시킬 수 있다. 평가는 과정평가와 결과평가로 나뉜다. 과정평가는 집단실천이 어떻게 진행되고, 결속력, 규범, 역할, 의사소통 등의 속성이 어떤지에 초점을 두는 것으로, 평가 방법으로는 성원들로부터 집단의 장단점에 대해 피드백을 얻거나 과정 기록을 활용할 수 있다. 결과평가는 집단이 시작될 때 설정한 목표가 어느 정도 달성되었는지를 평가하는 것으로 단일사례설계나 만족도 설문 조사 또는 유사실험설계방법 등이 사용될 수 있다. 우리나라에서 집단을 대상으로 한 사회복지실천의 평가는 설계가 단순하거나 비실증적인 것들이 많다고 한다(김동배 · 이윤로, 1995). 집단을 이끄는 사회복지사는 사회복지사와 성원의 특성, 집단의 조건, 개인-집단의 상호작용, 치료기법, 집단을 통한 개입의 효과 등에 대하여 개념적 · 방법론적으로 질 높은 조사를 할 수 있도록 준비해야 한다.

4. 집단 대상 사회복지실천의 사례[1]

1) 지역아동센터 이용 아동의 자아존중감 향상을 위한 집단 프로그램 사례[2]

본 프로그램은 지역아동센터 이용 아동의 심리사회적 적응을 목적으로 자아존중감, 자아탄력성 및 사회적 위축감소를 위하여 실시된 사례이다. 실제 지역아동센터의 아동들을 대상으로 하는 집단 프로그램들은 이용 아동들의 정서 및 학교생활 적응을 돕기 위하여 실시되는 경우들이 많다. 본 사례는 긍정심리, 해결중심에 의한 개입으로서의 특징을 갖는다.

(1) 집단성원의 선정

이 프로그램은 지역아동센터를 이용하는 아동 4~6학년, 11세에서 13세 아동들을 대상으로 하고 있다. 이 시기의 아동은 Piaget 인지발달의 단계 중 구체적 조작기와 형식적 조작기에 속하고 여러 형태의 조작에 의해 과학적인 사고와 문제해결이 가능하며, 가설과 논리적 추론이 가능하기 때문에 본 프로그램을 통해 개념에 대한 인지와 이해가 가능한 대상이라 할 수 있다. 지역아동센터 이용 아동 중 부모와 아동들에게 프로그램의 취지를 설명하고 동의를 구한 뒤 참여여부를 결정하였다. 전체 40명을 1차로 선정한 뒤에 프로그램의 효과성을 객관적으로 검증하기 위하여 실험집단과 통제집단에 각각 20명씩 배정하여 최종 20명이 이 프로그램에 참여하였다.

1) 여기서는 집단프로그램의 활용 경향을 반영하고자 최근 학위논문에서 활용된 집단프로그램을 사례로 제시하고자 한다. 그 이유는 학술연구의 목적으로 진행된 프로그램이기 때문에 집단프로그램의 이론적 근거 및 구조적인 특성이 명확하고, 프로그램의 내용타당도와 완성도가 높을 뿐만 아니라 프로그램을 통하여 의도하고자 하는 목표달성을 위한 인과적 설명이 가능한 프로그램이라고 판단하기 때문이다.

2) 주애자(2020). 지역아동센터 이용 아동의 심리사회적 적응을 위한 긍정심리기반 해결중심치료 집단프로그램 개발 및 효과. 청주대학교 사회복지학 박사학위논문.

(2) 집단 프로그램의 논리 및 구성

본 프로그램은 긍정심리기반 해결중심치료 프로그램을 적용한 사례이고, 총 10회기에 해당하는 긍정심리기반 해결중심치료 프로그램으로 구성되어 있다. 프로그램진행자는 사회복지사로서 아동 및 청소년을 대상으로 하는 프로그램을 다년간 수행한 전문가였고 관련전문가 자격을 갖춘 공동진행자와 함께 프로그램을 진행하였다. 프로그램 설계를 위하여 메타연구 등 선행연구를 검토하여 프로그램을 구성한 후 전문가들의 자문을 받아서 최종 구성하였다.

이 프로그램은 총 3단계, 10회기로 구성되어 있다. 초기(1~2회기)단계는 긍정심리에 대하여 음미하며 해결중심의 목표를 탐색하고 설정하는 단계로, 중기(3~8회기)단계는 '행복아 놀자'를 주제로 긍정심리의 즐거운 삶, 적극적인 삶, 의미 있는 삶을 적용하며 해결중심의 질문기법을 통한 적극적 활동을 실천하는 단계로, 마무리(9~10회기)단계는 긍정심리의 함께하는 삶과 해결중심의 자신에 대한 목표성취와 목표유지단계로 진행되었다. 매 회기당 80분 단위로 일주일에 2회기씩 진행되었다.

이 프로그램의 전체 내용은 〈표 5-5〉와 같다.

〈표 5-5〉 긍정심리기반 해결중심 집단프로그램 '행복아! 놀자'

단계	회기	주제	목표	활동	긍정심리 관점	해결중심기법
초기 단계	1	변화의 종소리	• 긍정적인 자기 • 긍정적인 타인 • 나의 어려운점 발표하기	• 프로그램 소개 • 친구에게 긍정별칭 소개 • 공동체의 규칙 필요성 인식 • 감사 한 가지 찾기 과제 • 힘든 점 발표하기(가정, 학교, 친구관계) • 척도 그래프에 그려 보기	(함께하는 삶) 친절	(목표탐색) 변화를 위한 탐색 척도질문
	2	행복의 안테나	• 긍정적인 정서 음미하기 • 목표 설정하기	• 행복은 선택임을 인지 • 안 좋은 기억 발표 • 좋은 기억 발표 • 내가 원하는 긍정적 정서 음미 • 감사 한 가지 찾기 과제 • 내가 원하는 것은 • 척도 그래프	(성취하는 삶) 낙관주의	(목표설정) 기적질문 칭찬하기

중기 단계	3	나의 강점	• 나의강점 찾기 • 친구강점 이해 • 나의능력 발견하기	• 자신의 강점 찾기 • 친구의 강점 이해 • 자신의 강점 소개 • 감사 한 가지 찾기 과제 • 척도질문 • 척도 그래프	(적극적인 삶) 강점	(탐색하기) 척도질문 칭찬하기
	4	생각 놀이	• 부정적인 생각을 긍정적인 생각으로 바꾸기 • 나의 해결능력 발견하기	• 나의 생각 형태 발견 • 생각의 재구성 • 감사 한 가지 찾기 과제 • 대처 질문 • 척도 그래프	(적극적인 삶) 낙관주의	(탐색하기) 대처질문 칭찬하기
	5	사랑 노래	• 나를 용서하기 • 상대방을 용서하기 • 나의해결 자원 발견하기	• 용서에 대해 발표 • 긍정적인 기분 발표 • 감사 한 가지 찾기 과제 • 예외 질문으로 성공 경험 찾기 • 척도 그래프	(즐거운 삶) 용서	(개입전략) 예외질문 칭찬하기
	6	내마음의 선물	• 감사제목 찾기 • 해결 가능성 찾기	• 감사가 긍정적인 정서에 미치는 영향 인식 • 감사한 사람에게 편지 • 감사 인사받기 수용하기 • 감사 한 가지 찾기 과제 • 척도에 관한 질문 • 칭찬하기 • 척도 그래프	(즐거운 삶) 긍정심리	(개입전략) 척도질문 칭찬하기
	7	보물 찾기	• 가족장점 발견하기 • 나의 해결역량 강화하기	• 가족의 강점 찾기 • 우리가족 자랑하기 • 감사 한 가지 찾기 과제 • 기적질문 • 척도 그래프	(의미 있는 삶) 긍정심리	(협력하기) 기적질문 칭찬하기
	8	희망 봉사대	• 긍정적 관계 맺기 • 나의해결 역량 강화하기	• 가정, 학교, 센터에서 봉사 계획 • 봉사할 때 마음가짐 • 감사 한 가지 찾기 과제 • 대처방안에 관한 질문 • 척도 그래프	(의미 있는 삶) 친절하기 감사	(협력하기) 대처질문 칭찬하기
마무리 단계	9	손에 손잡고	• 긍정적 인간관계 넓히기 • 나의해결 능력 유지하기	• 함께하는 생활에 대해 나눔 • 관계에 있어 언어의 중요성과 나의 언어패턴 인식하기 • 긍정언어의 필요성 • 감사 한 가지 찾기 과제 • 나의 다짐에 대한 발표 • 척도 그래프	(함께하는 삶) 친절하기	(목표유지) 예외질문 칭찬하기

	10	상장 수여	• 나의긍정, 강점 확인하기 • 해결능력 자원 확인하기	• 성취감과 자부심 • 자신에 대해 칭찬하고 자신에게 상장주기 • 초기에 다짐했던 변화에 대해 확인 및 척도 발표 • 나와 상대방 칭찬 • 추후 목표달성표 만들기 • 척도 그래프	(성취하는 삶) 낙관주의	(목표유지) 변화된 나의 모습 목표 유지

2) 다문화가정 부부의 관계증진 프로그램 사례[3)]

최근 다문화가정이 증가하고 있지만 사회적 인식은 크게 개선되지 않고 있는데다가 다양한 형태로 부부의 불화나 갈등을 경험하는 다문화가정도 늘어나고 있다. 이에 따라 다문화가정 부부의 적응을 위한 교육이나 부부관계 증진 프로그램이 주목을 받고 있다. 이 부부관계 증진 프로그램들은 언어 및 문화적 차이로 인한 의사소통문제에 초점을 두고 있거나 아내만을 대상으로 하는 프로그램들이 주를 이루고 있다.

이 프로그램은 관계중심 부부소통 프로그램으로서, 기존의 일반 부부를 중심으로 한 프로그램과 다문화가정 부부를 중심으로 한 프로그램, 부부의사소통, 가족상담 프로그램 등의 부부 관련 프로그램과 다문화 가정 부부의 특성과 요구를 도출한 내용을 기반으로 하고 있다.

(1) 집단성원의 선정

이 프로그램의 대상자는 대도시에 거주하는 다문화가정 부부 6쌍이다. 프로그램 참여자는 각 지역의 다문화가족지원센터, 이주여성인권센터, 여성결혼이민자 자조모임, 다문화가족의 남편모임을 통해 모집되었다. 프로그램 참여자는 부부관계 중심의 갈등과 의사소통의 문제를 심층적으로 구분하여 파악하기 위해 결혼한 지 5년 이상된 부부이고,

3) 김금희(2016). 다문화가정 부부를 위한 관계중심 부부소통 프로그램 개발 및 효과. 인하대학교 박사학위 논문.

자발적인 참여의사를 보인 부부를 대상으로 하고 있다.

(2) 집단 프로그램의 구성

이 프로그램의 목표는 다문화가정 부부의 부부의사소통, 부부갈등, 부부적응을 증진시키는 것이며, 부부갈등을 해결하기 위해 필요한 부부대화기술을 익히고 이를 바탕으로 실제 가정 내에서 부부끼리 협력적인 갈등해결 및 조정이 이루어질 수 있도록 역량을 키우는 것이다.

프로그램 구성 단계뿐만 아니라 1차 프로그램 실행 후 관련분야 전문가로부터 프로그램의 내용타당도와 적합도를 검토받아 9회기로 계획하여 다문화가정 부부를 대상으로 주 1회 120분씩 9주간에 걸쳐서 진행되었다. 프로그램 종료 후에 전문가들의 추가 자문을 거쳐서 11회기의 프로그램으로 발전시켰다.

전체 프로그램의 내용은 〈표 5-6〉과 같다.

〈표 5-6〉 관계중심 다문화가정 부부소통 프로그램

구성	회기	주제	구성 요소	실행 전략
상호 이해	1	나와 우리	• 나는 누구인가? • 오리엔테이션 및 프로그램 소개 • 배우자들 소개하기 • 가족의 이해 늘리기	• 자신과 부부소개 및 차이점 발표 • 프로그램 참여를 위한 지원(문자, 전화) • 라포 형성(함께 밥먹기) • 가족초대하기
	2	나의 모습 찾아 가기	• 문화차이 알이가기 • 신체적 · 정서적 접촉(율동, 댄스) • 심리검사를 통해 부부성향 알기 • 자녀에 대한 불안감 해소	• 문화적 촉진자 활용 • 출신국 문화 영상 보기 • 한국문화 영상보기 • 심리검사 • 자녀를 위한 수업(언어, 진로탐색) 진행전문가 초대
부부 대화	3	감정과 생각	• 부부친밀감을 위한 활동(댄스, 명상) • 강의(감정과 생각을 구별하기 형식) • 감정표, 생각표 국가별 단어 구성하여 자료만들기	• 신체적 · 정서적 친밀감 향상을 위한 전략 • 댄스, 명상 음악 준비 • 감정과 생각 구별자료 지원

<table>
<tr><td></td><td></td><td></td><td>• 느낌과 생각 표현하기(시연)
• 부부의 얼굴을 눈감고 만져보기(발표)</td><td>• 남편들도 배울 수 있는 아내의 모국어 단어 지원</td></tr>
<tr><td></td><td>4</td><td>부부
대화
방법
1</td><td>• 부부대화방법: 반영
• (반영)말하는 사람이 표현한 것을 받는 사람이 되돌려 주는 방법
• 부부갈등을 실제로 다루기
• 상대방 말에 집중하기</td><td>• 대화노트(부부문제내용, 해결방식, 해결내용) 구체적으로 표기한 노트 지원
• 실제 부부대화 모습 동영상 보여 주기
• 자녀를 위한 수업(여가교실) 운영</td></tr>
<tr><td></td><td>5</td><td>부부
대화
방법
2</td><td>• 부부대화방법: 인정
• 말하는 내용을 인정해요!
• 느낌대화 편지쓰기(시연)
• 부부갈등을 실제로 다루기</td><td>• 부부대화 사례(영상 보여 주기)
• 실제적 대화사례 지원</td></tr>
<tr><td></td><td>6</td><td>부부
대화
방법
3</td><td>• 부부친밀감을 위한 활동
• 발마사지 후 느낌 표현
• 부부대화방법: 공감
• 그때 당신의 심정을 알겠어! 나라도 그랬을 거예요!
• 서로를 위한 느낌편지쓰기 및 시연
• 부부갈등을 실제로 다루기
• 자녀와 함께 대화하기</td><td>• 발마사지 자료지원
• 명상 음악 준비지원
• 대화전략에 대한 연습
• 자녀를 위한 수업(언어, 진로탐색) 운영</td></tr>
<tr><td rowspan="2">갈등
해결</td><td>7</td><td>부부
갈등
마주
하기</td><td>• 부부갈등 강의(갈등유형)
• 춤동작을 통해 자신의 문제 바라보기
• 부부갈등 직면하기
• 부부갈등을 실제로 다루어 보기</td><td>• 춤동작 치료 전문가 초대 지원
• 부부갈등 사례(영상 보여 주기)
• 개별지원</td></tr>
<tr><td>8</td><td>갈등
풀어
내기</td><td>• 부부갈등 대처(대처방법)
• 부부갈등 해결하기(시연)
• 갈등 대처하기(시연)
• 헝클어진 실타래 함께 풀기</td><td>• 부부친밀감을 위한 활동(댄스, 명상) 음악지원
• 헝클어진 실타래 지원
• 자녀교실 운영</td></tr>
<tr><td>미래
에
대한
기대</td><td>9</td><td>건강
하게
소통
하기</td><td>• 건강하게 싸우기
• 부부회복탄력성 강화
• 부부변화 탐색
• 역할분담하기
• 칭찬해 주기
• 미래에 대한 계획세우기
• 합리적인 변화에 대한 요청하기
• 협력적인 부부대화 시연</td><td>• 건강하게 싸우는 사례 영상 지원
• 칭찬 스티커 지원
• 가계부 지원
• 성교육자료 영상 지원</td></tr>
</table>

			• 부부 성생활 이해하기	
	10	친밀한 부부로 나아가기	• 가정예산 계획 세우기 • 부부의 꿈과 비전 • 협력적 부부대화 경험 • (부부갈등해결 부분 경험 나누기)	• 부부 액자 지원 • 대화노트(부부문제내용, 해결방식 및 내용) 최종 확인
가족으로 확대	11	부부에서 가족	• 가정으로 확대 및 가족과의 연결 • 가족대화(자녀언어, 진로탐색 후 부모와 함께 대화하기) • 수료식	• 가족이 함께 준비한 수료식(부모에게 편지쓰기) 편지지 지원 • 언어, 진로탐색, 여가교실 전문가 초대 지원

3) 치매노인의 우울감소 및 생활만족도 향상을 위한 집단 프로그램 사례[4]

인구 고령화에 따른 노인인구의 증가는 노인 질병의 증가와도 비례하면서, 노인들이 가장 두려워하는 질병 중에 하나인 치매는 연령이 증가할수록 유병률이 높아지고 있다. 이에 따라 65세 이상 노인 인구 중 추정 치매노인은 약 9.8%인 66만 명 정도로 조사되었고, 그중에서 초기 치매노인의 비율이 약 75%를 차지하고 있는 것으로 나타나고 있다. 치매로 인한 부정적인 결과를 억제하기 위해서는 경증 단계에서 인지기능 개입활동을 통한 증상완화의 시도가 매우 중요하다. 이는 경증치매를 가진 노인은 사회생활이나 직업상의 능력이 비록 상실되더라도 독립적인 생활을 영위할 수 있고 적절한 개인위생을 유지할 수 있으며, 상대적으로 온전한 판단력을 보유하고 있어 치료적 매개체를 통해 치매 증상을 개선시킬 수 있는 가능성이 높기 때문으로 보인다.

한편 집단미술치료를 활용한 치매 노인 대상 접근의 효과가 다양하게 검증되고 있다. 미술치료는 인지기능의 제한과 표현의 어려움을 겪고 있는 경증치매노인에게 적절한 치료활동으로서 인지영역, 감각 및 운동영역, 정서영역, 심리사회 영역에서 다양한 효과를 갖는 것으로 보고되고 있으며, 특히 중증치매 노인보다 인지 및 대인활동이 수월한 경증

4) 이현경(2020). 경증치매노인의 인지기능 향상, 우울 감소, 생활만족도 증진을 위한 집단미술치료 프로그램 효과성 연구. 성결대학교 사회복지학 박사학위논문.

치매노인에 있어 보다 큰 효과를 보이는 것으로 나타난다.

이 프로그램은 이러한 경증치매노인을 대상으로 집단미술 치료 기법을 활용한 프로그램 활동에 인지재활이론, 회상이론, 의미치료이론의 관점과 기법을 적용하여 집단 프로그램을 구성하여 운영한 사례이다.

(1) 집단성원 선정

이 프로그램의 대상은 서울 및 경기도에 소재하고 있는 생활환경이나 경제수준이 비슷하고 현재 케어센터를 이용하고 있는 경증치매노인이다. 경증 치매환자의 판단은 장기요양등급 판정기준을 참고하여 4등급, 5등급, 인지 지원등급까지를 포함한다.

케어센터를 이용하는 경증치매노인의 규모와 미술치료 접근의 실천 활동 및 발표 등의 집단역동을 고려하여 한 집단 규모는 10명 내외로 결정되었다. 각 센터의 자발적인 모집을 통해 최종적으로 10명을 대상으로 한 프로그램이다.

(2) 집단 프로그램 구성

이 프로그램은 인지재활이론과 회상이론, 의미치료이론을 프로그램의 치료적 근거로 하고 있다. 즉, 개입 전 인지기능 평가를 실시하여 참여자 개별마다 치료목표를 수준별 조정하고, 무의식을 배경으로 초기회상에 접근하여 정서 기억을 표출시키는 회상요법을 적용하여 부정적 감정을 해소하며, 진행자 및 집단구성원 간 상호작용을 촉진하여 타인과의 경험을 확장시키고자 시도하고 있다. 방법론적으로는 창조적인 미술활동을 통해 뇌가소성을 자극하는 미술치료를 활용한다.

본 프로그램에서는 기관의 담당자가 진행 보조자로 참여하여 참여자 가운데 활동에 제약을 보이는 참여자들을 돕는 한편 활동과정을 기록하고 작품결과를 촬영하여 기록하는 등의 역할을 담당하였다. 매 회기의 전반에는 해당 회기 활동의 목적과 방법 등을 설명하여 참여자들의 이해력을 높이고자 하고 있다. 또한 회기의 후반에는 참여자들이 완성한 작품을 각자 소개하고 타 구성원과 공유하면서 상호작용을 촉진하도록 격려하는 방법을 활용한다.

본 집단 프로그램은 초기단계(1-6회기), 중기단계(7-12회기), 후기 단계(13-17회기)의 총 3단계로 진행되며, 각 단계별 구성 내용 및 원리는 다음과 같다.

〈표 5-7〉 집단프로그램의 단계별 목표

단계	회기	목표
초기	1~6	• 흥미유발, 소속감 및 친밀감 형성, 자기인식 및 수용, 스트레스 해소 및 정서이완 ☞ 〈인지기능 증진, 우울 감소〉
중기	7~12	• 자기 인식, 감정 표출 및 해소, 공감대 형성, 대인관계 증진 ☞ 〈인지기능 증진, 우울 감소, 생활만족도 증진〉
후기	13~17	• 의미부여, 자기 수용 및 미래설계, 공동체의식 형성, 안전한 종결을 위한 마무리 ☞ 〈인지기능 증진, 우울 감소, 생활만족도 증진〉

집단 프로그램은 경증치매노인 10명에게 2019년 12월부터 2020년 5월 초까지 총 17회기를 실시하였다. 프로그램 운영 과정에서 센터의 일정 혹은 코로나19 등의 이유로 변경된 일정은 제외하고 주1회씩 해당 센터 프로그램실에서 진행하였다. 구체적인 집단미술치료 프로그램은 〈표 5-8〉과 같다.

〈표 5-8〉 경증치매노인을 위한 집단프로그램의 구성 및 내용

단계	회기	주제	목표	활동내용	기대효과	활동매체
초기 단계	1	오리엔테이션 /사전검사	• 라포 형성 • 사전검사 • 자기소개	• 자기소개 이름 꾸미기	• 소속감 및 라포 형성	도화지, 크레파스 색종이, 연필, 스티커
	2	난화게임	• 집단 라포 형성 • 긴장 완화 • 의사표시 • 스트레스 감소	• 난화를 이미지화하여 표현하고 구성원과 공유	• 자기 인식, 자신감 향상 〈인지기능 증진, 우울 감소〉	도화지, 크레파스, 싸인펜
	3	데칼 코마니	• 오감 자극 • 소근육 운동 • 색인지	• 물감을 활용하여 나비 모양 표현하고 구성원과 공유	• 내면 탐색, 자기 수용 〈인지기능 증진〉	도화지, 크레파스, 물감, 접시, 일회용 티스푼

	4	먹물난화 그리기	• 인지향상 • 소근육발달 • 주의집중력향상 • 감정표출	• 어린 시절을 회상하면서 자유롭게 선으로 표현하고 구성원과 공유	• 내면 탐색, 자기 수용 〈인지기능 증진〉	붓펜, 크레파스, 정사각형 도화지
	5	천사점토 (자유화)	• 과거 회상을 통한 정서적 안정감 • 인지기능 강화 • 소근육 기능 강화	• 천사점토를 사용하여 자유화를 표현하고 구성원과 공유	• 기억력 증진, 공감대 형성, 정서이완 〈인지기능 증진, 우울 감소〉	천사점토, 도화지 싸인펜
	6	우리가족 그리기 (어항가족화)	• 삶의 가치 탐색 • 자아정체감 형성 • 회상능력 향상 • 정서적 안정감	• 어항 도안에 가족들을 표현하여 가족관계를 파악하고 과거 경험을 구성원과 공유	• 긍정적 자기 인식, 만족감 향상 〈우울 감소, 생활만족도 향상〉	어항도안, 크레파스, 싸인펜
중기 단계	7	잡지 콜라주	• 자기인식 증진 • 자아통합 • 성취감 획득 • 소근육운동 강화	• 잡지의 사진을 가위로 오려 내서 붙여 보고 구성원과 공유	• 자기인식, 자신감 향상 〈우울감소, 생활만족도향상〉	잡지, 가위, 풀, 도화지
	8	만다라	• 안정감 획득 • 집단라포 형성 • 회상능력 향상 • 인지기능 향상	• 만다라 문양을 색칠하고 표현한 뒤 구성원과 공유	• 기억력증진, 공감대 형성, 정서이완〈인지기능 증진, 생활만족도 향상〉	만다라 도안, 크레파스
	9	색도화지 콜라주	• 인지기능 증진 • 소근육능력 증진	• 기본 도형을 인식과 색인지 작업을 통해 시공간 능력을 증진시키고 소근육을 강화	• 내면표출, 욕구 및 무의식 탐색 〈인지기능 증진, 우울 감소〉	검은색도화지, 색종이, 가위, 풀, 크레파스
	10	만두빚기	• 소근육강화 • 색인지 • 과거회상	• 만두를 빚으면서 소근육을 자극하고 명절의 가족과의 일들을 회상하면서 구성원과 공유	• 긍정기억 강화, 대인관계 증진 〈인지기능 증진, 우울 감소, 생활만족도 증진〉	만두피, 만두소
	11	모루와 스티커를 이용한	• 소근육운동 • 인지기능 향상 • 정서적 이완	• 스티커와 모루를 이용하여 표현하고 구성원과 공유	• 내면 탐색, 자기 수용 〈인지기능 증진〉	모루, 목공풀, 가위, 색도화지,

		자유화				싸인펜, 스티커
	12	액자 만들기	• 기대감 및 희망 고취 • 색감각 키우기 • 긍정적정서 함양	• 스티커, 싸인펜 등을 이용하여 꽃액자를 완성하고 구성원과 공유	• 긍정적 자기 인식, 만족감 향상 〈인지기능 증진, 우울 감소〉	도화지, 싸인펜, 스티커, 마스킹테이프, OHP필름, 가위
종결 단계	13	가장 받고 싶은 상장 만들기	• 자아재인식 • 성취감 및 희망 고취 • 자존감 향상 • 인지력 증진 • 긍정적 정서 함양	• 자신이 받고 싶은 상장을 만들고 구성원과 공유	• 자기 탐색, 감정 표출, 의미부여 〈인지기능 증진, 우울 감소, 생활만족도 증진〉	금장도화지, 싸인펜, 크레파스
	14	크리스마스 트리 꾸미기	• 색과 계절 감각 키우기 • 긍정적 정서 전환 • 소근육 강화	• 겨울 이미지 및 과거 크리스마스의 경험을 회상하면서 크리마스 트리를 완성하고 구성원과 공유	• 자기 탐색, 감정 표출, 의미부여 〈인지기능 증진, 우울 감소, 생활만족도 증진〉	색도화지, 크레파스, 스티커
	15	다시 태어난다면 하고 싶은 소망	• 소근육 향상 • 자신감 증진 • 성취감 및 만족감	• 새로운 삶이 주어진다면 가정하고 희망을 그림으로 표현하고 구성원과 공유	• 현재 인식, 미래 설계 〈인지기능증진, 우울감소, 생활만족도증진〉	도화지, 크레파스
	16	희망나무 꾸미기	• 시공간기능 향상 • 작업이해력 향상 • 주의집중력향상 • 협동심 향상	• 구성원들끼리 조를 구성하여 희망나무를 완성하고 다른 조들과 공유	• 공동체의식 형성 대인관계 증진 〈인지기능 증진, 우울 감소, 생활만족도 증진〉	4절도화지, 천사점토, 싸인펜, 나뭇잎 도안, 열매스티커
	17	작품 전시회 및 사후검사	• 자기인식의 재통합 • 우울 및 스트레스 감소 • 기억력 향상	• 집단 활동을 통한 작품들을 전시하고 감상하면서 소감 나누기	• 자아 통합 〈인지기능 증진 , 우울 감소, 생활만족도 증진〉	다과, 작품전시, A4용지, 지우개

Chapter

6

가족 대상 사회복지실천의 이해

사회복지실천에서 가족은 한 개인을 이해하는 배경으로서의 환경이기도 하고, 개입실천단위이기도 하다. 그렇다면 가족이란 무엇인가? 사실 사회복지학에서 가족의 개념에 대해서는 그다지 중요하게 다루지 않았다. 오히려 가족의 특성이 개인의 욕구나 지역사회의 문제에 어떤 상호작용을 하는지에 대해서 더 비중을 두어 왔다. 가족은 개별 성원들로 구성되지만, 그러나 개별 성원들 그 자체가 가족은 아니다. 가족은 가구 내에서 같이 살고 있는 구성원들을 지칭하는 용어이기도 하지만 또한 여러 세대를 거쳐 오랜 시간 동안 형성되어 온 문화를 포함하는 개념이기도 하다.

가족에 대한 개념도 다양하게 변하고 있다. 개인은 이 가족으로부터 돌봄을 받아 성인이 되면서 독립하게 된다. 개인에게 가족은 아주 강력한 영향력을 가지기 때문에 한 개인을 이해하고 돕기 위해서는 일차적 환경으로 가족을 이해할 필요가 있다.

가족 대상 사회복지실천이란 가족을 단위로 한 사회복지실천활동을 의미한다. 여기서는 가족 단위의 문제가 주요 실천대상이 될 수 있으며, 경우에 따라서는 개인의 문제를 해결하기 위해 가족 단위의 개입이 이루어질 수 있다. 가족 대상의 사회복지실천은 사회복지실천에서 매우 기초적이며 일반적인 것이다.

가족 대상의 사회복지실천을 수행하는 실천가는 가족의 다양성과 클라이언트 체계의 다양성을 이해하고 그들의 생태학적 환경 간의 상호작용을 원활하게 할 필요가 있다.

1. 가족에 대한 이해

1) 가족의 개념

가족의 정의는 학자나 관점에 따라서 다양하게 이루어져 왔다. 미국의 인류학자인 Murdock(1945)은 250개 사회를 분석하여 "가족이란 공동의 주거, 경제적 협력, 그리고 출산의 기능을 하는 사회집단으로, 양성(兩性)의 성인이 사회적으로 허용되는 성관계를 유지하며, 그들 사이에는 한 명 혹은 그 이상의 친자녀 혹은 입양에 의한 자녀를 포함하고 있다."라고 정의하였다(박민자, 1995: 2 재인용). 이효재(1983)는 가족을 "일상생활을 공동으로 영위하는 부부와 자녀, 그들이 친척, 입양이나 기타 관계로 연대의식을 지닌 공동체 집단"이라고 정의하였다. 또한 Baker(1987)는 가족을 "혈연, 결혼, 입양 등으로 관련된 둘 이상의 사람들로 구성된 집단으로 동일한 가구에서 함께 거주하는 사람들의 집단"으로 규정하였다. 이러한 정의들은 전통적인 가족의 특성을 반영한 개념이다. 이 개념들은 공동의 주거공간을 가지고 상호권리와 의무를 가지며 자녀의 일차적 사회화를 책임지는 성원으로 구성되어 있는 핵가족을 전제하고 있다.

Giddens(1992)는 "가족은 정서적이고 물질적 지지에 기반을 둔 둘 또는 그 이상의 사람들이 상호 간에 기대를 갖고 그들의 삶의 유형에 관계없이 상호책임감, 친밀감과 지속적인 보호를 주고받는 구성체"라고 정의하였다. 이러한 정의는 전통적인 핵가족의 개념에서 더 나아가 관계와 그 질에 초점을 두고 있다. NASW 가족분과위원회(1982)에서는 가족을 "그들 스스로 가족이라 생각하고 건강한 가족생활에 필수적인 의무, 기능, 책임을 수행하는 두 명 이상의 사람들"로 정의하고 있다(이원숙, 2007: 28 재인용). 이는 혈연, 입양, 결혼 등에 기반한 특수한 관계를 지닌 사람들의 동거를 반드시 필요로 하지 않고 있다. Gubrium과 Holstein은 정상적인 어떤 규범을 상정한 하나의 가족, 즉 '그 가족(the family)'을 고집하지 말고 사람들이 그 나름대로 생각하는 바가 투영되고 현실적으로 다양하게 나타나는 가족(family)이나 가족들(families)을 받아들여야 한다고 촉구한다(Gubrium & Holstein, 최연실 외 역, 1997). 즉, 가족은 하나의 고정된 사물이라기보다는 사람들이 실제적인 삶 안에서 끊임없이 구성, 해체되고 변모해 가는 것으로 인식된다. 이러한 맥락에서 보면, 가족은 하나의 실체이기도 하지만 친밀한 관계를 묘사하는 하나의 개념(idea)이기도 하다. 그래서 가족은 명확하게 규정지을 수 있는 뚜렷한 실체보다는 사람들이 현실 안에서 투영시킨 투사체라고 여겨질 수 있다.

앞서 살펴보았듯이 가족에 대한 개념은 변화한다. 가족은 하나의 개방된 체계이고 그러한 가족이 속해 있는 사회가 변화하기 때문에 가족도 당연히 변화할 수밖에 없다. 그러므로 가족을 대상으로 이루어지고 있는 사회복지실천도 이러한 변화를 수용할 수 있어야 하겠다.

2) 가족의 기본적 속성

가족이 가지고 있는 기본적 속성은 가족의 특성을 이해하는 기초 토대가 될 뿐 아니라 가족의 기능과 가족이 가질 수 있는 욕구나 문제들을 이해하는 데 도움이 된다.

Goldenberg와 Goldenberg(2000)는 가족의 구조나 기능 등에 대하여 몇 가지 속성이 있다고 설명하였다(김득성 외 역, 2001: 3). 첫째, 가족은 물리적이고 심리적인 공간을 공유하는 개인들의 집합체이다. 가족은 특정한 목적을 위해 형성된 이차집단이 아니라 자연스럽게 형성된 일차 집단이다. 그래서 이 가족은 교체되기도 어려우며 관계를 단절하기도 어렵다.

둘째, 가족은 자산을 소유하고 역할을 발전시킨다. 가족성원은 역할이 할당되고 가족으로 귀속된다. 이러한 역할은 가족이 성장해 가면서 변화될 수 있다. 각 성원들은 아버지로서의 역할, 어머니로서의 역할, 자녀로서의 역할 등을 수행하고, 가족 내에서 경제적 부양의 책임, 가사운영의 책임, 자녀교육의 책임, 가족 내 감정조절의 책임 등을 분담하고 있다. 명시적일 수도 있고 암묵적일 수도 있는 책임들을 수행하면서 가족 내에 일정한 규칙이 형성된다. 그에 따라 가족성원들의 상호작용이 이루어진다.

셋째, 가족은 강력한 구조로 조직되며 특유의 의사소통체계를 가진다. 그 의사소통은 복잡하고 때로는 명백하고 때로는 은밀한 형태의 체계를 가지고 있다. 가족은 그 나름대로의 의사소통 유형이나 특성이 나타난다. 언어적 표현이 매우 적극적인 가족이 있는가 하면 비언어적 의사소통이 지배적인 가족도 있다. 또 감정표현이 풍부하고 세심한 가족이 있는가 하면, 감정표현이 극도로 억제되는 가족도 있다.

넷째, 가족은 나름대로의 권력구조를 가지고 있다. 어느 가정에서는 아버지가, 다른 가정에서는 어머니가, 또 다른 가정에서는 할아버지 또는 할머니가 상대적으로 강한 의사결정권과 가정의 통솔권을 가지고 있을 수 있다. 자녀가 장성한 뒤에는 자녀 중 누군가가 상대적으로 강한 권력을 가지게 될 수도 있다. 이러한 권력구조가 가족의 생활유형에 영향을 미치게 된다.

다섯째, 가족은 나름대로 문제를 해결하고 타협하는 방법들을 가지고 있다. 두 번째에 언급되었던 가족규칙과 관련되는 사항이다. 즉, 가족은 문제에 직면하게 되었을 때 그 가족 나름의 문제해결방식이 있다. 차분한 대화로 가족성원의 의견을 수렴하여 이성적으로 해결하는 가족이 있는가 하면, 감정적인 면이 강하게 드러나면서 감성에 의해 충동적으로 문제를 해결하는 가족도 있다. 가장을 중심으로 권위적 의사결정에 의해 문제가 해결되는 가정이 있는 반면, 민주적 의사결정방식에 의해 문제가 해결되는 가정도 있다.

여섯째, 가족은 역사, 세상에 대한 관점, 목적의식 등을 공유하고 있다. 세대를 내려오면서 삶을 함께 해 온 공동체가 가지는 시간의 공유, 즉 역사성을 가지고 있고, 부모의 세상에 대한 관점이나 삶의 목적의식 등을 자녀들은 물려받게 된다. 그리고 문제해결방식이나 의사소통방식 등이 어우러져 가족생활양식이 형성되는 것이다.

일곱째, 가족성원은 서로 강력하고 영속적이며, 정서적으로 결합되어 있다. 가족성원은 출생, 입양, 혹은 결혼에 의해서 이루어진다. 한 번 가족성원으로 들어가게 되면 이혼, 사망, 별거, 유기가 발생하게 되어도 영원히 가족성원으로 남아 있다. 가족관계가 법적으로 정리될 수는 있어도 그 외의 측면에서는 각 개인의 생각, 정서, 감정, 행동 등에 끊임없이 영향을 미치는 존재가 바로 가족이기 때문이다.

사회복지사가 가족의 욕구와 문제를 사정하고 개입할 때 이러한 가족의 기본 속성이 기본적 지식이 된다.

3) 가족의 변화

가족이란 전통적인 관점에서는 부모와 두 명 혹은 그 이상의 자녀로 구성된다고 가정한다. 그러나 오늘날의 가족은 가족의 구조나 기능, 가족주기 면에서 많은 변화가 나타나고 있다. 최근 가족의 변화 동향을 살펴보면 다음과 같다.

첫째, 가족구조 면에서의 변화이다. 인구의 구성 면에서 노인인구의 증가와 낮은 출산율로 인하여 가족구성원의 수가 줄어들고 있고, 1인가구가 증가하고 있으며 특히 노인단독가구가 증가하는 특징으로 나타난다.

또한 이혼율, 재혼율, 국제결혼의 증가로 한부모가족, 재혼가족, 조손가족, 결혼이민자가족 등 다양한 가족의 비율이 증가하고 있다.

둘째, 가족 기능 면에서의 변화이다. 일반적으로 가족의 주요 기능은 출산과 재생산

기능, 성적 기능, 경제적 기능, 교육 및 사회화 기능, 보호와 정서적 기능 등으로 이해되어 왔다. 이러한 가족 기능은 다른 사회제도에 점차 이양되어 왔다. 경제적 기능은 시장으로, 교육 및 사회화 기능은 공식 교육기관으로, 그 외 노인과 돌봄이 필요한 가족성원에 대한 보호 또한 공적 영역으로 이전되고 있다(장수미 외, 2010: 181). 미래의 가족 기능은 출산이나 양육의 기능, 교육이나 사회화의 기능보다 정서적 기능이 가장 주요하게 부각될 것으로 전망되고 있다(양옥경, 2000).

셋째, 가족주기 면에서의 변화다. 결혼연령의 상승, 출산자녀 수의 감소, 평균수명의 연장 등으로 자녀출산과 양육 시기는 짧아지고 자녀출가 후 노인부부만 남는 시기는 점차 길어지고 있다. 또한 이혼가족과 재혼가족의 증가로 기존의 가족생활주기 단계 및 과업과는 다른 경험을 하게 되는 가족이 늘어나게 되었다. 그 외 무자녀가족, 조손가족, 결혼이민자가족의 증가로 사회복지사는 기존 가족주기발달과정과 다른 과업을 갖게 될 가족을 조사하고, 이해할 필요가 있다.

4) 가족문제

사회복지실천에서 고려하는 가족문제는 사회의 제도나 규범이 변화함에 따라 가족이 어떻게 적응해 왔으며, 이때 가족 내부의 성원들이 보일 수 있는 부적응은 무엇인지 파악해 내는 것이다. 가족 단위로 개입해야 할 문제라고 하는 것은 특정 가족성원이 문제를 나타낸다고 할지라도 가족성원 전체가 가진 문제가 영향을 미쳐 그 가족성원이 특히 어려움을 나타내고 있는 문제라고 할 수 있다. 이러한 문제들 중에는 사회복지사가 개입하기 어려운 거시적 문제들도 많이 있다. 그러나 많은 가족의 경우 사회적 변화에 적응하면서 개별 가족 내에서 갈등과 욕구들이 문제로 나타날 수 있고, 이때 사회복지사의 개입으로 가족 체계의 변화를 가져와 문제가 해결되고 가족도 성장하게 되는 결과를 가져오게 된다.

(1) 부부갈등

사회복지사가 실천현장에서 가족 단위로 개입하는 가족문제는 가족성원 사이의 관계에서 발생되는 문제가 대부분이며, 이 중 가장 중요한 문제는 핵가족에서 부부간의 갈등이다. 부부갈등의 원인은 매우 다양하다. 배우자의 실업으로 인한 경제적 궁핍, 한쪽 배우자의 부정, 자녀의 양육 방식을 둘러싼 의견의 불일치, 성적 차이(sexual difference), 의사소통의 부족 또는 대화 방식의 문제, 상호 또는 일방적 무관심 등은 부부갈등을 초래할 수 있는 주요 요인들이다. 부부체계는 가족체계 내에서 중심적 하위체계 역할을 수행하기 때문에 부부갈등은 가족성원 모두의 문제로 쉽게 확산될 수 있다. 부부간의 갈등이 방치될 경우, 가족의 형태는 있으나 애정이 존재하지 않는 이른바 빈 둥지 가족(empty shell family), 폭력가족, 가족해체 등의 사회문제로 이어질 수 있다.

(2) 부모-자녀 간 갈등

가족 내 갈등 중에서 빈번한 것이 부모와 자녀 간의 갈등이다. 부모-자녀 관계에서 발생하는 갈등은 가족의 기능 중 사회화 기능에 따른 문제라고 볼 수 있다.

부모-자녀 사회화에 대해서 Peterson과 Rollins(1987)는 두 가지로 모형화하였다. 첫째, 자녀 사회화라는 일방적 과정에서 벗어나 부모와 자녀 간의 쌍방향적으로 진행되는 과정으로 보아야 한다. 둘째, 부모-자녀 간의 2인 관계에 그칠 것이 아니라 혼인관계, 형제자매, 확대친족, 정치, 경제, 교육, 종교 등 관련된 제도들과 중첩된 사회적 맥락에서 일어나는 것으로 개념화하고 있다.

한국의 부모들은 급변하는 사회 속에서 자녀 사회화라는 목표설정에 혼란과 어려움을 경험하고 있다. 이는 산업화와 도시화의 결과 사회구성원에게 요구되는 역할이 바뀌고 이에 맞게 부모-자녀의 사회화 과정이 이루어져야 함을 전제하고 있다. 그러나 부모들은 기술의 급변하는 환경에 적응하는 데 오히려 자녀보다 속도가 느리며 미래사회에 대한 예측이 불확실한 가운데 자녀를 양육해야 하는 부담을 안게 된다(윤현숙 외, 2002: 250 재인용).

부모-자녀 간 갈등은 부모가 자녀의 행동을 통제하려 하고 자녀가 이에 대해 반응하는 과정에서 발생할 수 있다. 문제의 출발이 자녀의 행위일 수도 있고 부모의 과도한 통제일 수도 있다. 또한 부부문제가 자녀의 비행을 촉발하는 경우도 있다. 부모가 이혼하려 하는 것을 눈치 챈 자녀가 가출하거나 비행청소년과 어울림으로써 가족문제의 초점을 부모 간 갈등으로부터 부모-자녀 관계의 갈등으로 옮겨 놓는 경우가 이에 해당한다. 반대로 자녀의 비행을 다루는 과정에서 부부 사이의 갈등이 발생하여 자녀의 문제가 부부간의 문제로 옮겨 갈 수도 있다. 부모-자녀 간 갈등을 방치할 경우 자녀에 대한 부모의 학대가 발생할 수 있고, 이와 반대로 자녀가 부모로부터 벗어나기 위해 가출할 수도 있다.

(3) 확대가족 내 세대 간 갈등

우리 사회는 자녀가 결혼하여 새로운 가족을 구성하여도 원가족과 분리되지 못하여 고부갈등, 장서갈등(장모와 사위 간의 갈등)이 심각한 문제가 되고 있다. 노부모는 출가한 성인자녀에게 지나친 간섭을 하여 새로운 가족을 구성한 자녀들이 독립적으로 가정을 꾸려 나가기 어려운 경우가 종종 발생한다.

세대 간 문제 중의 또 하나는 노부모의 부양을 둘러싸고 일어나는 갈등이다. 부모부양의식이 희박해져 부모의 경제상황과 각 세대의 자녀부양문제가 맞물려 갈등으로 연결되기도 한다(예: 부모가 장남에게 재산을 물려주고 차남이 노부모를 부양하게 된 경우 갈등이 심각하게 발생한다).

(4) 가족문제와 주변체계

가족문제는 한 개인의 문제가 가족 전체에 영향을 미치고, 주변체계에도 영향을 미치는 경우가 자주 있다. 예를 들어, 아버지가 알코올중독으로 병원에 입원한 가족의 경우, 어머니는 생계를 위해 일을 해야 하고, 학교에 다니는 자녀는 방임되기 쉽다. 방임된 자녀가 학교에 자주 결석하거나 친구들과의 관계에 문제가 발생하고 다른 자녀는 본드흡입문제로 보호관찰을 받고 있다.

이런 가족의 경우, 아버지, 어머니, 형제, 학교체계, 교정체계, 지역 전문가 등의 주변체계 맥락 속에서 개입될 필요가 있다. 사회복지사는 아버지의 알코올문제를 해결하기 위해 정신병원이나 중독전문센터와 협력하고, 학교에 부적응하는 자녀를 위해서 학교교사와 보호관찰청소년은 보호관찰관을 비롯한 교정체계, 어머니의 직업이나 자녀양육을 위해서는 여타의 전문가들과 협력하여 문제를 해결하기 위해 노력하여야 할 것이다.

그 외 가족성원 중 일부가 가지고 있는 특정 성향이나 문제 때문에 가족 전체가 위기에 빠지는 경우가 있을 수 있다. 장애인이 있는 가족의 경우, 만성적인 질병을 가진 환자가 있는 가족의 경우, 문제를 가진 그 성원뿐 아니라 가족전체가 심리, 정서, 경제, 사회적 부담을 경험하면서 스트레스와 우울, 건강의 악화를 가져올 수도 있다. 따라서 그 가족성원을 잘 돌보기 어렵게 되며 가족 전체의 상황이 악화되는 경우가 자주 있다.

5) 가족 단위 개입의 관점: 체계로서의 가족

"가족이란 무엇인가?"라는 질문을 한다면, 사람들은 자신이 가진 견해와 경험에 따라 다양한 대답을 하게 될 것이다. 그러나 가족이란 물리적·심리적 공간을 공유하는 개인들의 집합체 이상이라는 점에 공감할 것이다. 각 가족은 고유한 특성을 지니고 있으며, 나름대로의 규칙, 역할, 세력, 구조, 의사소통의 유형을 발전시켜 온 하나의 사회적 체계이다(Goldenberg, 2000; 김유숙, 2002: 16 재인용). 가족은 한 조각이 흔들리면 줄에 매달린 다른 모든 모형들이 자신의 의지와는 관계없이 모두 흔들리는 속성을 가진 모빌에 비유할 수 있을 것이다. 즉, 가족이란 가족성원 모두의 정서적 애착과 충성으로 서로 묶여 있다는 것을 표현하는 것이다. 가족은 이와 같은 특유의 상호작용을 통하여 그들의 갈등 해결방법도 유형화된다.

가족을 대상으로 사회복지실천을 하는 데 있어 가장 중요한 관점은 가족성원 개개인의 문제를 나누는 것이 아니라 가족을 하나의 총체로 보고 개입하는 것이다. 이러한 관점에 가장 큰 영향을 준 이론은 일반체계이론이다. 일반체계가 가지고 있는 속성들에 대해서는 앞부분의 생태체계이론 부분이나 체계이론을 상세히 설명하고 있는 문헌들을 참고하면 좋을 것이다. 여기서는 일반체계이론의 구성 요소 중 가족 단위의 개입에 관련하여 중요한 요소들을 살펴보고자 한다.

(1) 체계로서의 가족

가족은 가족성원 개개인으로 구성된 전체이며 지역사회를 구성하고 이에 적응하는 부분으로서의 체계(system)이다. 즉, 가족은 사회체계의 한 유형이다. 따라서 가족은 체계의 특성과 성격을 갖는다. 그래서 가족성원은 상호의존하는 관계에 있다. 따라서 한 사람의 행동이 다른 가족에게 영향을 미치며 이는 반복적인 상호작용 행동으로 유형화된다. 체계로서 통합성을 유지하는 한편 경계를 형성하여 외부체계와 구분되기도 한다. 가족의 상위체계는 지역사회, 확대가족이 있고, 하위체계는 부부체계, 부모자녀체계, 형제체계 등이 있다. 이 모든 체계들은 서로 상호작용하면서 에너지를 교환한다. 가족을 하나의 체계로 보는 관점에서는 가족성원 개개인에 초점을 맞추기보다는 전체로서의 가족에 중점을 두며, 이러한 이론을 가족체계이론이라고 한다.

(2) 가족체계의 주요 개념

① 항상성 그리고 안정과 변화

항상성(homeostasis)은 체계가 상대적으로 안정되고 지속적 평형상태 혹은 균형을 유지하고자 하는 경향을 의미한다(Zastrow & Kirst-Asman, 1997: 151; 이원숙, 2007: 66 재인용). 모든 체계들은 생존하기 위하여 안정성, 질서, 일관성을 필요로 한다. 항상성은 어떤 행동이 허용되는가를 결정하는 가족규칙을 통해서 공고해진다. 모든 가족은 구성원들의 행동이나 태도를 상식 수준으로 제한하고 균형이 깨지려 하면 다시 유지하려 한다.

가족들은 흔히 현 상태(status quo)를 유지하기 위해 노력한다. 가족은 외부 환경의 변화와 가족성원들의 변화하는 욕구에 반응하도록 압력을 받게 되며, 그 과정에서 일관성과 변화 사이의 균형을 추구한다. 안정성은 예측하기 어려운 요구에 끊임없이 반응해야 하는 수고를 덜어 줌으로써 일상생활에서 가족성원들이 기능하는 데 도움이 된다.

안정과 변화 사이의 균형개념은 가족을 이해하는 데 매우 유용하다. 가족은 그 성원들의 발달적 변화(예: 아동기에서 청소년기로 발달)로부터 내적 압력을 받는다. 동시에 가족은 변화하는 외적 조건(예: 전업주부가 직장에 복귀하도록 아동이 전학을 하도록 혹은 배우자가 직업 전환을 하도록 하는 상황)에 적응해야 한다. 성공적인 가족은 변화하는 상황에 따라 새로운 전략을 채택하고 규칙을 수정하며 새로운 접근을 시도하여 문제를 해결하는 새로운 방식을 습득해 간다.

② 경계

경계(boundary)는 살아 있는 세포를 둘러싼 막에 비유될 수 있는, 가족체계와 외부체계를 구분해 주는 선이며 눈에는 보이지 않는다. 즉, 어머니와 자녀는 가족의 경계 안에 있지만 친한 친구는 경계 밖에 있어서 가족이 아닌 사람으로 구분한다. 경계는 가족의 하위체계 간에 허용할 수 있는 접촉의 양과 종류가 구분된다. 체계에 대한 정보와 에너지가 들어오고 나가는 정도와 방향인 투과성의 정도에 따라 경직되거나 혼동될 수 있다. 침투성이 있는 경계는 체계가 다른 체계와 쉽게 상호작용하도록 하지만 너무 지나치면 통합성과 정체성을 상실하고, 침투성이 없는 경계는 다른 체계와의 관계를 제지하며 체계를 고립시킨다.

경계의 침투성이 원활한 정도에 따라 개방체계(open system)와 폐쇄체계(closed system)로 나눌 수 있다. 개방체계는 환경과의 상호작용이 있는 체계로 그 경계는 요소들 간의 통합이나 전체성을 잃지 않는 한에서는 외계와의 상호작용을 허용한다. 개방체계에는 네겐트로피(negentropy; 변화를 위한 상호작용 증가, 개방성)가 있다. 폐쇄체계는 환경과의 상호작용이 없고 자신의 경계 내에서만 작용한다. 폐쇄체계에는 엔트로피(entropy; 비조직성, 변화를 위한 에너지의 상호작용이 없어서 자기 파괴성)의 성향이 있다. 물론 어떤 체계도 완전히 개방적이거나 폐쇄적일 수 없다.

가족체계라는 전체 체계는 상호교류의 정도와 정서적 친밀성 정도에 따라 보이지 않는 경계선이 형성되면서 작은 체계들로 나뉜다. 이때 큰 체계 안에 형성된 작은 체계들을 하위체계라고 한다. 하위체계의 입장에서 볼 때 전체 가족은 상위체계가 되고, 가족이라는 상위체계 아래 부모 하위체계, 형제 하위체계, 부모–자녀 하위체계 등 많은 하위체계가 존재한다.

건강한 가족은 필요시에 새로운 생각과 개념, 자원을 수용할 수 있을 만큼 명확하지만 융통성 있는 경계를 가지며, 동시에 정체성과 목적을 유지할 수 있을 만큼 충분한 폐쇄성을 지닌다(Collins et al., 1999; 이화여자대학교 사회복지연구회, 2001: 90).

③ 하위체계

가족의 사정 부분에서 상세히 설명하고 있어 여기서는 간단히 설명하겠다. 하나의 체계는 상위체계에 속한 하위체계이면서 동시에 다른 것의 상위체계가 된다. 이를 홀론(holon)이라고도 한다. 가족 하위체계에는 부부 하위체계, 부모 하위체계, 자녀 하위체계가 있다. 건강한 가족은 하위체계 간 경계가 혼동되지 않고 분명하다.

④ 순환적 인과성

순환적 인과성이란 체계의 일부분에서 발생하는 변화가 부분의 변화에 그치는 것이 아니라 그 체계가 속한 전체 체계와 다른 부분들에 영향을 미치고, 그 영향은 다시 처음 변화가 일어난 부분에 영향을 미치게 되는 것을 의미한다. 예를 들어, 남편과 아내의 관계가 소원하고 갈등관계에 놓여 있다가 그 관계가 개선되면, 부부관계만 개선되는 것이 아니라 부모와 자녀, 그리고 형제관계도 긍정적으로 변화되고, 이것은 다시 가족의 응집력을 높이는 결과를 가져올 수 있다.

⑤ 환류고리(feedback loop)

환류란 자신이 수행한 것에 관한 정보를 받는 것이다. 체계는 환류를 통해서 새로운 행위를 산출하거나 기존의 행위를 수정하는 자기조절 행위를 통해서 자신의 목적을 달성한다. 환류고리는 두 종류로 나뉘며, 정적(적극적) 환류와 부적(소극적) 환류가 있다. 이 용어 자체는 나쁘다거나 좋다는 의미가 아니라 체계 내의 교정적 과정(corrective process)을 의미한다. 부적 환류는 교정적이며 체계를 일정의 작동범주 내에 유지시킨다. 부적 환류는 현 상태를 유지하는 데 기여한다. 예를 들어, 10대 청소년이 흥분했을 때 부모가 규칙 준수의 필요성을 설득하여 10대 청소년의 흥분이 가라앉았다면 부적 환류가 도입된 것이다.

정적 환류는 체계의 작동을 강화시킴으로써 체계를 교정한다. 정적 환류에서는 투입과 산출 간에 배가적 효과(multiplier effect)가 있어서 투입이 증가함에 따라 산출도 증가한다. 예를 들어, 10대 청소년이 흥분했을 때 부모도 같이 흥분하고 고함을 쳤다고 하자.

이에 청소년이 더 감정적으로 흥분하고 저항했다면 정적 환류의 고리가 작동된 것이다. 정적 환류는 체계의 불안정성을 초래하고 부적 환류는 체계를 통제하는 기능을 가지고 있다(이원숙 외, 2007: 65).

2. 가족 사정

가족은 공간과 시간 차원에서 역동적으로 기능하는 하나의 사회체계이다. 가족을 대상으로 실천하는 사회복지사는 가족을 공간과 시간 차원에서 이해할 필요가 있다. 공간 차원에서는 가족성원과 이들의 확대가족, 지역사회, 문화 등과 지속적으로 상호작용하는 관계 속에서 가족을 이해해야 한다. 또한 시간적 차원에서 가족은 생애주기에 따라 계속 변화하고 가족의 문화와 가치, 관계 유형 등을 이전 세대에서 이어받아 다음 세대로 전승한다(김혜란 외, 2006). 사회복지사는 실천의 대상이 되는 가족에 대해 공간적 차원에서 가족 내부의 역동과 외부환경과의 관계를 이해할 수 있어야 하며, 시간적 차원에서 가족이 처한 생애주기 및 발달과업에 대해 이해하고, 이전 세대로부터 전수받은 문화와 가치, 관계 유형에 대해 이해할 수 있어야 한다.

사회복지사는 가족을 만날 때 무엇을 살피고 어떻게 사정을 시작해야 하는지 알아야 한다. 먼저 관찰해야 할 부분은 부모인가, 자녀인가 아니면 가족인가? 시간과 노력을 가장 잘 관리하면서 그 가족에 대해 충분히 이해할 수 있는 최상의 방법이 무엇인가? 어떤 것이 물어야 할 중요한 질문들인가? 이런 상세한 기술들은 다음 장에서 개입 과정에 따라서 수행해야 할 역할을 중심으로 설명하고 여기서는 개괄적으로 가족을 이해하기 위한 도구들을 설명하고자 한다. 즉, 가족의 구조와 발달주기, 가족사정 시 유용하게 사용될 도구들에 대해 살펴본다.

1) 가족의 구조와 기능

(1) 가족의 경계와 하위체계

가족의 구조를 학습하는 것은 각 가족성원을 깊이 있게 이해하는 데 유용하다. 가족은 체계로서 고려되어야만 한다. 가족의 체계는 가족 외부적으로 가족과 환경체계를 구분하는 경계와 가족 내부적으로 가족 하위체계 간, 가족성원 간의 경계로 나누어 이해할 수 있다.

경계선은 체계 안팎으로 에너지와 정보가 흐르는 정도와 상호교류, 접촉 정도를 말하는 것으로 가족체계의 경계선은 모호함과 경직의 연속선 위에 존재한다. 경계선은 모호한 경계, 분명한 경계, 경직된 경계로 구분할 수 있다. 모호한 경계는 지나치게 개방적이어서 모든 정보가 공유되고 서로에게 지나치게 관여하며 얽혀 있는 것이 특징이다. 경직된 경계는 지나치게 폐쇄적이어서 경계 내외로 정보 공유나 교류가 거의 없는 것을 말한다. 분명한 경계는 경계가 유연해서 정보가 적절히 공유되고 경계 내외로 관여하는 정도도 적당한 것을 말한다.

가족과 환경체계를 구분하는 경계는 비가족 환경으로부터 가족을 구분시키는 비가시적 분계선으로, 가족의 정체성을 보호하며 가족체계의 구성원이 누구인지 결정해 준다. 즉, 경계는 가족과 가족이 아닌 사람과 구분하게 한다. 가족과 환경의 경계는 에너지와 정보의 침투성 정도에 따라 개방형가족, 폐쇄형가족, 방임형가족으로 구분할 수 있다. 개방형가족이란 가족 외부와의 경계가 분명하면서도 침투력이 있는 가족을 말하며, 폐쇄형가족은 침투력이 없는 가족을 말하고 방임형가족은 외부와의 구분이 거의 없는 가족을 말한다(조흥식 외, 2010: 117). 가족이 외부환경이나 자원과 경계를 잘 유지하면서 교류하는 경우는 개방형가족이라고 볼 수 있고, 거의 교류가 없이 지내는 가족은 폐쇄형가족, 가족과 외부와의 경계선이 없는 것처럼 외부와의 교류가 더 많은 경우는 방임형가족이다.

가족 하위체계는 성(gender), 세대, 이해관계, 가족의 생존에 필요한 기능을 기반으로 발달하는데, 대표적인 하위체계로는 부부 하위체계, 부모 하위체계, 부모-자녀 하위체계, 형제자매 하위체계를 들 수 있다. 각 하위체계는 경계를 가지고 다른 체계와 구별되는 기능을 수행하게 되며 각 하위체계가 영향을 주고받는 방식에 따라 가족의 구조적 특성과 기능은 달라지게 된다.

각 구성원 간 경계는 가족원 간의 연계 및 분리의 연속선상에 따라 가족성원 간 경계가 모호하여 서로 지나치게 관여하는 밀착가족(enmeshed family)과 가족성원 간에 경직된 경계를 가지고 교류하는 유리가족(disengaged family) 개념으로 설명할 수 있다.

(2) 가족의 권력구조

가족권력이란 한 가족성원이 다른 가족성원에게 미치는 영향력을 의미한다. 일반적으로 가족 내에서 다른 가족원의 욕구(경제적 욕구, 사회적 욕구, 애정, 인정 등)를 충족시킬 수 있는 자원을 많이 가진 가족성원일수록 권력을 더 많이 가지는 경향이 있다. 가족은 이 권력구조를 통해서 구성원의 행동을 허용 가능한 범위 내에서 유지시키는 기능을 한다. 하지만 경우에 따라 가족권력은 갈등의 원천이 되거나 가정폭력과 같은 문제를 일으킬 수 있다. 가족의 권력 기반과 권력 배분에 대해 사정해야 하며, 가족의 권력구조가 체계의 유지 기능을 순조롭게 수행하도록 하는지, 가족성원이 권력의 상대적 배분에 만족하는지 등이 사정되어야 할 것이다(Hepworth et al., 2010: 259).

(3) 가족역할

가족 내 각 성원은 가족구조에 통합되는 많은 역할을 이해하며, 가족들이 기대하고 허용되는 행동, 금지된 행동을 이해하여 각자의 역할을 수행하게 된다. Nichols와 Schwartz(1998)는 가족역할이 서로 독립적이지 않고, 역할행동은 두 사람이나 그 이상의 사람들이 서로 상호작용하게 한다고 하였다. 가족체계 내의 역할은 법적 혹은 연령적 지위 혹은 문화적이고 사회적 각본의 기초 위에서 분담될 수 있으며, 역할과 역할기대는 지위와 성별에 기반을 두고 있고 이는 사회적 상호작용 과정을 통해 학습된다.

생애전이와 가족갈등은 역할행동에 변화, 유연성, 수정을 요구한다. 가족은 생애전이에 따른 역할전환에서 어려움을 경험할 수 있다. 예를 들어, 노부모는 성인자녀에게 의존하게 되는 역할전환에 적응하기 어려울 수 있으며, 중년부모는 자녀가 독립해 나간 빈 둥지에 적응하기 어려울 수 있다. 가족성원 개개인이 역할에 불만족하거나 역할에 대한 이견이 있거나 지나친 역할부담이 있을 때 가족갈등 또한 발생할 수 있다. 역할 간 갈등은 가족성원 개개인이 여러 가지 역할의무에 직면했을 때, 특히 두 가지 혹은 그 이상의 역할이 양립하기 어려울 때 발생할 수 있다. 예를 들어, 여성은 아내, 어머니, 딸, 고용자, 노부모의 보호제공자로 다중적 역할을 수행하느라 과도한 역할요구를 경험할 뿐 아니라 그들의 직업활동과 삶에 유해한 영향을 끼치는 대인관계 갈등, 신체적 탈진, 신체적 건강에 대한 염려를 경험하는 것으로 보고된다(Rooney, 1997).

가족역할에 대한 사정에서는 가족 내 역할분담, 역할이 정의되는 방식, 역할갈등을 이해하는 것이 중요하다. 각 문화와 가족 형태는 나름대로의 역할정의를 가지고 있기 때문에 사회복지사는 구성원의 욕구와 부합되는지의 여부를 판단하고 사정해야 한다. 그리고 가족성원이 각자에게 주어진 역할에 얼마나 만족하고 있는지, 만족하지 못하고 있다면 가족이 역할을 수정하거나 변화시킬 여지가 있는지를 사정해야 한다(Hepworth et al., 2010: 264-265).

(4) 가족규칙

가족규칙은 명시적으로나 암묵적으로 가족성원의 행동이나 관계를 통제하는 패턴화되고 예측 가능한 규범이나 기대를 의미한다(성정현 외, 2004). 가족체계에서 발견되는 암묵적 규칙이나 '규범'은 기능적일 수도 있고 경우에 따라서는 역기능적일 수도 있다.

기능적 가족규칙은 가족이 환경적 스트레스, 개인적 욕구, 가족 단위의 욕구에 유연하게 반응하게 하며 가족이 해결책을 찾을 수 있는 기회를 제공해 가족성원이 가족체계 내에서 유능하고 적응적이며 건강하게 발달하도록 돕는다. 기능적인 가족규칙의 예로는 '가족성원 모두의 아이디어와 피드백은 중요하다', '가족성원이라고 항상 같은 것을 좋아하거나 동의해야 하는 것은 아니다', '감정(실망, 두려움, 분노, 성취감)에 대해 얘기하는 것이 좋다', '실수를 인정하는 것이 좋다', '다른 가족성원이 이해하고 지지할 것이다'와 같은 내용을 들 수 있다.

한편, '아버지는 자신의 욕구나 바람을 표현할 수 있지만 다른 가족성원은 아버지와 일치하지 않는 욕구나 바람을 표현할 수 없다', '자아통제는 힘을 상징한다. 따라서 다른 사람이 너의 약점을 알지 못하게 하라', '다른 가족성원과 달라서는 안 된다(가족이라면 같이 생각하고 행동해야 한다)'와 같은 가족규칙은 상황이나 문화에 따라 차이가 있겠지만 가족 전체 혹은 개개 구성원의 적응과 발달에 어려움을 가져올 수도 있다.

잘 기능하는 가족에서 규칙은 질서와 안정성을 유지하도록 돕지만 동시에 변화하는 상황에 따른 변화도 고려한다. 그러한 가족에게 문제가 되는 것은 규칙을 잘 따르는 것이 아니라 오히려 규칙이 모든 가족성원과 일관성 있고 분명하게 의사소통되는 것이다.

가족이 제시하는 문제 및 욕구가 가족의 역기능적인 규칙과 관련 있는 것은 아닌지 혹은 역기능적 규칙을 통해 반복적인 상호작용 형태로 나타나고 있는 것은 아닌지를 사정하고, 가족규칙이 역기능적이어서 가족 전체 혹은 개개 구성원의 적응과 발달을 가로막는다면 그 규칙을 변화시킬 수 있도록 계획해야 할 것이다.

(5) 가족응집력

가족응집력(cohesion)은 가족성원이 서로에게 갖고 있는 정서적 유대를 말한다(Olson, Russell, & Spenkle, 1983). 가족응집력이 적절한 가족은 가족의 독립성과 자율성을 유지하면서 동시에 친밀감과 상호연결 상태를 유지한다. 응집력이 낮은 가족은 서로 유리(disengaged)되는 경향이 있으며, 가족성원은 매우 독립적이지만 가족에 대한 헌신의 정도는 매우 낮게 나타난다. 반면 응집력이 매우 높은 가족은 밀착된(enmeshed) 관계 양상을 보이며, 가족에 대한 높은 의존과 충성을 보이지만 독립성과 자율성은 별로 나타나지 않는다.

(6) 가족의사소통

의사소통이란 언어적·비언적 메시지를 통해 사실적 정보, 생각, 감정을 내용과 관계 차원에서 전달하고 상호교류하는 과정으로, 가족 기능을 이해하는 핵심 개념 중의 하나이다(김혜영 외, 2010: 205). 의사소통의 과정은 송신자의 메시지 개념화 과정과 전달매체를 통한 전달, 수신자의 인지적·감정적 해석과 반응 과정을 따라 진행되며, 메시지 전달 과정에서 왜곡, 축소, 확대가 발생할 수 있다(Johnon & Yanca, 2001).

가족의사소통을 사정할 때는 의사소통의 일치성과 명확성, 수용성과 표현성 차원을 사정해야 한다. 의사소통의 일치성이란 의사소통 시에 언어적 수준, 비언어적 수준, 상황적 수준에서 메시지가 일치하는지의 여부를 말하는 것이다. 의사소통의 명확성이란 상대방에게 메시지를 전달할 때 생각이나 감정을 모호하지 않고 분명하게 전달하는지의 여부를 의미한다. 의사소통의 수용성이란 수신 기술을 나타내는 것으로 말하는 사람에 대한 존중과 이해를 포함하는 반응패턴을 말하며, 의사소통의 표현성은 송신 기술에 해당되는 것으로 자신의 생각과 감정을 가족 내 다른 사람에게 표현할 수 있는지를 의미한다(Hepworth et al., 2010: 265-269).

(7) 가족탄력성

가족은 상황적 위기나 발달적 위기에 반응하여 권력구조나 역할관계, 관계의 규칙을 변화시킬 수 있는 적응력을 가지고 있다. 적절한 수준의 적응력을 가진 가족은 이런 스트레스 상황에서 잘 적응할 수 있지만 지나치게 규칙에 경직되어 있는 가족이나 규범 없이 혼란스러운 가족도 적응하기가 어렵다.

가족이 병리적으로 되면서 가족 내에 분명한 문제가 발생하기도 하지만 가족은 자기 교정적 변화를 가져올 수 있는 능력이 있다는 것이다. 가족에게 위기가 나타나면 가족원이 역기능적인 행동을 보일 수도 있지만 가족원의 응집력이 생기면서 자신들을 단련시키는 기회로 삼아 가족 전체가 성장하는 결과를 가져오기도 한다. 이러한 개념이 가족탄력성이다. Walsh(1996)는 역경을 통하여 가족의 탄력성이 만들어지며 가족의 관계적 탄력성이 회복에 대한 열쇠라고 주장한다.

사회복지사는 가족을 사정할 때 가족의 적응력을 사정하고, 특히 이들의 위기나 역경뿐만 아니라 이들을 다루는 데 동원될 가족의 자원에 초점을 두어야 한다.

2) 가족생활주기

인간이 태어나서 죽기까지 일정한 발달 단계와 단계마다 과업을 가지는 것처럼 가족 또한 발달 단계와 과업을 가지게 된다. 가족생활주기(family life cycle)는 시간이 지남에 따라 가족 내에 발달적인 경향을 묘사하기 위하여 일반적으로 사용하는 용어이다(Carter & McGoldrick, 1999; 박태영, 2002: 16 재인용).

가족은 한 쌍의 남녀가 결혼함으로써 형성되어 자녀의 출생, 성장과 더불어 발전, 확대되고 자녀가 독립하거나 결혼함으로써 축소되어 마지막에는 부부의 사망으로 소멸하게 되는 규칙적인 경로를 거치게 된다. 따라서 가족은 시간이 지남에 따라 움직이는 체계로서, 다른 모든 체계들과는 근본적으로 다른 특성을 가지고 있다. 다른 모든 조직들과는 다르게 가족은 출생, 입양(공식적 또는 비공식적) 또는 결혼에 의하여 새로운 가족성원을 받아들이며, 가족성원들은 단지 죽음으로써 그 가족을 떠날 수 있다. 이러한 가족체계에서는 경계선이 변하고, 가족성원들 사이에서 심리적인 거리가 변하며 그리고 하위체계 사이와 하위체계 내에서 역할이 끊임없이 재정의된다. 즉, 부부가 서로 적응을 학습하고 첫 번째 아이가 태어나면서 어머니와 아버지로서의 새로운 역할을 담당하게 되며 가족의 수가 증가함에 따라 가족구조와 생활방식을 의미 있게 재조직하게 된다. 가족이 성숙해지면서 새로운 부모-자녀관계가 발달하고 그 과정 속에서 어머니와 아버지의 관계도 변화를 경험한다. 이러한 가족생활주기를 거치는 동안 여러 가지 발달과제를 해결해야 한다.

모든 가족은 계속해서 변화하는 상황 속에 살고 있으며 어떤 주요한 전환점은 보편적이다. 가족 내에서 가족성원의 지위와 기능은 가족생활주기의 단계마다 변화하게 된다. 가족의 발달주기에 맞게 구성원들의 지위와 관계가 변화할 때 가족은 보다 잘 기능하게 된다. 모든 가족은 이러한 가족생활주기의 단계를 반드시 거치게 되며 각 단계에서 다음 단계로 넘어갈 때 적응성의 문제가 발생하게 된다. 이러한 적응성의 문제가 심각할 경우 가족은 엄청난 스트레스를 받게 된다. 이렇게 시간의 흐름에 따른 가족의 성장과 변화 과정을 단계별로 고찰하여 각 단계가 가지고 있는 가능성과 문제점을 파악하고 생활의 흐름을 이해할 수 있도록 가족생활을 유형화한 것이 가족생활주기이다.

그러므로 사회복지사가 가족에게 개입할 경우 가족이 처해 있는 가족생활주기의 문제점에 관하여 먼저 사정해야 한다. Bowen은 가족진단 과정을 통하여 가족생활주기의 전체상을 그려 내는 것을 중요시하였다. 그는 3세대 사이에서 이루어지는 교류, 출산, 결혼, 질병, 이별 등이 어떤 경과를 거치는가가 가족을 이해하는 데 중요한 부분이라고 강조하였다. Satir도 가족과 만나는 첫 면담에서 중심적으로 다루어야 하는 과제가 가족생활주기를 파악하는 것이라고 말하고 있다. Haley는 가족생활주기를 6단계로 나누어 어떤 단계에서 다른 단계로 이행하는 시점에서 가족 스트레스가 높게 나타난다고 생각하였으며, 이러한 상황에서 개개인의 가족성원 중 누군가 문제를 나타낼 수 있다고 보았다. 가족개입이란 이러한 가족생활주기를 어떻게 정상적 발달의 방향으로 갈 수 있도록 하는가를 의미한다(김유숙, 2002: 261).

일반적으로 가족생활주기에 관한 대표 학자는 Reuben Hill과 Evelyn Duvall 그리고 Betty Carter와 Monica McGoldrick을 들 수 있다. Hill과 Duvall의 경우는 2세대 핵가족을 중심으로 8단계로 가족생활주기를 설명하였고, Carter와 McGoldrick은 3세대 이상의 가족을 중심으로 6단계로 나누어 설명하였다.

〈표 6-1〉 Carter와 McGoldrick의 일반가족주기

가족생활주기 단계	전환의 정서적 과정: 주요 원리들	발달 과정에 의해서 일어나는 가족 내에서의 이차적 변화들
집을 떠남: 독립된 젊은 성인단계	자신에 대한 정서적·재정적 책임감을 받아들임	• 원가족과의 관계에서 자기독립 • 친밀한 동료관계의 발달 • 재정적인 독립과 자아의 확립
결혼을 통한 가족들의 합세: 신혼부부 탄생	새로운 체계에 대한 헌신	• 부부체계의 형성 • 배우자를 포함하기 위한 친구와 확대가족과의 관계 재형성
어린 자녀를 둔 단계	체계 내의 새 가족성원을 받아들임	• 자녀에게 공간을 주기 위한 부부체계의 조정 • 자녀양육, 재정, 가사에 합세 • 부모, 조부모 역할을 포함하기 위한 확대가족의 관계 재조정
사춘기 자녀를 둔 단계	자녀의 독립과 조부모의 노쇠를 수용하기 위한 가족경계선의 유용성 증가	• 사춘기 자녀가 가족체계의 안과 밖으로 이동하는 것을 허락하기 위한 부모-자녀관계의 변화 • 중년기 부부생활과 경력 문제에 재초점화 • 노부모를 함께 보살피기 위한 변화 시작
자녀가 집을 떠나는 단계	가족체계로부터 가족성원들의 잦은 출입을 받아들임	• 두 사람만의 부부체계로서의 재협상 • 성장한 자녀와 부모 간에 성인 대 성인 관계로 발전 • 인척과 손자를 포함하는 관계의 재조정 • 부모(조부모)의 불구와 죽음을 다룸

노년기 단계	세대역할의 전환을 받아들임	• 생리적 쇠퇴에 직면하여 자신과 또는 부부간의 기능과 관심을 유지하는 것: 새로운 가족의 사회적 역할에 대한 탐구 • 중간세대의 더 많은 중심적인 역할에 대한 지지 • 노인들의 지혜와 경험을 위한 자리를 내드리는 것과 지나친 노인들의 역할 기능 없이 노인세대를 지지하는 것 • 배우자, 형제, 동료의 손실을 다루는 것과 자신의 죽음에 대한 준비: 삶의 회고와 통합

출처: Carter & McGoldrick(1988: 15).

결혼연령의 상승(만혼), 출산율 감소, 평균수명의 연장, 여성의 역할 변화, 이혼율과 재혼율의 증가 등은 가족생애주기에 변화를 가져왔으며, 다양한 가족생애주기에 대한 이해를 필요로 하게 되었다. 이혼 및 재혼의 증가는 가족재구성 과정과 그 과정에서 대처해야 하는 과업을 이해할 필요가 있게 되었는데, Carter와 McGoldrick(1999)이 제시하고 있는 이혼 및 재혼 가족의 발달 단계와 과업에 대한 자료는 이혼 및 재혼 가족의 생애주기와 성취되어야 할 과제를 이해하는 데 유용하다. 이혼가족, 재혼가족의 발달 단계와 과업은 〈표 6-2〉, 〈표 6-3〉과 같다.

〈표 6-2〉 이혼가족의 발달 단계와 과업

발달 단계	전환의 정서적 과정: 태도	발달 과업
이혼 결정	부부간 긴장관계를 지속함으로써 충분히 해결할 수 없음을 수용하기	결혼 실패를 초래한 자신의 잘못 수용하기
가족해체 계획	체계의 모든 부분을 위해 실행할 수 있는 준비하기	• 자녀양육권, 방문, 재정분제 협력하기 • 확대가족과 이혼문제 다루기
별거	• 협력적 공동부모 관계를 지속하고 아동에 대한 재정원조 함께하기 • 배우자에 대한 애착을 해결하기 위해 노력하기	• 함께 살아온 가족성원의 상실 애도하기 • 부부관계, 부모-자녀관계, 재정문제를 재구조화하고 별거에 적응하기 • 본인의 확대가족과의 관계, 배우자의 확대가족과의 관계를 재조정, 재정립하기
이혼	정서적 이혼을 위해 더 노력하고, 상처, 분노, 죄책감 극복하기	• 원가족 상실을 애도하고 재결합 환상 버리기 • 결혼에 대한 희망, 꿈, 기대 회복하기 • 확대가족과의 관계 유지하기

이혼 후	한부모 (자녀양육부모)	재정적 책임유지, 전 배우자와 부모로서의 접촉 지속하기, 자녀와 전 배우자 및 그 가족과 접촉을 지지하기	• 전 배우자와 그 가족의 방문을 융통성 있게 허용하기 • 자신의 재원 재구축하기 • 자신의 사회관계망 재구축하기
	한부모 (자녀 비양육부모)	전 배우자와 부모로서의 접촉 유지, 자녀에 대한 보호적 부모관계를 유지하려는 의지 갖기	• 자녀와 효과적인 부모관계를 지속하는 방법 찾기 • 전 배우자와 자녀에 대한 재정적 책임 유지하기 • 자신의 사회관계망 재구축하기

출처: Carter & McGoldrick(1999: 375).

〈표 6-3〉 재혼가족이 발달 단계와 과업

발달 단계	요구되는 태도	발달 과업
새로운 관계의 시작	• 첫 번째 결혼 상실 회복하기 (적절한 정서적 이혼)	• 결혼과 가족을 형성하기 위해 재헌신하며, 이를 위해 복잡성, 모호성 등을 다룰 준비하기
새로운 결혼생활과 가족에 대한 개념화와 계획	• 자신의 두려움 및 재혼과 복합가족 형성에 대한 새 배우자와 자녀의 두려움 수용하기, 다음 세 가지 측면에서 복잡성과 불명확성에 적응하기 위한 시간과 인내가 필요함을 받아들이기 –새로운 다양한 역할 –경계: 공간, 시간, 멤버십, 권위 –정서적 문제: 죄책감, 부모에 대한 충성심 갈등, 상호관계에 대한 바람, 미해결된 과거의 상처	• 새로운 관계에서 개방적 태도를 취하며 가식적 관계 피하기 • 전 배우자와 재정 협력 및 공동부모 관계를 유지하기 위한 계획 세우기 • 자녀가 두 가족체계 내에서 겪는 두려움, 충성심 갈등, 멤버십을 다루도록 돕는 것을 계획하기 • 새 배우자와 자녀를 포함한 확대가족의 관계를 재조정하기 • 전 배우자의 확대가족과 자녀의 접촉을 유지하기 위한 계획 세우기
재혼과 가족의 재구성	• 전 배우자와 이상적 '완전한' 가족에 대한 애착을 최종적으로 정리하기 • 유연한 경계를 가진 다양한 가족모델 수용하기	• 새 배우자와 새 부모를 포함할 수 있는 가족 경계선 재구성하기 • 몇 개의 체계를 서로 혼합하기 위해 하위체계를 통한 관계와 재정적 조정 재편성하기 • 친부모(비양육부모), 조부모, 그 외 확대가족과 모든 자녀와의 관계를 위한 공간 마련하기 • 새로운 가족의 통합을 증진시키기 위해 추억이나 역사 공유하기

출처: Carter & McGoldrick(1999: 375).

사례 | 사회력 발달에 관한 도식: 가족

Ⅰ. 정보 확인(기관의 필요 여부에 따라)

A. 가족성원들의 이름과 생일, 사망 날짜

B. 결혼 날짜, 이전 결혼 날짜

C. 종교, 인종, 그리고 문화적 배경

D. 가족 내에서 사용하는 언어

E. 최초 접촉한 날짜, 의뢰인

Ⅱ. 가족체계(강점, 자원, 그리고 각 영역에 대한 도전)

A. 가족구조

1. 가족체계 내에서 기능하는 모든 사람들 신원 확인, 확대가족성원들과 관계가 없는 사람들을 포함해라. 그들이 체계의 일부로서 기능하는 것의 여부와 관련 없이 사회력 발달의 개인 부분의 도식을 각 사람들에게 활용하면서 설명

2. 하위체계: 부부간, 형제(자매) 간의 관계와 기능과 부모-자녀하위체계들과 다른 하위체계들을 설명

3. 가족응집력: 가족들이 그들의 체계, 경계, 그리고 관계성을 유지하는 방법을 설명. 가족성원들, 가족규칙과 규범의 구체화, 정서적 환경 사이에 접촉과 분리의 문제를 포함

4. 가족들의 환경: 그 가족성원들의 환경을 설명

a. 생활 상태(삶의 상황)

b. 사회경제적 지위

c. 지역사회 혹은 이웃, 지역사회나 이웃과 함께하는 가족관계와 가족을 위해 중요한 지역사회조직과 기관들과 이것들과 관련된 관계의 특징을 포함. 지역사회와 이웃 자원 그리고 지역사회에서 이 가족에 대한 책임과 영향

d. 확대가족: 확대가족 내에서 중요한 인물들이 가족체계의 영향력을 미치는 것에 대한 강점, 그리고 자원들, 책임성 그리고 그것으로부터의 수반하는 영향

B. 가족 기능

1. 의사소통양식

2. 의사결정양식

3. 역할 수행

a. 직업과 가사의 기준과 수행

b. 양육과 돌봄의 기준과 수행

c. 체계 구성원의 지지: 성장 격려, 보살핌, 관심

4. 가족의 관습적 적응과 대처 메커니즘

5. 가족 생태도 작성하기

C. 가족 발달 역사
1. 근원(뿌리), 문화집단의 영향과 가족체계 이전 세대들의 영향
2. 가족의 삶에서 중요한 사건
3. 가족 삶의 발달 단계
4. 가계도의 작성

Ⅲ. 관심사와 욕구
A. 왜 이 가족들이 기관에 와야 하는가? 어떤 서비스가 필요한가?
B. 가족성원들 각각의 욕구
C. 가족 내부 하위체계들의 욕구
(특별한 관심이 부부체계, 부모-자녀체계를 위해 제공되어야만 한다.)
D. 가족체계의 욕구: 개별적 욕구와 하위체계들의 욕구가 어떻게 가족체계에 강한 영향을 미치는지를 고려하라. 또한 체계로서의 가족에 영향을 주는 환경적 책임, 기대, 그리고 다양한 요인들도 고려하라. 가족체계의 이런 욕구들을 충족시키는 데 장애물을 확인하라.

Ⅳ. 욕구 충족을 위한 강점과 도전
A. 이 가족은 서비스를 공급받는 것과 관련된 결과로서 무엇이 일어나기를 원하는가?
B. 서비스의 적절함을 위한 가족의 생각, 관심, 그리고 계획은 무엇인가?
C. 서비스나 변화를 위해 사용할 수 있는 가족의 동기 부여는 무엇인가?
D. 대처나 변화를 위한 가족의 능력은 어떠한가? 무엇이 영향을 줄 수 있는가?
E. (그 체계의 내적) 변화를 위한 가족의 자원들은 무엇인가?
F. 가족에 대한 변화를 지지하거나 완화시키는 환경적 자원, 책임 그리고 영향력은 무엇인가?
G. 가족체계의 변화를 위한 동기 부여, 능력, 혹은 기회에 영향을 미치는 다른 어떤 요인들이 있는가?
H. 체계, 환경적 기대들이 이 가족에 대해 현실적인가?
I. 욕구를 충족시키는 것과 관련된 상황에서 가족을 위한 강점과 도전은 무엇이 있는가?

출처: Johnson & Yanca(2010: 332).

3) 가족사정도구

(1) 가계도

Bowen(1980)은 가족의 지난 3세대에 대한 과정과 구조를 지도로 나타내는 가계도를 개발하였다. 가계도(genogram)란 3세대 이상에 걸친 가족성원에 관한 정보와 그들 간의 관계를 도표로 기록, 작성하는 방법을 말한다. 가계도는 사회복지사와 가족성원이 세대 간 맥락에서 정서적, 행동상의 문제행동 패턴을 검토하는 데 유용하다. 가족 내의 정서, 행동 패턴은 계속 반복되는 경향이 있다. 즉, 한 세대에서 일어난 일은 다음 세대에도 반복된다. 가계도를 보면서 가족성원은 가족관계 패턴을 확인하고 이해할 수 있다.

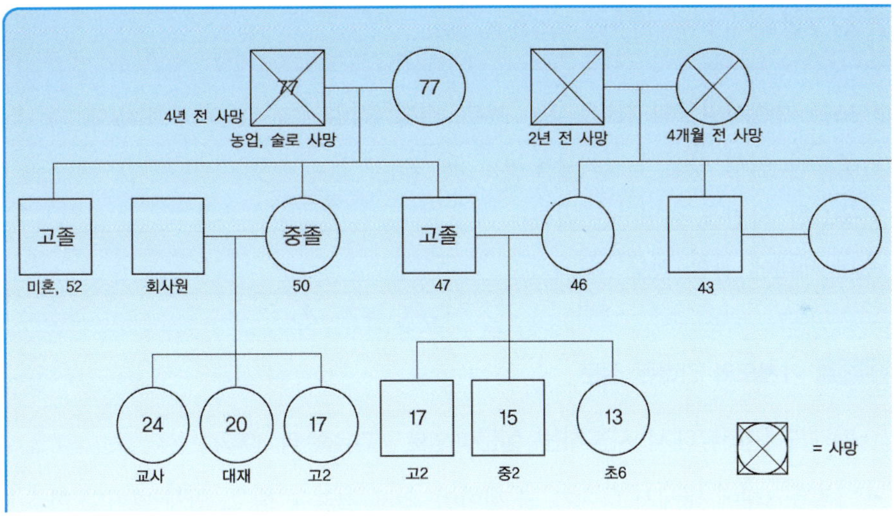

[그림 6-1] 가계도 사례

전형적으로, 가계도는 첫 회에 대부분 완성되고 새로운 정보가 나타날 때마다 수정된다. 따라서 첫 회의 사정에 의해서 치료 방법이 결정된다. 그러나 가족치료사는 전형적으로 사정과 치료를 구별하지 않는다는 것을 강조하고 싶다. 즉, 사정 과정 자체가 치료적 개입의 효과가 있을 수 있다는 의미이다. 가족의 사정은 그 후의 가족개입에 영향을 미친다.

가계도는 가족나무와 같은 가시적 그림으로 나타나는데 적어도 3세대 이상이 그려져야 하고, 그 구성원의 이름과 나이, 성별, 결혼 여부, 형제자매관계, 직업, 생존 여부 등을 기술한다.

가계도를 활용한 면접은 체계적 질문을 하기에 용이하므로 임상가에게는 좋은 정보를 제공함과 동시에 가족성원들에게도 체계적인 관점으로 문제를 볼 수 있도록 한다. 가계도에서 가족에 대한 구조적 · 관계적 · 기능적 정보는 수평적 가족맥락과 수직적 가족세대의 전승을 통하여 관찰될 수 있으므로 이러한 정보를 현재와 과거의 양 차원에 걸쳐서 검토할 수 있을 것이다.

가계도를 만들기 위해 Bowen은 초기 회기에서 결혼한 부부로부터 가족성원의 이름과 주요 인생 사건의 날짜 등의 정보를 수집하였다. Bowen(1980)에 따르면, 완전한 가계도는 다음을 포함하여야 한다(이영분 · 김유숙 역, 1992).

- 모든 가족성원들의 나이, 생존 여부, 질병, 직업 등(3세대 이상의 가족성원)
- 중요한 인생 사건의 날짜(출생, 결혼, 사망 등)
- 중요한 사건을 설명하는 기록
- 몇 세대에 관한 정보

가계도와 관련된 질문

① 가계도 인터뷰에서 사용하는 질문(이영분 · 김유숙 역, 1992)

- 가족들 3대에 대해서 나이가 몇 세이며, 언제 결혼을 했고, 언제 별거나 이혼을 했습니까? 가능하다면 구체적인 연도와 날짜를 말씀해 주십시오.
- 가족 중 누가, 언제, 어떻게 사망하였습니까?
- 가족성원들을 어떤 직업을 가지고 있습니까?
- 가족성원들의 교육수준은 어떠합니까?
- 가족성원들의 인종, 문화, 종교적 배경은 어떠합니까? 혹시 종교와 의식이 변화되었습니까? 가족에게서 이러한 전통은 어떻게 없어졌습니까?
- 가족성원들은 어디서 살고 있습니까? 어느 도, 어느 시입니까? 그들은 언제, 어디로

이사했습니까? 그 이유가 무엇입니까?

- 가족 간 사이는 어떻습니까? 누가 누구와 가까운 사이인가요? 다른 가족성원과 얘기하지 않는 사람이 있습니까? 무엇 때문에 그런 일이 발생했습니까?
- 어떤 가족성원이 자신이 한 일에 성공했나요?
- 어떤 가족성원에게 알코올이나 마약과 같은 약물 섭취 · 사용, 체포된 경험, 정신적 문제, 자살 시도 또는 다른 심각한 문제가 있었습니까?
- 가족에게서 발견되는 병은 무엇입니까? 가족성원들은 그것을 어떻게 극복했나요?
- 어떤 특별한 인생 사건이 발생한 것–긍정적, 중립적, 부정적이든지–에 관해 말해 주실 있습니까?
- 가족의 세대를 통해 전해 오는 이야기가 있습니까?
- 가족에서 반복되는 것처럼 보이는 특별한 가족 주제가 있습니까?
- 가족의 연장자로서, 가족의 젊은 성원에게 해 줄만한 충고가 있습니까?

② 가계도 분석 기록에서 적합한 질문(이영분 · 김유숙 역, 1992)

- 가계도에서 가족성원들은 어느 정도로 건강합니까? 가족 및 원가족에서 가장 공통되는 건강상의 문제는 무엇입니까? 가족성원들은 그러한 문제를 예방하거나 치료하기 위해 무엇을 했습니까?
- 가계도에서 반복되는 가족구조 유형(한부모, 핵가족, 확대가족)은 무엇입니까?
- 여러 세대에 걸쳐 전해 오는 가족의 주제는 무엇입니까?
- 당신의 가족에게서 가장 자주 일어난 사건은 무엇입니까?
- 당신의 가족이 대처하는 데 더욱 수월해진 것은 가족생활주기 가운데 어느 시기입니까? 가장 어려웠던 시기는 언제입니까?
- 가족의 여러 세대에 걸쳐 가족 기능에 영향을 준 생활 사건은 무엇입니까?
- 가계도에서 삼각관계는 어디서 나타났습니까? 친밀하거나 소원하며 갈등하고 혼란스러운 관계는 어디입니까? 정서적 단절이 있는 곳은 어디입니까?
- 교육이나 일에서의 성공, 종교적 사명감, 알코올 또는 마약의 사용, 또는 다른 행동에서 반복되는 패턴은 무엇입니까?

- 가계도에서 가족의 규모는 어느 정도입니까? 가계도를 검토할 때, 일부 가족들이 보다 크거나 혹은 적은 것으로 두드러집니까? 가족 규모나 가족 불균형으로 인해 일어나는 스트레스는 무엇입니까?
- 체계이론에 따라 당신은 역동적이고 활달한 유기체이므로, 당신을 불안하게 하는 특정 패턴을 바꾸기 위해 무엇을 할 수 있겠습니까? 언젠가 당신의 자녀에 대해 시간이 경과하기를 바라는 것은 무엇입니까?

③ 정보 조직을 위한 주요 순위 결정(이영분 · 김유숙 역, 1992)

- 가족 전체에 걸쳐서, 그리고 세대를 걸쳐서 발생되는 증상이나 관계, 역할 유형이 반복될 때나 삼각관계, 연합, 정서적 단절, 갈등 유형, 역할의 과다 또는 과소기능 등은 가계도를 해석할 때 중요하다.
- 연, 월, 일의 우연의 일치, 즉 한 가족성원의 사망 혹은 사망기념일에 증상이 시작되거나 증상이 시작된 해에 다른 가족성원의 문제가 시작되는 등의 우연의 일치를 살핀다.
- 변화에 의한 충격이나 갑작스런 생활주기의 변천이다. 가족의 중대한 사건과 때를 같이하여 발생한 가족의 역할이나 관계의 변화, 부적절한 가족생활주기의 변천, 즉 예상 밖의 출산, 결혼, 사망 등에 특히 주목해야 한다.

사례 | 사회적 연구(social study): 가족

Ⅰ. 확인된 정보

A. 가족성원의 이름과 생년월일

아버지: 김철수(49세)

어머니: 박미희(45세)

장 남: 김민철(20세)

차 남: 김민석(18세)

차 녀: 김민정(12세)

B. 결혼: 2002년 8월 24일. 아버지가 30세, 어머니는 26세에 결혼함. 이들은 지인의 소개로 1년 정도 사귀다 결혼하게 됨

C. 종교: 엄마 박미희씨는 천주교, 나머지는 종교없음

D. 기관에 처음 접촉한 날짜: 2020년 3월. 민석의 일탈적 행동으로 학교에서 권유하여 어머니가 직접 방문하었음

Ⅱ. 체계로서의 가족

A. 가족구조

아버지는 전문대학을 졸업하고 중소기업에 다니다가 회사가 구조조정을 하면서 실직하고 있다가 지인이 하던 PC 방을 이어 받아 운영하고 있다. 한때는 장사가 잘 되었으나 컴퓨터를 최신형으로 교체하지 못하여 수입이 많지 않은 상황이다. 가게를 그만하려고 해도 마땅히 할 일이 없어서 그냥 운영하고 있는 상황이다.

이 부부는 지인이 소개하여 만났고, 약 1년 정도 사귀다가 결혼하였다. 철수 씨는 친구들을 좋아하여 자주 만나며 집에 있는 것을 그리 좋아하지 않는 편이다. 그래서 미희 씨가 주로 아이들을 돌보고 가사를 책임졌다. 가끔 마트에서 아르바이트를 하면서 약간의 수입을 얻어 가계에 보탬을 주기도 하나 전적인 경제활동은 하지 않았다. 미희씨는 성격이 좋아 경제활동을 할 기회가 있었지만 아이는 엄마가 키워야 한다는 생각에 직장을 가지 않았다.

민철이는 지방 소재에 대학에 입학하였고, 성장하는 동안 크게 문제를 일으키지 않았고 부모에게는 기대를 걸게 하는 장남이었다. 둘째인 민석이는 중학교 시기부터 학교에서 문제를 일으키는 친구들과 무리지어 다녀서 담임선생님으로부터 경고를 받기도 하였고, 최근에는 오토바이 절도문제에 연루되어 경찰서에 가서 조사를 받았다. 민정이는 막내로서 조용하고 엄마 말을 잘 듣고 있는 듯 없는 듯 지낸다. 민정이가 친구가 배우는 발레를 배우고 싶어 하는데 학원비가 없어서 걱정하고 있던 상황이다.

남편은 주로 PC방에 있기 때문에 미희씨가 도시락이나 반찬을 가져다주기도 하고 서로 차분히 이야기를 나누는 시간이 거의 없다. 그래서 미희씨가 전적으로 아이들과 지내는 편인데, 아들들이 성장하면서 겪는 친구관계에서의 일들을 아빠가 관심을 가지고 훈육하기를 바라지만 남편

은 무관심하다.

자녀들은 각자 자기 일만 하고 별로 어울리지 않는다. 어릴 때 민철과 민석이는 잘 어울려 놀고는 했지만 중학생이 되면서 민석이가 친구들과 어울리고 집을 나가는 등의 행동이 있어서 나무라기 시작하면서 사이가 나빠졌다. 민정이는 나이차이가 많이 나는 동생이라 서로 같이 있으면서 이야기를 하거나 같이 놀거나 하는 일은 별로 없다. 이 가족은 함께 공유하는 것이 거의 없고 그래서 자녀들은 친밀한 체계를 형성할 기회를 가지지 못했다.

부모-자녀체계에서 어머니는 자녀들과 친밀한 관계를 형성하고 있으나 사춘기를 겪는 남자아이들의 욕구들을 이해하기 어려워하고 있다. 아버지는 아들과 소원한 상태이고 아들의 문제에 대해 관대하다. 자녀들이 겪는 어려움을 성장통쯤으로 여기고 관심이 없는 편이다.

민정이는 엄마와 매우 밀착된 사이로 가족 내에서 드러나지 않는 아이라 혼자서 그림도 그리고 옆집에 사는 친구와 교류하는 정도이다.

가족은 오래된 아파트에 살고 있으며, 방이 세 개인데 민정이가 부모와 큰방에서 같이 지내고 아들은 각자 방을 쓰고 있다.

미희 씨의 아버지(민석이의 외할아버지)는 약 2년 전에, 어머니(민석이의 외할머니)는 4개월 전에 돌아가셨다. 미희 씨는 어머니와 매우 친하게 지냈고 돌아가신 지금 많이 보고 싶어 하고 있다. 미희 씨는 결혼한 남자 형제 한 명과 미혼인 여자 형제 한 명이 있다. 그들은 먼 곳에 살고 있어서 가깝게 지내고 있지 않다. 철수 씨의 아버지는 암으로 오랫동안 고생하다가 4년 전에 사망했다. 철수 씨의 아버지(민석이의 할아버지)는 술을 많이 마시고 간암으로 투병하다가 돌아가셨는데, 주정도 하고 어머니에게 한 번도 잘해 준 적이 없어서 싫어했다. 그러나 돌아가시고 나니 잘 못 해드린 것이 후회되었다. 미희 씨는 시어머니에게 잘 해드리려고 하나 시누이가 늘 잘 못한다고 해서 사이가 좋지 않다.

B. 가족 기능([그림 6-2] 생태도 참고)

이 가족은 개인의 필요와 욕구가 있을 때 최소한의 의사소통만 이루어지고 있는 것처럼 보인다. 철수 씨는 아내에게 자신의 마음이나 바라는 것을 거의 말하지 않고 아내가 알아서 해 주기를 바란다. 그리고 자신의 어머니와 잘 지내지 못하는 것 같아 불편하다. 반면에 미희 씨는 민정이(모녀)와 바람직한 의사소통이 이루어지고 있다. 자녀들 간의 의사소통은 잘 일어나고 있지 않고 아버지인 철수 씨는 자녀들과 정서적으로 거리감을 가지고 있다.

아버지(철수)는 재정적인 면에서 결정을 내리고 어머니(미희)는 자녀들에 관한 것과 가정을 운영해 나가는 것에 대하여 모든 것을 결정한다. 부부는 서로가 상대방이 원하는 것을 알아주었으면 하고 있지만 말을 직접적으로 하지는 않는다. 자녀들은 의사결정 과정에 의견을 낼 수 없다.

아버지는 일을 열심히해서 가정경제만 책임지면 된다고 생각하는 편이고, 아내가 집안을 돌보고 자녀를 양육해야 한다고 생각한다. 미희 씨는 아이들을 잘 키우려고 했고 생각보다 큰 아들이 좋은 대학에 입학하지 못해 다소 서운해하고 있는 상황이다.

C. 가족 발달 역사([그림 6-1] 가계도 참고)

이 부부는 그들이 성장한 생활방식에 상당히 얽매어 있는 것 같다. 그러나 한 사람의 수입으로 가족 모두를 부양하는 것에 대한 어려움과 경제적인 발전을 위한 사업의 어려움은 긴장을 유발한다. 이들 부부는 조부모가 어렸을 때 돌아가셔서 조부모에 대하여 어떤 특별한 느낌은 없으며, 그들은 숙모와 삼촌과도 접촉이 거의 없다. 그들은 특정한 어떤 문화적 영향도 없고 단지 그들 자신들이 항상 열심히 일하고 유지하는 평범한 사람들이라고 말한다. 그러나 부모님의 죽음은 이들 부부에게 변화해야 할 결정적 시점이며 위기인 것 같다.

이 가족은 가족성원의 개별화 대 거짓 친밀성의 형성 상태 시기와 비교해서 볼 수 있다. 균형은 거짓 친밀성이 조직되는 단계이다. 즉, 거짓 상호관계가 형성됨으로써 균형을 맞추는 것으로 보인다.

Ⅲ. 근심 또는 욕구

이 가족은 민석이가 친구들과 오토바이를 훔치려 했던 행동 때문에 경찰서에 조사를 받았고, 그래서 학교 담임교사가 상담을 권유하여 사회복지기관을 찾게 되었다. 어머니(미희)는 민석의 행동으로 법적 처벌을 받을까 봐 두려워하고 있고, 아버지도 법적 처벌을 받지 않도록 도와줄 것을 요청하고 있다. 민석이도 처벌을 받을까 봐 두려워하며 부모가 도와줄 것을 요청하고 있다.

장남(민철)은 가족의 구성원 중에서 가장 적응을 잘하는 것처럼 보이며, 그는 아버지나 보다 큰 체계와의 상호작용에서 이익을 얻고 있다. 민석은 가부장적인 아버지, 형에 비해 관심을 덜 받게 된 상황에서 친구와의 친밀한 관계에 더 중심을 두는 생활을 해 왔던 것 같다. 민석을 돕기 위해서는 학교에서 겪는 어려움을 탐색해야 할 것이다. 왜 민석이 학교에서 어려움을 겪는가? 그는 학교에서 기본적인 학습에 어려움이 있는가? 민석은 또래들과 긍정적 관계를 형성할 필요가 있고, 다른 남성들과도 긍정적 관계를 맺을 필요가 있다. 다른 두 남자 형제와 달리 민정이는 가족으로부터 분리를 시작해야 하고 어머니에게 지나치게 의존하지 않아야 한다.

이 부부는 부부관계와 부모-자녀관계 역할 양자에서 도움이 필요하다. 부부관계에 어느 정도의 친밀감이 있는지에 대한 의문이 있다. 그들은 서로의 욕구를 표현하기 위한 학습이 필요하고 그러한 욕구들을 만족스러운 방식으로 내응하는 방법을 학습하는 데 도움이 필요하다. 그들은 사춘기의 아이들을 이해하는 데 한계를 가지고 있다. 부부는 자녀들, 청소년들이 가지는 일반적 측면을 이해하고 자녀들과 의미 있는 관계를 발전시키기 위한 도움이 필요하다.

이 가족이 만일 전체 가족의 욕구와 개별 성원들의 욕구를 충족시키려고 한다면, 스스로 정한 생활방식을 탐색할 필요가 있다. 생활방식을 탐색하게 되면, 가족 간의 감정과 관련된 의사소통을 이해하는 데 도움이 되기 때문이다. 또 다른 사람들의 욕구에 대해서 듣는 것이 중요하다는 것을 알아야만 한다. 이 가족은 주변 환경이나 체계로부터 분리되어 있어서 가족들의 더 많은 참여가 필요할 것으로 보이고, 가족사회복지사는 가족의 지역사회 참여를 과제로 지시할 수 있다.

Ⅳ. 해결방안

이 가족은 민석의 문제행동으로 처벌을 경감하고 싶어 하고 이런 행동을 고치고 보다 적응적 생활을 할 수 있도록 도움을 요청하고 있다. 어머니(미희)는 치료에 참여할 준비가 되어 있지만, 아버지(철수)는 아마 저항할 것이다. 이런 가족의 경우 민석의 문제행동을 완화하도록 도우면서 가족의 친밀감과 의사소통을 증진시킬 필요가 있을 것이다. 그러기 위해서는 법적 문제를 잘 알고 있는 상담자를 통해서 문제행동에 대한 이해와 대처방법을 배울 필요가 있을 것이다. 그 다음에 부모가 민석에게 관심을 가지고 성장과정에서 수행해야 할 과업들, 또래관계, 부모자녀관계에서의 의사소통과 문제해결능력을 향상시킬 수 있는 방법들을 찾아야 할 것이다.

출처: Johnson & Stephen(2003)의 내용을 우리나라 상황에 맞게 수정하였음.

(2) 생태도

가계도가 가족의 내적 역동을 드러낸다면, 생태도는 가족의 외부 환경과의 관계에서 발생하는 역동을 나타난다. 생태도과 가계도는 비슷한 점이 많다. 두 기법 모두 사용자가 가족역동을 통찰하도록 해 준다. 생태도와 가계도는 차이점이 있다. 가계도는 여러 세대에 걸친 가족패턴, 특히 문제가 되거나 역기능적 가족패턴에 초점을 맞추고, 생태도는 외부 세계(생태체계)와 가족과의 관계를 묘사하고, 가족과 생태체계 간의 외부적 연계로부터 강점(strength)과 질(quality), 그리고 갈등의 영역을 포함한다. 생태도는 환경으로부터 가족에 대한 자원의 흐름을 보여 준다. 또한 박탈과 충족되지 않은 욕구도 잘 나타낸다.

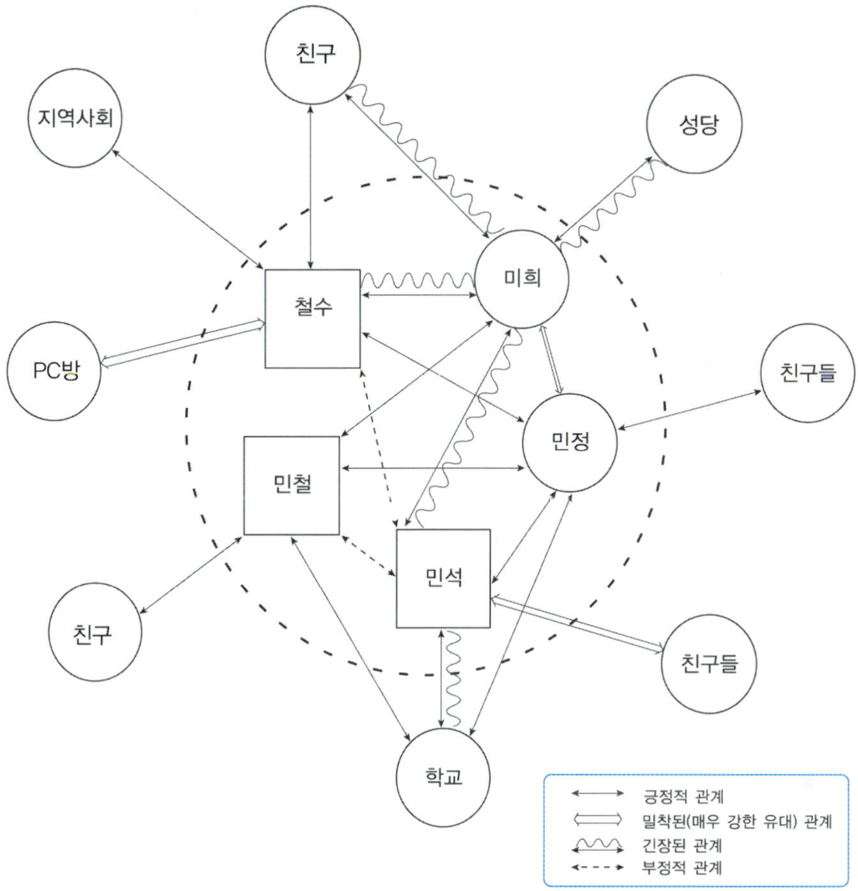

[그림 6-2] **생태도 사례**

생태도는 대개 클라이언트와 사회복지사가 함께 그린다. 생태도가 클라이언트와 사회복지사에게 주는 이점은 클라이언트 가족생활과 가족이 집단과 단체, 조직, 다른 가족, 개인들과 맺는 관계의 본질에 대해 전체적 또는 생태학적 시각을 갖도록 돕는다는 점이다. 생태도 기법은 클라이언트와 실천가 모두에게 클라이언트 문제에 대한 통찰력을 주고, 건설적 변화를 더 잘 모색하도록 해 준다. 생태도는 특정 시간 내의 중요한 상호작용에 관한 '스냅 사진'을 제공한다. 생태도의 이점은 단 한 페이지에 많은 양의 정보를 실을 수 있고, 가시적이고 개념적인 효과가 있다는 것이다. 생태도는 가족 지지체계에 대해 보기 쉽게 설명 가능하다.

생태도는 가족 외부에 위치한 다양한 체계들을 표시하는 일련의 상호연결된 원으로 구성된다. 생태도를 그리는 첫 단계는 가족으로 명명된 중심원 안에 이미 구성된 가계도를 놓는다. 그리고 이 중심 밖에 가족성원들의 삶에 의미 있는 사람들, 기관들, 또는 조직들을 원으로 표시한다. 이때 원의 크기는 중요하지 않다. 내부와 외부의 원들 사이에 그려진 선은 존재하는 관계의 성질을 나타낸다.

(3) 사회적 관계망

사회적 관계망 사정은 사회복지실천을 위해 개발된 사정도구로서, 사회적 관계망이 개인을 보호하는 힘, 보호 요인으로서 인식됨으로써 평가도구로서 많이 활용되고 있다.

Tracy와 Whittaker는 클라이언트의 사회적 지지 자원을 사정하는 도구로서 사회적 관계망 지도를 개발하였다. 우선 과거 몇 달 동안 지내 오면서 좋은 감정을 느끼게 한 사람이었든, 나쁜 감정을 느끼게 한 사람이었든 우리의 삶에 영향을 미친 사람들을 포함시킨다. 그 사람이 ① 동거가족, ② 확대가족 및 친척, ③ 친구, ④ 직장 또는 학교 등에서 형성된 유대, ⑤ 클럽, 조직체, 종교집단, 친목모임 등을 통해 관계를 맺은 유대, ⑥ 이웃, ⑦ 기관 또는 공식적 서비스 제공자 등 어디에 속하는지 이름을 기입한다.

사회적 지지망 지도에 15명 이상이 기록되었다면, 상위 15명을 선택하고 사회적 관계망 표에는 그들이 개인에게 제공하는 사회적 지지(구체적 지지, 정서적 지지, 정보 · 조언적 지지), 비판, 원조의 방향, 친밀 정도, 접촉 빈도, 관계 지속 기간 등이 포함된다.

응답자 :
날 짜 :

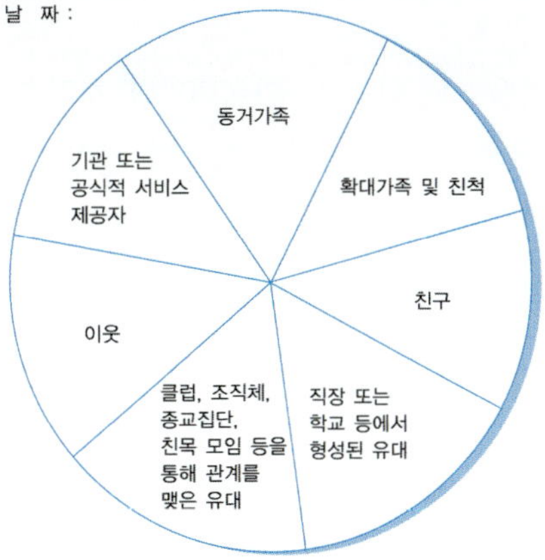

[그림 6-3] 사회적 관계망 지도

〈표 6-4〉 사회적 관계망 표

구 분		생활 영역	구체적 지원	정서적 지원	정보 / 충고	비판	원조 방향	친밀성	접촉 빈도	관계 지속 기간
		①동거가족 ②확대가족, 친척 ③다른 친구 ④직장, 학교 ⑤클럽, 조직체, 교회 ⑥이웃 ⑦공적 서비스, 전문가 ⑧기타	①거의 없음 ②간혹 있음 ③항상 있음	①거의 없음 ②간혹 있음 ③항상 있음	①거의 없음 ②간혹 있음 ③항상 있음	①거의 없음 ②간혹 있음 ③항상 있음	①양방향 ②당신이 그들에게 향함 ③그들이 당신에게 향함	①친밀성이 없음 ②친밀한 정도 ③매우 친밀	⓪보지 않음 ①몇 회 / 년 ②매달 ③주별 ④매일	①1년 미만 ②1~5년 ③5년 이상
이름	번호									
	1									
	2									
	3									
	4									
	5									
	6									
	7									
	8									
	9									
	10									
	11									
	12									
	13									
	14									
	15									

(4) 실연 및 가족조각

실연과 가족조각은 가족을 사정할 때도 활용되지만 개입 단계에서 치료도구이며 방법이기도 하다. 실연(enactment)은 구조적 가족치료의 한 기법으로 면담 상황에서 가족 상황을 재연해 보게 하는 방법을 말하는데, 이는 가족관계나 상황에 대한 가족의 진술 이외에 가족의 실제 상황을 재연한 행동의 관찰을 통해 가족 상호작용에 대한 정보를 얻을 수 있는 방법이다. 가족조각(family sculpture)은 Satir 경험적 가족치료의 한 기법으로 특정 상황을 설정한 후 가족성원 중 한 사람이 조각가가 되어 다른 구성원의 위치나 신체적 동작을 조각해 보게 하여 가족의 역동을 시각적으로 표현하는 방법이다. 이는 비언어적인 방법으로 가족관계나 상호작용에 대한 가족성원의 인식을 파악하는 방법이다. 가족관계를 사정할 때 많이 활용되며, 가족이 원하는 상태를 가족조각으로 표현해 보게 함으로써 가족관계 변화의 목표를 사정하는 데도 활용할 수 있다.

실연과 가족조각은 가족 내 권력관계, 경계, 갈등 등 가족 내 상호작용의 흐름(역동)에 대한 유용한 정보를 제공한다.

(5) 가족사정 척도

가족을 사정, 평가하는 척도는 가족의 기능 및 관계, 적응, 스트레스 등에 대한 구체적인 정보를 제공해 가족의 문제 및 욕구에 초점을 두는 구조적인 방법으로 목표를 세울 수 있게 해 준다. 사회복지사는 특정한 목적을 가지고 척도를 개발할 수도 있고, 기존의 개발된 척도를 활용할 수도 있다. 가족사정도구는 상담을 위한 욕구를 사정하기 위해 고안된 적응력과 응집력을 측정하는 척도들이 있다.

가족 기능을 측정하는 도구로는 적응력과 응집력을 측정하는 FACES(Olson, 1986), 가족의 자신감, 구조, 융통성을 사정하는 비버스-팀버론 가족평가척도(Beavers-Timberlawn Family Evaluation Scale), 가족의 기본과업, 발달과업, 어려운 과업을 포함하여 현재의 가족 기능을 검사하는 맥마스터 모델(McMaster Model: Epstein, Balwin & Bishop, 1983)이 있다(Colins et al., 2010: 184; 장수미 외 2010: 201 재인용). 그 외 부부적응척도(Spanier, 1976), 결혼만족도 척도(Shumn et al., 1986), 부모양육태도척도(이시형 외, 1999; 김혜영, 2000), 원가족척도(최현미, 1997), 가족관계척도(Hudson, 1997; 양옥경 · 김민영, 2003) 등을 활용할 수 있다.

Chapter

7

가족 대상 사회복지실천기술

가족 단위의 사회복지실천과정은 크게 초기 단계, 중간 단계, 종결 단계로 나눌 수 있다. 실천의 초기 단계에는 초기면담과 사정, 계획이 이루어지고, 중간 단계에서는 계획된 사항이 실행되며, 종결 단계에서는 실천의 평가와 종결이 이루어진다. 이 장에서는 가족을 대상으로 이루어지는 사회복지실천과정에서 활용되는 기술들을 살펴본다.

1. 초기 단계

가족과 함께하는 사회복지실천의 초기 단계에서는 초기면담과 사정, 계획이 이루어진다. 초기면담에서는 사회복지사와 가족 간의 관계를 형성하는 것과 가족의 문제 및 욕구를 정의하기 위해 가족의 인식을 파악하고 반영하는 것이 주요 과제가 된다. 사정과정에서는 가족이 제시하는 문제 및 욕구와 관련된 자료를 수집하고 문제 및 욕구를 해결할 수 있는 자원에 대한 정보를 수집하여 해석하는 전문적 판단 과정을 수행하게 된다. 그리고 계획 단계에서는 사정 과정에서 파악된 내용에 기초해 가족과 함께 실행목표를 설정하며, 목표달성을 위한 전략을 수립하고, 실행을 위한 구체적 사항을 가족과 협의하고 계약하는 활동을 수행하게 된다.

1) 초기면담

가족의 초기면담 경험은 가족성원의 이후 과정 참여 여부에 영향을 미칠 수 있으므로 주의 깊게 이루어져야 한다. 초기면담에서 라포(신뢰관계)를 형성하고 가족과의 동맹 관계를 형성하는 것은 중요한데, 이는 가족에 대한 정보를 수집하는 데 자발적으로 참여하게 할 뿐 아니라 변화활동을 위한 참여동기를 높인다. 초기면담에서 중요하게 이루어져야 하는 과업인 가족과의 관계형성과 가족의 문제 및 욕구 정의, 가족과의 초기면담 운영지침에 대해 살펴본다.

(1) 가족과의 관계형성

관계를 확립하는 것은 사회복지사와 가족이 서로를 심리적으로 감지하기 시작하는 복잡한 과정이다. 관계가 확립되기 시작하면서 치료적 관계가 가족변화의 부차적인 것으로 발전하기 시작하였다. 전문가의 도움을 받은 경험이 있는 가족은 과거의 치료경험을 토대로 하여 현재의 사회복지사에게도 이전의 다른 전문가와 맺었던 것과 같은 방식으로 관계가 이루어지기를 기대할 수도 있다.

사회복지실천의 초기 단계에서 사회복지사와 가족이 라포를 형성할 수 있어야 하며 이러한 라포를 확립하는 것은 상당히 중요한 과정이다. 최초의 면담이나 2, 3회 면담의 중요한 목적은 라포의 형성으로 전 개입 과정에 지속되어야 한다. 라포는 부분적이라도 서로 이해하며 서로 조화하여 일치된 상태라고 정의할 수 있다. 공감적 관계를 가지며 서로에게 따뜻한 기분을 가지는 것이다. 구조적 가족치료에서는 이러한 라포의 확립을 합류라고 한다. 합류는 사회복지사가 가족의 세계로 들어가는 것을 의미한다. 가족에게 합류하기 위해서는 그들에게 진정한 관심을 보이고 그들의 이야기를 경험하고 공감하는 것과 같은 기본적인 관계, 태도와 방법을 적용해야 한다. 그러기 위해서는 가족이 사용하는 언어 패턴을 관찰하고 가족원이 대화하는 방법에 따라 대화하며(Goldenberg & Goldenberg, 2000), 가족 간의 호칭을 신중하게 고려해 사용하는 방법을 활용할 수 있다. 또한 가족의 문화를 고려해 사회복지사가 존중해야 하는 관계 형태가 있는지, 가족의 문화 맥락에서 가족이 어떻게 행동하는지, 어떤 태도를 갖는지 알아야 한다(Lum, 1992; 장수미 외, 2010: 205 재인용).

가족과 관계를 형성함에 있어 중요하게 고려해야 할 사항은 가족성원 모두와 관계를 맺어야 한다는 것이다(Collins et al., 2010: 105). 가족이 처음 회기에 참여하였을 때 자발적으로 온 경우도 있겠지만 특정 성원의 요구에 이끌려 참여했거나 가족 전체가 의뢰 및 강제명령에 의해 참여하게 된 경우도 있으므로 가족이 참여동기가 없거나 다를 수 있다. 따라서 가족 단위의 실천을 시작하기에 앞서 가족성원의 참여 동의가 선행되는 것이 필요하다. 또한 사회복지사는 가족성원 중 특정 성원과만 관계를 맺거나 특정 구성원에게만 관심을 쏟아 가족에게 특정 성원의 입장이나 이익을 반영한다는 느낌을 주어 관계형성이 제한되지 않도록 해야 한다. 가족을 단위로 실천하는 사회복지사는 개인들이 요구하는 것을 성급하게 들어주기보다 부부와 가족을 함께 격려하는 방식으로 첫 접촉을 하는 것이 좋다.

(2) 가족의 문제 및 욕구 정의

가족의 문제 및 욕구를 정의할 때는 모든 가족성원의 인식을 고려하는 것이 필요하다(Colins et al., 2010: 106). 당면 이슈를 명확히 하기 위해서 가족성원 개개인이 그 문제를 어떻게 보고 있는지 파악해야 하고 각자가 다른 가족의 간섭이나 방해 없이 그 문제에 대해 자유롭게 자신의 시각을 표현할 수 있도록 해야 한다. 때에 따라서는 개별면담을 병행할 필요도 있다. 가족과의 첫 만남은 서로 긴장할 수 있기 때문에 일상적인 대화로 시작하지만 '여기에 왜 왔는가'를 질문하여 지금 이 상황으로 초점을 가져와야 한다. 문제와 욕구를 규명하는 과정에서 그 이슈에 관심이 있는 가족원 간의 상호작용을 촉진해 문제해결에 공헌할 수 있는 가족원의 패턴을 계속해서 유지할 수 있게 하고 문제의 출현이나 해결에 있어 가족 개개인에게 배타적으로 책임이 돌아가지 않도록 문제를 규정해야 한다. 문제와 해결이 가족원 모두의 과업이라는 초점 확대하기(Nichols & Schwartz, 2000)를 통해 가족 모두가 책임의식을 갖고 문제해결에 참여할 수 있게 하는 것이 필요하다.

현존 문제를 명료화하는 것은 임상적으로 중요한 작업이다. 역기능적이고 혼란스러운 문제를 잘 기술하게 하는 것이 첫 번째 이루어지는 치료적 개입이다. 문제를 명료화함으로써 가족은 자신들의 문제에 어떻게 개입되어 있는지 이해할 수 있다. 각각의 문제를 이야기하는 동안 사회복지사가 유의해야 할 것은 누가 먼저 이야기하는가, 가족이 호소하는 문제 이외의 다른 것에 관해서도 이야기하는가, 가족 중 연합을 이루는 가족이 있는가, 가족 중 누가 힘을 가지고 있는가, IP는 누구인가 등에 관하여 파악해야 한다.

(3) 가족과의 초기면담 운영지침

Hepworth와 연구진(2010)은 가족과의 초기면담을 계획하거나 평가하는 지침으로 '가족과의 초기면담 구성'을 제안하고 있다. 이는 가족과의 초기면담 시에 이루어져야 하는 활동 내용과 고려해야 할 사항을 세부적으로 잘 언급하고 있어 초기면담 운영을 안내하는 지침으로 활용하기에 적합하다. 그 내용은 다음과 같다.

가족과의 초기면담 구성

- 집단으로서 가족과 연합하고 개별 가족성원과 개인적 관계를 수립하라.
- 기대를 분명하게 하고 약자 지위의 잠재적 역동과 문화를 포함하여 원조 과정에서 은폐된 사항을 조사하라.
- 원조 과정의 본질과 역할을 분명히 하라.
- 참여에 대한 선택사항을 분명히 하라.
- 문제에 대한 가족의 인식을 이끌어 내라.
- 가족성원의 바람과 욕구를 규명하라.
- 문제를 가족문제로 정의하라.
- 가족 강점을 강조하라.
- 가족의 패턴화된 행동에 대한 정보를 이끌어 내는 질문을 하라.
- 반복되는 의사소통에 대한 가족성원의 관심을 끌어 내고 그들이 패턴을 변화시키기 원하는지 토론하라.
- 가족성원이 다른 성원과 더 긍정적 방법으로 관계를 맺도록 돕기 시작하라.
- 가족과 개별 성원의 목표나 해결책을 수립하라.
- 가족성원이 이후 회기에 참여하고 계약에 협의할 동기를 평가하라.
- 그 주간 달성할 과업을 협의하라.
- 토론된 사항과 해결책, 진전 사항을 요약하면서 회기를 마무리하라.

출처: Hepworth et al.(2010: 461).

2) 사 정

가족사정이란 가족을 하나의 단위로 보고 가족 내부의 요인과 외부의 요인 그리고 이들 양자 간의 상호작용을 파악하기 위해 자료를 수집 · 분석 · 종합하여 가족에 대한 개입을 계획하는 일련의 과정을 말한다(조홍식 외, 2010: 85).

가족을 사정할 때 사회복지사는 가족이 제시한 문제 및 욕구에 대한 초점을 유지하면서 가족 내부의 역동과 가족과 환경 간 관계, 가족발달 과정에 대한 사정을 통해 사회복지실천과정에서 역점을 두어야 할 변화 영역과 활용 가능한 자원을 확인하고 목표설정을 위한 기초 자료를 얻을 수 있어야 할 것이다.

(1) 사정 방법

① 면접

가족을 사정하는 방법으로 많이 활용되는 방법은 면접이다. 면접은 기본적 면접기술과 의사소통기술을 활용해 가족과 관계를 형성하면서 동시에 가족이 구두로 전달하는 내용을 중심으로 자료를 수집하는 방법이다. 사정을 위한 면접에서는 주로 직접적이거나 간접적 질문과 개방적이거나 폐쇄적 질문을 활용하여 면접을 하며, 경청, 공감, 반영, 명료화 등의 방법을 통해 자료 수집과 초점화를 해 나간다.

면접 과정은 질문과 진술의 혼합체다(Tomm, 1987). 사정 과정에서 활용되는 질문의 종류로는 개방질문, 폐쇄질문, 간접질문, 단선적 · 순환적 · 전략적 · 반향적 질문, 초점질문이 있다.

개방질문은 앞에서 설명하였듯이 주로 '무엇을, 어떻게, 누가, 언제, 왜, 어디서'와 같은 단어로 시작하며 반응의 수준을 클라이언트가 선택해 자발적으로 정보를 제공할 수 있게 한다. 폐쇄질문은 '예', '아니요'의 응답을 요구하는 질문이나 '가족의 수입은 얼마입니까?'와 같은 구체적인 정보로 확인할 필요가 있을 때 활용한다. 간접질문은 질문 효과를 얻을 수 있는 진술문으로 '나는 당신이 어머니에 대해 어떻게 생각하는지 알고 싶군요'와 같이 말해 대답을 강요하지 않지만 관심 있는 문제를 제시하는 방법이다. 단선적 질문은 '오늘 무슨 일로 오셨습니까?'와 같이 정보를 이끌어 내기 위해 요청하는 질문이다. 순환적 질문은 문제에 대한 설명을 전개하고 사람, 생각, 사건 간의 관계성을 확인하는 데 목표를 두고 '남편이 당신에게 화가 났다고 말했을 때 당신은 어떻게 반응하셨나요?'와 같은 방식으로 이루어진다. 전략적 질문은 가족 내 패턴에 도전하거나 대면할 때 활용되는 것으로 '당신의 생각을 언제 어머니에게 얘기하려고 하십니까?'와 같은 질문이다. 반향적 질문은 자기관찰자가 되도록 질문하는 것으로, '자녀에게 화내는 것을 조절하기 위한 당신의 계획은 무엇입니까?'와 같은 방식으로 이루어지는 질문이다. 초점질문은 클라이언트가 구체적인 주제에 초점을 맞추도록 도와주는 질문으로, '당신을 괴롭히는 것이 여러 가지가 있군요. 그중에서 가장 먼저 얘기하고 싶은 것은 무엇인가요?'와 같은 질문을 말한다(Collins et al., 2010: 280).

② 관찰

관찰은 비언어적 형태의 자료를 수집할 때 유용한 방법으로, 가족의 신체적 특징, 비언어적 행동, 에너지 수준, 감정, 언어적·비언어적 표현 사이의 일치 여부 등을 알 수 있게 해 준다. 가족을 사정하는 동안 사회복지사는 '내용'과 '과정'을 파악할 수 있어야 하는데, '내용'이란 가족이 사회복지사에게 제공하는 실제적인 정보를 말하며, '과정'이란 가족이 서로 어떻게 상호작용하는지를 의미하는 것이다.

내용에 대한 정보는 면접을 통해 얻을 수 있다면 과정에 대한 정보는 가족 내 상호작용하는 방식을 관찰하는 과정에서 파악할 수 있다. 사회복지사는 가족 상호작용 과정, 예를 들어 힘, 권력과 관련된 미묘한 이슈들, 도움을 요청하고 도움받는 데에 대한 양가감정을 관찰하고, 또 사회적으로 낙인이 부여된 문제를 논의하는 것, 강렬한 느낌의 직접적이고 충분한 표현을 억압하는 것을 관찰해야 한다. 사회복지사는 가정방문을 통해 환경적·물리적 자원에 대한 정보를 얻는 것 외에 일상생활에서 가족원이 어떻게 상호작용하는지 관찰할 기회를 가질 수 있다(Collins et al., 2010: 293-294).

③ 도구의 활용

도구의 활용은 면접, 관찰과 더불어 가족에 대한 정보를 얻고 해석할 수 있는 방법의 하나다. 가족사정 과정에서 활용할 수 있는 도구는 가계도, 생태도, 사회관계망, 실연 및 가족조각, 가족사정척도 등이 있다. 이러한 내용들은 앞서 설명하여 여기서는 생략하기로 한다. 이러한 사정도구들은 내용 면에서 가족사정에 유용한 정보를 얻기도 하지만 면접과 관찰 과정을 촉진하는 도구로도 기능한다.

(2) 가족사정 틀

Johnson과 Yanca(2010)는 가족 단위의 클라이언트 체계를 사정하는 틀로 가족 단위의 사회력 전개 틀을 제안하고 있다(제6장 참고).

3) 가족과의 계획

가족사정이 끝나면 사회복지사는 개입을 통하여 가족 변화 과정으로 들어가기 위한 준비를 해야 한다. 이 과정은 가족상담을 원하는 클라이언트의 요구는 무엇인지, 이러한 요구와 가족에 관한 정보를 종합할 때 어떤 방법으로 개입하는 것이 가족의 변화를 위해 적절할 것인지, 개입은 어느 정도의 기간을 필요로 하는지, 가족의 문제를 해결하기 위해 다른 전문가와의 협력이 필요한지 등의 개입 방향을 정해야 한다.

계획은 변화에 초점을 둔 실행과 사정을 연결하는 가교 역할을 한다. 사정을 바탕으로 계획을 수립하며 합리적이고 선택 가능한 범위를 판단하여 계획을 수립하게 된다. 계획 과정은 구체적인 목표를 설정하는 것뿐 아니라 목표를 달성하기 위한 행동 단계를 구체화하여 누가, 무엇을, 언제까지 수행할 것인지를 분명히 하며, 시간계획, 투입비용 및 평가수단에 대해 고려하는 것을 포함한다.

가족과의 계획단계에서는 사정 과정에서 파악된 내용을 기반으로 하여 가족과 함께 실행의 목표를 설정하며, 목표달성을 위한 전략을 수립하고, 목표와 전략을 포함해 실행을 위한 구체적인 사항을 가족과 협의하고 계약하는 활동을 수행하게 된다.

(1) 문제나 욕구의 목록 작성 및 문제해결의 우선순위 설정

사회복지사는 가족들로부터 얻은 정보를 통해서 가장 먼저 해결해야 할 문제와 나중에 해결해야 할 문제들의 우선순위를 정하기 위해 가족과 함께 협상하고 그 결과를 바탕으로 목록을 작성한다. 이 우선순위 목록은 사회복지사와 가족이 함께 앞으로 문제해결을 위해 초점을 맞추는 기준이 된다. 만일 가족들이 우선적으로 개선되기를 바라는 문제가 있다면 사회복지사는 문제해결 우선순위 목록에 관해 가족들과 재협상해야 한다.

(2) 초점 문제의 간단한 내력과 과거 및 현재의 노력 검토

우선 개입해야 할 문제의 내용과 그 문제에 대해 간단한 내력을 검토한다. 개입의 근거 이론에 따라 다소 달라질 수 있지만, 가족들이 문제를 확인할 수 있도록 적절한 시간을 할당하고, 아울러 초점화된 문제를 해결하기 위해 가족들이 지금까지 어떠한 노력을 해 왔는지 탐색한다. 그 과정에서 전문가의 도움은 받았는지, 그 도움의 결과는 어떠했는지 등을 파악한다. 이러한 노력은 사회복지사가 문제를 파악하고 개입 방향을 설정하는 데 도움이 된다.

(3) 이론적 틀에 입각한 초점 문제의 개념화

사회복지사 각자의 이론적 틀에 따라 문제를 보는 시각과 그 문제를 해결하기 위해 동원되어야 할 개입의 방향은 다르다. 각 실천가가 근거로 하고 있는 이론적 틀에 입각하여 문제가 어떻게 해서 발생하였고, 유지되어 왔는지에 관한 잠정적 가설을 설정한다. 이때 설정된 가설은 개입과 사정을 반복해 가는 과정에서 나타나는 사실과 상황에 따라서 수시로 얼마든지 수정될 수 있다. 또 가설 설정의 성립 근거이론도 바뀔 수 있다.

(4) 개입 목적과 목표의 설정

개입의 목적은 개입이 궁극적으로 추구할 활동의 방향이다. 따라서 다소 추상적으로 표시될 수도 있다. 가족의 문제인식 및 변화동기를 사정하고 그에 기초해 가족이 공유할 수 있는 공동목표를 수립해야 한다. 목표는 문제해결을 위해 가족 모두가 참여하여 행동할 수 있는 것이어야 하며, 이를 달성하기 위한 전략을 명확히 해야 한다.

(5) 가족과의 계획 합의: 계약

가족과 계획한 사항에 대해 가족성원 모두와 합의하고 계약하는 것은 중요하다. 실행단계에서 가족이 주체적으로 참여하고 행동하기 위해서는 실행을 위한 중요한 의사결정이 이루어지는 계획단계에서 가족성원의 욕구와 실행의지가 반영되어 참여동기를 높이는 것이 중요하기 때문이다.

가족 단위의 실천에 있어서 문제 및 욕구를 정의하고 그 문제와 욕구를 해결하는 방법과 실행을 통해 달성하고자 하는 목표에 대해서 가족 모두가 합의하고 계약하는 것이 필요하다. 만남의 시간, 장소에 관한 사항뿐 아니라 가족성원 개개인의 행동과업에 대해서도 가족성원의 합의를 얻어 이후의 실행 과정에서 참여를 확보할 수 있어야 할 것이다.

2. 중간 단계

1) 가족 내부의 관계변화를 위한 실천기술

가족 내부의 관계변화를 위한 방법과 기술에 대해서는 가족치료모델에서 많은 내용을 제시하고 있다. Walsh와 Crosser(2000)는 주요한 가족치료모델로 정신역동, 보웬, 경험적, 구조적, 전략적, 포스트모던 해결중심, 인지행동, 심리교육적 모델을 정리하여 소개하고 있다(김혜란 외, 2006 재인용). 이는 가족치료의 주요 모델을 잘 담아내고 있을 뿐 아니라 각 모델에 따라 가족문제에 대한 시각과 치료목표, 변화 과정에 대한 내용을 잘 요약, 정리하고 있기에 그 내용을 〈표 7-1〉과 같이 소개한다.

〈표 7-1〉 주요 가족치료모델의 내용

가족치료모델	가족문제에 대한 시각	치료 목표	변화 과정
정신역동 Ackerman Boszormeny-Nagi Framo Pau & Paul	증상은 과거 원가족에서 해결되지 않은 갈등 혹은 상실로부터 발생하는 가족투사 과정에서 비롯됨	• 원가족과의 갈등과 상실의 해결 • 가족투사 과정의 감소 • 개인과 가족이 성장	• 과거와 현재 역동을 통찰지향적으로 연결 • 갈등과 상실의 해결을 지원 • 보다 건강한 관계양식을 촉진
보웬 Bowen Carter McGoldrick	원가족과의 관계에 의해 기능이 손상됨 • 분화의 부족 • 불안(반응성) • 삼각화 • 단절	• 분화 • 인지적 기능의 향상 • 정서적 반응성 감소 • 가족체계에서 관계 수정 ① 탈삼각화 ② 단절의 개선	• 다세대 장을 이해(가계도) • 가족과 직접적으로 자기 변화에 초점을 둔 개입을 계획 • 회기 밖에서의 행동에 대한 코치

경험적 Satir Whitaker & Keith	증상은 현재 의사소통의 역기능을 나타내는 비언어적 메시지	• 직접적이고 분명한 의사소통 • 개인과 가족의 성장	• 지금-여기 상호작용의 변화 • 관계에 대한 감정을 공유 ① 자기노출 ② 직접적 의사소통 ③ 경험적 기법 • 치료자는 과정을 촉매하기 위해 가족과의 경험을 사용
구조적 Minuchin 필라델피아 아동치료소	증상은 현재의 가족구조 불균형에서 비롯됨 ① 역기능적 위계와 경계 ② 발달적·환경적 변화에 대한 부적응적 반응	가족구조 재구조화 ① 부모의 지도력, 권위 ② 분명하고 융통성 있는 하위체계와 경계 유지 ③ 보다 적응적인 대처	치료자는 상호작용 유형을 변화 ① 가족과 합류 ② 문제실연 ③ 구조분석, 재구조화 단계 계획 ④ 과제와 지시
전략적 Palo Alto group Haley & Madsnes 밀란학파의 접근	증상은 가족의 비성공적인 문제해결 시도에 의해 유지	제시된 문제의 해결: 구체적·행동주의적으로 규정된 목표	실용적, 초점화, 행동지향적: • 증상을 유지하는 순환고리를 변화 • 환류 주기를 중단 • 재명명, 재구성 • 순환적 질문
포스트모던해결중심 Berg & deShazer 이야기 White & Epton 대화 Anderson & Goolishian	• 정상개념은 사회적으로 구성 • 문제와 포화된 이야기	• 새로운 가능성 모색 • 인생 이야기를 다시 저술	• 문제의 외재화 • 미래지향적 가능성 • 예외와 독특한 결과를 추구 • 협동
인지행동 Patterson Alexander Jacobson	• 부적응적 증상 행동이 가족의 주의와 보상에 의해 강화	• 구체적·행동주의적 목표 • 의사소통과 문제해결의 증진	• 치료자는 모델링, 교육, 행동의 대인 간 결과를 변화 • 가족이 바람직한 행동을 보상하도록 지도, 협의하여 문제해결 기술교육
심리교육적 Anderson Golstein Fallon	• 생물학적 장애: 스트레스 / 소진 • 재혼, 만성질환 등 규범적이거나 비규범적인 적응적 도전	• 스트레스 조건 관련 가족관리 • 스트레스와 낙인의 감소 • 가족 적응적 도전에 숙달	• 정보 • 관리지침 • 사회지지 • 존중하는 협동

출처: Walsh & Crosser(2000); 김혜란 외(2006: 176) 재인용.

가족 내부의 관계변화를 위해 사회복지실천 시에 활용할 수 있는 기술은 다음과 같다.

(1) 삼각관계와 탈삼각화

삼각관계를 이야기하려고 하면 보웬의 자아분화에 대한 개념에 대한 이해가 선행되어야 한다. 가족 안에서 결속감과 개별화는 상존하게 되는데 개인이 성장하는 과정에서 부모로부터 정서적으로 독립하게 되는 정도가 핵심이다. 자아분화는 개인이 감정에 의해 자동적으로 나올(feeling process) 행동을 지적과정(intellectual process)이 어느 정도로 통제할 수 있는가 하는 것이다. 가족 내에 만연하고 있는 만성적 불안은 특정 가족상황이나 문화에 따라 다른 강도로 나타날 수 있지만 대부분의 가족에게 필연적인 현상이라고 보고 있다. 가족은 가족원의 자기분화와 가족결속 간의 균형을 위해 노력하는 것이다.

삼각관계는 가족구조 안에서 두 사람의 관계에 불안 수준이 높아지면 제삼자를 끌어들여 삼각관계(triangle)를 형성한다는 보웬 이론이다. 일반적으로 가족 내에서 가족성원의 분화가 낮을수록 삼각관계의 가능성은 높아지며 문제를 해결하기 위해 삼각관계에 의존함으로써 성원들의 낮은 분화 상태가 더욱 고착된다. 그러므로 이러한 삼각관계에서 발생하는 문제를 해결하기 위해서는 자아분화를 통하여 삼각관계에서부터 벗어나는 탈삼각화하는 것이 치료기법이다. 탈삼각화를 하기 위해서는 가계도를 통하여 원가족과의 관계를 탐색할 필요가 있다. 탈삼각화의 예를 들면, 부부간에 갈등 시 자녀에게 의존하거나 다른 가족원을 통해서(우회적으로) 문제를 해결하려 하지 않고 직접 갈등을 해결하도록 하는 것이다.

(2) 경계만들기

경계만들기(boundary making)는 구조적 가족치료이론에서 나온 기법으로 가족 내 성원이 지나치게 밀착되거나 분리되어 있는 경우, 적절한 경계를 지어 주는 것을 말한다. 지나치게 밀착된 관계를 맺고 있는 가족은 어느 정도 거리를 두어 개인의 독립성과 자율성이 확보될 수 있도록 하고, 지나치게 분리되어 있는 가족은 상호작용이 더욱 활발해질 수 있도록 지원한다. 특히 부모-자녀 하위체계가 지나치게 밀착되어 있을 경우 문제가 되는데, 이때 세대 간 경계를 명확히 하고 부모 하위체계가 분리될 수 있도록 면담상황에서 부모끼리, 자녀끼리 자리 배치하기, 취약한 하위체계와 번갈아 가며 일시적 동맹 맺기 등의 방법을 사용할 수 있다.

(3) 합류하기

합류하기(joining)는 사회복지사가 개입 장면에서 가족의 분위기를 파악하여 그에 맞추어 행동하거나 감정을 표현하는 것이다. 일반적으로 개입 초기 단계에 많이 사용하며 가족과 사회복지사의 거리를 좁혀 주는 역할을 한다. 사회복지사는 가족의 언어적·비언어적 의사소통(제스처, 말하는 태도, 억양, 얼굴표정 등)과 감정표현을 모방함으로써 가족에게 합류한다. 사회복지사가 영향력을 행사하기 위해서는 가족성원과 합류하여 그들의 수용을 얻었을 때 가능하다.

(4) 균형 깨트리기

구조적 기법의 한 종류로, 가족 내 역기능적 균형을 깨트리는 것(unbalancing)을 말한다. 가족 내 하위체계 간의 관계를 재배치함으로써 역기능적 가족 내의 균형을 깨뜨리는데 이를 위해 사회복지사는 일부 성원의 편을 들기도 한다. 예를 들어, 권위적이고 지배적인 남편과 자기주장을 하기 시작한 아내 사이에서 사회복지사는 의도적으로 부인의 편을 들어줌으로써 역기능적 균형을 깨트린다.

(5) 가족규칙 다루기

가족규칙(family rules)이 명확하지 않다면 그것을 공개적으로 다룰 필요가 있고, 규칙이 시기적으로 적절하지 않거나 공정하지 않다면 가족이 규칙 유지 여부를 결정하도록 도와야 한다. 가족이 자신들의 규칙을 평가하도록 돕는 질문은 다음과 같다. '현재의 가족규칙을 따를 수 있는가? 가족규칙은 현재 상황에 맞는 것이며 이후 상황에도 적용하기에 가능한가? 규칙에서 남성과 여성의 역할은 무엇인가? 어떤 규칙이 정보를 공유하는 데 장애가 되는가?' 등이다.

(6) 실연

실연(enactment)이란 가족의 상호작용 행동을 면담 상황에서 가족에게 역기능적인 가족성원 간의 교류를 그대로 재현하게 하는 것이다. 이를 통해 가족갈등을 '지금－여기(here and now)'로 가져오는 것이다. 예를 들어, "어떻게 그런 일이 일어나는지 지금－여기에서 남편에게 직접 이야기해 보시죠."와 같이 이야기하여 가족들이 자신들의 상황을 보다 객관적으로 이해하게 한다.

(7) 가족조각

가족조각(family sculpture)은 가족성원으로 하여금 가족관계를 표현하는 모습을 조각하듯이 만들게 하여 가족관계에 대한 성원의 인식을 파악하는 기법이다. 특히 언어적 표현이 부족하고 소극적으로 참여하는 가족들이 자연스럽게 참여하면서 치료에 관여하게 하는 데 활용된다. 모든 가족성원이 조각해 보도록 한 후 조각한 이후에 가족성원 전체가 경험한 것을 이야기하도록 하여 다른 성원들의 입장에서 통찰, 이해, 공감, 후회, 사과 등의 감정을 경험하게 된다. 예를 들어, 어린 시절의 가족에 대한 조각을 하게 되었을 때, "어린 시절 당신의 집을 머릿속에 그려 보세요. 그리고 집안으로 들어갔을 때 항상 어떤 일들이 일어나고 있었는지에 대해 그려 보세요. 그때 어머니는 어디 계시고, 다른 가족들은 어디 있었나요? 어떤 자세로 있었는지, 얼굴표정은 어떠했는지, 옷은 어떻게 입고 있었는지, 손에 무얼 들고 있었나요?"와 같은 식으로 질문하고 가족조각을 하는 사람을 통해 가족관계, 의사소통유형, 가족규칙 등 가족의 역동성을 시각적으로 사정하고 새로운 대처 방법을 찾아보는 데 활용한다.

이 가족조각은 주로 Satir의 경험적 가족치료에서 활용되는 기법이다.

(8) 역할연습

역할연습(role playing)은 새로운 행동양식을 익히고 실행해 보기 위해 주로 활용하며, 가족 상황을 역할극으로 표현해 보게 하여 역할 재현으로 이를 이해하는 데 활용된다. 또한 가족성원 간에 서로의 역할을 바꾸는 역할전환(role reversal)을 통해 다른 가족성원의 위치에서 상황을 경험해 봄으로써 다른 성원의 상황과 감정에 대한 이해를 높이는 데도 활용할 수 있다.

(9) 가족과제

가족과제(task of family)는 면담 시간에 시작된 변화와 노력을 계속 연장할 수 있게 하고 일상생활 속에서 변화의 노력을 확장시켜 나갈 수 있게 하는 기법이다. 가족의 행동 변화에 초점을 두고 면담 사이에 수행할 수 있는 다양한 과제를 제시하는 것은 면담 이외 일상적 상황에서도 새로운 행동패턴을 반복해서 활용하고 연습할 수 있게 한다. 가족의 재구조화 과정에서 도움이 되는 특정 행동을 찾아내어 과제를 주는데 언제, 어디서, 누구와, 어떻게 상호작용하는지를 구체적으로 분명하게 제시한다. 예를 들어, 아버지와 아들 간에 경직된 경계를 보여 줄 때 두 사람이 할아버지 댁 방문을 하게 하거나 목욕 같이 갔다 오기를 과제로 내줄 수 있다.

(10) 재구성

재구성(reframing)은 가족이나 가족성원의 행동이나 경험을 다른 관점으로 그리고 더 긍정적인 시각으로 볼 수 있도록 돕는 기법으로 재명명(relabeling), 재정의(redefining)와 유사한 개념으로 사용된다(Sheafor & Horejsi, 2008). 가족이 관계갈등을 경험하고 있거나 현재 문제에 대해 지나치게 부정적으로 생각하고 있는 경우, 특정 시간, 행동, 경험에 부여하는 의미를 다른 방법으로 인식하게 함으로써 다르게 느끼고 행동할 수 있게 하는 접근이다. 예를 들어, 자녀의 사생활에 대한 간섭문제로 부모-자녀 갈등이 심화된 경우, 부모의 간섭을 자녀에 대한 사랑과 관심, 걱정으로 생각하게 하거나 자녀의 간섭 거부에 대해 발달과정에 따라 자율성을 확립해 나가는 과정으로 생각하도록 재구성함으로써 서로 부정적으로 대립하고 있는 상황을 완화시킬 수 있다.

(11) 역설적 지시와 가장기법

역설적 지시(paradoxical directions)는 전략적 기법으로 문제를 유지시키는 연쇄를 변화시키기 위해 역설적인 행동, 즉 문제행동을 유지하거나 강화하는 행동을 오히려 수행하도록 지시하는 기법이다. 가족이 역설적 지시를 따르게 되면 문제행동을 통제한다는 것은 인정하는 것이며, 따르지 않으면 문제를 포기하게 되는, 치료적 이중구속 상황이 만들어진다. 역설적 지시에는 증상처방(예: 부부가 자주 싸워서 문제가 되는 경우, 매일 시간을 정해 놓고 싸우도록 하는 것), 시련기법(예: 불면증이 있는 아동에게 밤새워 책을 읽으라고 하는 것) 등이 있다.

가장기법은 계속적인 가족의 저항에 직면하면서 가족을 변화시켜야 하는 목적을 지닌 역설적 기법과 유사한 목적을 가졌지만 더 부드러운 기법이다. 이 기법은 긴장 상황을 조성하고 반항심을 유발하는 대신에 놀이를 하는 기분으로 저항을 우회시킨다. 즉, 사람들이 일상적으로 하지 않았던 어떤 것을 놀이로 생각한다면 좀 더 잘할 것이라고 생각하여, 증상을 보이는 자녀에게 증상을 가진 것처럼 행동하고 부모는 자녀를 돕는 것처럼 행동하라고 지시한다.

(12) 예외질문

해결중심모델에서 주로 사용하는 기법인 예외질문(exception question)은 가족이 해결하기 원하는 그 문제가 나타나지 않은 예외 상황을 찾고 그 예외를 확장시키기 위해 가족이 무엇을 할 수 있을지에 대한 단서를 찾게 하는 질문이다. 예외질문의 예로는, '지금까지 이러한 문제가 일어나지 않은 날이나 조금 덜한 날은 언제였습니까?', '문제가 발생하지 않을 때는 어떻게 그렇게 된 것입니까?', '문제가 발생하지 않을 때는 무엇을 합니까? 다른 가족은 무엇을 합니까?'와 같은 질문들이다.

(13) 기적질문

기적질문(miracle question)은 가족의 문제가 모두 해결되었다면 어떤 일이 일어나겠는지를 상상하게 하여 변화 이후 일어날 현실을 구체화하는 질문이다. 그래서 변화의 가능성을 꿈꾸게 하고, 현실이 바뀌었다면 지금과 어떻게 다른 모습을 할 것인지를 구체적으로 이해하게 하여, 마치 정말로 변화가 일어난 것처럼 행동하게 하는 것이다. 현실이 바뀌었다고 생각하고 행동하면 실제로 가족의 문제도 해결될 수 있다고 보기 때문이다. "오늘밤 당신이 잠자는 동안에 기적이 일어나서 당신이 오늘 가지고 온 문제가 완전히 해결되었다고 상상해 보십시오. 당신은 잠을 자고 있기 때문에 기적이 일어나서 당신의 문제가 모두 해결되었다는 것을 모릅니다. 아침에 일어났을 때 지난 밤 기적이 일어나서 모든 문제가 해결되었다는 것을 어떻게 알 수 있을까요? 당신이 처음 무엇을 보면 기적이 일어났는지를 알 수 있을까요?"라고 묻는다.

기적에 관한 질문 후에 내담자에게 내담자 자신이 미래를 이끌어 갈 책임이 있다는 생각을 할 수 있도록 질문을 계속한다. 그 다음에는 "이 기적이 더 자주 일어나려면 어떻게 해야 할까요?" 등의 질문을 한다.

기적질문은 문제가 해결된 상황을 상상해 보고, 해결하고자 하는 것들을 구체적이고 명확하게 확인함으로써 치료목표를 설정하는 데 도움이 된다.

(14) 척도질문

척도질문(scaling question)은 현재의 문제, 관계, 동기 등의 수준을 수치로 표현해 보게 하거나 변화하기 원하는 상태의 정도를 수치로 표현해 보게 함으로써 현재 상황이나 변화하기 원하는 상태의 정도에 대한 탐색과 구체화를 돕는 질문이다.

개인에 대한 질문과 관계성 질문이 가능하다. 예를 들면, "1점은 당신이 처음 면접하러 올 때의 상황이고 10점은 당신의 문제가 모두 해결될 때의 상황이라면 현재의 상황은 몇 점 정도인가?", "5에서 6점으로 가려면 무엇을 해야 한다고 생각하나요?" 주의할 점은 현재와 미래에 초점을 두고 과거에 초점을 두지 않으며 "오늘", "지난 주", "지난 달"과 같이 시간을 규정하는 것이다. 그렇지 않으면 내담자는 혼동하기 쉽다.

(15) 문제의 외재화

문제의 외재화(externalization)는 이야기치료에서 주로 사용하는 기법으로 사람과 문제를 동일하게 간주하는 문제의 내재화를 벗어나 가족문제를 사람과 분리시켜 별개의 존재로 보게 하는 기법이다. 지배적 이야기를 해체하여 문제와 사람을 분리함으로써 대안적 이야기로 바꾸는 '외재화 대화' 방법을 적용한다. 이야기치료자들은 문제를 갖고 있는 '사람'으로 간주하기보다, 문제란 유용하지 않거나 해로운 사회문화적 관습이 개인에게 부여한 것으로 여긴다. 즉, 알코올중독문제를 가진 가족의 경우, 가족이 알코올중독이란 대상에게 휘둘리고 부정적인 영향을 받는다고 기술함으로써 알콜중독자가 되어 문제속에 묻히지 않도록 하여 새로운 가능성을 찾는 것이다.

(16) 문제해체: 해체적 경청(deconstructive listening) 및 질문

이야기치료자들은 자끄 데리다(Jacues Derrida)의 철학적 연구로부터 이 개념을 가져와서 내담자가 지배적 담론의 영향을 추적하도록 조력하고, 어떤 담론이 자신의 삶에 영향을 미칠 것인가를 좀 더 의식하여 선택하도록 힘을 북돋운다(Freedman & Combs, 1996: Gehart, 2016: 392 재인용). 해체적 경청을 할 때 치료자는 내담자가 이해하고 있는 것들에 '괴리'가 있는지 경청하며, 빠뜨려진 구체적인 사항들을 찾으려 하거나, 내담자가 말한 이야기들 중 모호한 부분을 설명하도록 요청한다. 예를 들어, 만약 내담자가 자신의 친구들이 전화하겠다고 해 놓고 하지 않을 때 거부당한 느낌이 들었다고 말한다면, 치료자는 '거부당한' 느낌이 어떤 것인지에 대한 의미에 귀를 기울일 것이다.

해체적 질문(deconstructive questions)은 내담자로 하여금 자신의 이야기를 더 깊이 '풀어놓도록' 조력하는데, 지배적 담론과 지엽적 담론의 영향을 확인하면서 이 이야기들이 어떻게 구성되었는지 알아보기 위함이다. 지배적 담론은 삶이 어떠해야 하는가에 관해 문화적으로 생성된 이야기다. 우리가 어떻게 처신해야 하며 우리의 삶을 어떻게 평가하는가는 너무나 기본적이어서 거의 의식하지 못한다. 지엽적 담론은 개인 내에서, 좀 더 친밀한 관계 내에서 주류가 아닌 소외된 공동체 내에서 발생한다. 이런 문제해체를 통하여 본인에게 유용한 영향을 끼칠 담론을 선택하도록 돕는다.

(17) 전화, 편지, 방문과 가족의례의 활용

부모와 자녀, 조부모와 손자녀 간의 세대 차이에서 발생하는 거리감을 완화시키기 위해 세대를 이어 주는 기법이다. 전통적으로 행해져 왔던 가족행사들(제사, 성묘, 차례 등)이나 어른의 생신, 가족계모임 등이 이 기법에 해당하는 활동이 될 수 있다. 가족의례나 기념일은 가족 됨과 가족으로서의 정서를 느끼게 해 주고 가족성원 간의 관계를 다시 이어 주는 중요한 기능을 한다. 의무적 의례를 가족식사모임과 같은 새롭고 편안한 의례를 마련하여 진로문제 등 가족의 문제를 두고 의견을 교환하고 그리하여 가족의 응집력을 키워나간다.

2) 가족과 환경의 관계 개선을 위한 실천기술

가족의 문제 및 욕구가 가족과 환경 사이 원활한 상호작용의 부족이나 교류의 부조화와 관련이 있다면 그 관계를 개선하기 위한 실천을 해야 할 것이다. Hepworth 등(1997)은 클라이언트의 필요한 자원과 환경 간의 불균형을 이해하고 가정환경자원을 보충하고, 지지체계 개발과 증진, 클라이언트를 새로운 환경으로 옮기기, 사례관리 이용하기, 조직과 시설의 상호작용 강화하기, 기관 환경 개선하기, 가족의 역량 강화하기, 새로운 자원 개발하기, 옹호와 사회행동 적용하기 등을 들고 있다(Hepworth et al., 1997; 허남순 외, 2004: 344-372).

환경으로부터 자원보충이 필요하다면 환경자원 개발 및 연결이, 서비스 누락과 중복의 문제가 있다면 서비스 조정이, 그리고 가족이 정당한 권리를 누리지 못한다면 가족 옹호의 방법이 적용되어야 한다. 그 외 가족관계망에 대한 개입과 필요에 따라 가족환경을 전환하는 실천을 할 수 있다.

(1) 환경의 자원개발, 연결 및 서비스 조정

가족의 문제 및 욕구가 부족한 자원의 보충과 관련된 것이라면 사회복지사는 환경 내 자원과 지지를 개발하고 연결해야 한다. 이때 존재하지 않는 자원과 지지는 발굴하고,

존재하지만 작용하지 않는 자원과 지지는 활성화하며, 경미하게 작용하는 자원과 지지는 강화한다. 또한 가족욕구의 복잡성 때문에 여러 서비스를 받는 과정에서 필요한데 누락된 서비스가 있다면 서비스를 받을 수 있도록 연결, 의뢰하고 동일한 서비스를 중복적으로 받고 있다면 서비스망에 대한 사정을 통해 효율적으로 서비스 전달이 이루어질 수 있도록 서비스를 조정해야 할 것이다.

(2) 가족옹호

가족옹호는 가족이 정당한 권리가 있음에도 불구하고 권리보장이 이루어지지 않거나 서비스 확대가 필요한 경우 가족의 권리를 대변하고 서비스를 확충하도록 노력하는 것을 말한다. 옹호 과정에서 사회복지사는 가족과 지역사회의 자원을 중재하거나 지역사회 자원과 협의 혹은 대결해야 하기 때문에 사회복지사 자신뿐 아니라 사회복지기관이 난처한 입장에 처하게 될 수도 있다. 그러나 가족옹호는 가족의 사회환경을 향상시키고 사회정의를 증진하기 위한 필수적 사회복지실천과정이다. 가족을 옹호하기 위해서는 면접뿐 아니라 클라이언트를 위해 갈등관계에 있는 사람으로부터 원하는 것을 얻어 낼 수 있는 주장, 협상, 소송에 이르는 기술을 활용할 수 있어야 한다(조흥식 외, 2010).

(3) 가족관계망 개입

가족관계망 개입이란 가족, 친구, 이웃, 동료의 관계망 내 에너지와 자원을 활용해 가족이 겪고 있는 곤경을 완화시키는 데 필수적인 지지와 만족, 통제를 제공하고 지역사회 전문가들과 관계망 개입을 위한 팀접근을 시도하는 것이다(Hartman & Laird, 1984; 성정현 외, 2004 재인용). 가족관계망에 개입하는 방법은, 첫 번째로 부족화 단계에서 집단이 모여 응집력을 갖게 하고, 두 번째로 양극화 단계에서는 불일치와 문제에 대한 대안을 표현하게 한다. 세 번째로 동원 단계에서는 관계망의 리더가 자원을 동원하고 집단이 구체적 행동을 지향하도록 촉구한다. 이때 문제가 해결되지 않으면 좌절을 경험하기도 하지만 다시 돌파하는 단계를 소진－고양(exhaustion-exaltation) 단계에서 회기를 종결하게 된다(Hartman & Laird, 1984; Maquire, 1991; 성정현 외, 2004 재인용).

(4) 가족의 환경 변화 활동

가족의 욕구는 가족 혹은 가족성원과 환경 간 교류의 부조화에서 비롯된 것일 수 있다. 가족이나 가족성원이 환경의 지나친 요구로 어려움을 경험한다면 이 교류를 변화시켜 가족 내 스트레스를 감소시키고 가족체계의 균형을 회복시키는 것이 필요하다. 가족 크기, 구성원의 나이, 직장이나 학교 같은 환경적 요구는 가족성원이 다양한 과업을 수행할 시간에 영향을 주기 때문에 실천활동에서 예정 시간을 정하고 조절하는 것을 포함할 수 있다. 또한 공간의 이동과 변화활동을 지원할 수 있는데, 가족이나 구성원의 주거지 변경, 권리 보호와 자원 접근의 필요성에 따른 이동, 교육을 위한 장소 조정 등의 활동을 할 수 있다.

3. 종결 단계

종결은 가족사회복지실천의 마지막 단계로, 제시되었던 가족의 문제나 욕구가 실천과정을 통해 해결되었는지 평가하고 실천과정에서 얻어진 변화를 견고하게 할 수 있도록 작업하고 사후 지도 및 의뢰과정이 진행되는 것을 포함하고 있다. 건설적으로 종결하기 위해서는 다음의 단계들이 필요하다. 리사이틀(recital), 변화에 대한 자각(awareness) 유도하기, 진전을 견고하게 하기, 가족사회복지사에게 환류(피드백) 제공하기, 종결 이후의 문제를 다룰 수 있도록 준비시키기가 있다(Collins et al., 2001: 304-310). 그리고 덧붙여서 다른 자원을 얻기 위하여 의뢰하기가 있다.

1) 리사이틀

원조과정이 마지막에 가까울 때, 사회복지사와 가족성원들은 변화된 것에 대해 토론하면서 일어난 변화를 인식하고 무엇이 이런 변화를 일으켰는지 이해하게 된다. Lum

(1992)은 이것을 리사이틀이라고 불렀으며, 리사이틀은 가족 단위의 사회사업실천에서 중요한 사건을 재검토하는 기법이다(Collins et al., 2001: 305 재인용).

종결 단계에서 가족과 함께 계획 과정에서 설정한 목표가 어느 정도 달성되었는지 평가해야 한다. 성취한 내용을 평가하는 것이 가족의 변화된 모습을 확인하게 하여 성취감을 가지게 하고, 변화를 견고하게 하며 미해결된 문제를 해결하기 위한 계획을 세울 동기를 만들어 준다.

2) 변화에 대한 자각 유도하기

가족사회복지실천이 진행되는 과정에 대해 서로 지각하는 바를 서로 비교함으로써 가족원들은 변화를 유발하는 개념적 이해와 도구를 발전시킬 수 있게 된다. 가족원의 노력으로 이루어진 변화를 반영하는 것이 가족성원들의 자존감을 형성하게 한다. 사회복지사의 노력만으로 이런 변화가 이루어진 것이 아니라 가족들의 기여로 변화가 이루어져 왔음을 알 수 있도록 반영되어야 한다. 만약 종결할 때 가족이 향상된 면이 부족하여 스트레스 상태에 있다면 사회복지사는 개입의 부정적 측면과 긍정적 측면에 대해 균형 있게 토의할 수 있어야 한다. 가족들이 변화의 동기를 잃지 않고 유지할 수 있게 설명되어야 한다.

3) 진전을 견고하게 하기

달성된 목표를 유지하고 확립하기 위한 방법을 강조하기 위해서는 미래에 대해 이야기를 하는 것이다. 가족이 미래의 목표를 성취하는 전략을 개발하도록 돕는 것은 이미 획득한 것을 확고하게 하는 좋은 방법이다. 가족이 다른 지역사회 지지체계로 전환할 수 있도록 사회복지사가 적절한 시기에 도움을 줄 수 있다.

종결은 끝이 아니라 전환이다. 이를 클라이언트가 알고 수용하게 되면 성취한 것을 인식하게 하고 이에 더하여 다시 새롭게 시작한다는 것을 의미한다. 원조관계에 참여하는 것은 자기 자신과 가족, 그리고 원조 과정 자체에 대한 믿음이 필요하고 단기간에 효과적 결과로 나타나지 않더라도 추후의 대처에 도움을 줄 수 있음을 인식하도록 할 필요가 있다.

4) 가족사회복지사에게 피드백 제공하기

공식적 종결에 대해 대면토론을 하는 것은 중요하다. 사회복지사는 가족성원에게 '우리가 함께 작업하는 동안 가장 도움이 되었던 점은 무엇인가요?' 그리고 '변화되지 않은 것 중 변화가 되었으면 하는 것은 어떤 게 있나요?'하는 질문으로 시작할 수 있다. 이러한 질문으로 가족은 과정 중에 잘한 점과 부족한 점에 대해 지적할 수 있는 기회를 갖게 된다. 가족들이 사회복지사에게 피드백을 하게 되는데, 이때 사회복지사는 피드백에 방어적으로 반응하지 말고 감사를 표현하고 가족원의 기여가 이후 개입에 도움이 될 것임을 알린다.

5) 종결 이후의 문제를 다룰 수 있도록 가족을 준비시키기

종결하기 전에 가족이 미래를 준비할 수 있도록 모임의 간격을 점점 늘리면서 가족원들이 프로그램에 의존하는 것을 줄여 나가도록 격려한다. 동시에 변화나 실패할 수 있는 도전을 예견하고 그것을 다루기 위한 계획들의 설명을 요청하고, 그로 인해 가족강점을 강화하고 새로 개발한 기술을 강화하는 데 사용할 수 있다.

6) 의 뢰

종결 시기에 가족이나 그 성원에게 또 다른 전문적 도움이나 특정 자원이 필요하다고 판단될 경우 적절한 전문가나 기관에 의뢰할 수 있다. 특히 사회복지사의 이직이나 다른 업무를 맡게 된 사정으로 종결한 경우, 의뢰를 통해 서비스를 지속하고 그때 처음 담당했던 사회복지사가 첫모임에 참여하는 것이 의뢰 과정을 더 원활하게 할 수 있다.

Chapter

8

사회복지기록

기록은 클라이언트가 필요로 하는 사회복지서비스를 제공하는 사회복지현장에서 매우 중요한 비중을 차지하고 있고, 이는 사회복지사의 책무성과 밀접히 관련되어 있다. 사회복지기록은 클라이언트의 상황을 확인, 기술, 사정하고, 서비스의 목적과 활동을 비롯한 서비스 전달 과정을 나타내며, 클라이언트에 대한 개입의 효과 여부를 평가하는 것까지 포함한다. 기록을 통해 사회복지실천과정에 대한 지속적인 모니터링이 가능해지고 사회복지사가 사회복지실천과정에서 제공하는 서비스의 내용과 클라이언트의 변화과정, 종결 및 효과성에 대한 내용을 확인할 수 있다. 따라서, 기록은 사회복지사의 전문적 성장을 이루어 갈 수 있게 하는 유용한 도구가 된다. 이 장에서는 사회복지기록의 중요성과 용도, 기록의 종류 등을 실제적 기록 방법 습득에 초점을 두어 설명하고자 한다.

1. 사회복지실천에서 기록의 활용

사회복지기록은 클라이언트의 상황과 클라이언트에 대한 서비스 계획, 모니터링, 평가에 관한 정보를 문서화하여 보유하기 위해 이루어진다. 사회복지실천기록의 활용 용도는 다음과 같다(Kagle, 1991: 2-5).

(1) 내담자의 욕구 확인

기록은 클라이언트 상황과 서비스에 대한 욕구를 확인시켜 주는 정보를 포함한다. 클라이언트의 문제와 서비스를 개시하는 이유에 관한 내용뿐만 아니라 내담자-상황에 관한 기술과 사정, 심리적 진단을 포함한다.

(2) 서비스 내용의 보고

기록은 사례의 개시부터 종결에 이르기까지 클라이언트와 함께 또는 클라이언트를 위해 실행된 활동에 관한 정보를 담고 있고 클라이언트의 욕구와 서비스 목표 및 계획과 관련된 서비스 내용을 포함한다.

(3) 사례의 지속성 유지

기록은 사례를 담당하던 사회복지사의 부재 시 클라이언트에게 서비스를 전달하는 다른 사회복지사가 사례에 대한 현재까지의 진행 과정을 검토할 수 있게 해 줄 수 있다.

(4) 전문가 간 원활한 의사소통

기록은 클라이언트에 대한 개입을 위해 노력하는 다른 전문가와의 의사소통을 촉진시키는 역할을 한다. 팀 구성원에게 집단결정과 집단행동을 강화시키는 자원을 제공하고, 전문가들의 개별적 노력을 조정할 수 있도록 돕고, 팀의 모든 구성원들이 접할 수 있는 새로운 정보를 만들어 낼 수 있다.

(5) 클라이언트와 정보 공유

기록은 클라이언트와 의사소통하는 도구로 사용될 수도 있다. 클라이언트의 변화 정도를 스스로 기록하게 함으로써 사회복지사와 공유하는 형태와 사회복지사가 클라이언트에 대한 개입의 내용 및 과정을 기록함으로써 공유하는 형태로 나눌 수 있다. 특히 클라이언트가 기록 문서를 볼 수 있도록 허용하는 기관의 사회복지사는 자신의 기록이 클라이언트에게 읽힐 수 있다는 것을 항상 염두에 두는 것이 필요하다.

(6) 슈퍼비전, 자문, 동료 검토의 원활화

기록은 슈퍼바이저, 자문가, 동료들과 클라이언트의 상황과 개입 과정에 대해 공유하고 지도·감독받는 데 중요한 자료로 활용된다. 슈퍼바이저는 기록을 통해 사회복지사의 업무의 질을 사정하고 변화나 더 많은 발전을 필요로 하는 분야를 파악하고 사회복지사의 강점이 무엇인지를 발견할 수 있다. 사례회의 시 기록을 통해 슈퍼비전, 동료의 검토, 자문이 이루어진다.

(7) 서비스의 과정과 효과의 모니터

기록은 서비스를 지속적으로 평가하기 위한 유용한 도구이다. 첫째, 사회복지사와 클라이언트는 서비스의 목적, 목표, 계획에 관한 계약을 체결한 후 서비스 과정을 통해 실무자는 계획을 실행하고 목표를 성취하고 서비스의 목적 달성에 관한 과정을 기록한다. 기록은 문서화를 위해서뿐만 아니라 내담자와 함께 또는 내담자를 대신해서 서비스 활동을 검토하고, 평가하고, 수정하고, 지속적으로 모니터하기 위해 사용된다.

(8) 학생과 다른 전문가들에 대한 교육

기록은 사회복지실무와 기관의 업무 과정을 가르치는 것과 같은 교육적 측면에서도 유용한 도구가 된다. 실습생이나 초보 사회복지사에게 기관 실무를 소개하는 데 사용될 뿐만 아니라 더 나아가 각 실무자의 지속적 교육과 발전에 있어서도 중요한 도구가 된다. 또한 다른 전문직 분야에서도 사회복지사의 기록을 통해 사회복지사의 업무를 배우고 이해할 수 있다.

(9) 행정적 과업을 위한 자료 제공

클라이언트와 서비스에 관한 정보는 클라이언트를 지속적으로 추적하고 클라이언트의 욕구, 서비스 유형, 직무 관리, 직원의 직무 수행, 자원의 분배에 관한 행정적 결정을 위한 정보를 제공하기 위해 사용된다.

(10) 연구 조사를 위한 자료 제공

기록은 사회복지실천과 관련된 연구를 행하는 데 매우 중요한 자료로 활용될 수 있다. 예를 들어, 기관과 실무자는 클라이언트의 욕구와 기관의 서비스 전달 유형에 관한 체계적 연구를 실시하거나 클라이언트의 행동과 목적 달성을 모니터하기 위해 단일사례방법을 사용하기도 한다.

2. 기록 내용

사회복지실천현장에서 사용되는 기록은 클라이언트나 사회복지사 중심이 아니라 서비스 중심적이어야 한다(Kagle, 1991: 18). 또한 사회복지사의 책무성(accountability), 효율성(efficiency), 사적 권리(privacy)의 목표를 달성하기 위해 실제적으로 클라이언트에게 이루어지는 서비스에 대한 지속적 기록이 이루어져야 한다.

첫째, 서비스 탐색 단계에 있어서는 내담자 특성, 서비스를 개시하는 이유, 현재와 과거의 클라이언트 상황에 대한 서술(사회력), 자원과 제약이 포함된다. 둘째, 서비스 형성 단계에서는 서비스에 영향을 미치는 결정, 서비스 목적, 서비스 계획, 서비스 특성이 포함된다. 셋째, 서비스 실행 단계에는 중간 노트, 서비스 재검토가 포함되며, 넷째, 서비스 종결 단계에서는 서비스 종결의 방법, 서비스 활동과 결과에 대한 요약, 추후 노트가 포함된다(Kagle, 1991: 17-53; 윤현숙 외, 2002: 316-325).

1) 서비스 탐색 단계

(1) 클라이언트 특성

인구학적 정보는 전문적 판단을 요하지 않는 정보이며, 사회복지사와 클라이언트가 대면하기 전에 클라이언트 자신이나 사무직원이 기록하기도 한다. 클라이언트에 대한 인구학적 정보에는 이름, 주소, 생년월일, 성, 교육수준, 현재 직업, 수입, 결혼 상태, 가족 구성, 종교 등을 기록한다.

(2) 서비스를 개시하는 방법과 이유

클라이언트가 직접 서비스를 요청하는 경우에는 클라이언트가 기관의 서비스를 어떻게 인식하고 있는지를 알려 준다. 또한 클라이언트가 다른 부서나 다른 기관에서 의뢰된 경우에는 서비스를 의뢰하는 측이 갖고 있는, 내담자가 필요로 하는 서비스에 대한 정보를 알려 준다. 이때 '현재 제시된 문제'가 '앞으로 다루어야 할 문제'와 일치할 수도 있지만, 다른 사례에서는 그렇지 않을 수도 있다.

(3) 현재와 과거의 클라이언트 상황에 대한 기술

클라이언트의 문제나 욕구를 역사적이며 생태학적 맥락에서 이해하기 위해 클라이언트 상황에 대한 현재와 과거에 대해 얻은 정보를 사회력(social history)이라고 한다. 사회력은 현재의 클라이언트 상황을 이해하는 데 적합한 개인적 · 대인적 · 사회적 · 환경적 정보에 집중하고 중심 문제를 관련 생태학적 맥락에서 다룬다. 사회력에 대한 자세한 내용은 별도로 다룬다.

(4) 자원과 제약

탐색 과정에서 확인된 문제와 욕구에 대응하기 위해 사회복지사는 클라이언트가 필요로 하고 이용 가능한 자원과 서비스를 고려하게 된다. 교회단체, 자조집단, 사회적 서비스기관과 같은 공식적 또는 비공식적 자원뿐만 아니라 지역사회자원의 부적합성이나 장애 요소도 기록되어야 한다.

(5) 사 정

클라이언트 상황과 서비스 과정 및 진행에 관한 기술이 이루어진 다음에 클라이언트에 대한 사정이 이루어진다. 사회복지사는 구체적인 준거 틀이나 기준에 따라서 클라이언트 상황이나 서비스 교류에서의 중요한 요인들을 분석한다. 사회복지기록에서의 사정은 '사회복지사의 사정', '견해', '조작적 가설'과 같은 분명한 명칭을 제시하는 것이 좋다. 클라이언트 상황에 대한 사정은 클라이언트의 욕구와 제약뿐만 아니라 강점과 자원에 대한 평가도 함께 이루어진다.

2) 서비스 형성 단계

(1) 서비스에 영향을 미치는 결정

클라이언트에게 전달되는 서비스의 종류나 양에 영향을 미치는 중요한 결정들의 본질과 정당성을 기록하는 것이 중요하다. 사회복지사와 클라이언트 간의 상호결정은 계약을 통해 이루어지는데, 계약에는 서비스의 목적과 방법에 관한 전반적 합의를 기본으로 하여, 면담 시간, 비용, 과제 등과 같은 구체적인 것들에 대한 합의도 포함된다. 문서 계약을 할 때에는 계약서 사본을 보관해 두어야 하고, 구두 계약을 할 때에는 결정 참여자, 결정 내용, 결정의 정당성을 기록해야 한다. 구두 계약 후 다음과 같이 기록할 수 있다.

> 보호관찰 대상자인 B 군은 복지관에서 실시하는 멘토링 프로그램에 참여하기로 하였으며, 일주일에 1회씩 담당 멘토를 만나 상담을 하고, 월 1회씩 사회복지관 청소년 담당 사회복지사를 만나 상담을 하기로 합의하였다.

(2) 서비스 목적

서비스 목적을 기록한다는 것은 서비스를 통해 무엇을 달성할 것인지를 결정하는 것이다. 서비스의 목적은 모호하거나 추상적인 용어를 피하고 구체적으로 기록해야 한다. 예를 들어, '자아존중감 및 자기효능감을 증진시킨다', '대인관계 능력을 증진시킨다'와 같이 구체적으로 기록하는 것이 좋다.

(3) 서비스 계획

서비스 계획은 서비스 목적을 달성하기 위하여 구체적으로 행해질 내용을 기술하는 것이다. 계획을 자세하게 기록해 놓으면 담당 사회복지사의 부재 시 서비스의 지속성을 유지하는 데 도움을 줄 뿐만 아니라 서비스의 실행을 평가하는 데에도 유용하다.

(4) 서비스 특성

서비스 특성은 '클라이언트의 특성'과 마찬가지로 행정적 처리나 조사 연구를 위해 구조화된 기록을 말한다. 특히 공공부조나 아동학대와 같이, 서비스가 클라이언트의 자유재량이 아니라 자격권이나 법적 의무로 주어지는 공적 기관에서는 전형적으로 이런 표준화된 서비스 특성에 대한 기록 양식을 사용한다.

▸ 서비스

( ) 개인상담　　( ) 집단상담　　( ) 가족상담

▸ 자원 제공

( ) 교통편　　( ) 전화방문　　( ) 도시락배달서비스

( ) 정보 제공 및 의뢰　　( ) 옹호

3) 서비스 실행 단계

(1) 중간 노트

일단 서비스 실행이 시작되면 중간 노트(midterm notes)에 클라이언트 상황과 서비스 교류를 정기적으로 기술하고 사정한다. 이를 과정 노트(process notes)라 부르기도 하는데, 중간 노트는 간결할 수도 있고 포괄적일 수도 있는데, 이는 어떤 정보를 포함하며 얼마나 자주 기록하느냐에 달려 있다. 중간 노트는 다음의 내용을 포함한다.

- 지난번 기록 이후의 클라이언트 상황의 상태와 변화에 관한 기술
- 지난번 기록 이후의 클라이언트 상황의 상태와 변화에 대한 사정
- 마지막 기록 이후의 서비스 활동과 서비스 과정에 관한 기술
- 중요한 사건의 보고
- 서비스의 목적, 계획, 과정, 진행에 대한 사정
- 서비스의 목적 또는 계획의 변화

(2) 서비스 재검토

중간 노트가 주어진 사례에 대한 사회복지사의 지속적 관찰과 사정을 기록한다면, 서비스 재검토는 서비스 결정과 서비스 활동에 대한 공식적 재평가를 기록하는 것이다. 서비스 재검토는 많은 경우 사례회의를 통해 이루어지며, 이는 책무성의 목적을 위해 기록된다. 일반적으로 서비스 재검토의 내용은 날짜, 참여자, 제안점 그리고 결정 내용을 포함해야 한다. 재검토 후 사회복지사는 서비스의 목적과 계획에 새로운 제안과 결정을 반영할 수 있도록 수정을 가할 수도 있다.

4) 서비스 종결 단계

(1) 서비스 종결의 방법과 사유

서비스는 사전에 수립된 계획에 따라 종결될 수도 있으며, 또는 내담자의 독립적 결정에 의해 조기에 종결될 수도 있다. 서비스 종결과 관련된 내용은 책무성, 서비스 평가, 내담자에 대한 향후 서비스의 계획을 위해 기록된다.

(2) 서비스 활동과 결과 요약

사회적 서비스에 관한 기록은 흔히 서비스 과정의 개괄이라고 할 수 있는 종결 요약과 종결 당시의 서비스 결과에 관한 기술을 포함한다. 서비스 개시 이유, 서비스 동안의 클라이언트 상황, 서비스의 목적, 계획, 과정, 서비스와 클라이언트 상황에서의 중요한 사건들을 기록한다. 또한 종결 시의 클라이언트 상황의 위치, 서비스에 대한 평가와 클라이언트 상황과 이용 가능한 자원에 관한 서비스의 영향에 관한 평가를 포함한다.

(3) 사후관리

서비스가 종결된 이후에도 변화의 유지 및 지속성을 위한 사후관리가 필요하다. 사후관리에 관한 기록은 클라이언트 상황에 관한 현재의 상태와 향후의 서비스에 관한 제안, 클라이언트와 함께 또는 클라이언트를 대신해서 취해진 모든 행동에 대한 정보를 포함한다.

3. 사회력

사회력(social history)은 현재와 과거의 클라이언트 상황에 관한 깊이 있는 설명과 사정을 말한다. 사회력에서는 어떤 사람의 가족과 사회경제적 배경 및 적절한 발달 경험을 설명한다(Barker, 1995: 353).

사회력에는 사회복지접근의 특성이 반영되는데, 이는 특히 여러 다른 전문직과 함께 일할 때 드러난다. 예를 들면, 의사가 신체 기능에 초점을 두고 준비한 보고서와는 달리, 사회복지사가 준비한 보고서는 주로 사회적 기능 수행, 즉 클라이언트의 기능과 상황의 사회적 · 관계적 상호작용적 측면에 초점을 둔다. 좋은 사회력은 이러한 상호작용적 초점을 반영한 것이다(Sheafor, Horejsi, & Horejsi, 1997: 322; 윤현숙 외, 2002: 325 재인용).

사회력이 중요한 이유는 다음과 같다. 첫째, 문제의 원인과 문제해결을 위한 자원을 찾기 위하여, 둘째, 클라이언트의 욕구와 결핍뿐만 아니라 강점과 대처 능력을 발견하기 위하여, 셋째, 클라이언트에게 가장 적합한 서비스나 프로그램에 관한 결정을 내리는 데 도움이 되기 위하여, 넷째, 클라이언트, 가족, 중요한 타인들에게 자신들의 경험을 재검토하고 공유할 수 있도록 하기 위하여, 다섯째, 다른 서비스 제공자들(치료 팀 구성원)에게 사회복지실천의 관점에 의한 정보를 주기 위하여, 여섯째, 서비스 전달에 관련된 사회복지실천의 결정과 행동의 근거를 문서화하기 위해서이다(Kagle, 1991: 25-26).

사회력은 정보 수집 단계의 주요 부분이기도 하지만 원조 과정의 일부이다. 클라이언트는 사회력을 작성하는 과정에서 주요한 사건을 재검토하고 그에 관련된 감정을 사회복지사와 함께 탐색하고 공유할 수 있다. 따라서 사회력에는 사실적 내용뿐만 아니라 정서적 내용도 포함된다. 또한 사회력은 한 번의 면담으로 작성이 끝나는 것이 아니라, 서비스가 진행됨에 따라 새로운 정보가 나타나기 때문에 계속 진행되는 지속적 과정이다.

그러므로 사회력은 과정인 동시에 결과물이라고 할 수 있다(Kagle, 1991: 26). 또한 사회력은 평가적이기보다는 서술적이어야 한다.[1] 사회력을 위한 정보는 클라이언트 본인, 가족, 의미 있는 타자(친척, 친구, 이웃 등), 다른 분야의 서비스 제공자들(의사, 교사, 심리사, 변호사), 타 기관의 기록 등을 통해 얻어진다. 이때 여러 다른 정보원들의 정보가 서로 다르거나, 사실이 아닐 수도 있으므로, 누구로부터 이런 정보를 얻었는지를 기록하는 것이 반드시 필요하다.

사회력은 일반적으로 다음과 같은 항목을 포함한다(Kagle, 1991: 28-30).

사회력의 개요1

▸ 개인적 정보

- **인지 및 신체적 발달:** 특별한 이정표가 될 만한 것들(예를 들면, 뒤집기, 앉기, 그 밖의 운동들); 처음 말하기, 언어 발달, 배변 훈련, 그 밖의 자기 관리 습관, 중요한 경험들(예를 들면, 임신, 탄생, 질병); 특별한 가족사건(예를 들면, 죽음, 별거, 이혼); 형제 및 다른 가족성원들의 발달, 심리사회적 성장상의 중요한 사건들과 경험들; 내담자와 가족의 태도와 기대; IQ테스트 점수
- **건강:** 현재와 과거의 질병, 사고, 장애, 증상, 고통, 진단명; 입원 경력, 치료 경력, 수술 경력, 약 복용, 보철 사용 여부; 식이요법, 운동, 약물 사용, 성생활을 포함하는 건강 관련 행동; 과거와 현재, 그리고 예측되는 미래의 건강 상태에 대한 태도, 기대, 적응
- **정신건강:** 현재와 과거의 인지적 · 정서적 · 사회적 및 행동 기능; 현재 갖고 있는 문제의 발생 시기와 진행 기간; 현재 상태와 관련 있는 중요한 사건들; 현재 또는 과거의 정신건강 진단명; 입원 경력, 치료 경력, 약 복용; 내담자, 가족 그리고 사회환경 속의 타인들의 태도 및 기대
- **중요 행동 및 반응 유형:** 중요 행동, 현재의 상황에 관련되거나 내담자, 가족 또는 사회환경 내의 타인들에게 중요한 유형들; 그러한 행동의 선례와 결과, 자극강화제와 같은 통제 조건들; 흡연; 거식과 같은 스트레스성 행동과 습관, 가정, 직장, 학교, 지역사회 내에서의 반사회적 행동
- **지식, 정보, 인지 유형:** 현 상태와 이에 관련된 사건에 관한 내담자와 타인들의 해석; 인간행동, 사회적 서비스 등에 관한 지식, 정보 및 신념; 문제해결을 위한 현재의 노력; 자아개념; 통찰력; 서비스의 수단과 목적에 관한 가치, 선호도
- **감정, 정서적 반응:** 현 상황에 대한 내담자와 타인들의 정서적 반응, 현 상태와 이에 관련된 중요한 사건; 불안과 불편의 현 수준; 변화와 행동의 동기; 서비스에 대한 관여 정도; 미래에 대한 태도, 현 상황의 향상 가능성; 자존감

1) 예를 들어, 가족관계를 서술할 때 누가 누구와 어떤 방식으로 관련되는지를 기술해야 한다. 관계가 '좋다'라고 평가하는 것은 바람직하지 않다.

- **교육:** 과거에 다녔던 학교 또는 기타 교육 프로그램; 성취 수준, 능력, 성취에 대한 경험; 태도, 기대, 교육과 자격증에 대한 가치; 향후 교육에 대한 희망 여부; 교실에서의 행동, 학습 습관, 기초 기술 수준
- **직업:** 유급, 자원봉사 및 가내 업무 경험; 현재 직업, 고용주, 직위; 직장 경력 중에서의 중요한 사건, 지식, 기술, 흥미, 태도, 적성, 기대, 구직 기술, 작업 습관
- **재정:** 현재 및 최근 수입원; 수입액, 저축, 투자, 주식, 자산; 월 지출액; 재정 능력, 부채; 의료보험비와 같은 비용을 부담하는 수단; 수입에 관한 태도, 기대 및 우선순위, 자원의 활용
- **법적 문제:** 검찰, 민법재판소, 형법재판소의 조치를 받은 과거와 현재의 사건; 과거 구속; 집행유예, 폭력행위나 반사회적 행위에 대한 원고, 피고 또는 증인으로서의 경험; 이민 상태; 보호처분, 감독

▸ 대인관계

- **결혼과 가족:** 가족성원, 역할 책임에 관한 기술을 포함하여 과거와 현재의 결혼관계 또는 가족 상황; 부재 중인 부모, 형제, 자녀, 확대가족성원과의 관계; 결혼관계 및 가족 발달에서의 중요한 사건; 결혼과 가족에 관한 태도, 신념, 가치; 가족과 인근 지역사회, 문화의 관계(예를 들면, 성 문제, 자녀양육, 세대 간 교류와 같은 가족의 구조와 기능상의 문제들)
- **동료집단과 비공식적 사회망:** 사회적 · 오락적 · 성적 관계를 포함하여 비공식 동료관계에 대한 기술; 공식적 조직, 집단에의 참여; 대인관계 행동, 기술, 관심
- **직장관계:** 슈퍼바이저와 상부권위조직, 동료조직, 하부조직 내의 사람들과의 관계성을 포함하여 작업환경 내에서의 관계성 기술, 직장관계성 속에서의 중요한 사건

▸ 사회적 정보

- **문화:** 행동에 대한 가치, 선호, 기대; 편견과 차별의 문제; 자원의 존재성, 이용 가능성, 접근 가능성; 서비스와 서비스 제공자에 대한 태도; 지역사회와의 언어 및 관습의 차이; 자원
- **지역사회:** 공식적 · 비공식적 자원; 인구, 경제, 생태환경, 물리적 특성; 내담자와 지역사회를 포함시키는 중요한 사건
- **제도와의 관계:** 학교 및 기타 교육조직, 직장, 자원봉사단체, 종교단체, 법체계, 보건 및 정신보건조직, 사회복지기관 및 프로그램과의 관계

▸ 물리적 환경

물리적 환경에 대한 기술은 다음에 대한 안정성, 적절성, 유지성, 접근성에 특별한 관심을 둔다; 주거, 이웃, 작업환경, 교통

4. 기록의 형태

기록의 형태에는 여러 가지가 있으며, 새로운 실천방법의 등장에 따라 변화해 왔다. 사회복지사는 자기가 소속된 기관이 요구되는 기록을 정확하고 효율적으로 유지하는 능력을 발전시켜야 한다. 여기에서는 사회복지실천에서 가장 많이 사용되는 과정 기록, 이야기체 기록, 문제중심 기록을 중점적으로 살펴보고자 한다.

1) 과정 기록

(1) 과정 기록이란

과정 기록(process recording)은 원조 과정이나 클라이언트와 사회복지사의 상호작용 과정을 있는 그대로 세밀하게 기록하는 방법이다. 과정 기록의 장점은 사회복지사가 자신의 실천행동과 결정을 분석하도록 함으로써 사회복지사와 클라이언트 체계 사이에서 일어나는 활동을 개념화하고 조직화하도록 하며, 면접이나 개입의 목적을 명료화시키고, 사례에 대한 개입 기술 능력을 향상시키는 데 도움이 된다는 점이다. 그러나 과정 기록은 서비스 상호교류에서 실제로 일어났던 일에 대해서 단지 간접적이고 불완전하며 왜곡된 정보를 제공할 수 있고 시간이 많이 소모되기 때문에 기관에서 사용하기에는 비효율적인 면이 있다.

(2) 과정 기록 방법

과정 기록에서는 클라이언트와의 면담에서 일어난 것, 사회복지사가 관찰한 것들이 마치 연극 대본과 같이 직접 인용[2])으로 기록되기도 하고 이를 간접적으로 풀어 쓸 수도

2) 사회복지사: 남편은 당신의 상황을 이해하나요?
클라이언트: 전혀 이해하지 못합니다.

있다.[3] 일반적으로는 직접 인용이 더 바람직하다고 인식되고 있다. 이렇게 상세하게 쓰는 목적은 원조 과정이나 클라이언트와 사회복지사의 상호작용 과정을 상세하게 연구하기 위해서이다. 과정 기록을 세밀하게 하기 위해서는 사회복지사와 클라이언트와의 대화 내용(언어적 · 비언어적 의사소통), 사회복지사와 클라이언트의 대화에 대한 사회복지사의 느낌, 이에 대한 사회복지사의 분석을 기록한다. 슈퍼바이저의 코멘트를 기록할 공간을 남겨 둔다. 이것은 사실적 자료, 일어난 일에 대한 사회복지사의 반응, 이에 대한 분석을 구별할 수 있도록 도와준다.

〈표 8-1〉 과정 기록 - 1

면접 내용	사회복지사의 느낌, 분석
언어적 · 비언어적 의사소통을 포함하여, 면접 중에 일어난 일을 있는 그대로 모두 기록한다. 제삼자의 존재나 처음 계획된 면접에 대한 장애 요소가 있었다면 함께 기록한다.	• 대화가 진행되는 동안 사회복지사의 느낌을 기록한다. 클라이언트의 반응이 아니라 사회복지사의 느낌이라는 것이 중요하다. 여기에서는 전문적 용어를 사용할 필요가 없으며, 솔직하고 개방적으로 적도록 한다. • 사회복지사의 느낌의 근원, 면접 기법에 대한 분석, 더 효과적이었을 다른 대안적 접근 등을 기록한다.
슈퍼바이저의 코멘트	면접 내용 및 사회복지사의 분석에 대하여 슈퍼바이저가 코멘트한다.

(3) 과정 기록의 장점 및 한계

과정 기록의 장점은 다음과 같다. 첫째, 과정 기록은 슈퍼바이지의 면담기법과 개입방법에 관한 교육훈련을 위한 자료로 유용하게 사용된다. 슈퍼바이저가 슈퍼바이지의 전반적인 기능 수행 능력을 면밀히 파악하는 데 도움이 되고, 효과적으로 개입하고 있는 부분과 지도가 필요한 부분에 대해 파악할 수 있도록 해 준다. 둘째, 과정 기록은 슈퍼바이지의 자기 인식 및 서비스 과정에서의 자아의 활용을 향상시켜 준다. 따라서 슈퍼바이지는 클라이언트의 말과 행동뿐만 아니라, 자기의 말과 행동 및 감정도 자세히 기록해야 한다. 사회복지실천은 클라이언트의 변화와 함께 사회복지사 자신의 성장의 기회가 되

3) 사회복지사가 클라이언트에게 남편이 클라이언트의 상황에 대해 이해하냐고 묻자, 클라이언트는 남편이 전혀 이해하지 못한다고 했다.

는데 이를 위해서는 자신의 생각, 느낌 등을 면밀히 분석하여 자기 인식을 증진시키는 것이 필요하다. 또한 과정 기록을 하는 과정에서 슈퍼바이지는 면접 과정의 재경험을 통해 자기의 개인적 느낌을 알아내고 이것이 서비스 전달에 어떠한 영향을 미치는지를 분석하게 된다.

〈표 8-2〉 **과정 기록-2**

면담 내용	사회복지사의 코멘트
• **사회복지사:** 안녕하세요. 제가 처음 전화 통화했던 사회복지사 민영희입니다. • **클라이언트:** (매우 긴장된 얼굴과 떨리는 목소리로) 무엇부터 말을 꺼내야 할지. 너무 부끄럽고 민망하네요.	클라이언트의 불안, 초조함에 대해 공감하지 못하고 곧바로 질문을 한 것이 잘못된 것 같다.
• **사회복지사:** 제가 무엇을 도와드리면 좋을까요? • **클라이언트:** 아들이 하나 있는네, 요즘 들어 학교에 가려고 하지 않고, 저에게 너무 심하게 욕하고 때리고 해서. (울음을 터뜨림)	
• **사회복지사:** 언제부터 아들이 그런 행동을 보였습니까? • **클라이언트:** 3달 전부터 갑자기 신경질적으로 변하더니 자기 방 안에 틀어박혀서 안 나오고 거의 방 안에서 지내면서 제 얼굴도 안 보려 하고 말을 걸려고 하면 신경질 내고 그래요. 애 아빠한테 이야기를 해도 오히려 저 보고 아들 잘못 키웠다고 제게 탓을 돌려요. 어떻게 남편이 내게 그럴 수가 있어요?	아들의 폭력행동 문제뿐만 아니라 클라이언트에게 모든 탓을 돌리는 남편에 대해 매우 흥분하면서 적개심을 표현했다.
• **사회복지사:** 참 많이 힘드시겠네요. 아들의 행동도 받아들이시기 힘든데, 남편까지 이해해 주지 못하시니까 말이에요. • **클라이언트:** 제가 정말 아들을 잘못 키운 것 같아서 미안하기도 하고 해서 요구를 다 들어주는데 아들이 점점 더 심해져요.	클라이언트의 입장을 이해해 주자 차분히 이야기를 했다.

한편 과정 기록은 다음과 같은 제한점이 있다. 첫째, 시간이 너무 많이 걸려 기관 실무에서 사용하기에 비효율적이다. 둘째, 과정 기록은 면접 과정 동안 일어난 일을 실제로 완벽하게 기억하지 못한다. 따라서 만약 실제 서비스 과정을 보다 면밀하고 정확하게 검토하고자 한다면, 과정 기록과 함께 음성녹음이나 동영상 녹화를 사용할 수 있을 것이다.

2) 이야기체 기록

(1) 이야기체 기록이란

이야기체 기록(narrative recording)은 사회복지사가 클라이언트 및 그 상황이나 서비스에 대하여 이야기를 풀어 가듯이 서술체로 기록하는 방법이다. 이야기체 기록은 면담의 대화 내용을 있는 그대로 재현하는 것이 아니라, 면담의 내용이 요약되어 서술된다. 간결하며 초점이 분명한 이야기체 보고서는 특히 사회력이나 사정과 같은 특정 내용 요소들을 문서화하는 데 효과적이다.

(2) 이야기체 기록 방법

이야기체 기록에서는 과정 기록과는 달리, 사회복지사의 말이나 느낌보다는 클라이언트 및 그 상황, 그리고 서비스 교류에 초점이 맞추어진다. 클라이언트 및 서비스에 대한 많은 정보를 서술체로 기록하기 위해서는 조직화가 필수적이다. 따라서 관련되지 않는 세부적 사항은 제외되며, 관련되는 사항이라도 다 기록하지는 않고 중요한 정보를 기록한다. 그러므로 기록의 질은 얼마나 정보를 적절히 선택하고 명확하게 조직하는가에 달려 있다.

장기간에 걸쳐 진행되는 사례에서는 이야기체 요약 기록(narrative summary recording)이 특히 유용하다. 이야기체 요약 기록은 사례가 진행되는 동안, 그간의 진행을 요약하는 보고서이다. 이를 준비하기 위한 한 방법으로서, 사회복지사는 일상의 업무에서 자필로 쓴 사례 노트를 만들면 편리하다.

사례 | 이야기체 요약 기록

○월 ○일

○○동사무소 사회복지과에서 국민기초생활보장수급권자인 박수호 씨를 본 병원 사회사업실에 의뢰했다. 박수호 씨는 45세로 당뇨를 앓고 있으며 70세인 어머니와 단둘이 살고 있다. 최근 들어 당뇨로 인한 합병증의 심화로 기분이 매우 우울해져 알코올 사용량이 급격히 증가했다. 박 씨를 알코올 병동에 입원시키고 해독 과정을 거친 후 우울증 치료를 병행하고자 한다.

(3) 이야기체 기록의 장점 및 한계

이야기체 기록은 클라이언트 및 그 상황과 서비스 교류의 특수한 본질을 개별적으로 반영할 수 있어서 임상 실무를 문서화하는 데 적합하다. 또한 융통성이 있어서 중요하다고 생각되는 것은 포괄적으로 기록할 수 있는 장점이 있다(윤현숙 외, 2002: 336).

단점으로는, 첫째, 사회복지사의 재량에 많이 의존한다는 것이다. 따라서 지나치게 단순할 수도 있고, 지나치게 길고 초점이 분명하지 않을 수도 있다. 기록의 질은 제공된 서비스의 질보다는 사회복지사의 문장력이나 기록에 걸린 시간의 양에 의해 더 좌우될 수도 있다. 둘째, 이야기체 기록은 개별적 구성과 부담스러운 양 때문에 원하는 정보를 쉽게 찾을 수 없다는 어려움이 있다. 특히 장기간에 걸친 사례에서 특정한 정보를 찾는 경우에, 원하는 내용을 찾으려면 많은 페이지를 읽어야만 할 것이다. 셋째, 사회복지사가 이야기체 기록을 꼼꼼하게 하려면 기록하는 데 시간이 걸리고, 따라서 사회복지사는 종종 기록을 미루게 되는 일이 발생한다. 이것은 기록을 부정확하게 하고 시기적절하지 않게 할 우려가 있다.

이야기체 방식의 제한점을 최소화하면서 장점을 극대화하기 위한 방법은 다음과 같다. 첫째, 단기적 서비스나 일상적이고 전형적 서비스는 구조화된 양식이나 체크리스트를 사용하고, 복합적이고 개별화된 서비스에 대해서만 이야기체 기록을 사용하도록 한다. 둘째, 이야기체 기록에 포함되는 것들에 대한 지침을 세운다. 핵심이 되는 내용에 대한 틀을 사용하는 것도 필요한 내용을 보다 편리하게 기록할 수 있는 방법이다. 셋째, 이야기체 기록에서 배제되어야 할 것에 대한 지침을 세운다. 즉, 쉽게 접근할 필요가 있는 내용, 좀 더 효율적 양식을 사용하여 충분히 문서화될 수 있는 내용은 굳이 이야기체 기록을 사용하지 않는다.

사례 | 이야기체 기록

2006년 7월 4일 오전 10시, 클라이언트(○○○, 42세, 여)와의 개별면담

· **제시된 문제**: 클라이언트는 아들(고 1)이 3개월 전부터 바깥출입을 하지 않고 학교에도 가지 않으려고 하며 클라이언트에게 돈을 달라고 요구하고 이에 응하지 않으면 마구 욕을 하며 구타까지 한다고 한다. 이에 본 기관에 도움을 요청하기로 결심하였다.

· **가족 기능**: 클라이언트는 현재 두 번째 결혼이며 전 남편과의 사이에서 태어난 아들을 데리고 3년 전에 재혼했다. 전 남편은 알코올중독 상태가 심각하였고 클라이언트와 결혼하자마자 줄곧 구타를 해 왔다. 특히 아들이 보는 앞에서 구타하기가 일쑤였고, 술을 마시면 집안 물건을 다 부수었고, 아들한테도 폭력을 일삼았다. 아들은 그때마다 울면서 아버지를 말렸고, 남편이 술을 마시고 들어오면 아들과 친정집으로 피신을 했다. 견디다 못해 5년 전 이혼했으며 식품공장에 함께 다니던 현 남편을 만나 재혼했다. 현 남편도 두 번째 결혼으로 역시 술을 많이 마시는 편이다. 아들은 클라이언트의 결혼에 반대했고, 중학교 때까지는 공부도 곧잘 하고 클라이언트를 잘 따랐는데 3개월 전부터 학교에 가려고 하지 않고 클라이언트에게 심하게 욕하고 구타까지 하게 되었다고 한다.

· **현재 상태에 대한 클라이언트의 인식**: 그동안 아들로부터 구타당해 오던 일을 부끄러워서 아무에게도 말을 못하고 있다가 아들에게 더 심각한 문제가 생길 것 같아서 본 기관을 찾게 되었다. 남편이 이 문제에 대해서 전혀 문제로 삼지 않고 오히려 클라이언트의 탓으로 돌리기 때문에 의논할 상대가 될 수 없다. 클라이언트는 지속적으로 상담을 받을 의사가 있으며, 아들에게도 필요하면 정신과 치료까지 받게 할 계획이다.

· **사정**: 클라이언트는 면담 시 여러 번 울음을 터뜨렸으며 아들에 대한 죄책감과 함께 전 남편에 대한 원망, 현 남편에 대한 분노감을 표현했다. 본 접수 면접에서는 많은 정보를 얻기보다는 위기개입으로서 당장 필요한 조치 및 정서적 지지 제공에 주력하였다. 클라이언트와 아들을 분리하여 아들에게 심리검사를 받게 하고 정신과 입원치료를 받게 하는 것이 급선무일 것으로 보인다. 또한 클라이언트도 매우 심리적 혼란 상태에 있으므로 정신과 상담을 받게 하고, 현 남편의 알코올문제로 부부문제에 영향을 끼치는 것으로 보이고 남편 역시 도움이 필요하므로, 남편에 대한 개입도 필요하다고 사료된다.

· **계획**: 1. 클라이언트와 함께 아들을 설득하여 정신과적 면담을 받게 함
2. 클라이언트에 대한 정서적 지지를 계속함
3. 남편이 아들 문제에 대한 인식을 하도록 함

3) 문제중심 기록

(1) 문제중심 기록이란

문제중심 기록(problem-oriented recording)은 현재 제시되고 있는 문제를 중심으로 구성되며, 문제 영역을 규명하고, 사정하고, 각 문제에 대하여 무엇을 할 것인지에 대한 계획을 기록하는 것이다. 이 방식은 의료 또는 정신보건 세팅에서 여러 전문직이 함께 일할 때 효과적이다. 이 방식은 원래 병원에서 의료 기록을 표준화하고 수행 정도를 검토하기 위하여 개발되었으며, 단순히 기록 차원을 넘어서 문제해결에 도움이 되도록 만들어졌다.

(2) 문제중심 기록 방법

문제중심 기록은 네 가지 요소, 즉 ① 데이터베이스의 설정, ② 문제 목록, ③ 초기 계획, ④ 진행 노트로 구성된다.

① 데이터베이스의 설정

데이터베이스는 접수 과정 또는 개입 기간 동안 수집된 정보로 구성되며, 클라이언트의 문제 목록을 작성하기 위한 기본 자료가 된다. 이러한 자료는 클라이언트의 문제를 확인하고 개념화시키기 위한 근거를 제공하고, 예비적 문제 목록을 만들어 내기 때문에 체계적으로 수집되고 정리되며 기록되어야 한다(Sheafor et al., 1988: 197). 데이터베이스는 다음의 내용을 포함한다.

- 환자의 주요 문제
- 환자의 프로파일
- 사회적 정보
- 현재의 질병
- 과거력과 체계들에 대한 검토
- 신체검사 결과
- 임상검사 결과 자료

② 문제 목록

사회복지사는 팀으로 또는 독립적으로 자료 수집 과정 동안 밝혀진 문제들의 목록을 작성하게 된다. 초기 접촉에서부터 드러나는 문제가 있는가 하면 어떤 문제는 추후의 접촉 과정 동안 나타나기도 한다. 문제 목록은 각 문제마다 번호가 붙여지게 되고, 추후에 새로운 문제가 나타나게 되면 문제 목록에 추가시킨다. 문제 목록은 개입의 초점을 제공하고, 책무성을 위한 문서가 되며, 서비스 종결 시에 서비스의 효과를 검토하기 위한 근거가 된다.

〈표 8-3〉 문제 목록의 예

번 호	문 제	날 짜	
		진행	중단 / 해결
1	출혈성 심장기능부전	4 / 4	
2	식이요법 수행 부족	4 / 4	
3	약물남용	4 / 7	4 / 12
4	우울증	4 / 12	

③ 초기 계획

사회복지사는 독립적으로 혹은 계획적으로 문제 목록의 각 목록에 대해서 계획을 세운다.

④ 진행 노트

개입의 진행은 문제 각각에 대해서 문제 번호에 따라 기록된다. 사례가 진행되면서 데이터베이스에 있는 정보나 초기 계획이 수정될 수도 있다. 개입이 필요할 때 이 행동을 서술하는 데는 SOAP 형식을 사용하는 것이 유용하다.

- S: 주관적 정보(Subjective information): 클라이언트가 상황을 어떻게 인식하고 느끼는지를 나타낸다.

- O: **객관적 정보**(Objective information): 전문가의 직접적 관찰, 임상적 실험, 체계적 자료 수집 등에 의해 얻어진다. 클라이언트의 행동이나 외모에 대한 사회복지사의 관찰, 사실적 자료와 같은 객관적 정보를 기술한다. 클라이언트가 의료적 진단이나 정신과적 진단을 위한 공식 검사를 받았다면, 그 결과가 사실적 정보로서 포함될 수 있다. 주거 상태, 경제적 상태 등도 클라이언트의 현재 제시된 문제와 관련된다면 포함될 수 있다.
- A: **사정**(Assessment): 주관적 정보, 객관적 정보에 근거하여 사회복지사의 사정, 견해, 해석, 분석을 기술한다. 확인된 문제에 대한 클라이언트의 지각의 의미, 사회복지사의 관찰 및 사실적 정보의 의미를 사정하고 분석한 견해를 기술하는 것이다.
- P: **계획**(Plan): 주관적 정보, 객관적 정보, 사정을 기반으로 하여 확인된 문제에 대한 개입 계획을 기술한다.

사례 | SOAP 형식

S: 남편은 자기의 음주 및 구타 사실은 인정했지만, 이내가 자기에게 바가지를 긁었기 때문에 이런 일이 발생했다고 주장하고 있다. 아내와의 결혼생활을 계속하기를 원하며, 현재 언니 집에 있는 아내가 하루빨리 집으로 돌아오기를 원하고 있다. 음주문제에 대한 치료 프로그램 및 폭력남편 대상 프로그램에 대해서 그 필요성을 부인하고 있다. 다만 아내가 집으로 돌아오면 부부상담에는 참가할 용의가 있다고 말하고 있다.

O: 남편의 체격은 보통이며 목소리가 크고 막힘없이 이야기를 잘하는 편이다. 실직으로 인해 직업을 바꾼 후 경제적으로 쪼들리는 편이다.

A: 남편은 문제를 부인하고 있다. 자기의 행동에 책임을 지기보다는 아내에게 책임을 미루고 있는 것으로 보인다. 가부장적 가치관이 현저하다. 그러나 결혼생활을 계속할 의사가 확실한 것, 아내 및 아이에 대한 애정을 나타내는 것, 개별 및 부부상담에 개방적인 것은 이 부부관계에서 강점으로 생각된다.

P: 남편이 구타에 대한 책임을 인정하기 위하여 계속적 개입이 필요하다. 이것이 아내와 아이에게 어떠한 고통을 야기하는지를 인식할 필요가 있다. 개별면담을 계속할 예정이다.

출처: 윤현숙 외(2002: 344).

(3) 문제중심 기록의 장점 및 한계

문제중심 기록의 장점은, 첫째, 다양한 전문직 간의 의사소통을 촉진시킬 수 있다. 둘째, 팀 구성원들은 목록화된 각 문제에 초점을 맞추어 다루어야 하고 모든 치료 계획에 대해 문서화된 추후 점검을 할 책임이 있기 때문에 책무성을 향상시킨다. 셋째, 기록이 간결하고 형식이 통일되므로 기관 감독자, 조사 연구자, 외부의 자문가 등이 보다 쉽고 질 높은 기록 검토를 할 수 있다.

그러나 문제중심 기록의 단점은, 첫째, 클라이언트의 욕구, 자원, 강점보다는 문제를 강조함으로써 사회복지실천의 관심의 폭을 지나치게 한정시킬 우려가 있다. 둘째, 개인과 환경의 상호작용보다는 개인을 강조함으로써 관련 현상의 복잡성을 단순화시킬 우려가 있다. 셋째, 부분화를 강조함으로써 통합적이며 체계적인 쟁점들을 왜곡시킬 우려가 있다.

따라서 문제중심 기록의 형식을 심리사회적 정보 및 사회복지서비스의 전 범위를 포괄할 수 있도록 수정한다면 보다 많은 사회복지기관에서 폭넓게 사용될 수 있다.

5. 기록 시 유의 사항

좋은 기록을 위해서는 체계적으로 준비하고 문장력을 향상시킬 필요가 있다. 사회복지사는 클라이언트를 만나기 전, 만나는 동안, 또는 만난 이후에 각각 기록할 준비가 되어 있어야 한다. 클라이언트와 만나기 전, 특히 서비스 관계 초기에 사회복지사는 기록에 필요한 정보를 문의할 준비를 해야 하며 기관에서 사용하는 양식, 간단한 서식, 방침을 검토하여 필요한 정보가 무엇인지 알아야 한다. 클라이언트를 만나는 동안이나 만난 이후에는 서비스를 제공하는 동안 얻어진 것과 밝혀진 것에 대하여 짧게 메모해 두는 것이 좋다. 중요한 단어와 문장은 사회복지사가 필요한 정보를 기억하는 데 큰 도움이 된다.

다음은 사회복지기록에 있어서 유의할 사항이다(Kagle, 1991; 김혜란 외, 2006: 327-328 재인용).

① 서비스의 결정과 행동에 초점을 둔다.
② 사정, 개입, 평가의 기초가 되는 클라이언트와 상황에 관한 정보가 들어 있다.
③ 각 단계에서 목적, 목표, 계획, 과정과 진행을 포함하여 서비스 전달에 관한 정보가 들어 있다.
④ 상황 묘사와 사회복지사의 견해가 명확하게 분리되어 별도의 제목하에 작성되어 읽는 사람들이 사회복지사의 관찰 사항과 해석을 구분하여 이해할 수 있다.
⑤ 구조화되어 있어서 정보를 효과적으로 문서화할 수 있고, 쉽게 색출해 낼 수 있다.
⑥ 서비스 전달이 잘 묘사되고 모든 문서가 정확하여 유용하다.
⑦ 기록이 간결하고, 구체적이며, 타당하고, 명확하며, 논리적이고, 시기적절하며, 의미 있고, 사실에 근거한다.
⑧ 전문가적 윤리를 바탕으로 한다.
⑨ 수용된 이론에 기초해 있다.
⑩ 전문가의 견해를 담으면서도 클라이언트의 관점을 무시하지 않는다.

반대로 다음과 같은 기록은 피해야 한다.

① 부정확한 사정, 잘못된 판단, 비윤리적 행동, 부적절한 개입을 담고 있다.
② 정보가 너무 많이 또는 너무 적게 쓰이고 조직화되어 있지 않아 필요한 사람에게 정보를 제대로 제공하지 못한다.
③ 뒷받침이 되는 관찰과 평가 없이 결론을 내려 기록상 과잉 단순화가 나타난다.
④ 초점이 없고 모호하며, 편견에 치우쳐 있고, 추리에 의존하며, 정확하지 않다.
⑤ 맞춤법상의 오류가 있다.
⑥ 반복된 표현, 장황한 표현, 진부한 용어를 사용한다.
⑦ 의미가 없고, 비판적이며, 과장되게 표현한다.
⑧ 클라이언트와 상황에 대한 독단적 견해의 표현, 특히 클라이언트에 대한 비난 또는 부정적 낙인을 붙인다.
⑨ 행위자가 식별되지 않는 수동태 문장으로 표현한다.

부록

사회복지실천 각종 양식

사정 틀

Ⅰ. 일반 상황 사정[1]

사정일	년 월 일	접수일	년 월 일
작성자			
접수자			

<table>
<tr><td colspan="2">성명</td><td>(ㅁ 남 ㅁ 여)</td><td>생년월일</td><td>( )세</td><td>주민등록번호</td><td></td></tr>
<tr><td colspan="2">주소</td><td colspan="3"></td><td>연 락 처</td><td></td></tr>
<tr><td colspan="2">학력</td><td colspan="5">ㅁ 무학 ㅁ 초재 ㅁ 초졸 ㅁ 중재 ㅁ 중졸 ㅁ 고재 ㅁ 고졸
ㅁ 대재 ㅁ 대졸 ㅁ 대학원 이상 ㅁ 기타 :</td></tr>
<tr><td colspan="2">결혼</td><td colspan="5">ㅁ 미혼 ㅁ 기혼 ㅁ 별거 ㅁ 사별 ㅁ 이혼</td></tr>
<tr><td colspan="2">종교</td><td colspan="5">ㅁ 기독교 ㅁ 불교 ㅁ 천주교 ㅁ 무교 ㅁ 기타 :</td></tr>
<tr><td colspan="2">직업</td><td colspan="5">ㅁ 무직 ㅁ 자영(가게) ㅁ 영세자영(가판) ㅁ 취로사업
ㅁ 일용직 ㅁ 계약직 ㅁ 정규(3개월 이상 근무) ㅁ 기타 :</td></tr>
<tr><td colspan="2">가족구성형태</td><td colspan="5">ㅁ 혼자 산다 ㅁ 부부 ㅁ 부부+자녀 ㅁ 조부모+부부+자녀
ㅁ 편부모+자녀 ㅁ 편조부모+손자녀 ㅁ 기타 :</td></tr>
<tr><td rowspan="8">가구보장구분</td><td>보호여부</td><td colspan="5">ㅁ 수급권자 ㅁ 조건부 수급권자 ㅁ 저소득</td></tr>
<tr><td>기초생활 보장</td><td colspan="5">ㅁ 생계급여 ㅁ 교육급여 ㅁ 의료급여
ㅁ 주거급여 ㅁ 자활급여 ㅁ 기타 :</td></tr>
<tr><td>영유아</td><td colspan="5">ㅁ 보육료 감면 ㅁ 기타 :</td></tr>
<tr><td>아 동</td><td colspan="5">ㅁ 소년소녀가장보호비 ㅁ 그룹홈, 가정위탁보호비 ㅁ 기타 :</td></tr>
<tr><td>모자가정</td><td colspan="5">ㅁ 아동양육비 ㅁ 학비 ㅁ 기타 :</td></tr>
<tr><td>부자가정</td><td colspan="5">ㅁ 아동양육비 ㅁ 학비 ㅁ 기타 :</td></tr>
<tr><td>장애인</td><td colspan="5">ㅁ 장애수당 ㅁ 학비 ㅁ 기타 :</td></tr>
<tr><td>노 인</td><td colspan="5">ㅁ 경로연금 ㅁ 교통수당 ㅁ 기타 :</td></tr>
<tr><td rowspan="9">주거상황</td><td>소유</td><td colspan="5">ㅁ 자가 ㅁ 전세 만 원 ㅁ 월세 / 만 원 ㅁ 기타</td></tr>
<tr><td>구조</td><td colspan="4">ㅁ 단독주택 ㅁ 다세대/빌라/연립 ㅁ 아파트
ㅁ 영구임대아파트 ㅁ 단칸방 ㅁ 기타 :</td><td>방수 : 개</td></tr>
<tr><td>환경</td><td colspan="3">ㅁ 청결/쾌적 ㅁ 보통 ㅁ 불결/불량</td><td colspan="2">ㅁ 안전 ㅁ 불안전 ㅁ 위험</td></tr>
<tr><td>부엌</td><td colspan="2">ㅁ 공동 ㅁ 단독</td><td>목욕시설</td><td colspan="2">ㅁ 공동 ㅁ 단독</td></tr>
<tr><td>화장실</td><td colspan="2">ㅁ 공동 ㅁ 단독</td><td colspan="3">ㅁ 수세식 ㅁ 재래식</td></tr>
<tr><td>난방</td><td colspan="5">ㅁ 없음 ㅁ 연탄 ㅁ 가스보일러 ㅁ 기름보일러 ㅁ 기타 :</td></tr>
<tr><td>문화비품</td><td colspan="5">ㅁ TV ㅁ 냉장고 ㅁ 전화 ㅁ 가스레인지
ㅁ 컴퓨터 ㅁ 자동차 ㅁ 기타 :</td></tr>
<tr><td>주거문제</td><td colspan="5"></td></tr>
</table>

1) 대구남구종합사회복지관에서 사용하고 있는 사정 틀의 일부를 기관의 동의를 구해 실례로 실었다.

Ⅱ. 경제상황

<table>
<tr><td rowspan="9">소득</td><td colspan="2">월 총수입</td><td colspan="2">원(사정 월 기준)</td></tr>
<tr><td colspan="2">근로소득</td><td></td><td>원</td></tr>
<tr><td rowspan="5">정부지원금</td><td>생계비</td><td></td><td>원</td></tr>
<tr><td>연금</td><td></td><td>원</td></tr>
<tr><td>수당</td><td></td><td>원</td></tr>
<tr><td>교통비</td><td></td><td>원</td></tr>
<tr><td>기타</td><td></td><td>원</td></tr>
<tr><td colspan="2">후원금</td><td></td><td>원</td></tr>
<tr><td colspan="2">기타</td><td></td><td>원</td></tr>
<tr><td rowspan="6">지출</td><td colspan="2">월 총지출</td><td colspan="2">원(사정 월 기준)</td></tr>
<tr><td colspan="2">주거 관련</td><td></td><td>원</td></tr>
<tr><td colspan="2">의료 관련</td><td></td><td>원</td></tr>
<tr><td colspan="2">교육 관련</td><td></td><td>원</td></tr>
<tr><td colspan="2">생활비</td><td></td><td>원</td></tr>
<tr><td colspan="2">기타</td><td></td><td>원</td></tr>
<tr><td rowspan="3">자산</td><td colspan="2">총액</td><td colspan="2">원(사정 월 기준)</td></tr>
<tr><td colspan="2">부동산</td><td colspan="2">□ 주택(만 원) □ 건물(만 원) □ 토지(만 원) □ 기타 :</td></tr>
<tr><td colspan="2">동산</td><td colspan="2">□ 저축(원) □ 유가증권(만 원) □ 기타 :</td></tr>
<tr><td>부채</td><td colspan="2">총액</td><td colspan="2">□ 대출(만 원) □ 할부(만 원) □ 연체(만 원) □ 기타 :</td></tr>
<tr><td>기타</td><td colspan="2">경제적 문제</td><td colspan="2"></td></tr>
</table>

Ⅲ. 가족사회적 관계

동거가족들과 관계	관계	ㅁ 원만 ㅁ 불화(내용 : ______)
	물질적 지원	ㅁ 전혀 받지 않음 ㅁ 가끔 받음 ㅁ 거의 항상 받음
	정서적 지원	ㅁ 전혀 받지 않음 ㅁ 가끔 받음 ㅁ 거의 항상 받음
	정보 · 조언	ㅁ 전혀 받지 않음 ㅁ 가끔 받음 ㅁ 거의 항상 받음
	친밀도	ㅁ 가깝지 않다 ㅁ 가까운 편이다 ㅁ 매우 가깝다
	가족이 느끼는 가장 큰 어려움	ㅁ 경제적 어려움 ㅁ 의료적 어려움 ㅁ 자녀양육의 어려움 ㅁ 가족부양의 어려움 ㅁ 가족불화로 인한 어려움 ㅁ 집안 · 가사의 어려움 ㅁ 심리사회적 문제로 인한 어려움 ㅁ 기타 :
비동거가족들과 관계	관계	ㅁ 원만 ㅁ 불화(내용 : ______)
	물질적 지원	ㅁ 전혀 받지 않음 ㅁ 가끔 받음 ㅁ 거의 항상 받음
	정서적 지원	ㅁ 전혀 받지 않음 ㅁ 가끔 받음 ㅁ 거의 항상 받음
	정보 · 조언	ㅁ 전혀 받지 않음 ㅁ 가끔 받음 ㅁ 거의 항상 받음
	친밀도	ㅁ 가깝지 않다 ㅁ 가까운 편이다 ㅁ 매우 가깝다
	교류상황	ㅁ 거의 연락 ㅁ 명절, 생일 등에(ㅁ 연락 ㅁ 만남) ㅁ 두 세 달에 한두 번(ㅁ 연락 ㅁ 만남) ㅁ 한 달에 한두 번(ㅁ 연락 ㅁ 만남) ㅁ 일주일에 한두 번(ㅁ 연락 ㅁ 만남) ㅁ 기타 :
	가족이 느끼는 가장 큰 어려움	ㅁ 경제적 어려움 ㅁ 의료적 어려움 ㅁ 자녀양육의 어려움 ㅁ 가족부양의 어려움 ㅁ 가족불화로 인한 어려움 ㅁ 집안 · 가사의 어려움 ㅁ 심리사회적 문제로 인한 어려움 ㅁ 기타 :
사회적 관계	이웃과의 관계	ㅁ 가족처럼 지냄 ㅁ 여러 가지 도움을 주고받음 ㅁ 말벗하는 정도 ㅁ 인사하고 지냄 ㅁ 거의 모르고 지냄 ㅁ 기타 :
	가까운 이웃의 수	( )명
	이웃과 사귀는 데 문제점	
	친구들과의 교류	ㅁ 있다 ㅁ 없다
	교류 내용	
	가까운 친구의 수	
	친구와 사귀는 데 문제점	
	사회활동 참여 여부	ㅁ 예 ㅁ 아니요
	활동종류	
	종교생활	ㅁ 아주 열심(주 2회 이상) ㅁ 자주 함(매주) ㅁ 가끔 함(월 1~2회) ㅁ 전혀 안함
	종교기관명	
	필요할 때 도움 주고받는 상대	ㅁ 배우자 ㅁ 자녀 ㅁ 부모 ㅁ 형제/자매 ㅁ 친척 ㅁ 친구 ㅁ 이웃 ㅁ 사회복지관 ㅁ 동사무소전문요원 ㅁ 보건소 ㅁ 종교단체 ㅁ 기타
	주 보호자 또는 주 수발자(carer)	ㅁ 가족 중 누구 : ( ) ㅁ 가족 이외 누구 : ( ) ㅁ 방문주기 : 월___회 ______시간씩

Ⅳ. 건강 상황(일반)

<table>
<tr><td rowspan="3">장애 상황</td><td>종류</td><td colspan="2">□ 장애인 아님 □ 장애인 ___급
□ 시각 □ 청각 □ 언어 □ 지체 □ 정신지체
□ 정신질환 □ 신장 □ 심장 □ 기타</td></tr>
<tr><td>사용 보장구</td><td colspan="2">□ 지팡이 □ 보청기 □ 휠체어 □ 목발 □ 의족/의수 □ 기타 :</td></tr>
<tr><td>필요 보장구</td><td colspan="2">□ 지팡이 □ 보청기 □ 휠체어 □ 목발 □ 의족/의수 □ 기타 :</td></tr>
<tr><td rowspan="6">질병 상항</td><td>일반 상태</td><td colspan="2">□ 건강 □ 특별한 질환은 없으나 건강이 좋지 않다 □ 질환 □ 기타 :</td></tr>
<tr><td>만성질환</td><td colspan="2">□ 없음 □ 있음 :</td></tr>
<tr><td>병명(발병일)</td><td colspan="2"></td></tr>
<tr><td>입원경험(1년 내)</td><td colspan="2">□ 아니요 □ 예 :</td></tr>
<tr><td>입원시기/입원기간</td><td colspan="2"></td></tr>
<tr><td>병력(수술경험)</td><td colspan="2">□</td></tr>
<tr><td rowspan="17">일상 생활 활동 능력</td><td colspan="2">동작 유형</td><td>상태</td></tr>
<tr><td colspan="2">1)세수 · 양치질하기</td><td>□ 전혀 불편 없음 □ 약간 불편 □ 매우 불편</td></tr>
<tr><td colspan="2">2)목욕하기</td><td>□ 전혀 불편 없음 □ 약간 불편 □ 매우 불편</td></tr>
<tr><td colspan="2">3)식사하기</td><td>□ 전혀 불편 없음 □ 약간 불편 □ 매우 불편</td></tr>
<tr><td colspan="2">4)옷 갈아입기</td><td>□ 전혀 불편 없음 □ 약간 불편 □ 매우 불편</td></tr>
<tr><td colspan="2">5)눕거나 앉았다 일어나기</td><td>□ 전혀 불편 없음 □ 약간 불편 □ 매우 불편</td></tr>
<tr><td colspan="2">6)옥내이동</td><td>□ 전혀 불편 없음 □ 약간 불편 □ 매우 불편</td></tr>
<tr><td colspan="2">7)화장실 이용하기</td><td>□ 전혀 불편 없음 □ 약간 불편 □ 매우 불편</td></tr>
<tr><td colspan="2">8)용모손질</td><td>□ 전혀 불편 없음 □ 약간 불편 □ 매우 불편</td></tr>
<tr><td colspan="2">9)식사 준비</td><td>□ 전혀 불편 없음 □ 약간 불편 □ 매우 불편</td></tr>
<tr><td colspan="2">10)장보기</td><td>□ 전혀 불편 없음 □ 약간 불편 □ 매우 불편</td></tr>
<tr><td colspan="2">11)전화 사용</td><td>□ 전혀 불편 없음 □ 약간 불편 □ 매우 불편</td></tr>
<tr><td colspan="2">12)청소/설거지/세탁</td><td>□ 전혀 불편 없음 □ 약간 불편 □ 매우 불편</td></tr>
<tr><td colspan="2">13)금전 관리</td><td>□ 전혀 불편 없음 □ 약간 불편 □ 매우 불편</td></tr>
<tr><td colspan="2">14)교통수단 이용</td><td>□ 전혀 불편 없음 □ 약간 불편 □ 매우 불편</td></tr>
<tr><td colspan="2">15)무기운 짐 들기</td><td>□ 전혀 불편 없음 □ 약간 불편 □ 매우 불편</td></tr>
<tr><td colspan="2">전체 합계</td><td>□ 전혀 불편 없음 _개 □ 약간 불편 __개 □ 매우 불편 __개</td></tr>
<tr><td rowspan="9">정서</td><td>기능 종류</td><td colspan="2">상태</td></tr>
<tr><td>1)정서 상태</td><td colspan="2">□ 명랑한 편 □ 우울한 편 □ 항상 우울 □ 기타 :</td></tr>
<tr><td>2)기억력</td><td colspan="2">□ 좋음 □ 보통(정상) □ 감퇴(악화) □ 기타 :</td></tr>
<tr><td>3)일상 불안</td><td colspan="2">□ 불안 없음 □ 가끔 불안 □ 항상 불안 □ 기타 :</td></tr>
<tr><td>4)일상 만족도</td><td colspan="2">□ 불만 없음 □ 가끔 불만 □ 항상 불만 □ 기타 :</td></tr>
<tr><td>5)수면</td><td colspan="2">□ 잘 잠 □ 가끔 못 잠 □ 거의 못 잠 □ 기타 :</td></tr>
<tr><td>6)환각 증세</td><td colspan="2">□ 환청 □ 환상 □ 촉각 □ 기타 :</td></tr>
<tr><td>7)자살 충동</td><td colspan="2">□ 느낀 적 없음 □ 가끔 느낌 □ 자주 느낌 □ 기타 :</td></tr>
<tr><td>기타 증상</td><td colspan="2"></td></tr>
</table>

특이 사항	알코올 남용/중독	ㅁ 아니요	ㅁ 예
	음주량 측정	ㅁ 매일 마심(종류 : _____, _____병/일) ㅁ 가끔 마심(종류 : _____, _____병/주)	
	흡연량 측정	ㅁ 매일 피움(_____갑/일)	ㅁ 가끔 피움(_____갑/주)
	배회한 경험	ㅁ 있다	ㅁ 없다
	횡설수설	ㅁ 아니요	ㅁ 예
	학대당한 흔적	ㅁ 있다	ㅁ 없다
	구체적 기술		
	기타 특이 사항- 외양, 인지, 정서, 행동 알코올 관련 정보		
기타 사정 내용	대상자 욕구 및 요청 사항		
	사례에 대한 담당자의 의견		

V. 현재 이용하거나 받고 있는 지원 및 서비스

이용 기관명	서비스 내용	서비스 이용 개시일	서비스 이용 주기	서비스 담당자 연락처

초기면접기록(알코올)[2)]

등록번호			–					(A.일반) (B.정회원)	담당자		접수일시	년 월 일(~)

Ⅰ. 일반적 사항

이 름		연령/성별		의 뢰 자	◻ 본인 ◻ 가족 ◻ 기타( )
주 민 번 호		전 화 번 호		음주자와 관계	
		휴 대 폰			
주 소				의 료 보 장	
직 업				학 력	
병 역		종 교		진 단 명	
혼 인 상 태	◻ 미혼 ◻ 사별 ◻ 기타( )		◻ 기혼 ◻ 별거		◻ 이혼 ◻ 동거
주 거 상 황	◻ 자가 ◻ 영구임대		◻ 전세(만 원) ◻ 기타( )		◻ 월세(/)
경 제 상 황 (월평균수입)	◻ 50만 원 미만 ◻ 150만 원~200만 원		◻ 50만 원~100만 원 ◻ 200만 원 이상		◻ 100만 원~150만 원 ◻ 주 수입원( )

Ⅱ. 건강 상태

신체질환 치료경험	◻ 없다	◻ 있다(진단명 : 기관 :		시기 :)
현재 신체건강 문제	◻ 없다	◻ 있다( )		복용 중인 약( )
경험했던 증상	◻ 가슴통증 ◻ 고혈압	◻ 두통 ◻ 당뇨	◻ 위장 증상 ◻ 발작	◻ 간 증상 ◻ 기타( )
현재 필요한 치료	◻ 없다	◻ 있다( )		

2) 알코올상담센터에서 사용하고 있는 사정도구 중 일부를 실었다. 알코올상담센터의 대상자는 일반 클라이언트와 달리 알코올이라는 중독의 문제와 관련되어 있으므로 사정에 있어 이와 관련된 부분의 사정이 반드시 되어야 한다.

Ⅲ. 음주 관련 사항

음주력	최초 음주 시기/음주량/상황		습관적 음주 시기/음주량/상황	
	최초문제발생시기/음주량/상황		마지막 음주 시기/음주량/상황	
음주 패턴	음주량	/1day(종류 :)	음주빈도	( )회/1주일
	음주장소		함께 음주하는 사람	
	음주 시 식사 유무		blackout	
	알코올 구입 장소		해장술	
	주된 음주 이유		약물사용	담배/향정신성약물
	음주 후 행동			
금주 경험	지난 1년간 최장 금주 기간 :		금주 이유 :	
금단 증상	ㅁ 손떨림 ㅁ 기운 없음 ㅁ 두통 ㅁ 불안 ㅁ 환시 ㅁ 혼란	ㅁ 맥박증가 ㅁ 오심 · 구토 ㅁ 통증 ㅁ 우울 ㅁ 환촉 ㅁ 발작	ㅁ 발한 ㅁ 설사 ㅁ 초조 ㅁ 불면증 ㅁ 환청 ㅁ 기타( )	
음주 관련 문제	음주문제 인식 여부	ㅁ 예 ㅁ 아니오	알코올중독 인식 여부 – 본인	ㅁ 예 ㅁ 아니오
			알코올중독 인식 여부 – 가족	ㅁ 예 ㅁ 아니오
	주요 문제 ㅁ 심리적 문제(정신질환, 강박/중독행동 – ㅁ 도박 ㅁ 성 ㅁ 일 ㅁ 섭식 ㅁ 담배 ㅁ 약물/성문제/의심증/강박적 사고 및 행동) ㅁ 경제적 손실(술값, 신용카드 빚, 생계문제, 주거문제/직업문제/물건, 소지품을 잃어버림) ㅁ 일반건강 약화(신체질환/) ㅁ 사회적 문제(타인의 신뢰를 잃음/타인과 싸움/주위 사람에게 실수/사고 · 상해) ㅁ 가족 문제(부부싸움/가족에게 폭언 및 폭력/별거/이혼/부인이나 자녀의 가출/자녀와의 갈등/자녀의 부적응 행동) ㅁ 법적 문제(음주운전 – 횟수 : 법적 조치 :) ㅁ 기타(병역관련문제/위생문제/학업 문제)			
가족 음주력				

Ⅳ. 정신상태검사

현재 정신건강 문제			복용 중인 약	
현재 우울상태		□ 우울하지 않다 □ 약간 우울하다 □ 심하게 우울하다		
자신·타인 상해충동		□ 없다 □ 있다( )		
자살충동 및 시도		□ 과거의 자살 위협이나 시도 □ 현재 자살 충동 □ 현재 자살 의지 □ 자살 계획 □ 자살 방법 □ 계획과 방법의 치명성 □ 자해중단 약속		
살고 싶은 마음		□ 없다 □ 있다( )	환각	□ 없다 □ 있다( )
통제력		□ 내 마음을 완전히 통제할 수 있다 □ 그렇지 않다		
타인 지각		□ 대부분의 사람들이 나에게 적대적이라고 느껴진다 □ 그렇지 않다		
외상적 생활사건		(학대, 상실, 재해)		
정신과적 치료경험		□ 없다 □ 있다(진단명 : 기관 : 시기 :)		
임상 평가	외모	□ 청결 □ 청결치 못함 □ 단정 □ 단정치 못함		
	태도	□ 협조적 □ 형식적 □ 무기력 □ 방어적 □ 적대적 □ 거부적 □ 변덕스러움 □ 혼란		
	지남력	□ 사람 □ 시간 □ 장소 □ 활동		
	행동	□ 정상 □ 과다행동/흥분 □ 초조 □ 과소행동/소극적 □ 틱/기행증 □ 기타( )		
	기분	□ 적합 □ 우울 □ 슬픔 □ 조심 □ 의심 □ 불안 □ 분노 □ 다행감 □ 조증 □ 불안정 □ 냉담		
	반응적합성	□ 기분과 활동의 일치 □ 기분과 활동의 불일치 □ 불안정 □ 둔감 □ 단조로움		
	인지능력	(지적 수준, 기억력, 사고력, 판단력)		

Ⅴ. 사정

Ⅵ. 평가

아동 성폭력 사정 틀[3)]

<table>
<tr><td>센터등록번호</td><td colspan="3"></td><td colspan="2">진료번호</td><td></td></tr>
<tr><td>면담일</td><td colspan="6">20 년 월 일(: ~ :)</td></tr>
<tr><td>면담조사자</td><td colspan="3"></td><td colspan="2">정보신뢰도</td><td>□ 상 □ 중 □ 하</td></tr>
<tr><td colspan="7">피해자에 대한 정보</td></tr>
<tr><td>성명</td><td colspan="3"></td><td colspan="2">주민등록번호</td><td></td></tr>
<tr><td>성별 / 나이</td><td colspan="3">/만 세</td><td colspan="2">학력</td><td>□ 미취학 □ 취학( )</td></tr>
<tr><td>초경연령</td><td colspan="3">□ 무 □ 유(만 세)
마지막 생리( )월 ( )일</td><td colspan="2">장애유무</td><td>□ 무 □ 유(장애____급수___)</td></tr>
<tr><td>주소
연락처</td><td colspan="6">이메일 :
집 : 휴대전화 :</td></tr>
<tr><td>내원경로</td><td colspan="6">□ 자발적(전화/인터넷/언론홍보/기타 :)
□ 의뢰(타상담소/병원/학교/경찰/기타 :)</td></tr>
<tr><td colspan="7">정보제공자에 대한 정보</td></tr>
<tr><td>성명</td><td colspan="3"></td><td colspan="2">주민등록번호</td><td></td></tr>
<tr><td>피해자와의 관계</td><td colspan="6">□ 부 □ 모 □ 친족( ) □ 본인
□ 신고의무기관( ) □ 기타( )</td></tr>
<tr><td>주소
연락처</td><td colspan="6">이메일 :
집 : 휴대전화 :</td></tr>
<tr><td colspan="7">가해자에 대한 정보</td></tr>
<tr><td>성명</td><td></td><td>성별/연령</td><td>/만 세</td><td>음주 상태</td><td colspan="2">□ 무 □ 유( ) □ 미파악</td></tr>
<tr><td>직업</td><td colspan="4">□ 무직 □ 유직( ) □ 학생( ) □ 미파악</td><td>학력</td><td></td></tr>
<tr><td>가해자 특징</td><td colspan="6"></td></tr>
<tr><td>피해자와의 관계</td><td colspan="6">□ 모르는 사람( )
□ 아는 사람(관계 : 동거여부 :)
□ 미파악</td></tr>
</table>

3) 아동 성폭력 전담기관인 해바라기아동센터 사정 틀의 일부이다. 기관의 동의를 구해 사례로 실었다.

<table>
<tr><th colspan="6">피해에 대한 정보</th></tr>
<tr><td rowspan="2">피해 유형 및 내용/
인지 경위/
폭력 동반</td><td colspan="5">ㅁ 음란물 노출 ㅁ 나체노출 ㅁ 의도적 탈의 ㅁ 성기노출
ㅁ 아동관찰 ㅁ 성적 키스 ㅁ 애무 ㅁ 자위
ㅁ 오럴섹스 ㅁ 성기에 이물질 삽입 ㅁ 음경의 항문삽입 ㅁ 성기 만지기
ㅁ 음경의 질 삽입 ㅁ 드라이섹스 ㅁ 처녀막 파열 ㅁ 기타( )</td></tr>
<tr><td colspan="5"></td></tr>
<tr><td>피해 일시</td><td></td><td>발견 일시</td><td></td><td>피해 장소</td><td></td></tr>
<tr><td>피해 횟수</td><td colspan="5">ㅁ 단회 피해 ㅁ 지속 피해( )회(년 월 일~ 년 월 일)
ㅁ 모름</td></tr>
<tr><th colspan="6">타 기관 이용정보 및 서비스 욕구</th></tr>
<tr><td rowspan="2">의료적 진료
(산부인과,
정신과, 내과
등)</td><td>ㅁ 유</td><td colspan="4">병원명/치료기간/내용 :
①
②
③</td></tr>
<tr><td>ㅁ 무</td><td colspan="4">ㅁ 필요한 진료 :</td></tr>
<tr><td rowspan="3">법률자문 및
고소 고발</td><td>고소여부</td><td colspan="4">ㅁ 고소함 ㅁ 고소 원함 ㅁ 고려 중 ㅁ 원치 않음(이유 :)</td></tr>
<tr><td>진술녹화</td><td colspan="4">ㅁ 녹화 원함 ㅁ 원치 않음
ㅁ 녹화함(일시 : 장소 : by)</td></tr>
<tr><td>경찰서</td><td colspan="4">담당 : 연락처 :</td></tr>
<tr><td rowspan="2">상담 관련 기관
이용</td><td>ㅁ 유</td><td colspan="4">기관명/이용기간/내용 :</td></tr>
<tr><td>ㅁ 무</td><td colspan="4">ㅁ 상담 원함 ㅁ 원치 않음</td></tr>
<tr><td>기타욕구</td><td colspan="5"></td></tr>
<tr><th colspan="6">피해자 가족에 대한 정보</th></tr>
<tr><td>월수입</td><td colspan="2">( )원 ㅁ 미파악</td><td>주택</td><td colspan="2">ㅁ 자가 ㅁ 전세 ㅁ 월세 ㅁ 기타( ) ㅁ 미파악</td></tr>
<tr><td>기초생활
수급여부</td><td colspan="2">ㅁ 수급자 ㅁ 차상위계층 ㅁ 해당 없음</td><td>의료급여</td><td colspan="2">ㅁ 보험 ㅁ 1종 ㅁ 2종 ㅁ 비보험 ㅁ 기타</td></tr>
</table>

〈가계도〉 동거 여부, 주 양육자, 직업, 학력, 성격 등 표시하여 그리기

사회력 조사지

다음의 질문에 성실하게 답해 주십시오.

여기서 얻어진 정보는 초기 면접 시에 내담자에 대한 이해와 우리 기관을 찾으시게 된 동기를 좀 더 뚜렷하게 해 줄 것입니다. 내담자 자신을 가장 잘 표현한다고 생각되는 부분에 ○표를 하시거나 빈칸에 기입하여 주십시오. 이 조사지는 내담자의 차트에 보관될 것이며 비밀 보장을 원칙으로 합니다.

이름 : 날짜 :

- 가족력

1. 출생지(시·도) :
2. 성장지(시·도) :

   한 군데 이상이면 다음에 나열하시오.

   ____

   ____

   ____

   가족(부모, 형제) 이름과 연령과 돌아가신 분일 경우 사망 당시 연령과 원인을 적으시오.

   ____

   부의 직업 ① 없다 ② 있다(직업의 종류)____________________

   모의 직업 ① 없다 ② 있다(직업의 종류)____________________

   부모의 결혼관계 ① 결혼관계에 있다.

   ② 아니다(부연 설명을 하시오).

   ____

3. 가족을 어떻게 설명하시겠습니까?

   ① 매우 가깝고 별 큰 문제는 없다.

   ② 가까우나 약간의 문제가 있다.

   ③ 별로 가깝지 않다.

   ④ 매우 불안정하고 많은 문제가 있다(부연 설명을 하시오).

4. 가족 중 누구와 가장 가까웠다고 말할 수 있습니까?
   그 이유는___________________________________

5. 가족 간의 폭력이 있었습니까?
   ① 아니요
   ② 예(누가 폭력적이었고 누가 폭력의 희생자였는지 서술하시오)
   ____

6. 가족 간의 술이 문제가 된 적이 있습니까?
   ① 아니요
   ② 예(부연 설명을 하시오)
   ____

7. 가족성원이 약물을 사용한 적이 있습니까?
   ① 아니요
   ② 예(부연 설명을 하시오)
   ____

8. 아동기에 신체적 학대
   ① 없다
   ② 있다(당시 나이와 가해자에 대해 서술하시오)
   ____

9. 아동기의 성적 학대
   ① 없다
   ② 있다(당시 나이와 가해자에 대해 서술하시오)
   ____

• 개인력

10. 청소년기에 ① 많은 친구가 있었다. ② 몇몇 친구가 있었다. ③ 친구가 전혀 없었다.

11. 10대에 청소년의 감호소와 관련된 적이 있습니까?
① 아니요
② 예(어떤 관련이 있었는지 설명하시오)
____

12. 학교 출석률은 어떠했습니까?
① 매우 좋았고 드물게 결석했다.
② 결석은 조금 했으나 나중에 메우곤 했다.
③ 결석이 많았다.

13. 고등학교 때 성적은 ① 상위권 ② 중위권 ③ 하위권

14. 낙제하여 학년을 되풀이한 적이 있습니까?
① 아니요 ② 예(몇 학년 때________)

15. 학력
① 초졸 ② 중졸 ③ 고졸 ④ 대졸 ⑤ 대학원졸 ⑥ 박사학위 ⑦ 기타________________

• **병 력**

16. 당신의 건강을 어떻게 생각하십니까?
① 우수 ② 보통 ③ 불량(설명하시오)______________________________

17. 건강문제로 입원한 적이 있습니까?
① 아니요
② 예(설명하시오)______________________________

18. 정신건강문제로 입원한 적이 있습니까?
① 아니요
② 예(설명하시오)______________________________

19. 가족성원 중 정신건강문제로 입원한 적이 있습니까?
① 아니요
② 예(설명하시오)______________________________

20. 술을 드십니까?
① 아니요
② 예(얼마나 자주 마시는지 설명하시오)______________________________

21. 어떤 종류의 술을 드시는지 표시하시오.
① 맥주 ② 소주 ③ 양주 ④ 포도주 ⑤ 기타

22. 현재 복용하는 약이 있습니까?
① 아니요
② 예(설명하시오)______________________________

• 취업력

23. 현재 직업이 있습니까?
① 아니요
② 예(무슨 일인지 얼마나 해 왔는지 설명하시오)______________________________

24. 현재 직업이 없다면 취업할 의사는 있습니까?
① 예 ② 아니요

25. 취업에 도움이 되는 자격증이 있다면 모두 써 주십시오.
____

26. 이전에 취업 경험이 있다면 모두 써 주십시오.
____

* 질문이 있으면 주저하지 말고 상담자에게 하십시오. 감사합니다.

사정 및 개입 계획서

접수 번호 : ________

이　　름 :
성　　별 :
생년월일 :　　　　　　　　(　　　　세)
주　　소 :
전　　화 :

1. 문제 설명(클라이언트가 말하는 문제)

2. 문제 사정
   ① 사회복지사가 생각하는 문제
   ② 클라이언트의 문제해결 양상
   ③ 이 문제해결을 위해 클라이언트가 갖고 있는 장점
   ④ 이 문제해결을 하는 데 방해가 될 요소

3. 개입 목표

4. 개입 계획

5. 사회복지사의 견해

면접일자 : ________________

사회복지사 : ________________

종결보고서

접수 번호 : ________

이　　름 :
성　　별 :
생년월일 :　　　　　　　(　　　　세)
주　　소 :
전　　화 :

1. 주요 문제

2. 상담 과정 및 내용

3. 문제해결 여부

4. 클라이언트 및 가족의 이용 가능한 자원

5. 사후 관리 계획

6. 사회복지사의 견해

면접일자 : ______________
사회복지사 : ______________

집단 프로그램 진행 일지

프로그램명 :

진행자 :

날　짜 :

장　소 :

참석자 :

프로그램 목적 :

프로그램 진행 과정 :

평가 :

배운점 :

다음 목표 및 진행 계획 :

사회복지사 : ______________

자원조사지

이름 : 접수 번호 :

I. 개인적 자원

A. 신체적 자원

1. 건강
2. 에너지(활동력) 수준
3. 식습관
4. 기타

B. 인지적·지적 능력

1. 돕는 과정(기관활동)에 대한 확신
2. 결과를 명화하게 예상할 수 있는 능력
3. 행동 원칙에 대한 이해
4. 합리적인 기대 수준
5. 기타

C. 사회생활 기술

1. 자기강화 기술
2. 스트레스 대처 기술
3. 문제해결 기술
4. 자료 수집 기술
5. 기타

D. 대인관계 기술

1. 친구 만들기
2. 친숙한 관계 형성 기술
3. 갈등 해결 기술
4. 불필요한 갈등 대처 기술
5. 필요한 지지 획득 기술
6. 정보 획득 기술
7. 전문인에게 도움을 청하는 기술
8. 서비스 제공자와의 교류 기술
9. 기타

E. 직업상의 기술

1. 직업력
2. 현재의 직업 기술
3. 일에 대한 욕구
4. 일을 갖고자 하는 욕구
5. 기타

F. 여가기술

1. 혼자서
2. 다른 사람들과
3. 가족들과

G. 물적 자원

1. 혼자서
2. 잠재적 자원

H. 원하는 결과를 얻고자 하는 동기

1. 기타

Ⅱ. 가족자원

A. 가족성원과 제공받고 있는 자원

	가족성원	자원 내용
1		
2		
3		
4		
5		

B. 중요 인물과 제공받고 있는 자원

	중요 인물	자원 내용
1		
2		
3		
4		
5		

Ⅲ. 지역사회자원

A. 관련된 공식적 서비스

1. ______
2. ______
3. ______

4. ______________________________
5. ______________________________

B. 관련된 비공식적 서비스

1. ______________________________
2. ______________________________
3. ______________________________
4. ______________________________
5. ______________________________

C. 창안 가능한 서비스

1. ______________________________
2. ______________________________
3. ______________________________
4. ______________________________
5. ______________________________

작성일자 : ______________

사회복지사 : ______________

참고문헌

고정자(2002). 현대가족문제론. 부산: 동아대학교 출판부.

김경희(2002). 생활모델에 입각한 도시 빈곤가족문제의 사례분석. 경성대학교 대학원 석사학위논문.

김금희(2016). 다문화가정 부부를 위한 관계중심 부부소통 프로그램 개발 및 효과. 인하대학교 박사학위논문.

김기태(1998). 위기개입론. 서울: 대왕사.

김기태, 김수환, 김영호, 박지영(2002). 사회복지실천론. 경기: 양서원.

김기태, 김수환, 김영호, 박지영(2006). 사회복지실천론. 경기: 공동체.

김동배, 권중돈(2000). 인간행동과 사회복지실천. 서울: 학지사.

김동배, 이희연(2003). 사회복지실천의 생태체계 패러다임과 연구 방법론에 대한 고찰(1). 연세사회복지연구. 9, 27-58.

김미숙, 우국희, 양소남, 이주연, 이정현(2011). 선진국의 아동사례관리체계 비교연구: 영국, 미국, 뉴질랜드를 중심으로. 한국보건사회연구원.

김성경(2017). 사회복지사례관리론. 경기: 공동체.

김성이, 조학래, 노충래(2004). 청소년복지학. 서울: 집문당.

김승재(1991). 사회사업실천에 있어서 생태체계적 관점의 사정도구에 관한 연구. 서울대학교 대학원 석사학위논문.

김유숙(2002). 가족치료. 서울: 학지사.

김유숙, 전영주, 김수연(2003). 가족평가핸드북. 서울: 학지사.

김융일, 조홍식, 김연옥(1996). 사회사업실천론. 서울: 나남출판.

김정진(2014). 사회복지실천기술론. 서울: 학지사

김정진(2019). 사회복지실천기술론. 서울: 학지사.

김종옥, 권중돈(1993). 집단사회사업방법론. 서울: 홍익재.

김진국(1983). 알코올리즘의 진단과 치료. 정신의학보, 7(10).

김통원, 김용득(1998). 사회복지실천사례관리. 서울: 도서출판 지샘.

김형식(1999). 사회복지프로그램 평가: 이론과 실제. 서울: 아시아미디어리서치.

김혜란(1996). 과제중심모델의 적용에 관한 연구: 위탁보호 사례를 중심으로. 한국사회복지학, 30, 25-47.

김혜란, 홍선미, 공계순(2001). 사회복지실천기술론. 서울: 나남출판.

김혜란, 홍선미, 공계순(2006). 사회복지실천기술론(2판). 서울: 나남출판.

김혜숙(2008). **가족치료 이론과 기법**. 서울: 학지사.

김혜숙, 나임순, 김현경(2013). **사회복지실천기술론**. 서울: 학지사.

김혜영, 석말숙, 최정숙, 김성경(2010). **사회복지실천론**. 경기: 공동체.

남세진, 조흥식(1997). **집단지도방법론**. 서울: 서울대학교 출판부.

대한신경정신의학회 편(2005). **신경정신의학**(2판). 서울: 중앙문화사.

류종훈, 김주연, 심영진(2007). **사회복지실천기술론**. 경기: 21세기사.

민소영(2015). 한국의 사례관리 전개과정과 쟁점고찰. **한국사회복지행정학**, 17(1). 213-239.

박명숙(1999). 생태체계이론에 대한 이해와 사회사업에의 적용에 관한 연구. **사회복지리뷰**, 4(1), 127-137.

박민자(1995). "가족의 의미", 가족과 한국사회. 여성사회연구회 편. 서울: 경문사(1-33).

박용권(1989). 생태체계적 관점에서 본 집단지도과정연구. 서울대학교 대학원 석사학위논문.

박태영(2002). **가족생활주기와 가족치료**. 서울: 학지사.

보건복지부(2016). 2016 희망복지지원단 업무안내.

보건복지부(2017). 2017 읍면동 맞춤형 복지업무 매뉴얼.

사회복지교육연구(2020). **사회복지사 1급 기본이론서**. 서울: 나눔의 집.

성정현, 여지영, 우국희, 최승희(2004). **가족복지론**. 경기: 양서원.

손광훈(2009). **사회복지실천기술론**. 경기: 공동체.

송정아, 최규련(2002). **가족치료 이론과 기법**. 서울: 하우.

송성애(2010). **가족상담의 이론과 실제**. 경기: 양서원.

신성자, 정숙희(2000). 치료견 보조 프로그램이 정신분열병 환자의 사회기능수준향상에 미치는 영향. **정신보건과 사회사업**, 10, 85-112.

신성자, 홍금자, 라동석, 김진이(2000). **사회복지실천론**. 서울: 고헌출판부.

양옥경(2000). 한국 가족개념에 관한 질적 연구. **한국가족복지학**, 6, 69-99.

양옥경, 김정진, 서미경, 김미옥, 김소희(2003). **사회복지실천론**. 경기: 나남출판.

양정남(2003). **사회복지실천론**. 경기: 양서원.

엄명용, 김성천, 오혜경, 윤혜미(2006). **사회복지실천의 이해**. 서울: 학지사.

엄명용, 김성천, 오혜경, 윤혜미(2011). **사회복지실천의 이해**. 서울: 학지사.

엄명용, 노충래, 김용석(2005). **사회복지실천기술의 이해**. 서울: 학지사.

엄명용, 노충래, 김용석(2020). **사회복지실천기술의 이해**(4판). 서울: 서울: 학지사.

윤현숙, 김기환. 김성천. 이영분. 이은주. 최현미. 홍금자(2002). **사회복지실천기술론**. 서울: 동인.

이경은, 장덕희, 김휘연, 문도원, 이마리아(2016). **지역사회복지론**. 서울: 학지사.

이근홍(1999). **케이스 매니지먼트**. 서울: 대학출판사.

이근홍(2006). **사회복지실천 개별관리**. 경기: 공동체.

이신영(2003). 알코올중독자의 청소년 자녀들을 위한 분노 조절 프로그램의 효과성에 관한 연구. 경북대학교 대학원 석사학위논문.

이영분, 양심영(1999). 가족의 변화에 따른 가족복지서비스의 대응. **한국가족복지학**, 3, 117-148.
이영숙, 박경란, 전귀연(1999). **가족문제론**. 서울: 학지사.
이영호(2008). **사회복지실천기술론**. 경기: 공동체.
이원숙(2007). **가족복지론**. 서울: 학지사.
이윤로(2005). **사회복지실천기술론**. 서울: 학지사.
이정숙(1994). 문제성 음주 부모의 자녀들의 심리적 특성. 연세대학교 대학원 석사학위논문.
이현경(2020). 경증치매노인의 인지기능 향상, 우울 감소, 생활만족도 증진을 위한 집단미술치료 프로그램효과성 연구. 성결대학교 사회복지학 박사학위논문.
이화여자대학교 사회사업학과 편(1993). **집단사회사업실천방법론**. 서울: 동인.
임상록, 김혜숙, 노정자, 안민숙, 채유경(2010). **상담의 이론과 실제**. 서울: 파란마음.
장수미, 최정숙, 박형원, 김주현, 홍현미라, 이혜경, 이영선, 한인영(2010). **사회복지실천기술론**. 서울: 학지사.
장인협(1998). **사회복지실천방법론(하)**. 서울: 서울대학교 출판부.
장인협, 우국희(2001). **케어 · 케이스매니지먼트**. 서울: 서울대학교출판부.
전재일 외(2001). **사회복지실천론**. 서울: 형설출판사.
전재일, 이성희(2002). **사회복지실천기술론**. 형설출판사.
전재일, 이성희, 김연희(2010). **사회복지실천기술론(개정판)**. 형설출판사,
정기태(1994). 역기능 가정에서 자란 성인아이의 정서적 문제: 분노를 중심으로. 침례신학대학교 대학원 석사학위논문.
정무성, 정진모(2001). **사회복지 프로그램 개발과 평가**. 경기: 양서원.
정문자, 정혜정, 이선혜, 전영주(2012). **가족치료의 이해**. 서울: 학지사.
정순둘(2005). **사례관리실천의 이해 – 한국적 경험 –**. 서울: 학지사.
정신보건사회사업학회(2000). **정신보건전문요원수련교재**. 경기: 양서원.
조홍식(1991). 도시빈곤가족문제에 대한 사회사업실천에 관한 연구: 생태체계적 관점의 문제사정도구 개발과 적용을 중심으로. 서울대학교 대학원 박사학위논문.
조홍식 외(2006). **사회복지실천분야론**. 서울: 학지사.
조홍식, 김인숙, 김혜란, 김혜련, 신은주(2010). **가족복지학**. 서울: 학지사.
주애자(2020). 지역아동센터 이용 아동의 심리사회적 적응을 위한 긍정심리기반 해결중심치료 집단프로그램 개발 및 효과. 청주대학교 사회복지학 박사학위논문.
최경석 외(2002). 한국가족복지의 이해(2판). 인간과 복지.
최경원(1987). 사회사업이론에 있어서 체계론적 관점에 관한 연구: 생태체계이론의 적용을 위한 서설적 연구. 서울대학교 대학원 석사학위논문.
최현주(1995). **위장된 분노의 치유**. 서울: 규장문화사.
최희수(2001). **사례관리교육교재**. 전남: 전라남도 사회복지사협회.
하용출(2001). **한국 가족상의 변화**. 서울: 서울대학교 출판부.

한국전문대학사회복지교육협의회(2005). **사회복지실천론**. 경기: 양서원.

허남순(1998). 과제중심모델의 적용에 관한 연구: 재가노인을 위한 사례관리. **한국사회복지학**, 35, 399-426.

홍선미(2012). 사례관리를 통한 사회복지실천 역량강화. 한국전문대학사회복지교육협의회 동계 세미나자료집.

Alguilera, D. C., & Messick, J. M. (1985). **위기개입론: 이론과 방법**. [Crisis intervention] (김만두 역). 서울: 홍익재(원저출판: 1982).

Bordin, E. S. (1979). The Generalizability of the Psychoanalytic Concept of the Working Alliance. *Psychotherapy: Theory, Research and Practice, 16*(3), 252-260.

Brammer, L. M. (1985). *The helping relationship: Process and Skills*(3rd ed.). Upper saddle River. NJ: Prentice Hall.

Brill, N. I. (1977). *Working with People. The Helping Process*(6th ed.). New York: London.

Brindis, Claire, Barth, Richard P. & Loomis, A. B. (1987). Continuous Counselling: Case Management with Teenage Parents. *Social Casework, 68*(3). Family Service America, 166.

Burcell, M. (1997). An Empirically derived self-report inventory for the assessment of assertive behavior. Unpublished doctoral dissertation, Kent State University, Kent, OH.

Campbell, H. P., & Dunnette, M. D. (1968). Effectiveness of T-group Experineces in Managerial Training and Development, *Psychological Bulletin, 70,* 73-104.

Caplan, G. (1964). *Principles of Preventive Psychiatry*. New York: Basic Books.

Carter, B., & McGoldrick, M. (2000). **가족생활주기와 치료적 개입**. [Changing family life cycle: a framework for family therapy] (정문자 역). 서울: 중앙적성출판사(원저출판: 1988).

Collins, D., Coleman, H., & Jordan, C. (2001). **가족복지실천론**. [An Introduction to Family Social Work] (이화여자대학교 사회복지연구회 역). 서울: 나눔의 집(원저출판: 1999)

Compton, B. R. & Galaway, B. (1984). *Social Work Processes*(3rd ed.). Homewood, IL: The Dorsey Press.

Compton, B., R. & Galaway, B. (1986). 사회사업방법론. [Social work processes] (장인협, 정영순 편역). 서울: 수문사(원저출판: 1975).

Corcoran, J. (2017). **사회복지현장에서의 동기강화상담**. [Motivational Interviewing: A Workbook for Social Workers] (신성만, 장승옥, 유채영, 김준영 역). 서울: 박영story(원저출판 2016).

Corey, G. (1991). *Theory of Practice of Counseling and Psychology*(4th ed). Pacific Grive, CA: Brooks/Cole.

Corey, G. & Corey, M. (1977). *Groups: process and practice*. Montrey, CA: Brooks/Cole Publishing Company.

Corey, M. S., Corey, G. & Corey, C. (2012). **집단상담: 과정과 실제**(제8판). [Groups: process and practice(8th)] (김진숙, 김창대, 박애선, 유동수, 전종국, 천성문 역). 서울: 센게이지러닝코리아 (원저출판: 2010).

Cournoyer, B. (2001). **사회복지실천기술연습**. [The Social Work Skills Workbook(3rd ed.)] (김인숙, 김용석 역). 서울: 나남출판(원저출판: 1991).

Egan, G. (2002). *The Skilled Helper: A Problem-Management and Opportunity-Development Approach to Helping*. Montrey, CA: Brooks/Cole.

Elkind, D. (1999). **변화하는 가족**. [Ties that stress: the new family imbalance] (이동원, 김모란, 윤옥경 역). 서울: 이화여자대학교 출판부(원저출판: 1994).

Epstein, L. (1988). *Task-centered approach*. New York: Free Press.

Epstein, L. (1992). *Brief Treatment and a New Look at the Task-Centered Approach*. New York: Macmillan Publish Company.

Epstein, L., & Brown, L. B. (2002). *Brief treatment and a new look at the task-centered approach*(4th ed.). New York: Macmillan.

Fiene, J. I. & Taylor, P. A. (1991). *Service Rural Families of Developementally Disabled Children: A Case Management Model. Social Work, 36*(4). NASW.

Freire, P. (1970). *Pedagogy of the Oppressed,* New York: Seabury.

Gambrill, E. (1996). *Social Work Practice: A Critical Thinker's Guide*. New York: Columbia University. Press.

Gerhart, U. C. (1990). *Caring for the Chronic Mentally Ill*. Itasca, Il: F. E. Peacock.

Germain, C. & Getterman, A. (1980). *The life model of Social work practice*. New York: Columbia University Press.

Gibb, J. R. (1968). The Counselor as a Role-Free Person, In C. A. Parker(Ed.). *Counseling Theories and Counselor Education*. Boston: Houghton Mifflin.

Gibb, J. R. (1978). *Trust: A New View of Personal and Organization Development,* Los Angeles: The Guild of Tutors Press.

Golan, N. (1978). *Treatment in crisis situations*. New York: Free Press.

Golan, N. (1987). Crisis intervention, In A Minahan(Ed-in-Chief). *Encyclopedia of Social Work* (18th ed.). 1, 360-372. Silver Spring, MD: National Association of Social Workers.

Goldenberg, I. & Goldenberg, H. (2001). **가족치료**. [Family therapy: An Overview(5th ed).] (김득성, 윤경자, 전영자, 전영주, 조명희, 현은민 역) 서울: 시그마프레스(원저출판: 2000).

Goldstein, E. (1983). *Issues in Developing Systematic Research and Theory, In Handbook of Clinical Social Work*. Edited by Rosenblatt, A. & Waldfogel, D. San Francisco: Jossey- Bass.

Greeson, R. R. (1967). *The Technique and Practice of Psychoanalysis*. New York: International Universities Press.

Gubrium, J. F., & Holstein, J. A. (1997). **가족이란 무엇인가: 사회구성주의적 관점에서 본 가족담론**.

[What is family?] (최연실, 조은숙, 성미애 역). 서울: 조은(원저출판: 1987).

Guggenbühl-Craig, A. (1982). Social Work and Inquistion, Power in the Helping Profession, Spring Publishing Inc. pp.1-10.

Henry, S. (1981). *Group Skills in Social Work*. Itasca, IL: F. E. Peacock.

Hepworth, D. H. & Larsen, J. A. (1993). *Direct Social Work Practice: Theory and Skills*(4th ed.). Pacific Grove, CA: Brooks/Cole Publishing Company.

Hepworth, D. H., Rooney, G. D., Strom-Gottfried, K., & Larsen, J. A. (2010). *Direct social work practice: Theory and skills*(8th ed). Pacific Grove, CA: Brooks/Cole.

Hepworth, D. H., Rooney, G. H., & Larson, J. A. (2002). *Direct Social Work Practice*(6 th ed.). Pacific Grove, CA: Brppls/Cole.

Hepworth, R., & Larsen(2004). **사회복지실천 이론과 기술**. [Direct Social Work Practice-Theory and Skills(5th)] (허남순, 한인영, 김기환, 김용석 역). 서울: 나눔의 집(원저출판: 1997).

Hoffman, L. (1981). *Foundations of Family Therapy*. New York: Basic Books Inc.

Howell, W. S. (1982). *The Emphathic Communicator*. Bermont, CA: Wadsworth.

Hoyos, G. D. & Jensen, C. (1985). The Systems Approach in American Social Work. *Social Casework: The Journal of Contemporary Social Work,* 490-497.

Ivey, A. E. (1985). *Intentional Interviewing &Counseling*. Brooks/Cole.

Jacobs, E. E., Schimmel, C. J., Masson, R. L., & Harvill, R. L. (2016). **집단상담: 전략과 기술**. [Group counseling: strategies and skills (8th ed.)] (김춘경 역). 서울: 센게이지러닝코리아(원저출판: 2015).

Jacobs, M. A., Jacobs, G. F., & Cavior, N. (1973). "Feedback II-the Credibility Gap: Delivery of Positive and Negative and Emotional and Behavioral Feedback in Group, *Journal of Cousulting and Clinical Psychology, 41*(2): 215-223.

James, R. K., & Gililand, B. E. (2002). **위기개입**. [Crisis Intervention strategies] (한인영, 김연미, 최정숙, 박형원, 이소래 역). 서울: 나눔의 집(원저출판 1997).

Johnson, H. (1978). Integrating the problem-oriented record with a systems approach to case assessment. *Journal of Education for Social Work, 14*(3). 71-77.

Johnson, L. C. (1995). *Social Work Practice: Generalist Practice*(5th ed.). Newton, MA: Allyn & Bacon.

Johnson, L. C. & Yanca, S. J. (2001). *Social Work Practice: A Generalist Approach*(8th ed.). Needham Heights, MA: Allyn and Bacon.

Johnson, P. J. & Rubin, A. (1983). Case Management in Mental Health: A Social Work Domain?. *Social Work, 28*(1). 50.

Kagle, J. (1987). *Recording in direct practice, Encyclopedia of Social Work*(18th ed.). 463-467. Washington, DC: National Association of Social Workers.

Kagle, J. (1991). *Social Work Records*(2nd ed.). Prespect Heights: Waveland Press.

Kettner, P. M., Moroney, R. M., & Martin, L. L. (2000). **프로그램 성과평가.** [Designing and Managing Programs] (정무성 역). 서울: 나눔의 집(원저출판 1990).

Kirst-Ashman, K. K. & Hull, G. H. (1999). *Understanding generalist practice*(2nd ed.). Chicago: Nelson-Hall Publishers.

Knox, K. S., & Roberts, A. R. (2016). The Crisis Intervention Model, In N. Coady & P. Lehmann(Eds.). *Theoretical Perspectives for Direct Social Work Practice: A Generalist Eclectic Approach,* New York: Springer Publishing Company.

Kurtz, L. F. & Powell, T. J. (1987). Three Approaches to understanding Self-Help Groups. *Social Work with Groups, 10*(3). 69-80.

LeCroy(1983). *Social Skills Training for Children and Youth.* New York: Haworth Press.

Lewin, B. (1979). *Group psychotherapy: Practice and development.* Englewood Cliffs, NJ: Prentice-Hall, Inc.

Lukas, S. (2004). **사회복지 상담의 첫걸음.** [Where to start and what to ask: An assessment handbook] (하정미 역). 서울: 학지사(원저출판: 1993).

Maluccio, A. (1979). *Learning from clients.* New York: The Pree Press.

McGoldrick, M. G. R. (1992). **가족분석가계도.** [Genograms in family assessment] (이영분, 김유숙 역). 서울: 홍익제(원저출판: 1985).

Meyer, G. H. (1995). The Foundations of Social Work Practice. *Journal of Education for Social Work,* 66-77.

Middleman, R. (1978). Returning group process to group work. *Social Work with Groups, 1*(1), 15-26.

Miley, K. K., O'Media, M., & DuBois, B. L. (1995). *Generalist Social Work Practice: An Empowering approach*, Boston: Ally and Bacon.

Miller, W. R. (1983). Motivational Interviewing with Problem Drinkers. *Behavioural and Cognitive Psychotherapy, 11*(2), 147-172.

Miller, W. R., & Rollnick, S. (2006). **동기강화상담: 변화준비시키기.** [Motivational Interviewing: Preparing people to change(2nd ed.)] (권정옥, 손명자, 신성만 역). 서울: 시그마프레스(원저출판: 2002).

Miller, W. R., & Rollnick, S. (2015). **동기강화상담: 변화함께하기.** [Motivational Interviewing: Helping People Change(3rd ed.)]. (신성만, 권정옥, 이상훈 역) . 서울: 시그마프레스(원저출판 2013).

Morales, A. E. & Sheafor, B. W. (1998). *Social Work: Profession of Many Faces*(8th ed.). Boston, MA: Allyn & Bacon.

Moxley, D. P. (1989). *The Practice of Case Management.* Newbury Park: Sage Pub.

Moxley, D. P. (1993). 사례관리실천론. [Practice of case management] (김만두 편역). 서울: 홍익재(원저출판: 1989).

Naar-King, S., & Suarez, M. (2014). 청소년을 위한 동기강화상담. [Motivational Interviewing with Adolescents and Young Adults] (신성만, 권정옥, 신정미, 김은미, 김민정 역). 서울: 교보문고(원저출판 2011).

Napier, R. W., & Gershenfeld, M. K. (1993). *Group: Theory and Experience.* Boston: Houghton Mifflin Co.

NASW(1998). 사회복지대백과사전. [Encyclopedia of social work] (이문국 외 역). 서울: 나눔의 집(원저출판: 1995).

NASW(2000). 사회복지실천이론의 토대. [Foundations of social work practice] (이팔환 역). 서울: 나눔의 집(원저출판 1995).

Netting, F. E., Kettner, P. M. & McMurtry, S. L. (1993). *Social work macro practice.* New York: Longman.

Newbury National Association of Social Workers(1984). N*ASW Standards and Guidelines for Social Work Case Management for the Functionally Impaired,* Silver Spring, MD: Author Park, CA: Sage Publication, Inc. 10-17.

Nichols, M. P. & Schwartz, R. C. (1998). *Family Therapy: Concepts and methods*(4th ed). Boston: Allyn & Bacon.

Nichols, M. P. & Schwartz, R. C. (2007). *Family Therapy: Concepts and methods*(4th ed). Boston: Allyn & Bacon.

Nixon, H.(1979). *The small group.* Engelwood Cliffs, NJ: Prentice-Hall, Inc.

Northen, H. (1988). *Social work with group*(3rd ed.). New York: Columbia University Press.

Northen, H. & Kurland, R. (2001). *Social Work with Groups.* New York:Columbia Univ. Press.

Northen, H. & Kurland, R. (2006). 집단사회복지실천. [Social work with groups(3rd ed.)] (노충래 역). 서울: 학지사(원저출판 2001).

Olson, D. H., Russell, C. S., & Spenkle, D. H. (1983). Circumplex Model of Marital and Family System: Ⅵ. *Theoretical update, Family Process, 22*, 69-83.

Payne, M. S. (1991). *Modern Social Work Theory: A Critical Introduction,* London: Macmillan.

Perlman, H. H. (1970). The Problem Solving Model in Social Casework, In Robert, Robert W. & Nee, R. H.(Ed). *The Theories of Social Casewok.* Chicago: The University of Chicago Press. Ltd.

Phillips, H. (1957). *Essentials of Social Group Skills.* New York: Columbia University Press.

Pincus, A. & Minahan, A. (1973). *Social Work Practice: Model and Method.* Itasca, Illinois: F. E. Peacock.

Poindexter, C. C., Conway, P. G., & Valentine, D. P. (2003). 사회사업실천기술론. [Essential skills for human services] (이윤로 외 역). 서울: 현학사(원서출판: 1999).

Quinn, J. (1993). *Successful Case Management in Long-Term Care.* New York: Springer Publishing

Company, Inc.

Rapoport, L. (1970). Crisis intervention as a mode of brief treatment. In Roberts, R. W. & Nee, R. H. (Eds.). *Theories of Social Casework*. Chicago: University of Chicago Press.

Reid, W. J. & Epstein, L. (1977). *Task-Centered Practice*. NY: Columbia Univ. Press.

Reid, W. J. & Epstein, L. (1992). *Task-Centered Casework*. NY: Columbia Univ. Press.

Reid, W. J. (1992). *Task Strategies: An Empirical Approach to Clinical Social Work*. NY: Columbia Univ, Press-Centered Casework.

Richard K. J., & Burl E. G. (2008). **위기개입.** [Crisis intervention strategies(5th)] (한인영, 장수미, 최정숙, 박형원, 이소래, 이혜경 역). 서울: 나눔의 집(원저출판 2005).

Rothman, J. (1991). A Model of Case Management: Toward Empirically Based Practice. *Social Work, 36*(6). Silver Spring, MD: NASW.

Rubin, A. (1992). Case Management, In Rose, Stephen M.(Ed.). *Case Management and Social Work Practice*. New York: Longman Publishing Group.

Schrier, C.(1980). Guidelines for recordkeeping under privacy and open-access laws. *Social Work, 25*(6). 556-575.

Schumacher, J. A., & Madson, M. B. (2017). **동기강화상담의 핵심: 일반 임상적 난제의 해결방안과 전략.** [Fundamentals of Motivational Interviewing: Tips and Strategies for Addressing Common Clinical Challenges] (신성만, 조성민, 남지혜, 이하림, 박준영 역), 서울: 시그마프레스(원저출판: 2015).

Sheafor, B. W., Horejsi, C. R., & Horejsi, G. A. (1998). **사회복지실천기법과 지침.** [Techniques and Guidelines for Social Work Practice] (서울대학교 사회복지실천연구회 역). 서울: 나남출판(원저출판: 1997).

Shebib, B. (2003). *Choices: Counseling Skills for Social Worker and Other Professionals*. New York: Allyn and Bacon.

Siporin, M. (1980). Ecological Systems Theory in Social Work. *Journal of Sociology & Social Welfare, 7*, 507-532.

Sledge, T. (1996). **가족치유 · 마음치유.** [Making peace with your past] (정동섭 역). 서울: 요단출판사(원저출판: 1991).

Smally, R. E. (1967). *Theory for Social Work Practice*. New York: Columbia University Press.

Susan Luksa(1993). *Where to Start and What to Ask: An assessment Handbook*. New York: W. W. Norton & Company.

Teare, R. J. (1984). *Validation of th ACSW Examination: Status Report to the National Association of Social Workers*(Photocopy materials). Tuscaloosa: University of Alabama School of Social Work.

Thomas, M. B. (1982). An Introduction to Marital and Family Therapy. Tennessee State University.

Tomm, K. (1987). Interviewing. *Family Process, 26*(2). 167-183.

Toseland, R. W. & Rivas, R. F. (1995). *An introduction to Group Work practice*(2nd ed.). New York: Macmillan Co.

Trevithick, P. (2002). 사회복지실천기술: 실천을 위한 핵심기술. [Social Work Skills: A Practice Handbook] (우국희, 최경원, 황숙연 역). 경기: 사회복지실천연구소(원저출판: 2000).

Turner, F. J. (1996). *Social Work Treatment: Interlocking Theoretical Approaches*(3rd ed.). NY: Free Press.

Tyler, E. B., Paragament, K. I., & Gatz, M. (1983). The Resource Collaborator Role: A Model for Interactions Involving Psychologists. *American Psychologist, 38,* 388-398.

Vetere, A. & Gale, A. (1987). *Ecological studies of family life.* New York: John Riley & Sons.

Vourlekis, B. & Greene, R. (1992). *Social Work Case Management.* New York: Aldine De Gruyter, Inc.

Wakefield, J. C. (1996). Does social work need the eco-systems perspective?1. Is the perspective clinically useful? JC Wakefield. *Social service review, 70*(1), 1-32,

Walsh, A. (1987). *Understanding, Assessing, & Counseling the Criminal Justice Client.* Pacific Grove, Calif: Brooks/ Cole.

Walsh, F. (1982). *Normal Family Process.* New York: Guildford.

Weil, M. & Karls, J. M. et al. (1985). *Case Management in Health Service Practice.* San Francisco, CA: Jossey-Base, Inc, Publishers.

Whattaker, J. & Tracy, E. (1988). *Social Treatment*(2nd ed.). New York: Aldine.

Yalom, I. D. (1985). *The theory and practice of group psychotherapy*(3rd. ed). New York: Basic Books, Inc.

Yalom, I. (with Leszcz,M). (2005). *The theory and practice of group psychotherapy*(5th ed.). New York: Basic Books.

Yalom, L. D. (1970). *The Theory and Practice of Group Psychotherapy.* New York: Basic Books.

Zastrow, C. (1982). *Introduction to Social Welfare Institutions: Social Problem, Services and Current Issues.* Homewood, Illinois: The Dorsey press.

Zastrow, C. (1995). *The Practice of Social Work*(5th ed.). Pacific Grove, Calif: Brooks/Cole Publishing Com.

Zastrow, C. (2006). *Social Work with Groups: A Comprehensive Workbook*(6th ed.). Belmont, Calif, Toronto: Thomson Brooks/Cole.

찾아보기

[인 명]

[내 용]

▶ ㄱ ◀

ㅈ

집필진 소개

대표 신성자 숙명여자대학교 영어영문학과 졸업
Portland State University U.S.A. 사회사업학 석사
University of Pennsylvania U.S.A. 사회사업학 박사
전) 홀트아동복지회 H.I.C.S.(미국) 담당 사회복지사
현) 경북대학교 사회복지학과 명예교수

고유나 경북대학교 사회복지학과 졸업
경북대학교 대학원 사회복지학과 석사 졸업
경북대학교 대학원 사회복지학과 박사 졸업
전) 경북대학교병원 정신보건사회복지사(수련 슈퍼바이저)
현) 가톨릭상지대학교 사회복지과 교수

김수정 경북대학교 사회복지학과 졸업
경북대학교 대학원 사회복지학과 석사 졸업
경북대학교 대학원 사회복지학과 박사 졸업
전) 가정복지회 구미위기가정지원센터 상담실장
현) 영남신학대학교 사회복지학과 교수

박용권 경북대학교 사회복지학과 졸업
서울대학교 대학원 사회복지학과 석사 졸업
서울대학교 대학원 사회복지학과 박사 수료
전) 서구제일종합사회복지관 관장
현) 동양대학교 사회복지학과 교수

성희자 경북대학교 사회복지학과 졸업
경북대학교 대학원 사회복지학과 석사 졸업
경북대학교 대학원 사회복지학과 박사 졸업
전) 경북대학교병원 사회사업실장
현) 경북대학교 사회복지학과 교수

이원준
경북대학교 음악학과 졸업
경북대학교 대학원 사회복지학과 석사 졸업
경북대학교 대학원 사회복지학과 박사 졸업
현) 창신대학교 사회복지학과 교수

전보경
경북대학교 사회복지학과 졸업
경북대학교 대학원 사회복지학과 석사 졸업
경북대학교 대학원 사회복지학과 박사 졸업
전) 대구광역시 사회복지전담공무원
현) 경북도립대학교 사회복지과 교수

정숙희
경북대학교 사회복지학과 졸업
경북대학교 대학원 사회복지학과 석사 졸업
경북대학교 대학원 사회복지학과 박사 졸업
전) 대동병원 정신보건과장
현) 클럽하우스 브솔시냇가 시설장
현) 한동대학교 상담심리사회복지학부 교수

최은지
경북대학교 사회복지학과 졸업
경북대학교 대학원 사회복지학과 석사 졸업
경북대학교 대학원 사회복지학과 박사 수료
전) 영남권역 해바라기아동센터 사회복지사
현) 포항대학교 사회복지과 교수

개정판
사회복지실천기술론

1판 1쇄 발행 — 2017년 8월 30일
2판 1쇄 발행 — 2021년 3월 5일
2판 2쇄 발행 — 2023년 8월 1일

저 자 - 신성자 · 고유나 · 김수정 · 박용권 · 성희자
이원준 · 전보경 · 정숙희 · 최은지
발 행 인 - 강철원
발 행 처 - 양성원
주 소 - 경기도 파주시 검산로 173번길 29-12
전 화 - 031-946-3861(代)
팩 스 - 031-946-3864
이 메 일 - tnwpub@naver.com
홈페이지 - tnwpub.co.kr
출판등록 - 2015년 8월 31일 제 2015-000211 호

ISBN 979-11-6126-352-6

정가 23,000원